U0116069

論語心解

從心性的修煉和體悟探索《論語》的真實意涵

宋光宇 著

此書獻給有大乘智慧者，

以及能夠「應無所住而生其心」者。

王 序

《論語》一書，為孔子應答弟子及時人，以及弟子相與言而接聞於孔子之言，當時弟子各有所記。孔子既卒，門人相與輯而論纂，故謂之《論語》。

《論語》雖非孔子所著，但所輯言行，相當可信，為研究孔子及原始儒家思想最可信之史料。

但自孔子死後，儒家分為子張之儒、子思之儒、顏氏之儒、孟氏之儒、漆雕氏之儒、仲良氏之儒、孫氏之儒、樂正氏之儒，此正所謂「儒分為八」，各傳所學。

秦火之後，至漢，《論語》有齊、魯之說，傳齊《論語》者，王吉、宋畸、貢禹、五鹿充宗、膠東庸生，唯王暢名家。傳魯《論語》者，有龔奮、夏侯勝、韋賢、魯扶卿、蕭望之、張禹，皆名家。張氏最後而行於世。吾人今日所讀《論語》，可能為張氏傳本。

《論語》既為孔子門人相與纂輯而成，未免不有同異，加以秦火，後有出於孔壁者，大同小異，乃自然之事。漢儒傳經，重視師說，齊、魯之分，經師不同，故自漢代始，《論語》即有篇數之不同，訓詁、義理之異。亦自漢代始，中國讀書之人，略識之無者，無不讀《論語》。故《論語》為入學必讀之書，篇章幾皆成誦，其影響國人之大，有不能想像者。生乎至聖先師之後，無緣聞其言談，無不憑《論語》而篤信先師之言行身教。

自漢至宋，《論語》雖有不同之注釋解說，然至宋朱熹之《四書集註》出，即被後人尊為標準註本，然其義理，與陸九淵異，但明清遵朱熹所註，科舉命題亦限出朱註《四書集註》。自宋至清末，讀書人不僅讀《四書》，對《四書》之解釋，亦以朱註為準。

清末廢科舉，至民國幾不讀經書，儒家經典，束之高閣。其有不同於流俗者，則為錢賓四先生，以朱熹之後，傳其心學與道統者，賓師以為非我其誰！故賓四先生著《論語新解》，又著《孔子傳》，後輯其多年研究孔子與《論語》之論文，而成《孔子與論語》一書。二十世紀，闡揚孔子學說與《論語》者，其唯賓四先生乎！講《論語》訓詁名於世者，又有楊樹達。

二千餘年以來，研究《論語》者，雖以義理、訓詁各有不同，而各自名家。至二十一世紀，同門宋光宇教授，研究宇宙間之生命，以其與西方科學之關係。其不同於二千年以來之諸家者，從物理學之量子力學溯源生命結構，由西方尖端科學而歸於東方心性之學，進而從科學探討心性之學，亦即探究心性之學的科學基礎，使東方相傳之內聖外王之學，觀其修煉的科學基礎。此其與前之大不同者，而為名世之作。

《論語》注釋多矣，光宇教授以今之科學基礎，返歸古老之心性之學，而作《論語心解》兩篇，前篇為導讀篇，似哲學之本體論，使人知最細微之量子力學，乃可探討生命結構。東方古聖之修煉方法，實有科學基礎。由此而讀《論語》，不僅知其訓詁，而實明其心之所向。

《論語心解》解讀篇，而實以現代語言，直指孔學今義，不必多讀古訓，反失其義。今也，宋氏直指夫子之心，令讀者明其本義，省時省力，有益今日之教育，而更能解明古聖先賢之學，為可行之學。宇宙一體，古今同理，由此而觀，物我兩忘而實物我合一！此科學與心性之由分而合，而進於圓融至理。

王吉林 中國文化大學文學院院長

將心印典籍，道統可久傳

四書五經是過去的讀書人必須熟讀的經典，可是到了民初的五四運動，卻因池魚之殃而被極力貶抑、棄如蔽屣，而今過了幾十年後，又被捧出來大力提倡。短短的百年之內，中國人對待自己的傳統文化資產，竟然有如此兩極化的態度轉變，究其原因不能只怪罪西方文明的強大衝擊，而應自慚我們迷失了傳統文化的生命省悟，因此是珍寶或糞土無法分辨，只知一味競逐枝葉之繁華而忘卻根本之深植。走過這樣的年代，曾令多少有識之士錐心刺骨，徒嘆時不我予。

文明雖然有古今之別，而人心卻無今昔之分，缺乏科技工具輔助的古人，對外在事物的認識固然無法深入分子或原子的精微世界，然而他們反躬自省以體察生命的深度，絕對超乎現代人的想像。因此幾經波折而能流傳下來的典籍，被列為文化瑰寶者，幾乎不可能依文解義，即認為是他們所參悟的旨意。倘若我們能仿效古人修身養性，陶冶自己的心性，體悟生命的義趣與動力，即可讀懂古人的言喻。例如「慎終追遠，民德歸厚矣！」這句話，很多時候都被解說成「要祭祀追念祖先，才能維繫淳厚的民風」。這樣的理解雖非全然錯謬，但與前後文的文義卻不連貫，令人感到頗為突兀。其實，古人要傳遞的是「為人處事必須深思熟慮，避免自己的言行舉止可能造成不良的後果」，這種強調入世須具備同理心的寓意，卻被後人遺忘久遠而不知其苦心矣。

再度提倡多讀古書固然是件好事，若能神交古人，體悟其心性而重讀舊典，將更能深刻領會先賢的文字喻義，讀起來不僅有恍然大悟的喜悅，也可能推陳出新，有更多層次的體察和發揮，這不正好符合新時代對智慧的渴求嗎？

古人所論說的事情當然和我們現在的有很多的差別，但是許多典籍的表述方式頗相似，都是透過心性的參悟，再假借外界事物而加以闡述，如果只在他們所說的事物上評斷其見解高下，勢必陷入「不知其何以言之」的困惑。一旦缺乏心性的修為與省悟，後人只得以猜測之詞解讀古人的想法，這就是後人長久以來的典籍詮釋，文化的傳承看似延續，其實可能中斷久矣。

任何文化或文明產物，都脫離不了人心的性狀與取向，最近三百餘年來，人類受西方科技的影響，幾乎都崇尚物質文明的追逐，各種高科技的產物也大量出現，環繞在大家日常的生活和工作環境裡，沒有人能夠避而不見，也常無暇顧及心性等虛玄的問題。

然而，生命畢竟不是物質的需求滿足就可以了，衣食住行富裕便利之後，在我們的內心深處仍然會聲聲呼喚，渴求靈性更上層樓的安頓。倘若此心得不到安撫，依然常有「生有何義？」的疑慮和恐懼。如此起伏不安的心境，古人老早領教過，少數參悟生命深義的聖賢，因此留下彌足珍貴的嘉言雋語，提供給後人參酌。如今我們重讀古書，怎能不揣摩他們的心性領悟而妄斷其言之是與非呢？

舊有經典常提綱挈領、言簡意賅，倘若能識得其精髓要義，即可幫助我們面對蜂擁而至的資訊，做最佳的整理與抉擇，讓自己保持好整以暇的人生，善用海嘯般的資訊而不是被它淹沒或擊垮。

自從赴中央研究院民族所講演時，認識宋光宇教授已逾十年，他的勤學好問及身體力行，日積月累的心性修為，以及幫我整理上課的內容，不捨晝夜的付出，讓我十分感動與佩服。為了說明生命的究竟，我提出「生命多重結構」的說法，乍聽之初，他竟然欣喜不已，並將它應用於他自己的專業之上，而且不斷告訴我他的認知轉變。如此歡欣時起的日子約過了兩三年，我們一起到佛光大學生命學所，為發展生命的整體觀而戮力開闢一塊新園地，期望能對後生的心性提升有助一臂之功。在此期間，宋教授對於《論語》等經典經常別有一番心得，也常燃燈不輟夤夜疾書，每成一篇或頓悟某章節時即欣然相告，因此《論語心解》一書，可謂宋教授打從心性潛修後而有的領悟之作。

讀者若能內修本心、外練世事，想來讀此書應如我一樣，別有一番新義在心頭，不僅能上體古聖先賢的微言大義，也能將它應用於二十一世紀的文明活動，絕不因典籍之年代久遠而有絲毫遜色之處。宋教授已將《論語》前後文的文義連貫一氣，讀了《論語心解》讓人能了解孔門師徒，其實非常重視清澈靈透的心性，也明白他們如何以中庸之道面對人世間。

傳統儒家的道統根基，和其他諸家在心性的體悟上，其實沒有迥異之處。假如我們能夠旦夕反躬深省，琢磨本自靈明的心性，再讀《論語心解》一書，則古今何異？唯其能傾心閱讀古籍，中華文化的道統才可謂之如實傳承。

陳國鎮 東吳大學物理系教授
佛光大學生命所兼任教授

自 序

大約在十二年前，一貫道總會的副秘書長蕭家振先生在一次公開的場合說：「宋教授是讀書的，不懂宗教上的實務。」我是以研究宗教起家的，也自認為懂得宗教，但是在宗教人士的面前，我卻被看成是個大外行。受了這個刺激，下定決心要把宗教的真正內容弄個清楚明白。

民國八十五年（1996）的九月五日，陳國鎮教授應李師亦園先生之邀，到中央研究院民族所做專題演講，內容是講人生的目的與身心健康之間的關係。這場演講讓我認識到，許多宗教上所說的「神恩」「奇蹟」原來都是生命的展現。正好可以解答我對宗教社會學的迷惘。那種興奮之情很難用筆墨文詞來形容。

在興奮之餘，就到陳教授在東吳大學通識教育所開的「禪修與身心健康」這門課旁聽。這樣旁聽了兩年，又參加了兩年陳教授在圓覺文教基金會所開的「禪修班」。這段時間，又因撰寫三民書局所編的高職版《臺灣史》，每天咳嗽不已，常到陳教授的研究室，請他為我開中藥方，陳教授也為我解說中藥方的組成和作用。我就這樣開始學中醫。

民國八十八年（1999）佛光人文社會學院成立，龔鵬程校長邀我出掌生命學研究所。我就力請陳教授協助，將他對生命、修行和科學的瞭解，應用到實際的教學工作上，以期突破現行大學的學術框架。

由於長期向陳教授討教，也參加圓覺文教基金會的一些活動，慢慢的了解，宗教的真諦原來不在我們所看到的熱鬧表象，而是在於身心的修煉。用現在電腦的術語來說，就是不斷的「升級」，包括所有的硬體和軟體。成立教團的目的是藉團體的力量共同提升生命的境界。

在唐代，「三教講論」是國家禮儀的一部分。後世又一直強調「三教合一」。為什麼儒釋道三教可以有相通之處？我一直不得其解。等到我明瞭宗教的真諦之後，就開始明白三教共同之處就在於「修行」，或「生命境界的提升」。既然如此，我是不是可以用「生命修煉」的觀念來解讀古代經典呢？於是選擇了我最熟悉的《論語》。

看了幾遍之後，慢慢的看出一些竅門。我以前讀的《論語》，只是蔣伯潛編的《中國文化基本教材》之中的《論語》，是個支離破碎的版本，根本不能表達《論語》的本意。《論語》這本書是要整體來讀的。

試想我們召集同學要為師長做個語錄或是紀念集，會怎麼做呢？一定是先有一個編輯的主旨，依照主旨定下大綱，再依大綱來鋪陳內容。於是我就在安定的心態下，逐篇逐章依次讀過去，以「生命修煉」的觀點用「心」去看，結果就體察到每一篇都有獨立的編輯主旨，各章之間有連貫的意義，而且段落分明。

解讀了幾篇之後，不禁感佩當年參與編輯工作的孔門大弟子如子游、子夏、仲弓等人的用心，一方面保存了老夫子的訓示原貌，一方面又能完整的表達他們在老夫子門下所受到的教誨。這種文體是前所未有，也是唯一的。難怪後世的學子看不懂它的本來面目。

如果我們不去理會它的形式，把每一篇、每一章所要表達的實際內容標示出來，再各篇、各章連貫起來，就成了現代人最需要的生命練習手冊。也是現代企業最需要的人才訓練寶典。美國麻省理工學院的彼得・聖吉（Peter Senge）教授提倡「第五項修練」，作為現代企業訓練人才的重要方法。在他的課程中，最常選用的中國經典就是《論語》和《道德經》。為什麼西方學者看得到《論語》的智慧，而我們卻渾然不覺呢？

現在我從心性修養的角度對《論語》作了完整的解讀，以期更能符合現代社會訓練未來企業人才、乃至於國家領袖人才的需要。因為《論語》這本書本來就是為訓練國家行政長官而編寫的。

宋光宇 序於宜蘭礁溪佛光大學生命所

民國九十七年五月吉日

目　次

導 讀 篇

正文解讀篇

導 讀 篇

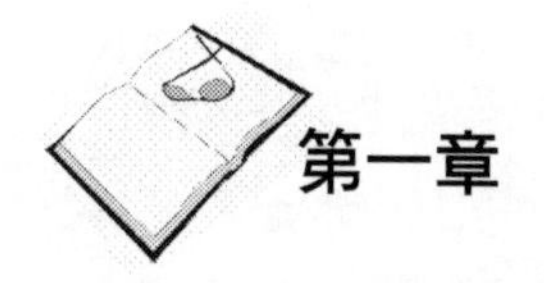

第一章

用「心」求學的時代已經來臨

一、舊傳統、新使命

美國的猶太人形容「猶太教」在他們心目中的地位是「祖父帶來，爸爸丟掉，我現在把它找回來。」世界上各古老民族的傳統文化，在現代社會裡，往往都碰到類似的命運：在十九世紀末、廿世紀初葉，人們為了追求現代化，無情的丟掉了傳統文化；過了幾十年，人們卻又發覺一旦沒有這個文化根底的滋養，人會變成無根的飄萍，斷線的風箏。為了撫平這種動盪不安的生命感受，最好的辦法就是把曾經視之如敝屣、唯恐丟之不及的傳統文化再找回來，賦予新的時代意義與內涵，來適應新的時代需求。這就是傳統文化能夠歷久彌新的關鍵。

民國八年（1919）五月四日由於反對北洋政府在巴黎和會上簽署喪權辱國的條約，在北京發生了著名的「五四運動」。不久抗議的焦點卻從原先的外交事務轉移到傳統文化。憤怒的北京大學學生們高喊：「打倒孔家店」、「把線裝書丟進茅屎坑」，把傳統的心性之學徹底丟棄。從此以後，「科學」和「民主」成為國人求學的主要目標。這種仇視傳統文化的風氣一直蔓延下去，朝向越來越激進的方向發展。這股風氣在民國五十五年（1966）至民國六十七年（1978）在中國大陸上所發生史無前例的「文化大革命」達到最高峰，傳統文化幾乎破壞殆盡。直到民國八十九年（2000）之後，大陸上由於經濟的發展，引發了再認識傳統文化的需要，孔孟心性之學方才再度抬頭。民國九十四年（2005）之後，有關《論語》的書籍在大陸上大發利市，孔子書院或國學院如雨後春筍般的成立。社會上也彌漫一股追求古人智慧的風氣。據說《于丹論語心得》一書銷售量高達三百萬本，可資佐證。

在臺灣，由於有一段淪為日本殖民地的苦難日子，傳統的漢人文化意外的成為對抗日本殖民統治的工具，而能比較完整的保存下來。從清光緒二十二年（1896）起，日本人在臺灣各地設立臺灣漢人就讀的「公學校」、日本人就讀的「小學校」、山地原住民就讀的「蕃學校」，大力推展現代化的教育。臺灣漢人所能就讀的「公學校」，到民國三十二年（1943）的時候，已經設立了八百七十三所，意欲取代清代原有的書房教育。可是，傳統的漢人書房，也就是一般人所說的「私塾」，並沒有被日本人完全消滅。占領之初，台灣有一千七百另七間書房，到民國三十二年還剩下三十三間書房。在此期間，漢文教育有起有伏，在大正時期（1912-1925）書房的發展一度還有中興之勢。直到民國廿六年（1937）日本發動侵華戰爭，為了徹底切斷臺灣漢人與中國之間的文化關聯，執行所謂的「皇民化運動」，漢文教育方才轉入地下，晚上在寺廟的後院或在防空洞中繼續進行，弦誦不綴，綿延不絕。這種漢文教育在臺灣文化史上稱之為「夜學」。民國四、五十年代許多鄉鎮民代表、鄉鎮長都出身於「夜學」。

在清末和日據時代，在臺灣有些讀書人還知道心性之學是怎麼一回事。例如竹塹堡（今新竹）的前清秀才鄭鴻猷（1856-

1925）留下一幅中堂，寫著「心地上，無風濤，隨在皆青山綠樹；性天中，有化育，觸處見魚躍鳶飛。」臺灣也就是因為保有這樣對傳統心性之學的深厚認知，無論日本人如何想要摧殘中華傳統文化，臺灣的漢人終能把它完整的保留下來。

鄭鴻猷的書法

及至日本戰敗，臺灣重回中國版圖。在臺灣的漢人紛紛到上海尋根，接續中華文化的命脈。民國三十八、三十九年之際，大陸局勢不穩，大批軍民隨國民政府遷臺。這時候，一些有智之士深切的檢討：「為何中華民國在八年堅苦抗戰獲得勝利之後，緊接著又遭逢大敗，丟掉大陸山河？」他們共同的答案就是「因為背離傳統文化、喪失固有民族精神」。於是就有王寒生每個星期天上午在臺灣大學法學院講《墨子》與其他經典；滿清皇族愛新覺羅毓鋆（人稱「毓老」）自行開班講《四書》；一貫道的點傳師在台灣鄉間教不識字的民眾背誦《孝經》和《四書》；佛教的星雲法師也在宜蘭教導青年學生寫作文、讀佛經。

長白又一村
愛新覺羅毓鋆

時至今日，回頭去看這六十年的歷史，就可以看到他們的輝煌成果。王寒生因此而創立了「軒轅教」。一貫道發展成為具有相當規模的教派，傳播到全世界八十三個國家。星雲法師更成立「佛光山」，儼然是當今臺灣佛教的重要代表。愛新覺羅毓鋆來臺講課六十年。最盛時，每次有二百人聽講。今年（民國九十六年）他已一百零三歲，依舊每週講課兩次，仍有幾十人聽講。

台灣的民間在一九八〇年代又開始發展出一股研讀傳統經典的風潮。最為人稱道者是王財貴教授所推動的兒童讀經運動。王財貴的努力直接影響到大陸這兩年所興起的孔子學院和讀經運動。近十五年來一貫道總會所推動的「讀經會考」活動，每次都有幾萬人參加。他們的活動影響到海外的華人世界對孔孟學說的認識。

以上所說只是局限在中國人的世界。可是當我們放眼看世界當前文化的發展時，不難看出，中國傳統的儒釋道三教的核心，也就是心性之學，將是廿一世紀世界文化發展的主流思想之一。最主要的關鍵是量子力學的出現。量子物理學家們從對「物質」的觀察中發現了「心念」「意識」的重要性。

二、量子力學啟示錄

從五四運動以來，中國人一直努力追求「科學」。由於清末的積弱不振，中國人所要追求的科學，一直是以實用科學為主。最早的洋務運動就以開礦（地質）、造船、軍火、鐵路、電報等工程學科為主。接著就是全面的接受歐美所有的學科，直接移植進來。中國人比較不注重學習如何去思考各種現象及其背後的認知。更不曾仔細反思「科學」究竟是什麼。

在我們的認知裡，科學是冷冰冰的東西，不帶任何個人的感性因素。由於以「物質」為唯一的研究對象，不帶任何感情因素，也是絕對的客觀，不需要個人的主觀意識成分。換而言之，外在的世界不管有沒有我們參與，就是本然如此的在運行不輟。這是從伽利略和牛頓以來的科學傳統觀。可是這個傳統到了二十世紀量子力學（Quantum Mechanism）問世之後，就站不住腳，而有翻天覆地的改變。

很少有物理學家能夠清楚的說明量子力學對於人類文化上所產生的影響。即使是諾貝爾物理獎的得主都不一定能說得清楚。東吳大學物理系的陳國鎮教授，也是佛光大學生命學研究所的兼任教授。以他對物理和佛法的深厚素養，對這個問題做了非常精闢詳實的闡述。民國九十六學年的上學期，在佛光大學生命學研究所講授「物理學概論」的課堂上，曾經用三個星期的時間，詳細的講述量子力學對於人類的文化、心靈、認知上的重大影響。他指出：「在人類的歷史文化上，曾經有過許多次認知轉換的時候。都是要有一群有智慧的人士出現，才有可能發生轉變。相對論的出現，觸動了人們對『時空認知』的改變。量子力學則觸動了有關『存在』、『實相』這些概念的改變。」

以下，從「波粒二相（象）性」、「測不準原理」和「廣域互動性」三方面來談量子力學對「心性」、「認知」的影響。

1. 波粒二相（象）[1]性

量子力學有一個很重要的概念，就是「波粒二相（象）性」（Wave Particle Duality）。

任何東西的存在，當我們想要去認識它的時候，就選擇了我們想要看的面相。我們所用的方法決定了我們會看到什麼樣的面相。用「干涉、繞射」等方法去看光，就會看到它「波」的性質。如果用「光電效應」的方式去看光，就會看到它「粒子」的性質。就經典物理的觀念而言，波和粒子是對立的屬性，這兩個對立的屬性怎麼會同時存在一個實質的東西裡呢？於是我們會想：「這個東西是不是同時具有這兩個性質？有時候被我們看到波的特性，有時候則看到粒子的特性。」

在量子力學的理念中，卻不是這麼想像。量子力學家們說：「你沒有去看它，你怎麼會知道它是什麼？」我們有一些先入為主的認知，也就是不假思索、觀察、驗證，逕自認定的習慣性成見。實際上，沒有去看它、沒有去接觸它、跟它沒有任何交互作用，我們根本不知道它是什麼。

因此，在量子力學裡認為，**「波粒二相性」是看了以後才出現，不是它本來具有的**。這種說法看起來，跟習慣的認知沒

---

1 一般書上都是寫作「波粒二象性」。這裡所說的「象」是指非常具象的東西而言。跟量子力學所說的意旨不太契合。改用「相」這個字，就是指「某個面相」而言，比較貼近量子力學所要表達的意思。

有什麼差別，其實是不一樣的。這就是我們對大自然的實相（reality）要採取什麼樣的態度去面對。不同的觀察方式，就會看到實相的不同面相。當我們不去觀察它的時候，什麼話都不能講。不能說它有這個屬性，沒有那個屬性，或者說它具有雙重屬性。現在的物理學家們反省到：「物理知識的建構是透過觀察，然後才會知道自己看到的是什麼。看到了什麼，不等於所看的東西就只是那個樣子。」這種認知的詮釋，需要有一些慧根才能深切的體會。

當我們看到一些「波」的特性，不能就說「那是一個波動屬性的東西」。它看起來會像是一個波，那是我們以看「波」的方式，打從觀察開始就決定了它的波動表現。倘若我們不改變看的方式，於是每一次看，都會看到是波的現象。有一天我們改變了看的方式，就會發現它不是波動的屬性。明明是看同一個對象，怎麼會看到截然不同的面貌呢？

什麼是真實？什麼是實相？沒有辦法下定義。比較有頭腦和思想的物理學家認為：**「科學」是透過我們所採取的觀察方法，對這個宇宙所認識到的一些規律**。從這個角度來看科學的發展，就非常有意思，科學的認知發展是不斷在證偽而非證真。

科學發展有所謂的「典範」（paradigm），那是觀察方式和認知理念的共同守則，在那樣的方法和守則下所得到的認知，就成為大家的認知規範。有一天，有人挑戰這個規範，認為可以用其他辦法做觀察，例如用更精密、更不一樣的實驗方法，可以看到東西的不同面相時，就會動搖舊有的典範。而動搖典範是很忌諱的事，一定會被舊典範的擁護者打得滿頭包。在學術界上，和在戰場上，其實很相似，不是把新對手打得滿頭包就滿足，最好是能把他們打死才甘願。他們不能忍受自己已經習慣的典範被改變。要改變舊典範只有透過「時間」因素，讓信奉舊典範的人隨著時間的巨輪而逐漸退場之後，新典範方才有立足之地。

波粒二相性有一個很深刻的意義：「什麼叫做『實相』？」「實相」無法定義，面對實相我們啞口無言，只能講「它就是存在。」沒有辦法再講第二句話。至於它這個存在是什麼特性，取決於我們怎麼去看它。

從物理學上來說，波粒二相性讓量子力學的架構建立起來，可是對陳國鎮來說，對許多科學哲學家來說，波粒二相性更大的震撼是告訴我們：「實相是不可說的。」釋迦牟尼佛一直告訴我們：「不可說，不可說。」道理就在這裡。也有一些物理學家說，真正最偉大的量子物理學家就是釋迦牟尼佛。信也好，不信也好。看了這些現象，會覺得：「學量子力學，學到後來，在認知之中，相當貼近佛法所要講的『實相』。」當然它們還不完全相等。也有許多科學家承認，對量子力學貢獻最大的是東方人。因為東方文化裡面有「直覺」、「禪定」等自我修練的功課。這些狀態產生認知的模式，更接近在量子力學的態度。總體說起來，量子力學是物理學上極先進、時髦的學問，可是又跟東方古老的文明相連在一起。這樣的融會趨向，讓人很難相信。事實上卻真是如此。

我們認為物質是由許多極小的微粒堆疊起來的，後來發現，並沒有終極的基本粒子。三十年前物理系學生都讀過有關「基本粒子」的物理學，現在已經沒有人再講「基本粒子」了。原先以為越碰撞，會越碎，碎到不能再碎，就變成最基本的粒子。可是現在卻不是這麼認知。原先以為是非常基本的東西，一旦碰撞之後，卻會產生很多複雜的東西來。現在我們認知中，最底層的東西是「夸克」。過了幾年，它又不是最基本的了。

這些極為微小的粒子都有個特性，那就是「**幻起幻滅**」，忽然之間出現，一下子又不見。在佛教的《楞嚴經》中，翻譯得非常的好，不叫它「基本粒子」，叫它「**鄰虛塵**」，意指接近虛空、像塵埃一般的小粒子。這個翻譯實在比「基本粒子」好得太多，可惜現代學科學的人沒有這麼深厚的文學修養。當年陳國鎮看到這個翻譯時，興奮得跳起來，大叫：「怎麼會有這麼傳神的翻譯！」

《楞嚴經》初稿翻譯完成之後，再由武則天最後一任宰相房融潤飾過，不僅文辭翻譯得漂亮，更可貴的是相當傳神。這些基本粒子幻起幻滅，就好像虛空中的灰塵一樣，飄渺不定。

我們知道一個物體會有質量。質量是什麼呢？質量是我們給它施個力量，它不會馬上跑動，而是懶洋洋的愛動不動似的。物理學就說「這是本質的量」，簡稱「質量」。這個名詞也譯得不好。佛經把它譯成「**質礙**」。是本質上的運動阻礙。因為有這個屬性，於是運動就不輕便，有了妨礙。這多麼接近牛頓的運動定律

$F = ma$。（力等於質量乘以加速度）

雖然受力，可是它會阻礙快速加速。於是加速度 a 無法一下子就變很大。笨重的東西它的加速度 a 會比較小，輕巧的就會比較大，因此它的質量 m 不就是扮演運動障礙者嗎？我們很清楚，一個人的體重很大的時候，雖然用力跑，他的加速是緩慢的，體重輕的人加速起來就快得多了。質礙或質量實際上

就是妨礙運動的能量團，譯成「質礙」是非常傳神的名詞翻譯。古人對每一個字，都非常斟酌。現在我們常亂用一通，倒過來以假論真的人，還比比皆是。

2. 測不準原理

海森堡（W. K. Heisenberg, 1901-1976），很聰明，但是博士學位差一點拿不到，後來他的指導教授，也是一位非常有名的物理學家，逼他想出一個非常重要的東西，叫做「**測不準原理**」（uncertainty principle）。他發現**物理學上常常會有成對的物理量，它們總是要同時並存的東西**。這樣的物理量稱之為「共軛量」。可是 A 及 B 兩個共軛量彼此間存有一定的關係，**量準了 A 就量不準 B，量準了 B 就量不準 A，反之亦然，這就叫做「測不準原理」**。這給物理學帶來非常重大的影響。因為可以瞭解人類的認知極限在哪裡，大自然裡有什麼潛在的規則。這是海森堡很了不起的發現。

例如空間位置度量的不準量為 ΔX，和它共軛的動量不準量若為 ΔP_x，兩者沒有辦法同時都測得很準。符號 Δ 代表某物理量 X 或 P_x 的測不準量。它們相乘會大於一個定值

$$\Delta X \Delta P_x \geqq \text{定值}（\hbar/2）$$

動量度量很準的時候，位置的度量就不準了。不是隨時間而改變的，而是隨實驗而改變。某一次實驗做得誤差特別小，

ΔX 的誤差很小，量得很準，我們就會發現，ΔP_x（動量）就量不準，誤差會很大。一個誤差量變大，另一個就變小。定值是固定的，它是普朗克常數 h 除以 2π 再除以 2，寫作 $\hbar/2$。

如果我們想把「位置」測得很準確，誤差量變很小，它的對應動量就無法測得很準確。舉個例子來說：要看清楚大東西，只需拿普通燈光去照它，就可以看得很清楚。想看清楚小東西，就得用波長比較短的光波（姑且稱之）來照它，才能將它看清楚。用普通光和用 X 光去看東西，精準度就大不相同。若用電子顯微鏡的電子波去看東西，就能看得更仔細了。用不同的波長去看東西，會得到不同的觀察精確度。要想看得越精確，就要用越越短的光波。

可是波長越短的光波，它的對應能量也就越大。這等於說，想要把東西看得越精細準確，就要用越強勁的光波去照它。在強勁的光波照射下，不就會影響物體原來的運動狀態？當然影響會很大。所以它的動量就沒有辦法度量得很準確。這讓我們認識到自然界有成雙成對的物理共軛量，彼此緊密相連著。我們不要奢望能夠同時把它們度量得很精準，那是辦不到的事情。於是我們知道：「人類要認識大宇宙，總是有些限制的，無法同時看準物理的共軛量。」

這個原理告訴我們，既然看不準，有時候只好折中，有一點誤差也還可以忍受。這不就表示，我們所認識的宇宙有一定的不確定性。什麼叫做「實相」（reality）?它似乎永遠有一層薄霧蒙住我們的觀察能力。

或者可以這麼想：「這個大自然也不願意讓人類看得太清楚。」因為人類的心靈水準可能還不夠，所以不希望人類看太清楚。測不準原理是存在的，藉由它的存在，隱喻人類觀察事物的能力有其極限。真是魚與熊掌不可兼得。這是非常重要的發現。海森堡發現測不準原理，對自然科學的發展深具影響力。測不準的現象廣泛存在，不僅在物質界，也出現在生物界、社會界。

從此以後，人們看待世界不再能堅持機械式的觀點，逐漸地有了機會率的概念，每個東西再也不是必定「有此因，必有此果」。它的展現具有機會率的分布。我們常說：「善有善報，惡有惡報；不是不報，時候未到。」我們怎麼知道果報的機會率出現在那裡？發生在何時？很多人很迷惘，該有報應的沒有得到報應，不該有報應的，卻橫遭不測或挫折。其實我們不必著急，生命長得很，總有一天該受的果報就會報。我們該做的是什麼呢？那就是保持健康和清醒的心靈。若能活到「享盡天年」，有時候就可以看到果報的出現。

在《圓覺經》中描述佛性的滄海中產生東西的現象是「亂起亂滅」的樣子，那就像是機會率隨機分布的樣貌。譬如一大群人，有些人跑向這邊，有些人跑向那邊，局部看像是沒有什麼規則，可是整個加起來觀察，卻有一種動態規則隱含在其中。這既像大宇宙的發生情形，也發生在我們身上。每一個人都是一個小宇宙，身上每個細胞也各是小宇宙，因此人體是許多小宇宙的組合體，它們彼此有緊密的信息溝通，組織成大一點的宇宙。如此組成的大宇宙，當然就會呈現大宇宙的特質。醫生若說「你沒救了」，不表示你真的沒得救，還有救的機會率不會等於０。醫生說這話時是在說他的醫學知識和技術，或者說他的醫療能力已經到達了極限，他們已經無能為力了。一旦到那時，我們應該自己來救自己，從此好好關照自己，不要貪嘴，生活作息正常，心地光明正向，多付出一點愛心和奉獻，讓身心的協調性變好些，說不定柳暗花明又一春，可以脫離病態的身心，重新找回生命的活力。不要只相信醫生的話，也要相信自己的自癒能力。因為這個世界裡充滿的是機會率。如果懂得機會率的存在，那我們才可能成為機會的掌握者。人是明白自己有自主權的生物，為什麼不試著去做選擇，而讓別人替你做選擇呢？很多時候，我們回過頭來看量子力學，它是有很多很深刻的物理和生命的意義隱含在其中。

3. **廣域互動性**（Non-locality）

Non-locality 是「不會侷限在某一空間」的意思，也就是「一個東西的作用範圍很廣，兩物即使相距遙遠，仍然可以相互影響」的意思。Einstein、Podolsky、Rosenm 三位大師在一九三五年提了一個問題：「如果量子力學是對的話，那麼兩個東西分開，不管多遠，它們還是有關連的。」這個說法在經典物理上是說不通的，分開就是分開，不可能分開了還連在一起。因此愛因斯坦等人利用量子力學本身的數學形式去反駁量子力學的理論架構，認為量子力學有一些瑕疵，需要修正。

這三位都赫赫有名的科學家，尤其是愛因斯坦。他們所提出的問題，用他們三人姓氏的第一個字母，稱之為 EPR paradox（弔詭，似是而非）。提出之後，大家都很震憾：「怎麼會是這樣子？」偏偏就有些人不信邪，就按照他們的說法去做實驗。用一個可以產生孿生光子（twin photon）的機器，光子一旦產生，就各自向反方向奔跑。光的速度很快，每秒鐘可以跑 30 萬公里。甲光子跑 30 萬公里，乙光子往反方向也跑了 30 萬公里，一秒鐘就相距 60 萬公里。甲光子變動一下，如果要讓乙光子也跟著變動一下，就必需要送一個訊號給乙。這需要花時間。甲送訊號給乙，一秒也是跑 30 萬公里，乙一直往前在跑，訊號永遠追不上。因此，甲光子的訊號是根本送不到乙光子。在實驗中，用兩個儀器去偵測這對孿生光子。結果發現，當甲改變的時候，乙也同時跟著改變。實驗的結果告訴我們，這個看似分開的孿生光子，不管分開有多遠，還像是連結在一起。愛因斯坦等人原先認為，這是不可能發生的事情，實驗卻證實會發生。就經典物理概念而言，如果量子力學是對的，就會出現分開等於沒分開的錯誤結論。然而實驗證明，這種分不開的關聯是真實的，即使相距很遠，也息息相關。

反過來說，古典物理的一些想法需要重新修正。要修正的地方在那裡呢？在於「宇宙是不是可以切割？東西是不是可以區分？」如果我們接受實驗的結果，那怕是光子跑得飛快，在地球上沒有東西跑得比它更快，結果發現它們並不可切割。其他跑得比光子慢的東西，還可能被切割嗎？從這個不可切割的性質來說，宇宙萬象是連成一體的。

因此，廣域互動性，或超越空間極限的關聯，告訴我們：「宇宙是一個整體，沒有所謂的『個人』的存在。」

我們在宏觀的世界和在微觀的世界所看到的樣貌是不一樣的。在宏觀世界裡面，我們的影響力很薄弱，於是會認為東西各有自己特性、規律或運動法則。我們也會發現，按照它們所遵守的原理去推測，可以知道未來會發生什麼事情。後來果真發生了。甚至回溯以往，在歷史的記載中，也可以看推論現象的對應。所以就認為這樣的認知很準確。因為經常是頗為準確，所以就相信這樣一套認知體系是在描述宇宙萬物的真相。

但是把這樣的想法放到量子力學的微觀世界裡，卻發現派不上用場。第一，有了起始的條件，想要預測未來，發現未來有「不確定性」。往過去回推，也發現有「不確定性」。於是，做實驗有時候可以看得到結果，有時候卻看不到。所以對微觀世界的描述就變成另外一套認知體系。這種新的認知體系的揭露，慢慢讓我們了解什麼叫做「真相」。真相是什麼？沒有一個人可以講得出來。只能說，我們想看什麼，就看到了那個對象的對應面相。至於有沒有把它所有的面相看齊全，誰也沒有辦法證明。只能靠每一代的人年復一年多看一點，也許會多看到一些不同的面相和性質。

物理學沒有所謂「究竟」、「極致」、「完成」。不同的年代，不同的人，有不同的心靈。想要看的東西，由於所用的方法不同、切入的角度不同，就會看到不同的東西。這是很基本的量子力學的特性。量子力學是研究微小世界各種現象的規律。可是在過程中，產生了在認知上的重整，這是很嚴肅的課題。當我們認知需要重整時，就會發現我們的念頭是怎麼發生的。「參念頭」這個問題是佛經裡最常討論的話題。因此，在這個層面上，量子力學跟佛法就產生了關聯。

當我們看量子力學到達這種深度時，會覺得是在讀佛經的「唯識論」。其實，佛教唯識學所探討的嚴肅性、細膩度，比量子力學的科學家所想到要更深、更仔細也更廣闊。通常我們不太觸碰這個層次，因為我們的認知很粗略，沒到達那精細分辨的程度，唯識學所講的細密意識和潛意識的區分，我們看不懂，不知其所云。因為我們沒有那種深度的經驗。即使每一個字都看得懂，可是整句話就是看不懂。量子力學給人的感覺也是一樣，很多人只能讀表面的數學原理，拿來作實際的應用，並沒有對它背後的哲理或心靈表現有更進一步的了解。

4. 量子力學帶來的省思

量子力學給我們的，不只是科學技術上的貢獻，更深刻的是影響到人類對宇宙的認知。回頭去看原子，還可以看到一個現象，原子核在中間，第一個電子跟原子核的距離，已經很遠，第二個電子就更遠。打個約略的比方來說：如果台北市是原子核，第一層電子是在桃園，第二層電子已經到了台南。也就是說，原子裡空空如也的地方佔絕大部分。真正被我們認為有東西的地方，其實所佔有的空間比例是很少的。可是它就構成一個頗為穩定的小系統。這種現象也大出我們的意料之外。

百年來的物理學發展趨勢，是從宏觀到微觀，從實質的、客觀的存在，變成主客觀互動的存在。在過去，總認為「不管我們是否要去認識客觀世界，它就是那個樣子，與我們的介入與否無關。」到了量子力學就不這麼看宇宙萬象，外在世界之所以是那個樣子，那是因為有了我們的心念、意識，甚至度量行為的參與，才會被看到是那個樣子。如果我們不參與其中，那它的存在與特性是什麼，我們完全無法置喙，什麼都不能講。在沒有度量之前，什麼都沒看到，又有何話可講？唯有度量了它，也就是去騷擾它，才可能對它有些了解，也才有話可講；然而，一旦騷擾了它，就改變了它的原始狀態。我們所看到的它，就是被我們騷擾之後的它，因此我們所講的它也就和原始的它不會完全相同了。佛教所說「說即不中」的認知特性，成了量子力學的重要理念之一。

微觀的世界就是這個樣子。我們怎麼去騷擾它，它就表現出有我們參與其中的樣子。物理學的發展過程中，很多物理學家不能接受這種論說。認為客觀世界的存在是不容懷疑的。可是，在量子力學中，沒有什麼客觀的存在。只有當我們參與了以後，才知道它的存在。一旦被我們觀察到，就是有了我們的參與，有我們的因素混雜在其中。我們脫離不了干係。物理學發展到這個地步，已經沒有辦法把主客體截然分開。

量子力學較完整的架構建立於一九二〇、三〇年代。一群年方二十出頭的小伙子相繼投入參，發表論述探索次原子世界的奇妙現象。這些研究的成果，推翻了牛頓所建立的機械式宇宙觀。量子力學的問世，帶來了調和科學和宗教的新契機。重點不是宗教如何，而是科學改變了它的認知內涵。同時也明白的指出，牛頓所建立的物質科學世界，其實並不是客觀存在，或者說經典物理學的世界認知，還處在「低階反省」的層級，不夠深刻和整體。

當年，這些量子力學的先驅們瞥見物質最核心之處時，都大感驚訝。最細小的物質元件根本不是我們所熟知的樣子，甚至還是不固定的「某種東西」。在某一時刻，它是某種特性的東西；換個時間，它又變成不同特性的東西。更奇怪的現象是在一瞬間會變成其他特性的東西。最重要的事情是，這些次原子的東西只有與其他東西發生關聯的時候，方才顯現它的存在意義。物質並不能被切割成細小的單元。如果追根究底，我們會發現，物質是不可被截然分割或獨立出來的。只有把宇宙看成一個緊密相聯的整體，我們才可能比較正確認識宇宙。一旦有了整體的關聯，萬物的存在與互動便跨越了時空，始終保持相連的關係。過去，我們心目中所認定的宇宙，事實上並不真實。我們放眼所及，宇宙萬象不過是此時此刻透過我們的意願和感官所見到的遼闊景象。

傳統的科學觀告訴我們，這個宇宙、這個世界是「客觀的存在」。不管我們是否願意去觀察它，宇宙總是存在，並且自行運作。可是，到了一九二〇年代發展量子力學時發現：我們認為「客觀存在」的宇宙，實際上並不全然客觀。宇宙中到處充滿奔馳不定的量子波，「真空」並不是一無所有，而是充滿了波濤洶湧的量子波。當觀察者要觀察時，波瀾壯闊的量子波由於受觀察者心念的制約，排除了其他的可能性，凝結成被觀察到的樣子。也就是說，觀察者的心念塑造了他所觀察對象的表現。這種認知大大偏離傳統的認知理念。然而，跟佛法所說的「萬法唯心造」卻相當一致。這也是儒家和道家所講「心性之學」的基本原理是相通的。

Wolfgang Puali

Erwin Schrődinger

Neils Bohr

幾位創立量子物理的大師，對量子世界的現象感到困惑不已。愛因斯坦（Albert Einstein, 1879-1955）完全不理會量子物理所帶來的「心物合一」現象，甚至厭憎這些現象。德國的包立（Wolfgang Puali, 1900-1958）細心研究榮格（Carl Gustav Jung, 1875-1961）的心理分析和思維原型，也研究猶太教的「卡巴拉」（Qabbalah）神秘思想。丹麥的波耳（Neils Bohr 1885-1962）研讀道家思想和中國哲學。奧地利的薛丁格（Erwin Schrődinger, 1887-1961）涉足印度哲學。德國的海森堡（Werner Hessenberg 1900-1976）則參考古希臘的柏拉圖哲學。

量子力學，尤其是光電現象，造成今日五光十色的花花世界，讓現代人可以享受各種生活上的光亮和便利，可是很少有人願意去探索背後的哲學根底。這與西洋人的文化傳統有關。在基督教的文化中，一直缺少有關「心性」的認識。當這些量子力學大師發現「心念」對「物質」的形成有「正相關」的關係時，就不知道該怎麼辦，方才出現紛紛向東方古老文明尋求解答的現象。雖然這些大師聰穎過人，可是依舊沒有辦法了解「心性」究竟是什麼，領悟不到量子力學的心靈意涵。

5. 生命多重結構

針對這種困惑，陳國鎮提出「生命多重結構」的概念。認為生命應該包括：構成身體的物質、驅動身體活動的能量、指揮生理和心理的信息波，以及扮演司令角色的心靈等四種必要元素[2]。示意圖由下而上就是這四層要素。

---

2 陳國鎮：〈法塵的存在與自然科學的認知領域〉《第四屆佛學與科學研討會論文集》，頁 31-44，1995 年。

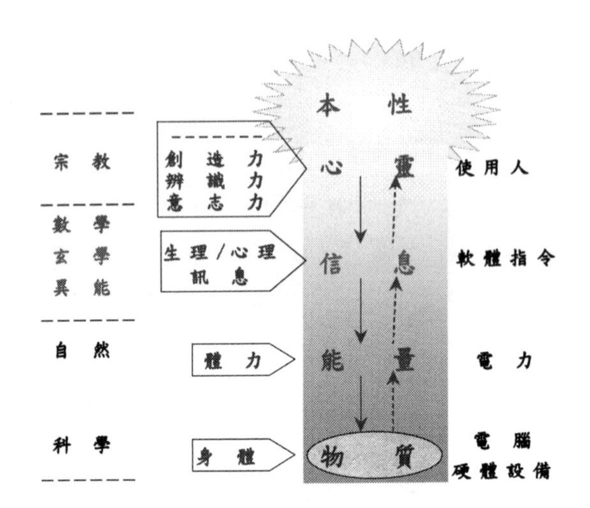

四要素俱全的生命就是地球上的各種生物，不具全者也還是生命，但不是我們的感官所認識的生物。要形成一個生命，心靈是絕對不能缺少的要素，至於其他層次如物質或能量，則視生命的型態而可有可無。沒有心靈就沒生命，心靈是生命的核心，心靈的活性就是它的靈性。靈性是生命能洞見事物的智慧，以及能達成心願的能力。[3]

這樣的生命認知，恰好和科學的生命觀相反。科學認為生命是生物體的物理和化學活動的綜合表現，沒有這些構成身體的物質做為基礎，就沒有心靈可言。陳國鎮所提出的生命觀之所以與科學的倒反，原因是他認為所有的物質和能量，都是生命上層的心靈和信息波的衍生物[4]，所以主從有別。身體只扮演生命的配角，它本身不能自行決定活動與否，也就是物質是

3 陳國鎮〈從生命多重結構論佛教與科學的分合〉《佛光大學生命學報》第 2 期，頁 1-16，2007 年 12 月。

4 宋光宇 陳國鎮 蘇莉華〈從道原經看先秦道家思想對信息的了解〉，《佛學與科學期刊》第 1 卷第 1 期，頁 37-45，2000 年。

不會自行活動的東西，人體之所以能夠活動，完全是心靈藉信息波和能量的結合，介入物質的身體而驅動了它，才使它可以在空間中移動。

從陳國鎮所提出的「生命多重結構」來看現代科學的位置和發展趨向，就會發覺：現代的科學是從物質部分一直往上，朝著信息的方向邁進。牛頓的力學是在「物質」的層次。馬克士威爾的電磁學方程式是在處理「能量」的層次。量子力學是在處理「信息」的層次。西方科學家最不懂的就是「心靈」層次。而佛教和古老的東方宗教，如道家、儒家、印度的各種瑜伽，卻是從最高的「心靈」層次往下看信息、能量和物質各個層次，方才可以有前述那樣精彩的認知。

量子力學一直以無生命的次原子粒子作為研究的對象。科學家們也就假定那些詭異的現象只存在於無生命的物質世界。所有的生命世界仍舊要依照牛頓、笛卡兒、達爾文的定律來運作。這個觀點正是現代醫學、生物學、生物化學、人類學、考古學，乃至一切自然科學、人文社會科學的基礎。然而深入去探索，發覺這個假設是不能成立的。因為離開我們的心靈、意識，這個五光十色的世界就不存在。

我們在說「真理」的時候，是心虛的。我們只能說：「我們現在這樣的觀察，是大家共同遵守相同的觀察方法所得到的對這個宇宙的一些認知。在結構、邏輯上也很合理，能夠自圓其說。當然也有些部分是沒有辦法合理化的。我們所得到的實相，其實並不是真正的實相，因為我們沒有辦法證明，我們所認知的實相和真實的世界是完全一致的。我們只能相信自己的認知接近真實世界的面相，但不是我們「證明」了它接近真實。」

這才是真正學科學的人應有的態度。可是很多人認為科學就是真理，那完全錯了。問他：「什麼是真理？」他們會說：「就是真正的道理。」真理兩個字變成五個字的「真正的道理」，即使講了還是等於沒回答。也許我們會說：「真理可以被定義。」如果真的可以定義真理，我們就不需要花費力氣再去追求真理啦，因為可以定義就等於已經知道了。

量子力學會讓人回頭想，人類所認識到的宇宙，到底和真實世界有多大的差距。我們只能說：「盡力去認識宇宙。」用什麼樣的方式去認識它呢？藉著實驗數據和理論的計算的吻合程度，就代表我們所掌握到的真實程度。

這樣的過程讓我們感受到，二十世紀初，歐洲有一群科學家在反省我們人類對自然環境的認知是怎麼建構起來。也正因為有這樣的反省，讓科學有更為深入的省悟感。這種深度省悟也影響到其他的學科。只是科學家對很多東西的描述很抽象或形式化，不易親近一般人的想法和語言表達。許多精采的概念也就常被誤用，或者只被利用在促銷之類的皮相事物上。

在這樣的認知基礎上，我們可以安心的從心性、心靈的角度來重新解讀儒家和道家的各部經典。這樣的解讀完全不同的現行市面上所看到的版本，它更接近孔子、老子、莊子的本意。至於接近到什麼程度，就看個人的功力了。

6. 對宇宙的新認識

量子力學從普朗克（Max Planck 1858-1947）在一九〇〇年首次提出「量子」（Quantum）的概念，到今天，二○○七年底，已經一百另七年。可是對臺灣的學術界來說，仍是一個相當陌生的領域，遑論以上所說的那些在心靈、認知方面的影響。陳國鎮的「生命多重結構」理論，只是在描述一個「個體」的構造。沒有涉及「人與人、人與物」是如何的溝通。可是在世界上，就有許多傑出的怪才真在埋頭努力，企圖解開「心物合一」現象的謎團。

在《療癒場》[5]這本書裡，介紹了十幾位專門從事「邊緣科學」的學者和他們的工作成就。他們不肯墨守成規，死記量子力學的基本公式，他們從不同的角度切入，企圖更深入的探索許多重大的疑問。像是美國第六位踏上月球的太空人艾德．米切爾（Ed Mitchell），在執行阿波羅十四號太空船任務之餘，也在距離地球之外四十萬公里的地方，做了四次關於「心靈遙感」的實驗。後來他拿這四次的資料跟在地面上的同事所做六段猜測做對比，結果確認雙方的相符程度，達到「顯著」的程度。他的〈心靈遙感〉小實驗成功了，也就說明「距離」不能阻隔心念的傳遞。從量子力學的立場來說，那種現象正顯示：「世界成為一種相互關聯，不可細分的矩陣。」[6]

米切爾離開太空總署之後，致力於探索這些奇怪的現象。夥同幾位史丹福大學的科學家，成立「知性科學研究院」，這是一個非營利組織。宗旨是要資助相關的研究。他更是全心投入，流連忘返。《療癒場》這本書中指出，世界上有許多人也在從事類似米切爾所做的實驗，把他們的研究匯聚起來，有一

---

5 Lynne McTaggart, *The Field: The Quest for the Secret Force of the Universe*, 2002。蔡承志譯，《療癒場：探索意識和宇宙的共振能量場》，台北市：商周文化，2007。

6 同前註，頁42。

個共同的重點：「自我」擁有一種場，能影響世界，也受世界的影響[7]。這是一個非常重要的觀點，往後會提到的「禮樂」，尤其是「樂」的部分，就是要運用這種觀點，才能認知它的根本要義。

在這本書的第二章〈光明之海〉，普索夫（Harold E. Puthoff）在構思物質的最基礎本質的時候，把「零點場」（zero point field）放進去，於是宇宙的最底層就是一片能量翻騰的量子海。如果普索夫的說法是事實的話，那麼宇宙裡的萬事萬物都是相互牽連，就像一個無形的網絡。

他們更發覺，包括人類在內的生物，由於有明確的物質基礎，因而也是量子能包所構成，不斷的與外界的無窮無盡的能量大海互通聲息。所有的生物都會發出微弱的信息波動。從細胞的溝通到基因的排列，都是藉由量子級的信息交流來運作。就連我們的心靈也是依循量子過程來運作。所有高等的認知功能，諸如思考、感受、行動、認知等，全都和遍布全身和頭腦的量子波同步脈動。人類的腦部的次原子粒子和外在的能量大海不斷的彼此互動，方才產生我們的知覺。這就是說，我們和天地宇宙一起共振，方才有知覺，也因而能夠對世界有所認知。《禮記》的〈樂記第十九〉說：「樂者天地之和也。」就是在描述這種量子共振的現象。而這種認識就成為中華文化最精華的「天人合一」觀。

《療癒場》這本書的作者指出：這些從事最尖端科學研究的另類科學家們所提出的見解，能夠幫助我們提升生命的價值，不同於牛頓和達爾文所說的世界觀。這些觀念讓我們認識

7 同前註，頁 44。

到人類和所有的生物都不是偶發的產物，而是有其特殊的生命目的，也有一貫的道理。我們一切的所作所為都有其意義，而這種意義正是世界創生不可或缺的要素。人與世界不再分離，人更不是在宇宙的邊緣冷眼旁觀。人類可以重新穩定腳步，回歸到世界和宇宙的核心。關鍵就在於我們對「心」和「意識」的真實體認。

有了以上的認識之後，我們可以放心的說，在廿一世紀的開始，我們應該可以揚棄二十世紀中國人心坎上的那個「中國沒有（物質）科學」的遺憾，重新去認識形成中華文化最根底的機制。那就是量子力學一再強調的「心念決定並構成外在的有形世界」的機制和運作。在傳統中華文化裡，這種機制就稱之為「心性」。這方面有關的學問就是「心性之學」。這種心性之學只有「真正的人」才能具備的。

三、如何才算「真正的人」

儒、釋、道三家共同所要探討的主題就是「人」，一個有血有肉、有強大心性能力、可以感知天地萬物的那個「真正的人」。

當我們放眼看地球上的礦物、植物、動物和人類這四大界時，可以發現這四大界的東西各有特質。礦物只有物質，呆呆的在那裡，它的變化完全依靠外來的力量，自己本身無法發生變動。也有人說，礦物同樣有心靈。礦物的心靈就是它的物理、化學上的特性。可是它不會自行生長，也不會記憶，更不會對外來的刺激有所反應。

植物跟礦物相比，除了有物質之外，更多了一種自動生長變化的能力。從種籽到發芽、幼苗、成長茁壯、開花、結果，又再度成為種籽，完成一個循環。我們把造成這種生長循環的力量稱之為「生命活力」（vital force）。在中國古書中，稱之為「炁」或「氣」。有了這種生命活力，萬物才會生生不息，欣欣向榮。在《植物的秘密生命》[8]這本書中，作者羅列了許多有關植物的情緒、記憶的實驗。植物的這些情緒、記憶跟動物和人相比，那就簡單多了。

動物界的構造除了物質和生命活力之外，又加上了「意識」。所有的動物之所以會移動，都是因為「意識」在發生作用。這個意識主要是針對生理上的需求而起各種反應。俄國科學家巴夫洛夫（Ivan Petrovich Pavlov, 1849-1936）所做的生理「刺激←→反應」實驗就是在描述動物界的本質。所有的動物都依照生理的需求起各種反應。餓了，就要覓食；有危險，就要躲避；到了繁殖時節，就會發情，找尋對象。季節的變換、自然環境的改變都會導致動物的遷徙。絕大多數的動物是「自有主見」，也就是「很不容易馴化」。只有馬、牛、羊、狗、豬、貓等少數幾種動物可以對人類所發出的信息有所反應，於是牠們就變成人類飼養的家畜。那少數幾項能夠依人意而來的反應已經讓愛養寵物的人們心醉不已，幻想貓狗等寵物已經是「人」。

人類跟礦物、植物和動物這三界相比，不但同樣擁有「物質、生命活力、意識」這三個層次，更多了「自我意識」這個層次，而「自我意識」來自於「心靈」，是心靈接收了外來的

8 Tompkins, Peter and Christopher Bird, *The Secret Life of Plants*, 1989。中文版由薛絢譯，《植物的秘密生命：從花仙子到夸克中存在的不為人知的自然之靈》，台北市：商務印書館，1998。

各種信息之後，做了最佳的研判和解讀之後，方才做出有關的解讀，下達相關的反應指令。身體才會針對那個刺激做出相關的反應。

人類學上一直在問：「什麼是人？」最早的說法「man as hunter」（人就是獵人）。這就是達爾文思想的具體表現，殘酷本性一展無遺。考古家發掘出來一萬多年前的長毛象身上往往帶有幾支石鏃標槍，那是「人就是獵人」的鐵證。許多人會覺得這樣太貶抑人生的價值，於是後來又有「人是工具的製造者」（man as tool-maker）的說法。到了一九六〇年代，動物行為學興起，發現動物也很會製作和使用工具，人不是天地之間唯一會製作和使用工具的生物。這種說法就失去了可信度，不再有人提起。

人究竟是什麼？人和動物的分野究竟在那裡？如何才算是真正的人？一直困擾著人類學家，也同樣困擾每一個信奉現代科學的人。其實，人和其他生物的分野，就在於人有「自我意識」這一點上。人會想、會學習、會創造、會發明、會無中生有、會作繭自縛、會坑矇拐騙，會歷史傳承、會無情批判，凡此等等，都是因為人有「自我意識」。

所有的生物都擁有一個物質的基礎。這個物質基礎跟量子力學所探究的無生命次原子粒子並沒有什麼差別。我們怎麼可以這樣一刀切下，宣示量子力學並不適用於生命世界呢？同是物質，當然應該一體適用。也唯有把量子力學所認識到的物質虛幻世界運用來描述和理解生物世界，我們才可以了解中華文化傳統的心性之學究竟在說什麼，也才能一探中華文化的根底。

中華文化有許多地方是現代科學所不能理解的。世界上許多被認為是「原始」的民族文化也是現代科學所不能理解的。

但是它們的存在總有幾千年，絕對不是「迷信」或「無稽之談」，一定有它的道理和機制，只是現代科學不肯去面對和承認罷了。

光憑前述量子力學的基本概念要想一探人類文化的秘密，那是不夠的。更何況量子力學也有它的困境。由於它的理論一直很紛歧，沒有統合成為一貫的理論。可是它又非常實用，成為製造原子彈和現代電子產品的關鍵技術。量子力學因而降格成為極為好用的科技，它的哲學意涵已經被人們拋諸腦後。由於像薛丁格方程式等量子數學都非常好用，所以現代的物理學家們都能相信量子世界的詭異本質，可是卻搖頭排斥與之有關的整個量子現象：電子怎麼可以同時與一切事物互通音訊？電子怎麼可能不是固定不變的單一物件，而是要等到實驗者的檢視和測量之後，方才成為固定不變的實體？既然電子是像煙霧一樣的飄渺幻影，又如何在觀察者開始作觀察之際就立刻變成具相的實物？要想回答這些問題，唯有從「心」找起，才能找到答案。

四、新時代運動

從一九六〇年代起，歐美又有所謂的「新時代運動」（New Age）產生和流行。熱衷於新時代運動的人們狂熱追求對「心靈」的認識和體認。

1. 禪學與禪修

有不少人醉心於印度的瑜珈（Yoga）、西藏的佛教密宗、以及其他各種修行方式。更有人喜歡中國的孔孟、老莊學說。

在運動初起時，日本人鈴木大拙（1870-1966）有關「禪學」的作品大受西方人士的歡迎。在一九八〇年代，西藏的達賴喇嘛更成為西方人士心目中「東方文化的代表」，向他請益的西方人士絡繹於途。許多有學問的西藏喇嘛也在歐美各國的大學開課，講授藏傳佛教。這個運動特別著重生命靈性的探索和實際的禪修活動。更有許多西洋人因而出家為和尚，跟隨喇嘛學習佛法。不僅是探索東方文化的知識，更從生活實踐中，去體會和證悟東方儒、釋、道三家心性之學的精髓。

最有名的例子是一九六六年，當時二十歲的馬修・李卡德（Matthieu Ricard）看了朋友所拍攝的西藏大師的影片，深受感動，買了一張前往印度的便宜機票，動身前往大吉嶺，在那裡遇見了他的第一位西藏老師，和佛教有了初步的接觸[9]。那時他正是諾貝爾生物醫學獎得主賈克柏（Francois Jacob）的門生，學業正要步入輝煌時期，前途一片光明，可是經過暑假的精神之旅，卻使他的心時時飛向印度。完成博士學位後，他告訴父親和老師，要定居亞洲，開始過心靈的生活。他們驚訝之餘，有著不解的失望。馬修和西方的關係並未全然斷絕。他成了僧侶，跟著西藏大師學習、翻譯佛典，成了佛教西傳的橋

---

[9] 有關李卡德的事蹟，請參看他最近的著作《快樂學》（*Plaidoyer pou le bonheur*, 2003）的自序，賴聲川、丁乃竺譯成中文，台北市：天下文化，2007。

梁。三十一年後，馬修和哲學家父親針對佛教和生命的意義展開對話。父親對佛教犀利的質疑，讓馬修有機會揭開佛法神祕的面紗；佛法不是無為、迷信、被動的東方思想，它是一門心的科學。這次對話集結成書 *Le moine et le philosophe*（*The monk and the philosophe*）[10]。

2. 同類療法

這個運動的核心就是對「心性」的追求和實踐，產生了許多非常有靈性的東西。像是二百年前 Sameul Hahnemann（1755-1843）所倡導的「同類療法」（Homeopathy）在這五十年又有抬頭復興之勢。這是一種非常強調身心合一、整體治療的醫學，原先流行於歐洲的上層貴族。而今，歐洲各國的醫師在開處方的時候，所用的藥有一半以上是用花草、礦物做成的同類療法製劑，而不是像台灣醫師完全使用化學合成藥物。在維也納，使用這種同類療法的比率更高達75%。在美國也有相同的上揚趨勢。有人研究過，美國從1990-1997 的八年間，西醫的業績沒有什麼成長。可是同類療法和各民族的醫療，卻快速的成長[11]。

---

10 中文版，賴聲川、丁乃竺譯《僧侶與哲學家:父子對談生命意義》，台北：先覺文化，1999。英文版 Jean-Francois Revel, Mathieu Ricard, John Canti, and Jack Miles, *The Monk and Philosopher: A Father and Son Discuss the Meaning of Life*, New York: Schocken, 2000.

11 “Extrapolations to the US population suggest a 47.3% increase in total visits to alternative medicine practitioners, from 427 million in 1990 to 629 million in 1997,

3. 史坦那與靈性科學

奧地利人 Rudolf Steiner（1861-1925）從生命靈性的角度提倡天人合一的學問，稱之為「人智學」(Anthroposophy）或「靈性科學」(Spiritual Science)，在教育、同類療法的醫學和藥物、有機農業、銀行、建築、戲劇等方面有非常重大的貢獻。在全球已有六十多個國家成立相關的學會和機構。像他所講的有機農業，非常強調種植和採收的時間一定要配合天上星座的運行，十二星座分成四組，分別對應根、莖、花、葉。才可以有好的收成。在教育方面，他的教材設計是以人類文明的進展做為藍本，從古埃及文明開始，到近代的科技文明，平均分成十二段，作為小學一年級到高中三年級的學習內容。也就是讓學生在中小學階段，依照人類文明的發展次序，完全經歷一遍。

4. 貝區醫師與花精

自古以來人類的戰爭都只局限在前線戰場。可是第一次世界大戰有了飛機，第二次世界大戰有了飛彈，戰場已無前後方之別。在英國和歐洲，歷經兩次可怕的世界大戰，狂轟爛炸，不但把整個城市夷為平地，更把人類的靈魂都震散、震碎、震

---

thereby exceeding total visits to all US primary care physicians." In Eisenberg D.M. et al. "Trends in alternative medicine use in the United States, 1990-1997: results of a follow-up national survey. *JAMA* 1998; 280:1569-75.

垮了。尤其是第一次世界大戰，人類第一次經歷這種可怕的徹底毀滅。於是發瘋、發狂者不計其數。在戰後，如何平息、修復這種已被徹底破碎的心靈，成為當務之急。英國醫師愛德華．貝區（Edward Bach 1886-1936）憑他超乎常人的心靈覺知，於一九三二年到一九三六年，耗竭他畢生的心力，陸續發展出來三十八種「花精」（Flower Essences），可以用來治療破碎的人心[12]。在他過世後三十年，也就是到了一九七〇年代，花精在歐美大為流行。讓人們認識到心靈、情緒和身體狀況之間的互動關係。

Bach 醫師的名言是說：「要治的是人，不是病。」（Treat the person, not the illness）所有的疾病都是因為「起初的錯誤」所造成。這個錯誤不但使人體的運行偏離常軌，會破壞身體的完整性。當完整性受到沖擊時，人體就如同缺少陽光的花朵，逐漸轉趨衰弱，甚至枯萎。也就是染上了疾病。人類最常感染的七種疾病是：自負、凶殘、憎恨、自私、無知、情緒不穩、貪得無厭。疾病的產生是情緒和生理之間衝突的結果。Bach 醫師所說的「最初的錯誤」應該就是我們所講的「心性」或「心靈」。只可惜他英年早逝，對「心性」方面較少著墨。

12 崔玖、林少雯，《花精與花魂：崔玖談花精療癒力》，台北市：心靈工坊，2007。

5. 其他

一九八四年英國醫師 Vicky Wall 又發現「色彩」和身心狀態之間的互動關係，而有「靈性彩油」（Auro Soma）。彩油的色彩原料都來自於植物。光線中最基本的七彩依序對應人體的七個輪脈。身體的狀態強弱與七個輪脈的光譜的強弱成正相關。只要補足所欠缺的光譜，不良的身心狀態就可以得到舒解。

又，美國作家 Kenneth Wilber（1949 年生）鑒於現代的知識越分越細，有見樹不見林之憾，因而極力倡導從「整體」（holism）的角度來思考所有的學問。他也有很好的禪修經驗，可是他不承認是佛教徒。近二十年來他勤於寫作，著有 *Spectrum of Consciousness* (1993), *Grace and Grit* (1993)[13], *A Brief History of Everything* (1996)[14], *The Eye of Spirit* (1995), *The Marriage of Sense and Soul* (1998)[15]、*Theory of Everything: An Integral Vision for Business, Politics, Science and Spirituality* (2000)、*Integral Spirituality: A Startling New Role for Religion in the Modern and Postmodern World* (2006) 等廿十九本書和 CD。

以上所舉述的只是這個運動中的一小部分。每一項目都涉及到對宇宙整體生命、人的靈性、植物的靈性等方面。這些範疇其實都不脫中國儒、釋、道三教的「心性」之學。只是西洋人在這方面做得更精緻，包裝得更漂亮。

---

13 *Grace and Grit* (1993) 一書由胡茵夢、劉清彥合譯成中文，書名為《恩寵與勇氣》，台北市：張老師文化公司出版，1999。

14 *A Brief History of Everything* (1996) 一書由廖世德譯成中文，書名為《萬法簡史》，台北市：心靈工坊出版，2005。

15 *The Marriage of Sense and Soul* (1998) 一書由龔卓軍譯成中文，書名為《靈性復興》，台北市：張老師文化出版，2000。

五、企業治理與心性之學

另外，近年來，在美國的企業界也認識到企業主、董事會、執行長的心性狀態對於企業治理上有無比的重要性。

在一九七〇年代，美國的大企業為了追求成長，認為應該把企業的所有權和經營權分開。企業的所有者退居董事會，把經營之責交給專業的經理人（正式名稱是「執行長」）。於是就有「企管碩士」（MBA）的課程興起。這個課程的主要責任就是在培養企業所需要的專業經理人。這些專業經理人通常不是由公司的基層做起，而是外來的空降部隊。他們的薪水非常高昂，其中百分之九十是公司的股票和認股權。美國五百大的企業，有五百位專業經理人，他們年薪的總合是這五百家企業所有員工薪資總額的百分之七十三。由於這些高薪大都是股票和認股權，因此股價的高低直接影響到這些專業經理人的收益。面對這樣厚利，人心如何能忍？在「厚利」的誘惑下，專業經理人無不卯足勁道設法維持公司的股價處於高價位。不管他是用正當的，或是不正當的手段。

股價的好壞高低同時也表示公司經營的實際績效。股價的好壞取決於財務報表和公司的獲利能力。為了昭求大信，美國股市的操盤手通常不太理會執行長的報告，而是相信會計師事務所的簽證認定。可是在二〇〇一年，美國爆發了史上最大的一宗企業弊案----恩隆（Enron）案。這個案子的情節相當複雜，包括利益輸送、內線交易、詐欺、作假帳、得意忘形及辜負信託業務（背信）等項。最讓美國人痛心疾首的事是恩隆這家公司的執行長、會計長、和會計師事務所居然沆瀣一氣，一

起做假帳。世界最著名的安德信（Arthur Anderson）會計師事務所因此賠上百年全球信譽而倒閉。

賓州大學華頓商學院（Wharton School, University of Pennsylvania）的教授，作家及倫理學家 Thomas Donaldson 指出：「恩隆案的潛在意義是商業道德不單是重要，而且是非常重要。」[16]「一旦牽涉到大筆的財富，許多人就聽不下真理。投資者不願執行長發表負面談話使股票下跌，即使只是短期影響也不行。所以興起了吹牛的文化，自欺的文化。」[17]他認為單靠法律條文的限制是起不了太大作用的，最終的力量還是來自於道德的約束和自省的能力。達拉斯南衛斯理大學的麥格爾倫理及公共行為責任中心主任 Richard O. Mason 也說：「商業倫理始於個人的操守。」[18]後來美國又陸續發生世界通訊（WorldCom）、艾德爾菲（Adelphia）、南方保健（Health South）、全錄（Xerox）、墨克（Merk）藥廠的弊案，仔細調查之後，發覺幾乎所有的公司都有做假帳的事實。

面對這樣冷峻的事實，Donaldson 教授指出：有兩種不同的企業經營模式會強烈影響企業的文化。一種是「股東」

16 http://wf.fhl.net/weslynews/weslynews88.html.

17 同上。

18 http://wf.fhl.net/weslynews/weslynews88.html.

（Shareholder）對股票的價值觀。他們往往會認為，努力拉高公司股價就是執行長的工作方向。這麼一來，就會逼使執行長去做假帳。

另一種是「利害關係」（Stakeholder）制度。不是以獲利為唯一的前提，而是客戶、股東、員工及其所屬團體共同獲利，就是公司獲利的來源。也有其他商業專家再加上另一個因素：「社會功能」。企業在營利的同時，提供工作機會給雇員、社區、乃至於遙遠的地區的窮人，並就盈餘向政府繳稅。這些概念就形成了後來所謂的「企業社會責任」（Corporate Social Responsibility, CSR）。這個觀念在二〇〇二年時已經成為歐美國家評斷某個國家或某個企業的競爭力的一項重要指標。

從二〇〇〇年起，美國政府警覺到原本認為是金字招牌的美國企業竟然如此骯髒，於是大力改革美國的企業組織，推出一連串的改革法案，把每一家股票上市公司所有的大小事情都納入監督之列。一夕之間「公司治理」就成了熱門的話題。國際上也出現許多專責機構研究有關「公司治理」的議題。全球有兩萬個這樣的機構，台灣只有一個。

什麼是「公司治理」？陳嫦芬認為一個理想的「公司治理」，應該是「股東、經理人、董事會和利益關係人四者之間相互結合，共蒙其利的狀態。」利益關係人就是指公司的顧員、家屬、顧客以及其他與公司有關的人員。陳嫦芬認為，共利的意義是在於相互的照顧。反過來說，也就是相互監督與制約。

在美國，對「公司治理」具有示範作用的機構是美國加州退休公務員基金會（California Public Employees' Retirement System，CalPERS）。他們對「公司治理」也提出一套具體的標準：「第一是商業道德，第二是資訊透明化，第三是經營責任」[19]。「道德」的要求高於其他兩項。這個機構目前有 2,415 億美元的基金，要照顧一百五十萬名加州的退休公務人員。每年都會從他們投資的對象中挑選幾家有問題的公司，做「破壞性的建設」，打破該公司原有的制度，建立一個符合公司未來發展需求的新制度，幫助他們脫胎換骨，成為具有十足獲利能力的公司。這個機構已有七十五年的歷史。他們歷年來對於「道德」的要求，在一連串企業弊案之後，更顯得特別有其意義。

各國政府為了防止各種公司的弊端，通常都會制定許多法令來規範公司或企業的運作。這些法令多如牛毛，讓各家股票上市公司動輒得咎，叫苦連天。於是不少的學者、專家、企業經營者認為：在「上有政策，下有對策」的情形下，法令越多，作弊的機會也就越多。他們認為：「公司好不好，其實是公司內部的問題。最重要的是企業的價值觀對或不對。董事會的職責就是設計良好的企業文化。在追求金錢、收益之餘，一定同時也要注意公司治理的品質。」也就是說，外在紀律再多、再嚴，不如「公司自己管自己」來得有效，而且更實際。於是就有了所謂的「公司的社會責任」這樣的人文運動發生。二〇〇七年三月由美國一百六十家頂尖企業執行長所組成的「企業圓桌會議」(Business Round Table) 由全錄公司的女總裁 Ann McCarthy 擔任。她在就職時說，在她的任內要以「企業的道德」做為全力推動的目標。企業再好，不能永續經營也是枉然。這種永續經營的動力，不是來自於他力，而是來自於

---

19 http://www.calpers.ca.gov/

公司的自律和自省。

美國的商學院也開始改變 MBA 的訓練內容。維吉尼亞大學商學院推出新的 MBA 課程，以「道德行為、公司治理、社會責任」三項為主要的課程內容。在美國已有百分之三十六的大學開設「企業社會責任」課程，有百分之十六的 MBA 課程有這門課。在北歐更是有百分之四十的大學規定學生必需修習「企業社會責任（CSR）」這門課，否則不能得到大學文憑。也許在二〇〇八年起，這些項目將會成為評定一個企業的好壞，乃至於一個國家競爭力強弱的標準。

對於公司治理方面，以專業經理人為主的歐美國家和以家族企業為主的亞洲、拉丁美洲國家，各自發展出不同的運作形態。在「企業社會責任」方面，各大企業相繼與社會慈善機構、非營利組織結合，也有相當不錯的發展。唯獨在「道德行為」這方面，歐美國家都是「向外追求」的。這是因為在他們的文化中一直缺少對「向內觀照心性」的認知和相關的練習方法。

六、靜默與內觀

公元二〇〇〇年以後，美國的企業因為有一連串的弊案，方才發現企業主、董事會、執行長的心念正或不正，才是企業能否成功和永續發展的最基本要素和保證。於是麻省理工的教授彼得・聖吉（Peter Senge）所倡導的「靜坐」在「公司治理」（corporate governing）就具有無以倫比的重要性。Peter

Senge 教授在《修練的軌跡》[20]這本書中指出，「企業社會責任」（CSR）和「公司治理」都不足以解決人心的問題。他認為，要想解決人心的問題，必須要「集體學習有關意願的修為」[21]。具體的做法是：「誠實的看待自己的內心，在組織型的學習環境之中，知道如何順天應命，成就每一個人一生應該扮演的角色。」「學習不能一個人，遺世而獨立，應該以整體為念。」「思考時能以整體為念，則更能覺知到整體的存在。」

Senge 指出，集體學習的第一步是「懸掛」（suspension），也就是「內觀」[22]。要放下自己的慣性思考模式，以嶄新的眼光看清楚「自己」與「事實」之間的關係。打開心靈，就會有嶄新的覺知力，放下我執，轉向集體的變革[23]。用心去看，把自己融入整體組織的關聯中，才會產生創造力。最好的方法就是「靜默」（silence）[24]。在靜默中，體會自然湧現的意念，看清楚自己是什麼。這時候，要發一個小小的願望，然後把這個願望具體化，而後才會有所覺醒，智慧也就隨之升起。有了智慧之後，才會有所行動。這時候就會帶有熱情和積極投入。每一個人都是相互聯結的，一起靜默，讓智慧升起，就會形成一群小螞蟻扳倒一隻大象的情事。

聖吉在他的書上舉述兩個實例來說明美國的企業界如何知

20 Senge, Peter, C. Otto Scharmer, Joseph Jaworski, Betty Sue Flowers, *Presence: An Exploration of Profound Change in People, Organization, and Society*, 汪芸譯，《修練的軌跡：引動潛能的 U 型理論》台北市：天下文化，2006。

21 同前書，頁 31-37。

22 同前書，頁 54-57。

23 同前書，頁 73-78。

24 同前書，第二章〈進入靜默〉，頁 105-162。

道「靜默」的重要性。全錄公司由於一群年輕的工程師奉命參加環保團體所舉辦的研習營，體悟到人類與自然界的關係。於是大家群策群力發展一套只有兩百個電子元件的新式影印機。其百分之九十六的電子元件是可以回收的。因而非常環保。獲得當年度美國最佳發明獎。

另一個具體的實例就是美國的 Intel 公司。Intel 公司的總經理馬爾辛要求在開會的時候，先靜默二十分鐘，然後再來開會。起先與會者都很懷疑，可是事實證明，在會議中得到很多高妙的意見，付諸實行之後，讓原本計劃投資二十五億美元、預計五年回本的晶圓十一廠，在短短的五個月內就回本。[25]

聖吉對 MBA 課程的忠告是說：「有一天要想成為真正的領導人，他必須是一個真正的人。」意思是說，這個人必需要認識到生命的真正意義，才能成為偉大的領導者。而要想做到這一點的前提是「先要充分的認識自己。」

陳嫦芬指出，要做到聖吉所說的境界，必需要向古人借智慧。在美國 MBA 課程中，《論語》和《孫子兵法》是經常被引用的兩本經書。聖吉教授跟從南懷瑾先生學習禪定，也出了一些相關的書籍[26]。陳嫦芬指出：《大學》所揭櫫的「知止而後有定、定而後能靜，

25 同前書，頁 194。

26 南懷瑾，《南懷瑾與彼得聖吉》，台北市：老古文化，2006 年 3 月。

靜而後能安，安而後能慮，慮而後能得。物有本末，事有始終，知所先後，則近道矣。」正好可以補足聖吉想法上的不足之處。

世界上的這些發展，不論是量子力學，或是美國的企業，共同之處就是顯示中國傳統「心性之學」的重要性。四十年前當學生的時候，聽老師說，廿一世紀將是中國人的世紀。那時心裡只是覺得老師在講天方夜譚。現在我們清楚的看到這個預言即將成真。面對這個偉大時代的來臨，我們必需做好一切相關的準備，不再用五四時代那種輕視、仇視、敵視傳統心性之學的心態，而是用現代科學探索未知的心態，從「對心性的認知」這個角度出發，重新認識古人的認知，也從這個角度出發，重新解讀先秦諸家經典。這就是我要寫《論語心解》的最根本用意。

《論語》這本書本來就是為了訓練春秋時代的執政人才而作的。那時稱之為「相」或「宰」。相當於現代企業的「執行長」。因此，面對二十一世紀的企業治理，好好的研讀《論語》這本書，不就是順理成章的事嗎？

七、如何訓練執行長

我也意外的發現，春秋時代所碰到的問題和現代企業治理所碰到的問題，竟然非常相似。都是要讓「專業經理人」的心性安定下來，方才可以靜靜的把公司所碰到的事情看清楚，然後再提出適當的對策。

現代的企業由於生產機械化、標準化、自動化，以及各種系統控制工程的幫忙，主事者已經不需要再像早年那樣事必躬親，忙得團團轉，而是有相當多的空閒時間。有人估計過，現代的企業經營者或執行長花費在實際生產工作上的時間，只占先前的百分之四十。剩下來的百分之六十的時間要做什麼？一些能夠永續經營的百年老店的經營者，都會把這些多出來的時間去做兩件事：「選對人」和「做對事」。

如何才能「選對人」和「做對事」？這不是單憑科學的分析就可以完成的。必需有其他的條件配合才行。最主要的條件就是主其事者「用心把整個事情的來龍去脈看清楚」。要怎麼「看清楚」？當然不是用眼睛去看，是用「心」去看。那也就是彼得．聖吉所說的「懸掛」和「靜默」。能夠做到這些境界，心就會進入一個深層安定的狀態，在那種安靜的狀態下，心靈會接通許多有用的信息，或者說是，許多有用的信息會相應而來，於是就很容易把那件所要處理的事情看清楚。像愛因斯坦能夠獨立完成狹義相對論，就是他看清楚牛頓力學的各種優缺點，發現牛頓力學只是在描述星球與星球之間的靜態關係，於是他就提出一個有關星球之間動態關係的理論，那就是狹義相對論。

這種事情在商場上更是層出不窮。為了減少產品上市時的空包不良率，歐美大公司可能設計出複雜的 X 光檢測系統，台灣的公司很可能用一隻強力電風扇把空盒子吹走。兩者的差異只是在於人心的認知。又如，夏天時，為了貪圖涼快，整夜吹冷氣，以致早上起床後，頭痛不已。西醫的標準反應就是去做各種必要的檢查，甚至會動用到核磁共振攝影，看看頭部有什麼腫塊。中醫和民俗療法的辦法在問明是否整夜吹冷氣後，就讓他戴一頂帽子，直到頭頂冒汗；或是喝一碗熱熱的紅糖生薑湯，蓋被子睡覺，出一身汗，頭就不痛了。為什麼會有如此不同的認知？因為所學的知識會障蔽心靈的活力。心性之學的最基本要求就是減低這個知識障的干擾。知識障能夠減到最低點，那麼心靈的活性也就相對的變成最高點。

《四書》所說的內容，主要就是在教我們如何認識和運用這個可以認知外在世界的主體，也就是心性或心靈。《論語》是一本教人如何修煉自己的心性、增強接收信息能力的教戰手冊。前半本是在講如何練習，後半本是在舉例說明和印證。《大學》是在講心性狀態是什麼。《中庸》則是更明確的標出要達到這種心性狀態，該如何練習。儒家的基本目標就是在教貴族子弟，以及有志於學習的人，如何透過一定的練習，讓自己的心靈變得敏銳，可以隨時用直覺來捉取流轉於宇宙中的信息，解讀這些信息，做為治國的依據。能做到這種地步，就是後世所謂的「無為而治」。若是不相信直覺而得的信息，而是依照自己的想法來行事，那就是「有為而治」。一旦有為而治，就容易有所偏差。因此，在漢武帝時，「罷黜百家，獨尊儒術」，應該不是愚民政策，而是經過慎密的評估，認為唯有儒家方才有一套完整的人才訓練方法，一般人經過一番嚴謹的心性訓練之後，即能成為真正可用的人才，為國家做事。這就是古人求學的精義，也是歷代一直崇奉儒學的根本要義。

從這個角度更能體會明代大儒王陽明所提倡的「致良知」與「知行合一」。原來這兩句話是在說：要把那個可以覺知外在一切事物的心性找回來，這是「致良知」。用這個清靜的心性把事情看清楚。然後依照這種認知去做事情，就可以把事情做成功。這就是「知行合一」。

在這一百年來，學子們由於崇尚物質科學，讀的是洋書，把傳統的那套讀書和練習心性的辦法都遺忘了。由於看不懂，當然就不會珍惜。國民政府在激烈的政治鬥爭中，慢慢的體會到心性、直覺的重要性，方才會有戴傳賢、蔣中正等人相繼提倡要替為儒家的傳統尋取科學的依據，因而有《科學的學庸》這種訓詞出現。蔣中正非常推崇王陽明的學說，他自己也身體力行。每逢碰到不容易解決的問題時，他就會輕車簡從，到橫貫公路上的梨山賓館，一個人靜靜的尋求靈感，直到他把整個問題「用心看清楚」之後，才會把與這個問題相關的人員請上山來，兩人促膝長談，把各種方案的利弊得失都弄清楚之後，方才做最後的決定。民國五十六年（1967）七月，蔣中正請劉大中、蔣碩傑、費景漢、顧應昌四位經濟學家，以及當時的經濟部長李國鼎，一起在梨山賓館這個非常安靜的高山上，商討臺灣經濟發展的具體方案。決定之後，由李國鼎部長去執行，方才有後來的臺灣經濟奇蹟。

1967 年 7 月，劉大中、蔣碩傑、顧應昌、費景漢四院士在梨山賓館向蔣中正總統提出有關臺灣財經改革意見。右圖左起顧應昌院士、劉大中院士、費景漢院士、蔣中正總統、經濟部長李國鼎先生、蔣碩傑院士。左圖是劉大中院士正在向蔣中正總統說明經濟改革方案。

現在我們面對最新的企業發展情勢，從「生命」「心性」這些角度出發，再配合上自然科學最尖端的研究成績，方才發現，其實現代科學和中國傳統的治學與修身方法可以有互通的地方。也是廿一世紀企業治理和國家發展的必要手段。八年前，我從中央研究院退休，轉到佛光大學生命學研究所工作。八年來，我主要的研究目標，就是在結合中西、匯通科學和中國傳統，運用現代的科學知識來重新認知中國先秦諸子、儒釋道三家的內容。經過八年的沉思，終於有一些心得。這本《論語心解》就是具體的表現。

第二章

心性之學的由來和形成

心性之學是儒家思想的根本，但不是到了春秋時代方才出現，而是源遠流長，承襲一個非常古老的文化傳統而來。

通常我們會說，孔子創建了儒家。這句話其實是不對的。孔子並沒有創立什麼門派。他只是有系統的整理了在他之前已經流傳了三、四千年的文化傳統。道家、法家、陰陽家等九流十家也都承繼相同的文化傳統，只是著重點不一樣而已。那麼這個文化傳統究竟是什麼？我們對它卻非常的陌生。在這一章，我們試著說明這個文化傳統是怎麼一回事，是怎麼發展的。

要想探討心性之學的源起，必需把握住兩個重要的主軸：一是人生的不平等特性、一是「靜坐」、「內觀」的能力。前者是說明什麼樣的人會發展出心性之學。後者是說明心性之學的最基本要求。

一、人生不平等

「人生而平等」（man born equal）是一句現代人人皆知的名言。出自美國的獨立宣言。可是當我在美國費城（Philadelphia）讀書的時候，第一次去參觀獨立宮，看到有關美國獨立宣言的解說時，對那個解說的內容感到非常驚訝，怎麼跟我在臺灣所讀的美國史不一樣？後來又讀了不少美國在北美十三州殖民地時期的史書，方才弄懂，「人生而平等」這句話原來是用基督教新舊各派相互仇殺的血淚澆鑄而成的。

自從馬丁路德在一五二〇年發起宗教改革運動之後，天主教不再是歐洲唯一的教派。新的教派像信義會（Lutheran）、浸信會（Baptism）、美以美會（Methodism）、長老會（Presbyterian）、教友派（貴格派）（Society of Friend, Quaker）、聖公會（Anglican Church）、公理會（Congregationalism）等，一個又一個的冒出來。天主教對付這些新興改革教派的手段就是屠殺和鎮壓。這些在歐洲生存不了的改革派只好逃到北美洲，各自建立殖民莊園。當他們在北美洲站穩腳跟之後，反過頭來宣布天主教是非法的教派，禁止天主教在北美各地傳播，捉到天主教徒也一樣的宣判：「他是妖孽」，釘在十字架上，放火燒死。各個改革教派之間也多有衝突。後來這些殖民北美洲的人士體悟到這樣的恩怨仇殺何時能了，方才有了「在上帝的面前，大家有兄弟般的友誼」這樣的認識，從而導出「人生而平等」這個概念。而後才會在美國獨立宣言開宗明義的講「人生而平等」。

這是非常重大的改變。在此之前，在人類共同的認知中，人是不平等的。看看我們身邊所認識的人，賢愚不肖、高矮胖瘦、忠實奸巧、偽裝善良、富可敵國、貧無立錐、紅顏薄命，凡此等等，比比皆是，有什麼平等可言？現代如此，古代又何嘗不是如此？因此，當我們用「人是不平等」的概念去看上古時代的人情世故，就可以看懂古代文化的真相。這個真相呈現在五、六千年前新石器時代的「人殉」、「人牲」兩方面。

人生而不平等的「人牲」、「人殉」現象在距今五、六千年前仰韶文化[1]時代就已經很常見了。翻看所有關於新石器時代的考古發掘報告，有關墓葬的部分，用人、狗、馬、玉器和陶器來陪葬，在那個時代是司空見慣的事，不足為奇。沒有這些東西陪葬反而會顯得奇怪。到了四千年前左右，「用人陪葬」「用人祭祀」的現象更是達到高峰。

中國最早的新石器時代村落遺址是屬於仰韶文化的西安半坡遺址。在民國四十二年（1953）被人發現，經放射性碳十四測定年代為距今六千七百至六千一百年前。在半坡遺址中有明顯的「人牲」遺跡。在1號長方形房子的居住面之下，發現一個被砍下的人頭骨和一組粗陶罐。黃展岳認為這是「奠基牲」[2]，房屋在奠基的時候要先埋一個人，通常是武士，用意是請他抵擋來自地下的厲鬼和邪靈的入侵。

與西安半坡遺址同屬仰韶文化範圍的陝西省邠縣下孟村遺址、華陰橫陣村遺址、華陽泉護村遺址、岐山雙庵村遺址、河南省陝縣廟底溝遺址、臨汝大張村遺址等，都發現有非正常死亡者，或與牲畜同埋。也就是把「人當成牲畜」來處理。這種現象當然就是「人生而不平等」。為什麼有些人可以有權殺人，而另外一些人卻是遭到被殺的下場？

---

1 仰韶文化是中國黃河中游地區重要的新石器時代文化。它的持續時間大約在距今 7000 年至 5000 年（西元前 5000-3000 年）。它的分布在整個黃河中游從今天的甘肅省到河南省之間。1921 年瑞典人安特生最早發現河南三門峽地區澠池縣的仰韶遺址。後來就以這個遺址名號來稱呼同一類型的文化遺存。今天在中國已發現上千處仰韶文化的遺址，其中以陝西省為最多，是仰韶文化的中心。

2 轉引自黃展岳〈中國史前人牲人殉遺存的考察〉，《文物》，1987 年第 11 期，頁 50。

到了距今四、五千年前，在山東省的大汶口文化[3]、河南省的龍山文化[4]、甘肅省和青海省屬於仰韶文化系統的馬家窯文化[5]、齊家文化[6]、馬廠文化[7]的遺址和墓地，經常可以發現無

---

3 大汶口文化以泰山地區為中心，東起黃海之濱，西到魯西平原東部，北至渤海南岸，南及今江蘇淮北一帶，安徽和河南省也有少部分這類遺存的發現。因首先發現於山東省泰安市岱岳區南部，大汶河北岸，考古學家遂把以大汶口遺址為代表的文化遺存，命名為「大汶口文化」。年代是距今 6300 年前至 4500 年前（西元前 4300-2500 年）。

4 龍山文化最早因山東濟南龍山鎮城子崖遺址的發掘而得名。年代是距今 4900 年前至 4100 年（西元前 2900-2100 年）。這個時期陝西地區的農業和畜牧業比起仰韶文化有長足的進步，生產工具的數量及種類均大為增長，快輪製陶技術比較普遍，大大提高了生產效率。同時，占卜等巫術活動亦較為盛行。在龍山文化中，最引人注目的要數黑陶製品了。黑陶源自於人們的生活用器，而後由於質地易碎，逐漸走出日常生活。如今，黑陶被作為藝術品供人們欣賞。我認為那種薄如蛋殼的黑陶根本就是陪葬用的明器，沒有任何實用的價值。

5 馬家窯文化因最早在甘肅省臨洮縣瓦家坪馬家窯遺址發現而得名。主要分布在甘肅省。在青海東北部，寧夏南部也有遺存。馬家窯文化是中原仰韶文化晚期在甘肅的延續，故又名「甘肅仰韶文化」。在時間的序列上，上承仰韶文化的廟底溝類型，下接齊家文化。據放射性碳素斷代並經校正，馬家窯文化年代約為距今 5300 年前至 4050 年前（西元前 3300 年至前 2050 年）。

6 1923 年安特生發現齊家文化時，認為它是該地最早的新石器時代文化，認為甘肅和河南的仰韶文化源自於齊家文化，但後來的考古發現，證明其在仰韶文化之後，大約在距今 4500 年前至 3500 年前（西元前 2500-1500 年）。齊家文化的分布是甘肅省蘭州一帶為中心，東至陝西的渭水上游、西至青海湟水流域，北至寧夏和內蒙古，遺址有三百多處，除了齊家坪遺址之外，較著名的有甘肅永靖大河莊遺址、秦魏家遺址、武威的皇娘娘臺，青海樂都的柳灣遺址等。齊家文化的陶器以黃色陶器為主，且有刻紋，並常有繩紋。由粟類的殼痕與陶器表面上布紋痕跡，可看出當時在耕、織兩方面都已有所發展，考古家認為，粟的種植是受仰韶文化的影響。此外，發現有大量動物骨骼，可知動物馴養在齊家文化中已佔有相當重要的地位。銅主要作為裝飾，但銅的器物已經出現，且有銅錫合金（青銅）的器物。齊家文化的墓地與村莊在一起，大多數墓葬為單人，但亦有成年男女合葬，合葬之中男性為仰身直肢，女性則呈蜷曲姿態，墓中大多有石器與陶器作為陪葬。此外，地面上發現類似於宗教建築的石造建築。

頭葬、多人葬和人畜同埋的現象。這些死者沒有自己的墓穴，沒有隨葬品，沒有固定形式的墓穴，沒有一定的葬式。他們有的身首分離、四肢殘缺，有的軀背彎曲、兩手或兩足交曲，像是生前被捆綁的樣子。同一坑內的人數有單人、有二人、三人、多至十數人，男女老少都有。尸骨疊壓、淩亂不堪。有的學者把這些死者稱之為「人牲」。但是也有學者持不同的意見，認為是被處決的戰俘[8]。

至於有關「人殉」的陪葬現象在四千年前就已經確實存在。下列這一張圖是屬於齊家文化的青海省樂都縣柳灣遺址第 972 號墓。很清楚的是一個男人死了，有兩個女人陪葬。旁邊還放了一些彩陶的明器。這些陶器完全沒有在火塘上使用過的炭痕，非常乾淨。放射性碳十四年代考訂是距今四千二百年前到三千八百年前之間。

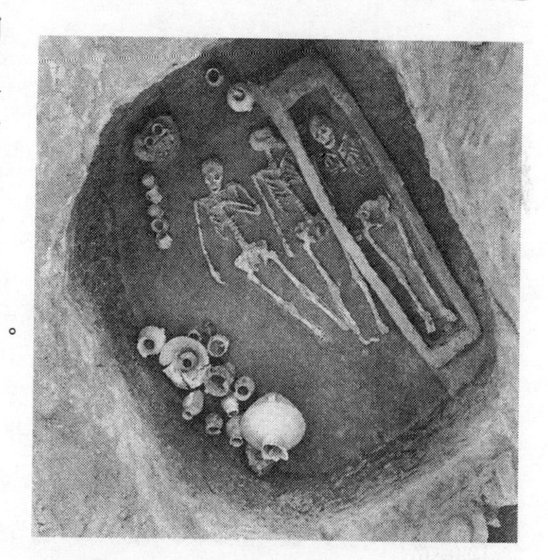

取自《青海柳灣—樂都柳灣原始社會墓地》，1984

---

7 馬廠類型的彩陶，主要分布於青海省東部和甘肅省西部一帶，年代距今約 4350 年至 4000 年前。因為是在青海省民和縣的馬廠先被發現，所以稱之為馬廠類型，是馬家窯文化最後期的文化代表。

8 黃展岳，1987，頁 49。

再舉一個殉葬的例子。民國七十六年（1987）五月河南省中原化肥廠在河南省濮陽市的西水坡修建接引黃河供水調節池時，發現了一個考古遺址。這個考古遺址的年代，從網路上查得的數據是距今六千年前。這個遺址最引人注目的地方是發掘出四組用蚌殼排列的天象圖形。

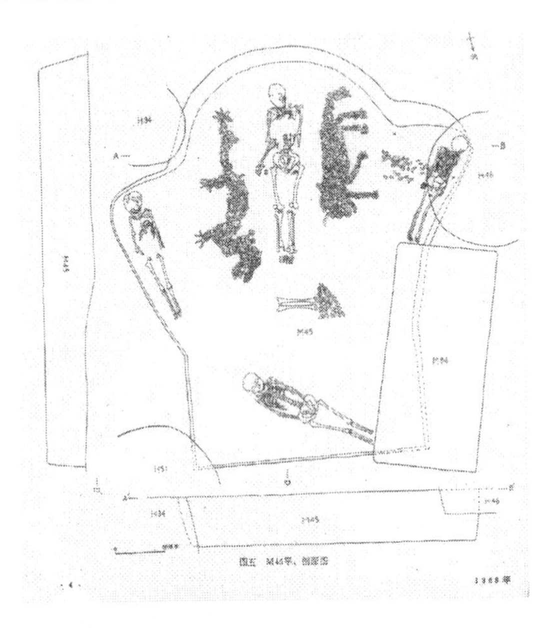

其中編號 M45 的墓葬，裡面埋了四個人。埋於中央的是墓主人，自然死亡。分別埋於墓坑東、西、北三方面小龕裡的死者，應當是人殉。墓主人身旁用蚌殼精心擺設的龍虎圖案更是前所未有[9]。有學者認為這裡就是古代的聖王顓頊之都。如果這個揣測成立，那麼更可以說明我的推測，心性能力強大的人可以支配他人的生死。有關顓頊的能力，在「聖王」那一節

9 濮陽市文物管理委員會、濮陽市博物館、濮陽市文物工作隊，〈河南濮陽西水坡遺址發掘簡報〉，《文物》，1988 年第 3 期，頁 1-6。

會有詳細的說明。

這些現象清楚的顯示，在距今六千年到四千年前，「人是不平等」的現象已經非常明顯了。為什麼人會不平等？通常我們會從政治、財富、社會地位、父權統治、奴隸主、戰爭等角度來解釋這種不平等現象。我認為在這些層面的背後，應當還有更高一層的認知，那就是對「生命是不平等」的認知。有些人有獨特的心性能力，使他的人生有相當傑出的表現，因此，獲得了在家族、社會、政治上的地位和權力，可以支配他人的生死。一般人沒有這種心性能力，也就只好淪為被支配的對象。

另一種可能性也許就像《曠野的聲音》[10]這本書所描述的澳洲土人那樣的生命認知，認為現實人生的家人、族人，在生命長河中，原本就是一群夥伴。大家在天上約好，設定這一次所要扮演的角色和任務，共同來人世間走一遭。死亡不過就是功課完畢，放學回家。從這個角度來看世界各個古文明，當酋長或家長過世，有時候會把跟他同來世間的夥伴一起帶走，於是就出現了殉葬、陪葬現象。

從我們的立場來看，「人殉」非常殘忍。可是對五、六千年前的人來說，很可能不是一件殘忍的事，說不定反而認為是件光榮的事。肇因於現代的人對「生命」、「靈性」沒有什麼敏銳的知覺。一部人類文明史，從「生命、靈性」的角度來說，就是一部不折不扣的靈性退化史。從「物質」的角度來說，那的確是一部進化史、進步史。也就是說，五千年來，人的靈性一直在退化，人的物性卻一直在進步。今天的科學是建立在人

10 Morgan, Marlo, *Mutant Message Down Under*, 1994。李永平譯《曠野的聲音》臺北市：智庫文化，1994。

的「物性」這個基礎上。中國傳統的心性之學卻是建立在人的「靈性」這個基礎上。

用人作犧牲來祭祀、用人陪葬的現象到了商代就發展到登峰造極的地步。根據中國社會科學院考古所的胡秉華先生表示，他在商湯的都城亳，今河南偃師的商城遺址，當考古發掘的顧問時，認為當時考古隊所謂的「大灰坑」不應該是「垃圾坑」，可能是某種祭祀場所。後來的發掘果真證實了他的看法。那些原先被認為是「灰坑」的地方，原來就是商朝前期舉行祭祀的場所。胡秉華表示：「在太廟之後有祭祀坑，面積為七公尺乘以四公尺，埋葬多層的豬骨，一次埋三至五頭豬。有一坑魚骨。另有一大圓坑埋有支解的人骨和牛骨。圓坑旁邊有一坑埋葬一個成年女性，考古學家認為她是女巫。」[11]

宮殿區後面有一條一百三十公尺長，二十多公尺寬的大溝，有圍牆，有門。在這條溝裡埋了三層豬骨，都是頭對頭，或背對背，每次埋豬都是雙數，一共有二百多頭豬。前後歷時百年之久。坑邊上有蓆子印，表示那是行禮膜拜之用。有陶器，內部有硃砂，是作法器之用。還有多處焚燒穀物和根莖作物的灰燼。

這些現象表示在商代建國之後的頭一百年，已經有很隆重的祭祀活動。偶爾會殺一兩個人來獻祭。到了商代中期，盤庚時搬遷到「殷」這個地方，就是今天的河南安陽，舊名「殷墟」。盤庚遷殷之後的二百七十三年中，人牲和人殉的現象發展到最高峰。中央研究院歷史語言研究所對中華文化最重要的

---

11 胡秉華是根據他在現場作顧問時的所見而言。可是查遍所有河南偃師考古隊在一九九〇年前後所發表的正式報告，不見有這樣的文字記錄。可能是基於某些原因刻意刪掉了。

貢獻，就是從民國十七年（1928）十月到民國廿六年（1937）六月的十五次安陽殷墟遺址發掘，讓一個為世人幾乎遺忘的朝代重見天日。十五次發掘中，找到當年的宮殿基址、商王的大墓，許多青銅器以及兩萬四千九百另六片甲骨。也發現那時代殺人獻祭和殉葬風氣之盛，前所未見。

每個商王大墓都有陪葬和殉葬的人。像編號一〇〇一的商王大墓曾經被盜掘二十三次，每一次盜掘都打在大墓的正中央。盜剩下來的才是考古學家發掘、清理、研究的部分。依據主持人梁思永的記錄[12]，這個大墓殘存的陪葬和殉葬者的分布情形是這樣的：在中央腰坑有一人一狗一玉戈，四角各有兩坑，每坑也是一人一狗一銅戈。這是保衛墓主人的武裝侍從，以防禦來自地下的厲鬼，有奠基之意（奠基的原意含有請求鬼神保佑，建築成功，長保完整的意思）。

12 梁思永遺稿，高去尋補遺，《侯家莊第二本：1001 大墓》中國考古報告集之三，中央研究院歷史語言研究所，1971。又可參考胡厚宣〈中國奴隸社會的人殉和人祭〉（上），《文物》，1974 年第 7 期，頁 74-84；〈中國奴隸社會的人殉和人祭〉（下），《文物》，1974 年第 8 期，頁 56-72。

在墓室的木室頂面層上，有十一人殉葬。其中有棺木者六人，都在墓室的西北角。無棺木者五人，在東耳的東部。東北角仍保存有一些從來不曾被破壞的地層，沒有任何人殉的蹤跡。

有棺木者，棺木都已朽壞，只剩下一些原本覆蓋在上面的細小綠松石薄片切成的圓片，位置都在頭骨額上鬢兩側，無有例外。大體左右對稱，是帽子或頭巾上的裝飾。人骨是仰置平伸。這些人都是商王的侍妾。其中四人帶有銅戈。在商代，商王的妻妾是要帶兵打仗的。武丁時的王后「婦好」就是明證。

無棺木者在發現時，人骨保存得比較完整。沒有坑，原本就露放在木室頂面上，木室頂面填土的時候方才掩蓋的。混雜在儀仗明器中，沒有整齊排列。這些人大概是管理儀仗的人，當時的統治者把他們當成是儀仗的一部分，並且還不是重要的部分。

第三層殉葬者的頭部都被斫落，身首分置。在南墓道有五十九具。東墓道一具，西、北墓道沒有。按埋葬的深度和在墓部中的位置，可分成二群八組。每隔一兩層夯土，就要埋上一排犧牲。這些人都被放在南墓道裡。

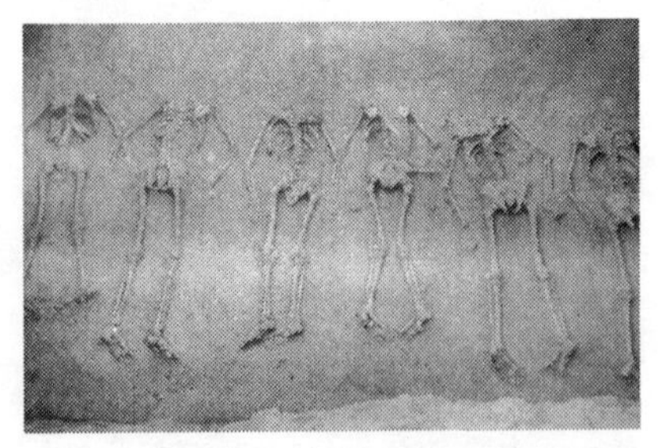

他們的頭顱在南墓道中有十四組四十二個，北墓道中六組十四個，東墓道中有三組六個，西道四組十一個。共廿七組七十三個。全都破碎不成形。主持發掘工作的梁思永對這種情形作如是的分析[13]：「出土最深最北的第一組，在地面下 6.6 公尺，離南道底 0.8 公尺，可斷定是在木室的頂面層。北群的殉葬者年齡都在 15-20 歲之間，有些在 15 歲以下。南群 2 組都是成年人。由此可知先用青年人，埋在深處，近坑口處，後用成年人，埋在淺處近道口處。」「這一種殉者無疑是被用作犧牲，以人作犧牲，顯示帝王之神化觀念已經形成。這些犧牲與祭奠中所用的牛羊犬豕相同。」「在他們的骨旁不時可以找到綠色，紅色的圓片和布的遺痕，顯示服飾華麗，身分不會很低。」

胡厚宣統計，從盤庚到帝辛（紂）的時期，所有考古發掘出來的人牲和人殉，總數為三千六百八十四人。他又從所出土的甲骨文裡，找出許多用人祭祀的資料。就時代而論，甲骨文裡有關人祭的卜辭，以武丁時（西元前 1339-1281 年）為最多。總共有甲骨六百七十三片，卜辭一千另六條。把人數加起

13 梁思永遺稿，高去尋補遺，《侯家莊第二本：1001 大墓》中國考古報告集之三，中央研究院歷史語言研究所，1971。

來，共有九千另二十一人。一次人牲數最多的記錄是殺了五百人。這樣的記錄有三次。其次是廩辛、康丁、武乙、文丁（西元前 1240-1210 年）時期，共有甲骨四百四十三片，卜辭六百八十八條，祭用三千二百另五人，最多的一次是用了二百人。再次是帝乙和帝辛（西元前 1200-1123 年）時期。祭用一百另四人，最多的一次是用了三十人。

總算起來，從盤庚遷殷到商紂亡國，共歷八世，十二王，二百七十三年（西元前 1395-1123 年），一共用人祭一萬三千另五十二人。另外還有一千一百四十五條卜辭沒有記載人數。這些卜辭就算一次一人，全部都是殺人祭祀，那麼殷商時代的人牲就會有一萬四千一百九十七人。這些數字絕對不夠完整，因為流落海外的甲骨文還沒有放進來。如果再加上這些資料，祭祀用人牲的數字就會更多[14]。

到了西周，人殉和祭祀用人的現象大為減少。從西周到春秋時代，地下考古所發掘出來的人殉和人牲，只有六十多人。在史書上，仍有少數幾條資料記載殺人殉葬的事。《左傳》僖公十九年（西元前 641 年）：「宋公使邾文公用鄫子于次睢之社。」杜預注：「蓋殺人而脂祭。」又昭公十年（西元前 531 年）：「平子伐莒，取郠，獻俘，始用人于亳社。」杜預注：「以人祭殷社。」又昭公十一年（西元前 530 年）：「楚子滅蔡，用隱太子祭岡山。」杜預注：「殺以祭山。」這些都是殺人祭祀的例子。

《左傳》文公六年（西元前 621 年）：「秦伯任好（穆公，西元前 659-621 年）卒，以子車氏三子，奄息、仲行、針虎為

---

14 胡厚宣〈中國奴隸社會的人殉和人祭〉（下篇），《文物》，1974 年第 8 期，頁 56-57。

殉，國人哀之。」成公二年（西元前 589 年）:「宋文公（西元前 610-589 年）卒，始厚葬，用蜃炭，益車馬，始用殉。」成公十年（西元前 581 年）:「晉侯（景公，西元前 599-581 年）如廁，陷而卒，小臣有晨，遂以為殉。」昭公十三年（西元前 529 年）:「（周景）王（西元前 544-521 年）縊于芋尹申亥氏，申亥以其二女殉而葬之。」[15]定公三年（西元前 507 年）:「邾子在門臺，遂卒，先葬以車五乘，殉五人。」《史記・秦本記》:「武公（西元前 697-678 年）卒，葬雍平陽，初以人從死，從死者六十六人。」又說：「繆（穆）公卒，葬雍，從死者百七十七人。」

墨子是戰國時期的人。他目睹那時候方興未艾的「以人從葬」風氣，在《墨子・節葬》云：「天子殺殉，眾者數百，寡者數十；將軍、大夫殺殉，眾者數十，寡者數人。」其實那個時代周天子已經相當式微，小小的東都洛邑還分裂成東西兩部分，不可能有那麼豐富的人力和物力來做這種非常奢侈的事情。因此，墨子的話只能當成參考資料，不太能當真。

胡厚宣認為，商、周兩代都有這種殺人作殉的惡俗，周代怎能說是「郁郁乎文哉！」[16]可是實際情形是殺人作殉或獻祭的事在周代已經大為減少。從周代建國到春秋時代，已經過了五百多年。方才又見殺人作殉的事情。到了戰國時代方才又興盛起來。我們可以做比較合理的推論：「在周初建國的時候，曾經有四、五百年的時間，不太流行用人作殉或作祭。」

---

15 這一條資料有問題，魯昭公十三年是周景王十六年，周景王在位二十五年，怎麼會記周景王在十六年的時候自縊身亡呢？因此這一條資料不可信。

16 胡厚宣〈中國奴隸社會的人殉和人祭〉（下篇），《文物》，1974 年第 8 期，頁 67。

而且我們現在讀這些資料，從上下文和語氣來看，寫這些記錄時，都帶有濃厚的「批判」、「責備」的意味，把它當成是一件不好的事來處理。《禮記》、《周禮》、《儀禮》、《左傳》這幾本書專門記載周代的禮樂活動和史事，偶爾提到有關殺人作祭和殉葬的相關記載，都是抱持嚴厲的責備態度。這種濃厚的批判和責備態度，似乎意味著，當時代表正統周代禮樂的魯、宋等國，完全否定了用人祭祀和殉葬的正當性。

我認為：周人建國後，最重大的改革就是用禮樂制度取代殷商的殺人祭祀的制度。這也就是歷代一直稱頌周公制禮作樂的理由。繼承周代禮樂制度最完整的國家，像魯、齊、宋、衛等國，在歷史上，很少見到這種殺人作祭和殉葬事情。齊景公（西元前 547-490 年）不敢用人殉葬，可是他卻用六百匹駿馬來殉葬。

齊景公的六百匹馬殉葬坑

宋國是殷商文化的繼承者，總是脫離不了舊傳統的影響。可是在宋國的八百三十四年（西元前 1120-286 年）的歷史上，也只有一、兩條殺人作祭的記錄，可說是非常少了。秦國處在西方的邊陲，禮樂文化的約束力相對的就減弱許多，秦武公、秦穆公不遵守禮制，也就可以理解。

禮樂制度之下的祭祀是個什麼樣子？就是要求天子乃至於大夫，從事祭祀的時候，必需要在心境非常安靜的狀態下，用心去感知先人的存在和降臨。這就是「定、靜、安、慮、得」心性之學的由來。在古代，有這種心性能力的人被稱之為「大人」。因此，這種心性之學又稱作「大人之學」。這些資料存在於《禮記》之中。在談周代的禮樂制度之前，先講與之有關的「聖王」和「大人」。這是禮樂制度和後世心性之學一直想要效法的對象。

二、聖王與大人

上述的人生不平等現象，是以「心性」覺知能力的高低來決定。因此在古代的中國，一直有「大人」與「小人」、「聖王」與「庶眾」的分別。所謂「大人」，不是指身材高大的人。春秋時代齊國的宰相晏嬰身材矮小，是「大人」；他的車夫身材高大，卻是「小人」。大人與小人之別，主要的關鍵是在於能不能夠「用心去感知天地萬物」。能夠感知天地萬物者，是為大人。這種感知能力最強者，就成了「聖王」。凡是不能感知天地萬物者，是為小人或庶眾。

在古人的認知中，聖王都是有特殊的能力，諸如預知未來、通曉過去、可以體察宇宙的信息，進而據以教導一般百姓。依照《史記・五帝本紀》所載，這些古代的聖王都有非凡的能力。黃帝就有各種異象：

> 「生而神靈，弱而能言，幼而徇齊，長而敦敏，成而聰明。」

> 「順天地之紀，幽明之占，死生之說，存亡之難。時播百穀草木，淳化鳥獸蟲蛾。布羅日月星辰，水波土石金玉，勞勤心力耳目，節用水火物材。有土德。」

翻成白話就是說，「他生下來就有敏銳空靈的覺知能力，幾個月大的時候就會說話，在童年的時候就常常進入甚深禪定狀態（『齊』通『齋』，是『靜心』的意思，『循齊』就是『非常好的靜心狀態』）。在青少年時他的心性覺知能力已經相當敏銳，及至成年，就無所不知，無所不曉，非常的聰明了。」

黃帝因為有這種高超的心性覺知能力，所以他會順著天地星球的運行變化而施政做事；對於在非常遙遠時空、又不明顯的事物，能夠有所覺知；對於生死這種天塹有清楚的認識；對於世上「有形的存在」和「無形的存在」這麼困難的分辨也有一定的認識。依照時節，教導民眾播種五穀草木，讓蟲魚鳥獸得以孵化。對於布羅在天上的日月星辰，各地的土石金玉，有一定的認知；對心力耳目能運用自如。依照時節利用水火物材。後世各個王朝的始祖、各種典章制度往往都能推溯到黃帝，顯示他的能力幾乎是萬物發生的根源，就像大地泥土一樣，提供生發和營養的功能，因而說他有土德。

帝顓頊高陽「靜淵以有謀，疏通而知事，養材以任地，載時以象天，依鬼神以制義，治氣以教化，絜誠以祭祀。」

顓頊的心性能夠處於像深淵一樣的安靜狀態，因而可以有很好的謀略。由於心頭沒有什麼障礙和成見，於是接收宇宙、世間各種信息的能力也就變得非常敏銳，因而能夠知道很多事情的來龍去脈。依照地力的特性而培養各種樹材。根據天象的變化，來劃分地上的時節。依照上天的信息來制定人世的規則。依照宇宙的信息變化來教化百姓。用最絜誠的態度來祭祀，也就是跟宇宙的信息場有所溝通。

帝嚳高辛氏「聰以知遠，明以察微，順天之義，知民之急，仁而威，惠而信。」

帝嚳的聽力很好，可以聽到很遠地方的聲音。心頭明朗，沒有什麼先入為主的成見，因此能夠廣泛的察知很多事情的細緻精微之處。可以順著天地的運行規則，去做該做的事情。知曉人民最當務之急是什麼，也就依此施政。待人相當寬厚，可是又有相當的威嚴。恩惠布施於每一個人，因而百姓都信任他。

帝堯「其仁如天，其知如神，就之如日，望之如雲。」

帝堯與人相處時，讓人覺得他像天一樣的普遍照應。對事情的了解非常神準。靠近他，就像接近太陽一樣的溫暖，可是他又高高在上，像白雲一樣的高遠潔白。這是一種非常高明的心性覺知能力，像是天上的神明。

> 舜耕歷山，歷山之人皆讓畔；漁雷澤，雷澤上人皆讓居。陶河濱，河濱（之）器皆不苦窳。一年而所居成聚，二年成邑，三年成都。

> 瞽叟尚復欲殺之，使舜上塗廩。鼓叟從下縱火焚廩，乃以兩笠，自扞而去。後瞽叟又使舜穿井。為匿空旁出。舜既入深，鼓叟與象共下土實井。舜從匿空中去。

> 舜入于大麓，烈風雷雨不迷。

有關舜的這三段記載各有所指。第一段是說舜有非常良好的教化能力。他在歷山耕種時，歷山的人就不再相爭田畝。在雷澤捕魚，雷澤上的人不再爭奪捕魚的場域。在河濱做陶器，人們所做的陶器都不再有粗劣的產品。其他地方的人們爭相前來追隨他，一年就成了聚落，兩年就成為市集，三年就成了大都市。

第二段是在講舜有「預知」的能力。他的父親和弟弟兩次想謀殺他，都被他事先料到，有了準備，而躲過災難。第三段是講舜有能力在狂風暴雨的山林裡脫困而出。

在〈夏本紀〉提到大禹的特點：

> 禹為人敏給克勤，其悳不違，其仁可親，其言可信。聲為律。身為度，稱以出。亹亹穆穆，為綱為紀。

這段記錄是說，禹這個人對事情的覺察能力非常敏銳，又非常的勤勞工作。依照天地之德而行事，不敢有所違背。與人相處時，讓人們感到非常的親切。他所說出的話具有很好的公信力。禹也制定了聲律、音樂。

接下去的兩句話「身為度，稱以出」就是很不好解讀。註解《史記》最權威的王肅說是「以身為法度。」《索隱》云：「上文聲與身為律度，則權衡亦出於其身也。」這樣的註解實在不容易看得懂。當我們把這兩句話和山東省嘉祥縣的「東漢武梁祠」畫像石中的「夏禹」這幅圖的贊辭放在一起，就不難看出這兩句話真實的意思。

武梁祠十王圖中的「夏禹像」，旁邊的贊辭是這樣寫的：「夏禹，長於地理、知陰、脈泉，隨時設防，退為肉刑。」這

個贊辭讓楊愛國、蔣英炬[17]、朱錫錄[18]等研究東漢武梁祠畫像石的專家們感到困惑不解。對於畫像上夏禹手上所拿的東西到底是什麼，有不同的意見。他們都同意拿的是農具，究竟是什麼樣的農具，各有不同的看法。

我完全不同意他們三人的意見。因為這個贊辭很清楚的是在描述一件現代中國人相當陌生，可是在埃及、西亞、歐美卻流傳八千年之久的法術，叫「dowsing」。有人把它譯作「卜杖找水」。那根找水用的棒子叫 dowsing rod（卜杖）。臺灣的風水師別有巧思，將它譯作「尋龍尺」。我曾經寫過一篇文章〈聖王、聖僧和尋龍尺〉[19]，運用西方卜杖的概念來檢視中國歷史上是否也曾經有過相同的事蹟。結果找到夏禹、東漢光武帝、廬山慧遠、唐太宗等人都會這個用卜杖找水的本事。在華北乾旱的地方，找到足夠的水源是一件非常重要的事情，尤其是在打仗、行軍時，找到可飲用的水源是保證勝仗的要件之一。

歐陽詢所寫的〈九成宮醴泉銘〉就很清楚的記錄貞觀四年（630）夏四月十六日己亥這一天，唐太宗在向來缺水的九成宮找到水源這件事。

> 宮城之內，本乏水源，求而無之，在□一物，既非人力所致。聖心懷之不忘。□以四月甲申朔，旬有六日己亥，上及中宮歷覽臺觀，閑步西城之陰，躊躇高閣之

---

17 蔣英炬，楊愛國《漢代畫像石與畫像磚》，北京：文物出版社，2001 年第一版。楊愛國《不為觀賞的畫作：漢畫像石和畫像磚》，四川教育出版社，1998 年第 1 版。

18 朱錫祿編著《武氏祠漢畫像石中的故事》山東美術出版社，1996 年第 1 版。

19 宋光宇、蔡素真〈聖王、聖僧和尋龍尺〉，《佛光人文社會學院學報》第 1 期，頁 85-105，2000 年 6 月。

所，俯察厥土，微覺有潤，因而以杖導之，有泉隨而涌出，乃承以石檻，引為一渠。其清若鏡，味甘如醴。

唐太宗用一根木杖竟然在缺水的地方找到了水源，而且這個水源的水又非常甘美，可以治病。這是何其神聖偉大的事情。群臣因而相信他是有神力的真命天子。魏徵作文記錄此件盛事，由歐陽詢來寫字碑刻，是為著名的〈九成宮醴泉銘〉。

夏代的分布範圍主要在山西省南部和河南省西部。這些地方自古以來都是乾旱缺水的地方。找水源、打井是一件很重要的事。而使用尋龍尺是找尋水源的最重要也是最可靠的方法。我們不知道為什麼《尚書》要說大禹那個時代天下洪水滔滔。

「夏禹，長於地理、知陰、脈泉，隨時設防，退為肉刑。」這段贊辭是說「夏禹這個人擅長於察覺地層的理路、可以探知隱藏的東西，可以探得地下的水脈。他這麼做是用自己的身體當成偵測器，隨時向各方偵察，把所探得的信息反映在自己的肉體上。」這種行動方式跟西方尋龍尺使用者的行為是完全符合的。因此，畫像上夏禹所拿的東西不應該是農具，應該是尋龍尺。西方人一直用尋龍尺來找地下的水源和礦脈。在工業革命發生之後、以及在美國西部開拓時，人們到處找礦脈和水源，所用的技術就是 dowsing。及至近代，在雷達沒有發明之前，歐美各國的軍艦上都配有這種技術的人員，在濃雲厚霧的大西洋上，有效的鎖定敵艦，發起奇襲行動，克敵致勝[20]。

---

20 這種辦法是先派間諜去偷拍敵方軍艦的照片。在開戰時，我方軍艦上就派一位心性穩定、懂得操作尋龍尺的人，讓他看著敵方軍艦的照片，他手上所握

《尚書》〈微子之命〉篇提到商代的開國之君成湯也有心性安靜的能力：

> 乃祖成湯，克齊（齋）、聖、廣、淵，皇天眷佑，誕受厥命，撫民以寬，除其邪虐，功加於時，德垂後裔。

這段話是說，成湯的心性是非常的安定，所能覺知的時空範圍就很廣、很深。因為有這種能力，方才得到皇天的眷顧，得到天命而統治天下。

當時除了聖王之外，「巫」也是很重要的人物。在商代的占卜過程中，一定由「貞人」來執行占卜的程序。貞人就是「巫」，在商代有名叫「巫咸」的貞人。什麼樣的人才能算是「巫」？在《國語．楚語》記載，楚昭王問觀射父：『巫』是什麼樣的人？觀射父的回答是說：

> 古者民神不雜。民之精爽不攜貳者，而又能齊肅衷正，其智能上下比義，其聖能光遠宣朗，其明能光照之，其聰能聽徹之，如是則明神降之，在男曰覡，在女曰巫。

這一段話是說：在古代的時候，人和神是不相混雜的。在人的範圍之中，有一些人的心性非常精明、剔透、明白（精爽）、安定而不隨便搖動（不攜貳）。他的心性能夠進入安靜的狀態下，把自己身上的意識和潛意識作一番整理，讓身心達到

的尋龍尺就會固定的指一個方向。那就是敵方軍艦所在的位置，甚至還可以測出敵我雙方軍艦的距離，到了一定的範圍內，艦長就會下令朝著敵艦的方向開火，一舉打沉敵艦。

和諧整齊的狀況（齊肅衷正）。在這種情形下，他的智慧可以通曉天地之間的事情（上下比義），可以把他心念所產生的信息像陽光一樣的投射到很長、很遠的時空中（光遠宣朗），他那明亮的心性就像太陽一樣，照耀著每一個人和角落（其明能光照之），又可以接收來自四面八方的信息而沒有什麼遺漏（其聽能聽徹之），在這種情形下，方才可以讓神明降附在他的身上。

觀射父所說有關「巫」的條件，轉換成現代宗教術語來說，就是指修行功夫很好的人，心頭沒有太多的雜念，隨時都保持在「入定」的狀態。在這種情形下，可以接收來自四面八方的信息，而無所遺漏，又可以把他純正光明的意念發散出去，影響在廣大時空範圍中的一切人、事、物。也就是說，那是修行的最高境界，心性極為靈敏，可以「豎窮三際，橫遍十方」、「動靜無礙」觀照世上的人、地、事、物、時。《史記·五帝本紀》所描述的那些聖王都有這樣的能力。古代的聖王其實就是「巫覡」。重點不在於他們能不能夠飛天遁地，而是要有非常純良、空靈的心性和知覺，才能上天下地，遨遊十方。

從這些記載來看，古代的聖王都是天生有能力進入非常安定的狀態下，而有覺察宇宙信息的能力。反過來說，他們就是因為有這種能力，所以才被人們公認為聖王，接受他的統馭。這些聖王的事蹟也正好代表心性安定之後的各種具體表現，諸如：有謀略、知天地陰陽之事、有極好的人緣、可以找水源和隱藏的東西等。這些能力就是後代儒者一直努力追求的，也是現代人治理公司所必需要的。

綜觀這些聖王的能力，黃帝是全知全能的，顓頊、帝嚳、帝堯在心性方面的能力都非常的深沉和寬廣，可是舜表現在實際生活上的應用。他有預知事件即將發生的能力、有非常好的親和能力。禹會用尋龍尺這種道具，來探索未知的世界。直到周文王演易，作後天八卦，就更強調使用工具來探索未知的世界，而後用心來解讀之。並且整理出一套系統的解說，這就是《易經》的由來。由此可知這幾位聖王已經不再具有像黃帝那樣全知全能的心性能力了。

到了夏商周三代，帝王成為世襲，開國者有這種心性能力，而後繼者就不一定具有這種能力。殷商的甲骨文顯示，當時的殷王每天都要占卜。占卜就是利用機械式的辦法來接收在宇宙中流轉的各種信息，再用靈敏的心性來解讀之。相傳周文王演易，就是在發展這種解讀信息的能力。到了東周，周天子早已式微，各國諸侯崛起。理論上，這些小宗的諸侯原本就不應該具備那種高超的能力，只是由於血統的緣故，世襲成為統治者。這樣一來，就跟上古時代的聖王有很大的差別。國家還是一樣的要治理，於是就需要找幫手來協助。這就是「相」的起源。「相者，幫忙者也。」用現代的術語來說，就是公司的執行長、總理大臣、國務卿、行政院長。

這種幫忙者不再限定在世襲的貴族中尋找，也可以在平民百姓階層中找尋，周代從開國時起，就非常注重皇子皇孫的教育。到了春秋時代，人才需求增加，更加重視「學」這件事，不但貴族子弟要上學，更簡拔平民中秀異分子，送去上學。學什麼？當然是仿效古代的聖王之所能和所為，也學禮樂。孔子之所以為萬世師表，就是因為他是非常有系統的教導學生來學習這些古代聖王才會的事情。「內聖」的意思就是「內心達到聖人的境界」;「外王」的意思是說「可以完成王（天子）所交付的使命」。有了這樣的基本認識，我們才能用新的眼光來看

《論語》。《論語》就是一本教學生如何可以達到「內聖外王」境界的手冊。

到了春秋時代，聖王不再，有這種心性能力的人就被稱為「君子」或「大人」。《禮記》第三〈檀弓〉篇記載：

> 子張病，召申祥而語之曰：君子曰終（事業完成），小人曰死（消滅乾淨），吾今日其庶幾乎？

「終」的意思是「事業完成」。「死」的意思是「如『澌』，像水潑在地上，不久就消滅乾淨。」在子張的觀念中，君子是生來就肩負偉大的使命和任務，死亡是因為他的任務已經完成。小人生來就沒有賦予生命的任務，死了就消滅盡淨。正因為有這樣的差別，以致上古時代的祭祀完全集中在「大人」這一階層。平民是沒有任何祭祀先祖的需求和必要。

從以上所舉的這些資料可以看出，在周代，貴族和平民的差別不是政治權力，而是天賦的生命任務有所不同。天子、諸侯、大夫、士這四個階層的生命是「有任務的」，死亡是「任務完成」。而一般庶人是沒有生命任務的，他的死亡是「消滅乾淨」，消失無蹤。兩者有很大的差別。凡是有生命任務者就成為統治者，沒有生命任務者就成了被統治者。這種差異早在距今六千年前的新石器時代就已經存在，有權讓人殉葬者就是認為他是有任務而生的，他在死亡時，也就要把他的隨從帶走。被充作人牲的那些人，就像牛、羊、豬一樣，是供前者祭天地鬼神用的。人牲的死亡，當然是消滅盡淨。

這些後世所謂的「統治階層」如何知道他們到人世來走一遭是有特定的任務呢？當然是靠特殊的天人感應能力。一般的庶民由於不具備這種能力，就不能感知天地。這種差異就是我所謂的「人生不平等」。

三、齋與觀想

商代的祭祀相當頻繁，種類繁多。每次舉行祭祀之前，都要占卜，把所要祭祀的對象、所要問的事由、以及事後的占驗都刻寫在甲骨上。也記明要殺幾個「羌人」以獻祭。而這種情形有點像現在我們到一般廟宇裡去獻祭品、然後求神問卜的情形。我們目前並不清楚主事者是否需要有特別的身心準備。

商代甲骨文上所說的「羌人」，意指「在西方的人」。商王也不斷的對西方發起征伐行動，擄取戰俘以充作人牲。發動滅商的力量正是來自西方的姬、姜等國。西元前一一二三年周武王率領以姬、姜為主的西方各國聯軍，在孟津一戰，打敗了商紂王的軍隊。隨後到殷商的太廟舉行祭祀，向天乙（成湯）宣告正式取代商王而有天下[21]。

及至周朝建立之後，一方面向箕子請教治國的方略，立下以陰陽五行、五綱五紀為主的九項建國策略[22]。也就是說，國家的施政必需要依循天地運行的次序。這種天地的次序，就是所謂的「禮」。

另一方面，也廢止了盛行於商代的人殉和人牲習俗。不准

21 田昌五〈周原出土甲骨中反映的商周關係〉，《文物》，1989 年第 10 期，頁 37-45。周原考古隊〈陝西岐山鳳雛村發現周初甲骨文〉，《文物》，1979 年第 10 期，頁 38-42。

22 參看《尚書．洪範篇》：「初一曰五行，次二曰敬用五事，次三曰農用八政，次四曰協用五紀，次五曰建用皇極，次六曰乂用三德，次七曰明用稽疑，次八曰念用庶徵，次九曰嚮用五福，威用六極。」

在祭祀時用大量的犧牲，而是要求主祭者在祭祀的時候，用最虔敬的心去觀想他所要祭祀的對象，想他的生平、容貌、言行、嗜好，甚至嘆息之聲。這麼一般性的觀想七天，再連續認真的觀想三天，所要祭祀的對象就會出現在眼前。這就是「祭，如在。祭神，如神在」這句話的真正意涵。這種觀想的行為，當時稱之為「齋」，或寫作「齊」。當這種觀想的能力逐漸強化之後，就會對天地萬物都有一種獨到的覺知，產生「天人合一」、「萬物與我同在」、「民胞物與」的感覺和認知。這就是「樂」的本意。

有關周代禮樂和觀想的資料，主要是在《禮記》這本書的〈第十九章樂記〉、〈第二十三章祭法〉、〈第二十四章祭義〉、〈第二十五章祭統〉。偏偏這四章是歷來研究《禮記》的學者很少關注的篇章，也許是讀不懂的緣故吧！在這裡先講有關「觀想」的資料。

在第二十四章〈祭義〉明白的說，祭祀時要認真的「觀想」所要祭祀的對象：

> 致齋於內，散齋於外。齋之日，思其局處，思其笑語，思其志意，思其所樂，思其所嗜。齋三日，乃見所為齋者。

用白話文來說，就是「當要舉行祭祀的時候，先要在宗廟的外場做靜心觀想的準備動作，到了祭祀的場所，就要認真的靜心觀想。在做觀想的這些日子裡，要認真的想祭祀的對象，通常就是自己的父親，想念父親生前所曾住過、到過的地方，想他平日的言行笑語，想他的一生志意，想他所喜歡的事情，想他所有的嗜好。這樣認真的靜心觀想三天，就可以看到所要祭祀的對象出現在眼前。」

> 祭之日，入室，僾然必有見乎其位；周還出戶，肅然必有聞乎其容聲；出戶而聽，愾然必有聞乎其嘆息之聲。是故先王之孝，色不忘乎目，聲不絕於乎耳，心志嗜欲不忘乎心，致愛則存，致愨則著。著存不忘乎心，夫安得不敬乎？

這段話更清楚的說明祭祀時觀想的做法和必要性。白話譯文如下：「到了祭祀的日子，進入舉行祭祀的宗廟，彷彿看到所要祭祀的親人就在神主所放置的位子上。獻供之後，轉身走出宗廟，神情肅穆，必然可以感覺到親人的形貌和聲音。走出大門之後，必然可以聽到親人的嘆息之聲。因此，先王所說的孝道，就是先人的身形聲音一直出現在自己的眼前，音聲一直不離自己的耳朵，先人的心志與嗜好一直存在於自己的心中。正因為有這樣最深厚的愛戀之意，親人將一直存活在自己的心中。也因為有這樣真誠的感情，親人的形象就永不磨滅。由於親人的形象和志意永遠存在，怎麼能不起恭敬之心呢？」

在第二十五章〈祭統〉對「齋」的功用有更清楚的說明：

> 及時將祭，君子乃齋。齋之為言「齊」也。齊不齊以致齋者。是以君子非有大事也，非有恭敬也，則不齋。不齋則於物無防也，耆欲無止也。及其將齋也，防其邪物，訖其耆欲，耳不聽樂，故記曰：「齋者不樂」。言不敢散其志也。心不苟慮，必依於道。手足不苟動，必依

於禮。是故君子之齊也，專致其精明之德，故散齋七日以定之，致齋三日以齊之。定之之謂齋。齋者，精明之致也，然後可以交於神明。

在要舉行祭祀的時候，君子方才要從事靜心、觀想的動作。「齋」的意思就是「把不整齊的心念弄得整齊」。能夠把不整齊的、凌亂的心念弄得整齊的作為，就稱之為「齋」。因此，如果沒有什麼大事，沒有什麼需要恭敬對待的事，君子就不會做「齋」的動作。在祭祀之前如果不做「齋」這個動作，他的身體對周遭的事物就沒有什麼防護的設施，對於各種欲望的追求就會沒有止境。做了「齋」這個動作，就可以防範各種不當的引誘，止住各種嗜好和欲望，耳朵也不去聽音樂。因此古書上說：「在齋的時候不可演奏音樂。」意思是說：不要讓音樂等外來的力量鬆懈、分散了他專一的心念。心頭不起各種雜念，就必然依循正道。手足不隨便亂動，行為就必然依照禮法。所以君子從事齋戒，就是為了專心一意追尋那種精粹明晰的德行。因此，先要一般性的齋戒七天，來穩定其心志。再鄭重的齋戒三日，齊一自己的身心。穩定心志就叫做「齋」。齋戒的目的就是要使自己進入精神非常清楚明晰的境界。在這種情形下，方才可以和神明交往，而得到有用的良好信息。

從周公制禮作樂到孔子出生，已經相隔五百七十年之久。在這麼長久時間的禮樂與祭祀的實踐中，由於強調「齋」在祭祀時的重要性和必要性，連帶的發展出「定、靜、安、慮、得」的工夫來。這些「大人」們發現，在「齋」的情況下，所能用心看到的，所能感受到的，不只是自己的親人，更有所要處理的事務，乃至於流轉在宇宙中建構萬物的法則。這就是

「慮」和「得」。當時的人們所能認知的宇宙法則就是陰陽、五行、五事、五紀、五福，以及天地之間的各種徵兆所代表的意義。這就是《尚書》〈洪範〉所要表達的天地秩序。這種秩序就是周代「禮樂」的主要內涵。

〈第十九章樂記〉對於「禮樂」作了很好的定義：

> 樂者天地之和也。禮者天地之序也。和，故百物皆化。序，故群物皆別。樂由天作，禮以地制。過制則亂，過作則暴。明於天地，然後能與禮樂也。

用白話文來說，樂是天地萬物之間的和諧共振；禮是天地萬物的次序。由於是諧波共振的緣故，所以各種東西都可以彼此融化在一起。因為有次序，於是各種東西都可以作分類。樂是上天的傑作。禮卻可以在地面上表現出來。地上的作為如果做得過分，就會亂。感於天地而來的作為如果做得過分，也就出現暴戾的現象。明白天地的中庸之情，然後才能有禮樂。

四、心性之學淵遠流長

依照上述的歷史發展過程來看，周代的心性之學可說是淵遠流長。歷經了幾千年的流變，方才形成春秋的鼎盛局面。這種心性之學原本是周天子和各國諸侯在祭祀和教育子弟時所用的。講究的是天地宇宙的次序和人如何去感知這種次序。為了想要掌握這種天地宇宙的次序，就必需要有所分類。最簡單的分類法就是「陰陽」二分法；「天、地、人」、「身、心、靈」三分法；「木、火、土、金、水」五分法。當然還可以有其他的分類法。

中國人更進一步的去了解各種分類之間的互動關係。這種了解不是靠邏輯推理，是靠身心感知而來。量子力學所說的「量子波」和「觀察者的心念」就是這種感知天地萬物所依憑的工具。而這種感知能力的根源竟然是因為周公制禮作樂所要求的「齊」與「齋」。

「齊」是把「紛亂的心頭平靜下來，達到整齊劃一的地步。」「齋」就是在祭祀的時候用整齊平靜的心，認真的去觀想所要祭祀的對象，把他想真了，他就會出現在自己的眼前。這種境界就好像現代的「催眠」。署立澎湖醫院精神科主任王悟師醫師幫我做過五次催眠。方才知道，催眠不是喪失意識，而是意識非常的清晰而且專注。可以聽見周遭的雜音、可以感覺到身上的痛癢，但是都不在注意的範疇之內。不久之後，就會有一些影像出現在腦海中，非常清楚，心中也會明白那是怎麼一回事。就像在看投影片，或是一部簡短的記錄片。王醫師本領高強，可以跟我一起進入那個境界，觀賞那些投影片和記錄片。等到解除催眠狀態之後，王醫師會與我討論剛才所看到的每一個景像。

催眠讓人的心靈暫時脫離時空的限制。所能看到的，不僅是個人過去累世的重要經歷，更有機會看到宇宙的萬象。這種「看」，都不是用「眼睛」去看，而是用「心」去看。古人會有這樣的認識，因為他們非常清楚「心靈」才是人身的主宰。「定靜」、「齊」、「齋」都是要想把遮蔽「心靈」的塵障去除，讓心靈的活性恢復起來，可以靈活的觀察內在和外在的世界。一旦擁有這種能力，表示這個人已經是個有智慧的人。周代的禮樂教育、孔門的教學，都是為了達到這個目標。

第三章

定靜修行的機制

要想進入「定、靜、安、慮」的境界，不是呆呆的坐在那裡就可以達成。必需要遵循一套完整的方法去練習，方才可以達成。這些方法和過程通常稱之為「修煉」。在這一章，先講在修煉時身體上可以用儀器測量的變化情形，包括「氣」和「腦波」。再講《論語》中有關修煉的部分。三講《老子》這本書中有關修煉的部分，以資比較孔、老之間的差異。

一、什麼是「氣」

「氣」的本質不外乎三種東西。第一種是因帶電粒子的流動而形成的電流。十二條經絡所流轉的氣就是這種電流，古人稱之為「經氣」。這種經氣主要的來源就是食物。食物吃進身體之後，經過消化，都被分解為精微的帶電粒子，這就是古人稱之為「精」的東西。電子是不安定的東西，會沿著四肢的固定路線，由身體走向四肢，又因在尖端放電的作用，逸出身體，向外輻射。這時電流就會反方向從末稍流向身體。這種現象完全符合電磁學上的庫倫定律，而那些固定的循行路徑就是中醫所說的「經絡」。

第二種是電磁波，有電就有磁。身上的電磁波古書稱之為「精專營氣」，方向是「陰升陽降」，循行的路線還是經絡。身體陰面的經絡的電磁波都是往上升，陽面經絡的電磁波都是往下降。陳國鎮從實驗中發現人身上電磁波所走的路線，跟古書的記載是一模一樣。只是古書上所用的名稱跟我們現在所用的名稱不一樣而已。身上的熱也是屬於電磁能的一種。所有會讓我們覺得麻麻的，都是有電的緣故。

第三種是信息波。這是大家最陌生的，也是最神奇的部分。無聲無息，但是確實存在。這一部分就跟量子力學中所講的「量子波」、「機率波」、「向位波」等概念是相通的。

身上的氣無非就是這麼三類波。這三類波如果非常和諧的話，表現出一個很強的波動。這個波動在身上走動的時候，我們就可以感覺得到。這個波動很像錢塘江的錢塘潮。物理學上，稱之為「孤粒子波」（soliton）。我們神經裡面一天到晚傳來傳去的信號就是這個東西。這個波會在身上沿著固定的路線一直跑。練功有些成績的人多半會產生這種「氣」的流動，在身上跑動。他會發現這個跑動的路線和古書所說的經絡路線是一樣的。古人是憑這種感覺來了解經絡的，他們沒有儀器，但是效果絕不輸給儀器。

一般來說，「氣」就是帶電的粒子、能量和信息三種東西結合而成的整體表現。現在的自然科學來說，能夠量到的是前面兩種。對於信息這部分，目前還沒有任何方法可以去測量。除了這些具體可量的電流和電磁波之外，中醫所說的「氣」還包括一些「狀態」，像是與生俱來的生命活力，中醫稱之為「先天氣」。有一些是生物或物質個體所散發出來的「場」，更有因人群的聚合、物質的擺設所形成的場，都稱之為「氣」。

這些內在與外在的「信息場」都會直接或間接的影響到個人修煉時的狀況。尋找一個有助於修煉的好場所與一群志同道合的好夥伴，是每一個從事修煉的人必需要注意的事。

二、入定時的腦波狀態

靜坐時，在身體上最大的改變是腦波的變化。這一部分是可以用儀器來測量的。也就是心念，或者說是那個「能知者」所發出來的意念、信息，指揮和調動了身上的能量，所形成的電流和電磁波，方才是可以用現代科學儀器去測量的部分。

腦波大致可以分成四種，一般清醒狀態下的腦波是在 15 赫茲以上，稱之為 β 波。當人的情緒越是處在高亢的狀態，腦波的頻率越高。在物理學上知道：「頻率越高，所需佔用的空間越小」，稱之為「侷限化」（localization）。由於侷限在一個小範圍中，與周遭的時空情境缺乏互動，也就形成「不能溝通」的現象。波頻越低，所能涵攝的時空範圍也就越廣闊，也就可以溝通。

靜坐的首要條件就是要把腦波逐漸降低。當我們把眼睛閉上，腦波立刻下降到 15 赫茲以下。從 15 赫茲到 8 赫茲稱之為 α 波。從 8 赫茲到 4 赫茲，稱之為 θ 波。3 赫茲到 0.5 赫茲稱之為 δ 波。

臺灣大學校長李嗣涔教授曾經研究過佛家禪定、密宗禪定和道家幾個門派的人[1]，在練功時，腦波的變化情形。發覺可以分成兩個基本類型。一種是從一開始練功，腦波就處於被壓抑的狀態。一直到進入禪定的狀態，也就是腦波幾近於 0 赫茲的狀態。如下面圖一和圖二所示。

---

1 李嗣涔《難以置信》，臺北市：時報出版公司，1998。

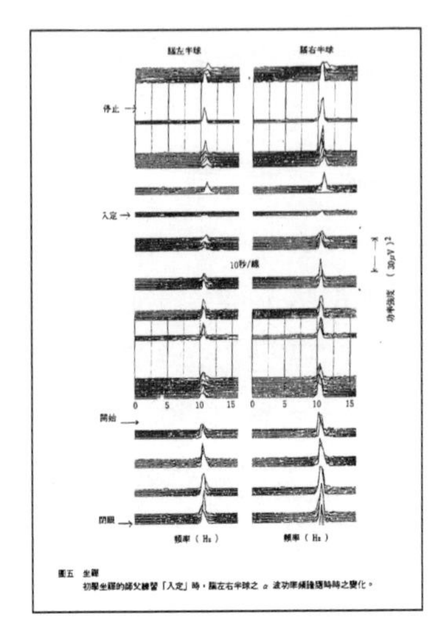

圖一　坐禪

坐禪是在開始的時候，腦波就很規律，隨著時間的進展，腦波越來越平，到了入定的狀態時，腦波幾乎是平的，也就是趨近於 0。

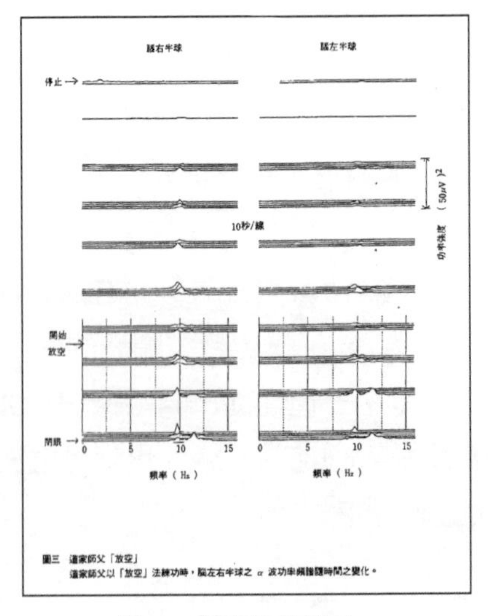

圖二　道家的放鬆功

道家的放鬆功也是一樣，在一開始的時候，腦波起伏就很小。然後越來越小，完全放鬆就進入禪定的狀態。

第二種狀態是在一開始的時候，腦波起伏震盪得很厲害，然後慢慢的平靜下來。經過二、三十分鐘的練習，腦波逐漸平定，進入到入定的狀態。那時候，腦波也是趨近於 0。而且，不同的門派有不同的腦波震盪起伏形態。不論是哪個門派，不管起始狀態是壓抑或是起伏，最終的目標都是腦波平定下來，趨近於 0 赫茲。以下是李嗣涔教授所做幾個道家和密宗修行時的腦波變化情形。

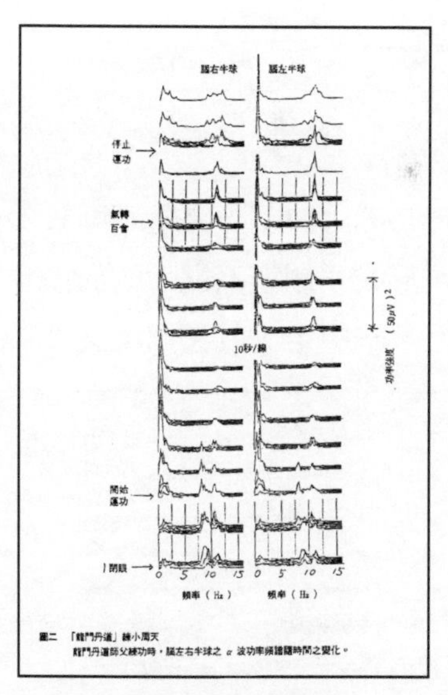

圖二 「龍門丹道」練小周天
龍門丹道師父練功時，腦左右半球之 α 波功率頻譜隨時間之變化。

圖三 龍門丹道

龍門丹道在開始練功之後，腦波就直往上衝。在整個練功的過程中，腦波並沒有完全靜止下來，只是高低大小有別而已。在可以算是入定的階段，腦波的振幅較小而已。等到收功之後，腦波立刻回復到原先的狀態。

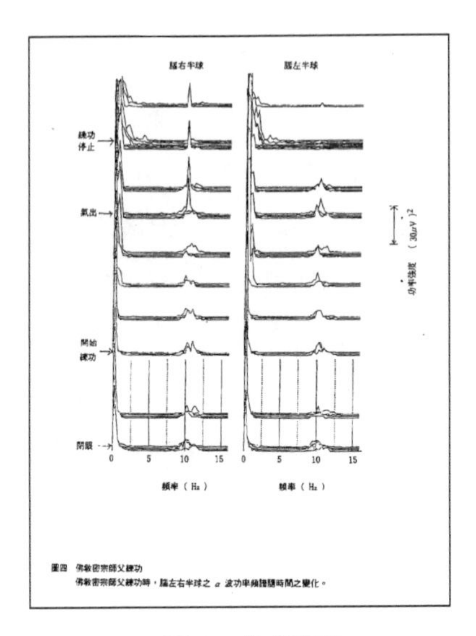

腦右半球
腦左半球
練功
停止
氣出
開始
練功
閉眼
0
5
10
15
頻率（Hz）
功率強度 （30μV）^{2}
圖四 佛教密宗師父練功
佛教密宗師父練功時，腦左右半球之 α 波功率頻譜隨時間之變化。

圖四　佛教密宗

佛家密宗修行時的腦波圖，完全不同於佛家顯宗。開始練功時，腦波衝起，形成一個很高很大的震盪。在入定階段，腦波只是比較低而已。一出定，就又出現又尖又高的波峰。

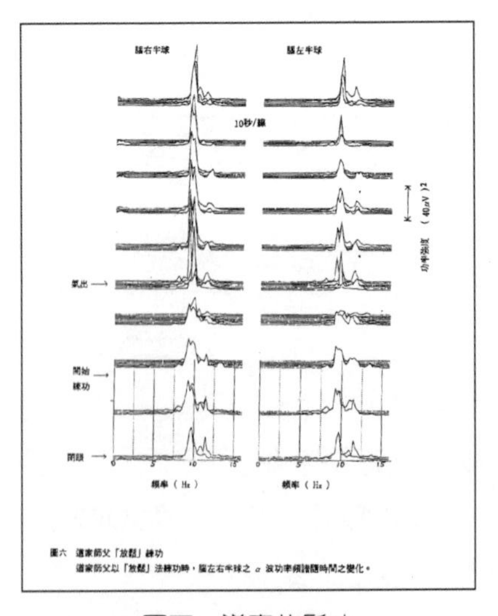

腦右半球
腦左半球
10秒/線
氣出
開始
練功
閉眼
0
5
10
15
頻率（Hz）
功率強度 （40μV）^{2}
圖六 道家師父「放鬆」練功
道家師父以「放鬆」法練功時，腦左右半球之 α 波功率頻譜隨時間之變化。

圖五　道家放鬆功

道家的放鬆功則是一直保持一個高亢的狀態，因此，只能達到放鬆的地步，沒有進入禪定的狀態。而且左右兩腦的波型完全不同。右腦的波型比左腦的波型來得強大。

下面的道教大周天功，左右兩半腦的波型剛好相反。是右腦強，而左腦低。

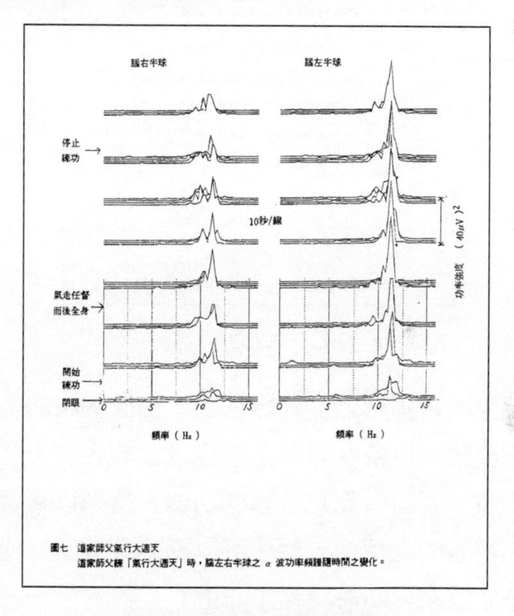

圖七　道家師父氣行大週天
道家師父練「氣行大週天」時，腦左右半球之 α 波功率頻譜隨時間之變化。

圖六　道家師父氣行大週天

至於最近很有發展的梅花門，在受測時，左右兩腦的波型幾乎都很對稱，也很高亢。因此，這些門派對「養生」有很好的幫助，因為把身上的波動頻率弄整齊了，對於心性的開悟卻沒有太多的幫助。

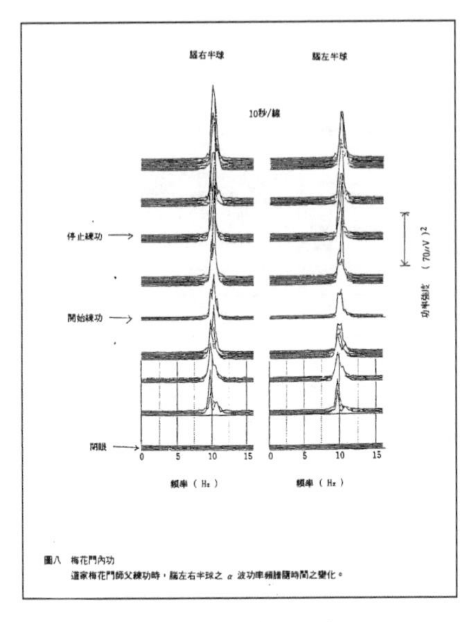

圖七　梅花門內功

總體說來，這兩種類型的練功法，由於腦波的型態不同，在生理上的反應，以及在宗教上的修為目的也就不同。在練習過程中，腦波一直處於亢起狀態的功法大抵都以「養生」為主要目標。在練習的過程中，腦波可以降到接近於 0 赫茲狀態的功法，則是以追求「明心見性」「開悟」「天人合一」為主。

腦波降下來之後，為什麼可以進入「開悟」的境界呢？以前的人完全不知那是怎麼一回事。現在用電子通訊上對電磁波的認識，就可以有合理的解釋。

地球上空八十到一百公里的地方有一個電離層。這個電離層對電磁波來說，有如一個金屬殼。地上一般的電磁波碰到這個電離層，就會被反彈回來。現在我們每天使用的手機、電視、廣播電臺等所有的無線電通訊都是利用這個特性，把某個頻率的電磁波打上天空去，碰到電離層時，就被反射回來，只要角度算得準，就可以達成通訊的目的。除非用特別強大的功率，或非常低的波頻，方才能夠穿透電離層，達到外太空去。

三、睡眠時的工作

我們每天的睡覺其實就是在做電磁波向外太空發射的工作。睡得越深，腦電波的頻率也就越低。張開眼睛醒著的時候，都是β波，它的頻率在 15 赫茲以上。眼睛一閉，頻率就掉到 8-13 赫茲，稱為α波。睡得再深，4-8 赫茲，就是θ波。再睡得更沉，腦波在 4-0.5 赫茲以下，打雷都吵不醒，就是δ波。

陳國鎮指出：光看這些數字，沒有什麼意義。睡得很熟、腦波頻率很低的情形，我們常會用「睡死了」來形容。可是當我們把這些波頻拿來和地球做個比照的話，就可以看出它的意義來。如下頁圖所示，中間是地球，外圍的一圈是電離層。太陽的紫外線照到地球大氣層的時候，會讓大氣中的分子解離，成為離子，稱之為「電漿」。這個電離層有很多解離的離子，於是就帶電，好像一層金屬殼。地球上隨時大概有三千個雷電在閃爍。雷電一產生，就有電磁波。在電磁波裡面，有各式各樣的頻率。以電離層的直徑做為一個波長的話，這個電磁波的頻率大概就是 8 赫茲左右。這個頻率就叫做舒曼頻率（Schumann frequency）。它的公式是

$$f = 7.8\sqrt{n(n+1)/2}\ \text{Hz}, \quad n=1,2,3,4\cdots\cdots$$

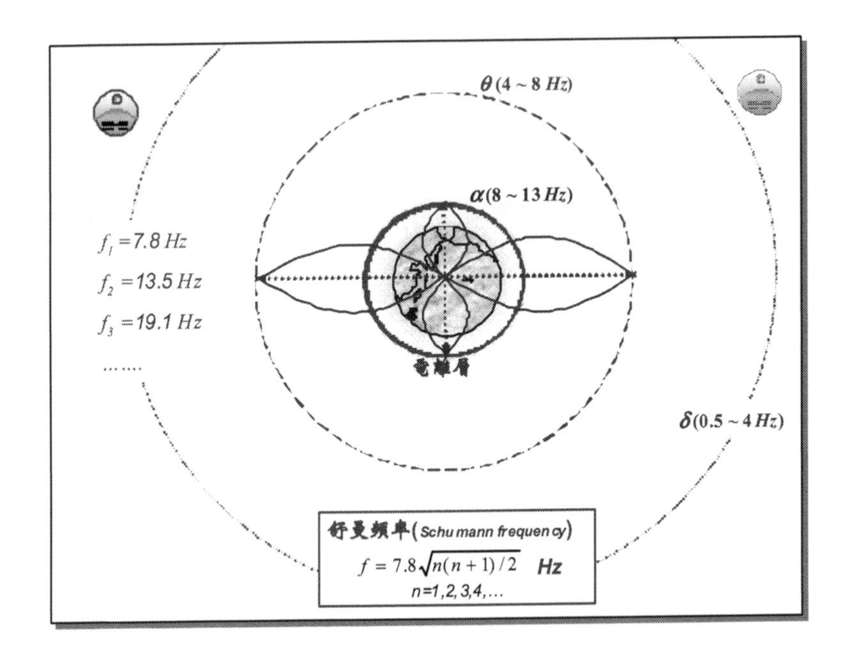

把 n＝1 代進去，得到的數字是 7.8。把 n＝2 代進去，得到的數字是 13.3。α 波的頻率就是在 8-13 之間。因此，當我們眼睛一閉合，腦波的頻率就立刻下降為 α 波。腦波的震盪頻率等於是和電離層這麼大的空間中的電磁波產生互動。也就是說，眼睛閉上的時候，我們腦中的 α 波就和電離層產生互動。

再深睡一點，腦波就從 α 波變成 θ 波。θ 波的波長是 4-8 赫茲。因為電磁波的速度是固定的，當它的頻率從 8 降到 4，減了一半，它的波長就加一倍。深睡的時候就等於是和超越電離層很多的空間範圍中的各種東西和信息場產生共振。

再深睡到 4 赫茲以下，就成了 δ 波，範圍就更大。睡得越沉，就是跟越大的空間中的信息場產生互動。這個互動表示我們的信息可以進入宇宙，而宇宙的信息也可以進入我們的腦和身體。就像收音機可以接收某個廣播電臺的訊息，就是電臺的電磁波和我們的收音機產生共振的結果。所以每一次睡著了以後，生命世界變寬了。一旦變寬之後，就等於是從虛空中不斷的吸收所需要的信息波。因此，每一個人在睡覺的時候都是處於充電狀態。這個電不是指電荷，而是信息波。

在這麼大的空間中，信息波的波長是很長、很大的，使得我們的身體在白天所損耗掉的長波信息得以補充回來。由於是波長比較長，於是有整合、協調的效果。睡一覺起來，身體的協調性、整合性會變好，五臟六腑也因此而協調一致，人就覺得神清氣爽。

從這個角度來說，禪定、靜坐都跟睡覺有相同的功效。都是在尋求深度的安靜，讓腦波降到 13 赫茲以下，當在 13-8 赫茲的時候，可以跟地球電離層之內的空間之中所有的信息波產生共振。低過 8 赫茲，就跟外太空的信息波產生共振。在這種共振的情形下，禪定者有機會觀察宇宙的各種事物，或者把不同的信息聯通，形成新的概念。宗教上的開悟就是指在這種情形下所發生的狀態。

睡覺和禪定在做什麼？是在和宇宙的信息場做溝通。睡得越沉，這個溝通的管道也就越暢通，恢復得越好。小孩子玩累了，睡一覺起來，就很有精神。因為小孩在睡覺的時候，可以放得下，因而可以睡得很深沉，很快的就可以接收到他所需要的長波信息。成人睡了半天還沒有睡著，等到睡著，又不是很深沉，於是該有的長波信息都沒有得到，以致醒過來時，還是覺得有些疲累。

睡覺的時候，身體看起來是在休息，可是心靈卻是很忙，讓身體可以接收到他所需要的信息波，讓身體恢復應有的次序。在睡覺的時候，人的時空格局變大了，知覺變得寬闊。對那些苦惱已久的問題有了全面性的觀照，因而有了解決的辦法。也就是說，在腦中有許多原先不通的思考迴路，在這種天人合一的狀態下，突然接通了，也就可以把一些原先想不通的事情，看懂了，想通了。所以，當我們碰上一時難以解決的問題時，不要苦苦思索，想一陣子之後，就去睡覺，最好可以一下子就睡得很熟、很深，說不定就可以得到答案。禪定亦復如是。

靜坐和各種功法所追求的就是這種境界。由於是人唯有在這種狀態下，才能達到「天人合一」的境界。也才會有真正的智慧。中國在周代的禮樂制度的薰陶下，在三千年前，就已經知道：人要在安靜的狀態下，可以有突發的靈感，而形成所謂的「智慧」。也可以看清楚事情的發生原委與去脈。在第二章講「聖王」的那一節，就已經指出，能夠有這種「定、靜」功夫的人，就是後世所稱頌的「聖王」與「大人」。孔子的教學就是以這些聖王、大人作為學習的榜樣，以期能夠達到「內聖外王」的地步。

四、孔子如何練習心性功夫

在這一節中，我們要探索孔子如何從事有關心性安靜的練習。

有關孔子的學問是怎麼來的？在〈述而第七〉有幾段重要的關鍵資料，提到孔子是如何認知外在的世界，條陳如下：

（甲）子曰：述而不作，信而好古，竊比於我老彭。

一般的書上都把這一段解釋為「孔子很謙虛，說自己的工作只是在承先啟後，繼往開來，保存文化傳統。」孔子刪詩書，定禮樂，繫易辭，作春秋等工作，就是這方面具體的表現。這就是「述而不作」。他的態度是「信而好古」，經過一番考證，相信古人的話是真的，不是人云亦云的相信。南懷瑾在注解這段話時，作了一個相當有意思的總結：「他等於是幽默的說，我沒有什麼了不起，只是一個老古董而已。」[2]以上的說法都沒有掌握住這段話真正的意思。

孔子的學習是根據周代的禮樂制度而來。因此，要從禮樂的本質說起，方才可以完全明瞭孔子說這句話的意涵。《禮記》是記錄周代禮樂的主要作品。根據《禮記》的〈樂記第十九〉有幾段記載要特別注意：

> 凡音之起，由人心生也；人心之動，物使之然。感於物而動，故形於聲。聲相應，故生變，變成方，謂之音。比音好而樂之，及干戚、羽旄，謂之樂。樂者，音之所由生也，其本在人心之感於物也。

這一段是說，一切認知的起因是人心對世間的萬事萬物有所感覺，用口腔的動作表達出來，就成了「聲」；「聲」有特定的表達方式，就成了「音」。再配上各種動作和道具，就成了「樂」。同篇又提到：

2 南懷瑾《論語別裁》（臺北：老古出版社，1989），頁131。

> 樂者，天地之和也；禮者，天地之序也。和，故百物皆化；序，故群物皆別。

> 故鐘鼓管磬羽籥干戚，樂之器也。屈，伸，俯，仰，綴（舞者的行列），兆（舞時所及的範圍），舒，疾，樂之文也。簠，簋，俎，豆，制度，文章，禮之器也。升，降，上，下，周，還，裼（袒開上衣而露出內衣），襲（掩起上衣），禮之文也。**故知禮樂之情能作，能識禮樂之文者能述。**作者之謂聖，述者之謂明。明聖者，述作之謂也。

周代所說的禮，是指天地的次序；樂是人心和天地萬物所起的共振，而有所感受。正因為有共振，所以萬事萬物可以和諧生存，共存共榮。因為是有次序，因此可以做各種的分類。

共振是以波動的方式來進行。因此，需要有各種能產生音波的樂器，有各種配合的動作，有各種相關的制度文章，也有各種行禮的動作。聖人是可以知道禮樂所產生的情境和感覺，是謂「作」，也就是現代人所說的「創作」。能知道禮樂的固定內容，照著去做，就是「述」。能夠創作的人就是「聖」，能夠照著去做的就是「明」。孔子很謙虛的說，他是照著既有的禮樂制度去做，而不是自行有所創作。

至於「信而好古」，就要從禪定時的時間和空間的變化來做討論，才能知道真實的意涵。

一個人的心性安定下來，他的時空知覺也會跟著擴大。例如，在找路的時候會覺得時間過得很長，可是返程的時候，同樣的距離，差不多同樣的客觀時間，卻覺得路也近了，時間也短了。個人主觀上的時空感覺完全不一樣。為什麼有這樣的差別呢？只不過是在心念的動靜狀態作了一些調整而已。因此，在安定中心念可以覺察的時空範圍就要比在動盪中所能覺察的時空範圍要來得寬廣。心念越安定，可以覺知的時空範圍越廣大。結果，就是把「現在」的範疇越擴越大。把平常所認知的「過去、現在、未來」包容在那種狀態下的「現在」之內，也把它原有的次序打亂了。我們平常所認知的「過去」和「未來」，在那種安定的心性狀態中，都變成了「現在」，也就是我們常說的「當下」。孔子把這種安定心性之下所照見的長時空稱之為「古」。像三國時代的諸葛亮可以「知過去，曉未來」，就是在描述這種心性狀態。

當時空知覺變寬，原來的「過去」被包含在「現在」之內，那就沒有了過去。可是，對一般凡夫俗子來說，那是一個不可思議的事。可是，智者必需確知那是真實可靠的，不是瞎編胡扯的。因此，孔子要說「信而好古」。

老彭是指古代兩個有這種能力的人。「老」是指老子，「彭」是指彭祖。「竊比於我老彭」，是說「大概可以跟老子和彭祖這兩位高人相比罷。」

這一段話是孔子治學的精髓。孔子因為實踐周代的禮樂而認識到各種有關的事物，又因心性一直處在安定的狀態，因而他所能覺知的時空範圍擴大，可以用心看清楚各種事物的來龍去脈。於是孔子就成為一個很有智慧的人。

（乙）子曰：默而識之，學而不厭，誨人不倦，何有於我哉！

既然心智的作用是要在安定、安靜、虛靈的狀態下方能有比較好的發揮，那麼我們在求學的過程中，最重要的一步是否就應該致力於追求這種安靜的身心狀態呢？所以，孔子說他是「默而識之」，在安靜的狀態下，才會覺察認識到外在的各種事物。

由於心性常常處於這種安靜狀態，因而常常有新的認知和想法，使他不斷的推陳出新。也就呈現「學而不厭」的狀況，一直在學習新的東西，不會有厭倦和停止的時候。

光是自己一個人知道新的知識，還是不夠的，必需要讓更多的人知道。於是就要不斷的講解、說給別人聽。因此，就要「誨人不倦」。

在一般的社會上，或在個人的日常生活中，能夠不斷的有新觀念、新想法的人已經不多了，更何況還要把剛剛形成的概念經過一番努力來消化、整理，使之系統化、邏輯化之後，再把這些概念說給別人聽，讓人可以聽得懂，不是一件容易的事情。孔子就是這麼一位不斷有新的概念、新的想法，又肯把這些新知識加以整理而後傳授給別人的人，其他的人很少能夠像他這個樣子，也就難怪他會說「又有誰像我這樣子在做學問呢？」

（丙）葉公問孔子於子路，子路不對。子曰：「女奚不曰：『其為人也，發憤忘食，樂以忘憂，不知老之將至云爾。』」

這一段是在講孔子的人格特質。有一天，葉公向子路打聽孔子是個怎麼樣的人。子路不知道該怎麼回答。當孔子知道有這麼一回事時，就對子路說：「你何不告訴他，我是一個發憤治學起來，常常忘了還有吃飯這件事。心頭常保持快樂，也就沒有什麼煩惱。由於我每天都忙著學習，就不太留意時間的流逝，不知不覺就到了中年。」

這種人格特質的基礎還是心性的安定空靈，有以下幾種狀態：第一、由於常把心念停留在某一種狀態之中，他的時空知覺也就隨之擴大。前面剛提過，我們在找路時，通常是比較心浮氣躁，會覺得花了好長的時間，找得好辛苦。可是，在回程時，由於不再找路，心境也就隨之放鬆，安靜下來。同樣的距離，差不多的時間，可是在心頭的知覺上，卻覺得「怎麼一下子就回來了？」原來時間的長短是取決於心性的安定與否。在安定的狀態下，時間的知覺變單純，較長的時段只覺得像現在一剎那，也就是「現在」變得很長。在不安定的狀態下，「現在」就會變得比較短。因此，時間不是客觀的存在，而是基於主觀的認知。只要心境安靜的能力和程度夠深，就可以在「現在」停留比較長久的時段。古人所說「活在當下」就是指處在這種長時間的現在。

第二、由於非常專心於他所要追求、鑽研的對象，其他的事物都不在他的注意力範圍之內。連身邊日常要做的事都不去注意，也就不會想到還有吃飯、睡覺這些事情。

第三、「不知老之將至」是說，在安定的心性狀態下，對於「現在」的時間知覺變長了，明明還是在年輕的心境，怎麼一下子就到了中年。這是一種大家共有的知覺。也就是對「時間」的認知改變了。由於專注的緣故，心頭上把很長的時間當成一個片段的「現在」來處理。

（丁）子曰：我非生而知之者，好古，敏以求之者也。

「好古」這句話，一般書上都把它解釋為「喜好古代的事與物」；可是在這裡，也許要作「時間知覺很長，把一般人所覺知的過去、現在和未來都包括在內。」也就是長跨距的時空知覺。

孔子繼續說他的特點。表示「我不是天生就懂得這麼多的事，而是在心性安定和空靈的狀態下，敏銳的覺察相當長時間跨度內的各種事物及其現象，方才會知道這麼多的事。」凡是可以觀察長時空的人，他對事物的認知就常顯得與眾不同。現代企業所要找的理想人才，就是要有這方面的能力。

（戊）子不語：怪、力、亂、神。

像這樣「追求心性安定，可以做長時空觀察」之事，由於完全是觀察者自己的一家之言，別人很難有相同的經驗。因此，做這種觀察要特別的小心。一不謹慎，就會妄言。別人也沒辦法驗證。所以，孔子特別提出警告說，有四種情形是他所不講的。一是聽起來或看起來怪異的、荒誕不經的事或話。二是好勇鬥狠的行為。三是不合禮制，沒有秩序的行為和事務。四是各式各樣的神異傳說。

（己）子曰：三人行，必有我師焉；擇其善者而從之，其不善者而改之。

這一段話，要和〈學而第一〉的第一段「有朋自遠方來」一起來讀，才能體會其中的深意。這兩段都是在講同一件事情：「印證」。如何在安靜又空靈的心性狀態下觀照世上萬物，沒有一定的標準，也就不容易「證明」自己確實做對了。可是，在孔子那個時代，有不少人會具備這種修身養性的工夫。

「三人行」，表示會這種工夫的人不少，隨便找三個人，就有值得與之「印證」的對手。凡是做得好的，就是學習、請益的對象。做得不好的，就成了反面教材，就引以為鑑，以後不再犯同樣的錯誤。如此行之日久，個人的德行方才會逐漸圓滿起來。

五、孔子如何教導學生

《論語》〈公冶長第五〉的主旨是在檢討孔門學生的才能，從不太平凡的公冶長、南容、宓子賤等人，到最優秀的子貢、冉雍和顏回，做了一次總檢查，然後指出，為學最高的境界是要像顏回那樣，在心性的修持和宇宙天道的了解方面有一定的成就。用我們現在的角度來說，這些孔門學生擁有強大的心性覺知能力都是出於天生，再加上後天的訓練，方才成為傑出的人才。

從我們現在對「修煉」這件事的了解來看孔門的學生，可以清楚的看到，一般的好學生都是在「漸修」的階段，每個人由於才具不同，而有不同的發展。可是，顏回卻由於他的心性能長時間的處於一種特別安靜的狀態，以致能舉一以反十，而讓孔子讚嘆不已。這種能力有了一些「頓悟」的影子。同時，也約略的涉及到對心性的探索，只可惜，《論語》這本書在這方面就只是這麼輕輕的觸及，沒有比較深入探索。曾子作《大學》，子思作《中庸》時，方才有稍為深入的探索。

有關這些後天的訓練方法是什麼呢？在〈述而第七〉提到：

（甲）子曰：志於道，據於德，依於仁，游於藝。

在這裡先對幾個關鍵字做一番界定。「道」是指構成宇宙萬物的基本信息波。「德」是指人之所以為人的基本條件和行事方法。「仁」是指人與人之間的相處之道。「藝」是指生活所需的各種能力。一般的書上都把這段話看成是孔門為學的四種方法，是孔門教育的根本目的。其實是指學習的四個階段，或四個步驟。

「志於道」是說一個人必需要一心一意的追求認知和掌握宇宙的基本道理，或者說是流轉在空中的信息波動。古人把這些高層次的信息波動就稱之為「道」。「志於道」的意思就是先要把為學的根本目標設定清楚。

「據於德」的「據」是「有所本」的意思。「道」，就是一組信息波動。一九七二年於湖南長沙馬王堆所出土的《道原經》，對於「道」有非常清楚的描述：

> 一度不變，能適蚑蟯。鳥得而飛，魚得而游，獸得而走。萬物得之以生，百事得之以成。

它的白話解讀就是：「道這種信息組合本身一點都不需要改變，就可以適應世上各種東西。天下萬物因為有了它自己所需要的信息組合，方才成為它的樣子，表現出它應有的功能。鳥因為有了它，所以能飛。魚因為有了它，所以能游。走獸因為有了它，所以能走。萬物因為有它而出現，所有的事也因為有了它而成功。」這也就是「德」的意思，就是人得到了他之所以為人的信息組合，動物得到了牠之所以成為動物的信息組合。

《道原經》的這段話清楚的說明了「據於德」的本意，是說一個人要依照他原來設定的信息組合來行為處世。或者說，是要明瞭事物的根本道理和特性。唯有能夠回到萬事萬物的根源，才能看懂事情的由來、特質、侷限和發展，方才能夠提出更高妙的見解。

「依」是依靠、依賴的意思。「仁」是用善念來處理人與人之間，人與社會之間的互動關係。「依於仁」就是用善心善念來處世、接物、待人。人與人的相處是在和諧的狀態，那麼這個人的心境也就是處在一個平和、穩定、安靜的狀態。

「藝」包括禮、樂、射、御、書、數等六藝。其中的「禮」，前面已經說過，本質就是天地宇宙的次序。古人站在地球上，仰觀天象，看日月星辰的運行，覺察每一種日月星辰的組合對地上萬物所產生的影響，而後發覺，人世的各種活動、典章制度都必需要切實的配合這些日月星辰的運行規則，才可以達到平順的效果。後世的禮官天天仰觀天象，就是在觀察天體運行的次序對人世所可能產生的影響，上報於帝王和大臣，讓他們在做決策和施政的時候，有所依循。

「樂」是在追求身心與外在萬物所發出的信息波動之間的共振，而後產生「感覺」，然後把這些感覺用各種方式表達出來。用肢體的動作來表現，就成了舞蹈。用寫字、刻石來表現，就成了後世所說的「書法」，乃至於詩、詞、歌、賦、小說、散文等文學作品。用歌唱、聲波的方式來表現，就成了音樂、歌曲。用圖像的方式來表示，就成了美術、雕塑、石刻、岩畫、建築等。凡是有「信息共振和感覺」的作品，古人就評斷為「有炁」。同時，也因為有感覺，就會產生宋儒張載所說的「民胞物與」、「天人合一」的感受。

「射」是要求在安靜的狀態下，專注於身心的協調動作。射箭的最高境界是在身心專注的情形下，覺得是「靶來迎箭」，而不是「箭去射靶」，那就百發百中了。

「御」是在顛簸、跳動的狀態下訓練人的身心專注。春秋時代的戰爭主要是將軍站在馬車上，與對手大戰幾百回合。因此，在戰鬥中，必需要非常的專心一致，讓身心和車馬的節奏合而為一。否則就會被對手刺死。

「書」是藉由雙手以及手上的工具，例如筆、刀、劍，或任何東西，向外傳達個人頭腦裡所發出的一些信息。對中國人而言，主要是指書法、寫字，因為這是個人傳遞信息的主要路徑和工具。

「數」是指心靈在認知到流轉在宇宙中，用來組合萬事萬物的一些抽象的、不可言喻的原理和法則，然後用一些符號和公式表達出來。像仰韶陶文中的「丨、刂、川、ㄨ、乂、亠、十、)(、九」九個數字，就是用來表達某種特定信息的符號。中國古代稱這些信息為「數」。後來發展成為所謂的數學，其實就是宇宙組成萬事萬物的一些規則，用特定的符號來代表它。現在一般人認為「書和數」只是在學校裡應付考試之用。其實不然。它包括了占卜和數學，因為兩者都是用個人的意根（大腦）捕捉住宇宙中的一些規則、原理，再用符號表達出來。

了解了六藝的真相之後，就不難理解「游於藝」的意思，那就是說「純熟的運用這六種學習的方法。」

（乙）行有餘力，則以學文。

（丙）子以四教：文、行、忠、信。

既然一般的學生資質魯鈍，沒有辦法一下子就讓他了解如何在心性、心靈上用功。就只好用比較笨的方法來教。「行有餘力，則以學文」的這個「文」應該不是指「文學、文章」。依照《禮記》上的記述，「文」是指實行「禮樂」時的綜合表現。進一步的推論，它包括了一些有智慧的先聖先賢，在做心性修煉時，對心性、生命所做的觀察報告，心得報告，甚至是他們所編有關如何練習的入門指南和手冊。後世稱這些記錄為

「經典」。在孔子實際的教學工作上，為了教導這些資質駑鈍的人，只好把教育的方法更改了。倒過來做。從具體、具相的部分教起。也就是先從使用手冊或研究指南之類的東西教起。為學的第一步就是把這些先賢所寫的記錄好好的讀過一遍，把它讀懂。因此孔子說：有多餘的時間和精力時，把前人所留下來的記錄好好的讀一遍，甚至要依樣畫葫蘆的練習一番。

「行」就是「實行」。讀了往聖先賢的心得報告之後，是不是有起而仿效之心？讀了練習手冊之後，是不是起了好奇心，也想照樣練一練？有了這種好奇心，方才會照著書上的記載來練習。如果沒有好奇心，就失去了實行的心理原動力。

盡己之謂「忠」。在這裡的意思是說：我是不是盡了自己全部的力量來練習？有沒有徹底做到？

如果確實照著手冊做到了，前人所說的境界、現象一一都出現在自己的身上，那時候方才相信書上所言不虛假。這就是「信」。

現在的教育，在最基本的設計上，也是以「文」為主。可是第二步就走錯了。不是講求確確實實的身體力行，而是以考試為主。從小學一路考到博士。結果是造就了一批只會考試的機器，生命靈性完全棄之不顧，甚至全盤否定還有心靈存在，造就了一大堆「沒有靈性和靈魂的科學家。」

六、《道德經》所說的修煉方法

孔門的教育方法大體上是遵循周代的學校教育，沒有特別的發明。我們翻查先秦諸子，發現在《道德經》的第十章是在講具體可行的修煉方法，雖然只是原則性的提示，可是已經彌足珍貴。這段解讀是陳國鎮在由漢聲雜誌社總編輯吳美雲所召集的「生命探索研習班」上講的，時間是民國九十六年十月二十一日下午。

《道德經》的第十章原文如下：

> 載營魄抱一，能無離乎？專氣致柔，能無嬰兒乎？滌除玄覽，能無疵乎？愛民治國，能無為乎？天門開闔，能無雌乎？明白四達，能無知乎？生之，畜之，生而不有，為而不恃，長而不宰，是謂玄德。

「載」是「運載」的意思。至於「營魄」，很多人把「營」解釋成「經營」、「魄」解釋成「意識、精神」，那是錯誤的釋讀。在這裡，「營」就是中醫裡面所說的「營氣」，也就是前面在講「氣」的時候，所提到的「精專營氣」，它是推動身上血液循環、心臟搏動的力量。中醫說「肝藏魂，肺藏魄」，因此這裡的「魄」是指「肺」。肺是管呼吸的器官。我們的呼吸除了更換體內的氧氣之外，還有許多功能，諸如照顧到身上的微循環系統；按摩左右兩半邊的大腦，使之安定下來；更是從「意識」進入「潛意識」的主要通道。

「載營魄抱一」這句話的意思就是說「把呼吸和血液循環一起運載，讓它們兩種器官的運動節奏可以結合在一起。」也就是要學會調節呼吸的頻率，來配合心跳的頻率。我們身上的心跳頻率不太會隨著我們的意識而改變。呼吸卻是完全可以隨我們的意識而作改變。心跳一分鐘大致是七十二下，呼吸是一分鐘十六次。兩者的配比關係大體上是四比一。通常由於身體狀況緊張，呼吸和心跳都會加快，超過這個比值。這時候，就會清楚的感覺到心在跳、肺在動、喘大氣。於是就要調息。調節到原先正常的比值，兩者非常搭配，好像一體，這時候就不再感覺到心和肺的存在。人也就進入平和、舒坦的狀態。因此說「能無離乎？」呼吸和循環兩者能夠分開嗎？當然是不能。

呼吸和血液循環搭配得天衣無縫時，身上的氣血循環就非常順暢。像天氣冷的時候，手腳發冷。那時候就坐下來，靜靜的做幾個又深又長的深呼吸，手腳很快的就暖回來。身上也就不再感覺到冷。每一個人的身體狀態不同，所對應的頻率也不同。去找到那個當下可以讓呼吸和循環搭配在一起的那個頻率，好好的做呼吸，身體就會處在良好的狀態。就可以體會老子講的這句話的意涵。這一段話就相當於現在的氣功裡面所講的「調息」。

第二段話「專氣致柔，能無嬰兒乎？」在這裡用一個「專」字，表示說，經過以上所說的調整，對於頻率的感覺越來越清楚，找一個合適的頻率，可以讓全身放鬆。直到很鬆的時候，身體就會柔軟。要柔軟到什麼程度呢？要像嬰兒的身體那樣的柔軟。一定可以做到。只要肯去做，就學會了調節，慢慢的也就會揣摩那一種頻率會讓自己舒服一點、更舒服一點。調來調去，可以把身體調得非常的舒服。

我們帶小孩的時候，就會發覺嬰兒的身體從上到下都是很柔軟的。如果是硬的話，根本生不下來。嬰兒的身體摸起來像是一個鼓鼓的氣球，有很好的彈性。成年人身上卻有些地方是硬的、有些是癟的、有些是歪的。可是一旦氣脈調好了之後，全身肌肉是放鬆的、有彈性的，也就柔軟了。

當我們的呼吸調到這個地步的時候，會忘記有這個身體存在。因為身體太順暢、太協調了。這一段話在氣功裡面，稱之為「調身」或「調形」。當身體非常調和的時候，就不會有「身體」的感覺。身體很好的時候，不會感覺到有肝臟、胃、大小腸等器官的存在，就是一個整體的感覺而已。打坐時，把身上的氣脈調整到非常流暢的時候，會發覺，身體裡面是空的。還要做到皮膚和外界之間沒有隔閡、沒有邊界。唯有放鬆到像嬰兒那樣的柔軟，方才可以達到。

到「調身」的最高境界時，「身」會忘掉，只剩下「心」。那個心是看不見的，因而叫它「玄覽」。可是會發現心裡面好像在燒開水一樣，心念像氣泡一樣，不斷的冒上來。有些心念令人厭煩，有些不知它是什麼，有些心念稍微知道一些，這些莫名的心念在那裡不斷的翻攪，我們也知道那是禍根。於是就要設法讓這些無名的心念慢慢的平靜下來。或者把它們清洗掉。因此說「滌除玄覽」，把心裡面不要的東西清除掉。

怎麼清除？在《道德經》中沒有說。那就是「知而勿隨」，知道就好，不要去分析它，不要跟著它跑，不要跟著演繹發展，甚至還進去輒上一個角色。不要這麼做。知道就好，不要跟隨。做起來，需要一段很長的時間才能有些成果。把心裡面亂起亂滅的雜訊慢慢的清掉。要做到什麼程度呢？要做到很久一段時間才有一個念頭冒出來。當我們發現，每秒鐘所冒出來的心念越來越少的時候，心頭也就越來越乾淨，越來越安定。安定到一段時間之後，會發現心頭要很久一段時間才會冒一個念頭出來。那就是「沒有瑕疵的狀態」。

「滌除玄覽，能無疵乎？」要做到沒有一點瑕疵。我們心頭會不斷的冒出雜念，是因為我們的心靈結構和元素不對，才會有這些雜念。如果構成心靈的那些元素對了，結構對了，它就有某種程度的穩定性，不會隨便搖晃，也就不會產生那麼多奇怪的念頭。這種境界在氣功裡稱之為「調心」。

一般練氣功的人只談到「調息、調身、調心」這三個層次。可是在《道德經》中提到還有三個層次。「愛民治國，能無為乎?」從字面上來說，有些奇怪，怎麼一下子轉到政治上去？其實不然。通常我們會講「民氣可用」，因此這裡的「民」可以作「氣」解。「國」指的就是「身體」。「愛民」是在說：「要愛惜修煉那麼久所得到的氣。」要把這個氣當成是珍寶一樣，不要隨便浪費。「治國」是說「就讓這個氣好好的維護著我們的身體。」這個身體畢竟是物質構成的。想要讓它很安穩，是要付出很多心血去維護它才能辦到。「氣」就是在維持、維護身體各個器官之間的協調性。「能無為乎？」是說「不要自作主張，自己任意去調節它、控制它。要讓它自然而然的調整。」

前面調息、調身、調心三個階段都做得很好之後，就要用心去愛護所培養出來的氣，讓這個氣好好的維護著身體的運作。「愛民」就是「愛那個培養出來的氣」，「治國」就是「讓這個氣維持身體的運作。」「能無為乎？」則是說「保持滌除玄覽之後的那個純淨的心。」

這些階段和要求都逐漸做到，而且達到一個相對穩定性之後，這個生命在物質世界的各種瑕疵、不穩定就慢慢的被控制，不會再搖來晃去。這時候，我們就會回過頭去，發揮心靈知覺的本能，打開心靈知覺的窗戶，去接收超越身體五官以外的信息。這種情形叫做「天門開闔」。到這時候，心靈所展開來的是一種很純淨的狀態。「天門」的意思是說：「它本來就是很自然的，生命裡面大家都有的，不是只有少數人才擁有。是大家在生命形成的過程中必然具備的。」這個天門是可以開，可以闔的。

「能無雌乎？」的「雌」是有「給他一個東西而後產生」的意思。孩子的形成是父母給了他一個物質的基礎。這句話是說，在天門開闔的時候，不要隨便附加一些東西進去。換句話說，我們運用五官所得到的一些知識、價值觀、認定等，不要隨便加進去，讓控管心靈知覺的天門自然的開闔。這種情形就像做實驗時，在儀器的觀測器上隨便加了個濾鏡，就會改變觀察的結果。不要加任何的干擾，就讓它自己去發展。

「明白四達，能無知乎？」如果心靈知覺可以開、可以闔，於是心靈知覺的時空就可以由我們自己去調整。可以去看大格局的世界、長時間的世界，也可以看小格局的世界、短時間的世界。到處都可以通達。因為那不是透過五官，於是不受五官極限的限制，要看什麼，就可以看，要看哪裡，就可以看哪裡，沒有任何的限制。所以說「明白四達」。也就是說，任何地方的信息都可以接收得到。

「能無知乎？」的「知」就是我們常說的「知識」。當我們的心靈接收到來自各地的信息之後，很快的要把這些信息編輯成某一套路的知識。這種知識不過就是心靈開闔之間所看到的世界的某一個角落、某一個窗口所顯現的某一個面向而已。雖然心靈知覺可以四通八達，可是每一次看的時候，都是有一些選擇性。因此不要立刻把所看到的東西當成是一種規範、一種固定的知識。

「生之，畜之」是說，有了這樣的能力和認知，就要好好去培養它、琢磨它，讓這種能力穩定、長大。

「生而不有，為而不恃，長而不宰，是謂玄德」有了這種能力之後，不能認為是自己的本能，依照這些能力做了一些動作，也不能認為那是自己了不起的功勞，這種能力擴大成長之後，不要去主宰它，一切順其自然。要做到這種地步，方才是「玄德」，美好的德性。

一般練氣功的人通常只練是到調息、調身、調息三個階段而已。「愛民治國、天門開闔、明白四達」這三個境界完全是到了修行的境界。因此，老子的要求比一般的修煉要嚴格得多，也高明得多。到達這種境界的時候，只要安安靜靜的坐在那裡，用心去觀照宇宙萬象，就可以看懂其中的奧妙。因此，《道德經》的第四十七章就明白的指出：對宇宙的這些認知都是在禪定的狀態下用心看來的：

> 不出戶，知天下；不窺牖，見天道。其出彌遠，其知彌少。是以聖人不行而知，不見而明，不為而成。

「不出戶，知天下。不窺牖，見天道」是說「做這種觀察的人是不需要到處走動，就可以知天下事。不需要用什麼管狀像望遠鏡之類的東西，就可以看到天體的運行。「其出邇遠，其知彌少」是說「凡是到處走動，走得越遠的人，能夠看到的就越少。」「是以聖人不行而知，不見而明，不為而成。」因此，古代的聖人，也就是有這種禪定能力的人，不需要到處走動，就知道天下事；不需要用眼睛去看，就能明白所有的事；不需要特地去做什麼，就可以獲得成功。

七、結語

從以上各節所述，我們可以清楚的看到一個事實：孔子的教育完全依照周公所制定的禮樂而來，沒有任何重大的偏離。知道「靜默、安定」的心性可以認知外在世界的所有繽紛現象。孔子自己就說他是在「靜默」的狀態下，認識宇宙萬象。可惜他沒有更進一步的說明該怎麼做，才可以達到像他那樣的智慧境界。孔子的幾位資優傑出的學生，像顏回和子貢，都是天生有這種能力，加上他的調教，方才有傑出的表現。顏回一輩子沒有出任官職，在《莊子》的〈大宗師〉提到顏回要到衛國去任職，向孔子請教如何當官，被孔子訓斥一頓，也就沒有下文了。可是，子貢的表現就非常精彩。

子貢不僅在商場上有非常突出的表現，成為大商人。在政治上的表現更是非凡。《史記・仲尼弟子列傳第七》就明白的記載子貢為了「存魯」，不讓齊國併吞魯國，就去遊說齊國執政的大夫田常、吳國、越國、晉國，讓吳國去爭霸而有黃池之會；越國從後偷襲吳國，完成復國之志；田常也完成了專政齊國的心願。在這一連串的變動中，魯國得以保存，多延續了一百四十八年。這種大戰略、大格局的考慮，必需在心頭上，看清楚了那個時代的局勢應當怎樣的變化，方才可以得心應手的放手去執行。

孔子學說可以在後世得到尊崇，不只是它有一套完整的理論，承襲自周代正統的禮樂文化，更應該是有實際成就在背後作為證據，證明這套理論是能夠濟世經國。我們在第五章中，將會詳述這一件大事。

第四章

學與學校

一、人生的歷練

在周代，對一個士以上的貴族男子而言，不同的人生階段有不同的使命和任務，也就有不同的學習目標。因此，在周朝貴族的觀念中，「學」的根本目的就是為國家培養足以出任政事的人才。這種認知在孔子、老子和莊子的著作中隨處可見。在一般人的印象之中，總以為《莊子》非常出世，不理人間的事務。可是在《莊子內七篇》的第七篇，篇名就是「應帝王」，譯成白話就是「因應帝王的需求」。不就是明證嗎？

在《禮記·第一曲禮上》對人生各個階段的名稱和責任有很清楚的規劃：

> 人生十年曰幼，學。二十曰弱，冠。三十曰壯，有室。四十曰強，而仕。五十曰艾，服官政。六十曰耆，指使。七十曰老，而傳。八十曰耄。九十曰旄。百歲曰期，頤。

也就是說，在人生的第一個十年，稱作「幼」，主要的任務就是「學習」。到了第二個十年，也就是十幾歲的時候，稱之為「弱」，可以加冠，表示成年了。第三個十年，二十幾歲的時候，是為「壯」，可以娶妻，上以事宗廟，下以繼後世，要傳宗接代了。結婚的目的是結合兩家的力量，陰陽相配，共同奉事天地，不是現在人所認知的「男女感情合諧」。

到了第四個十年，三十幾歲的時候，是為「強」，一切人生訓練都已經完備，可以出任國家的基層官職。到了第五個十年，四十幾歲的時候，是為「艾」，工作經驗豐富了，行政歷練也夠了，就要在廟堂之上擔任重要職務，像是司空（管刑罰的官）、司徒（管人事晉用的官）之職，乃至於執政為相。

到了第六個十年，五十幾歲的時候，稱之為「耆」，那時候可以憑著他的經驗提供各種意見，或指使別人做事。到第七個十年，六十幾歲的時候就要退休，當時稱之為「致事」，把所掌管的事還給君王，同時也要把工作交付給他人，也把人生的經驗傳承下去。第八個十年、第九個十年稱之為「耄」，第十個十年，也就是九十幾歲，稱之為「期」，什麼責任都沒有，只是接受各方的供養。

至於那些能力很強，身體狀況還不錯的六十幾歲的大夫，未獲國君的同意，不能退休者，該怎麼禮遇呢？〈第一曲禮上〉也提到：

> 大夫七十而致事。若不得謝，則必賜之几杖，行役以婦人。適四方，乘安車。自稱曰「老夫」。於其國，則稱名。越國而問焉，必告之以其制。

六十歲以上不得退休的大夫在入朝的時候，國君必定要賜給憑几和拄杖，外出巡視的時候，一定要有女看護陪同。如果出巡四方，一定要乘坐小車。這些人自稱為「老夫」。但是在本國的朝廷上，仍要自稱自己的名字。別國的使者前來聘問，這些老人就先出來接待，告訴他們本國的法度禁制。

這個人生歷程，可以呼應《論語·為政第二》所說：

> 吾十有五而志於學，三十而立，四十而不惑，五十而知天命，六十而耳順，七十隨心所欲不逾矩。

歷來的學者都不清楚這一段文辭究竟在說什麼，現在終於有了明確的解答。這一段就是在講孔子自己的學習與人生經歷。他在十五歲的時候，方才立志要好好的學習。到了第三個十年的階段，方才可以有足夠的能力來擔任國家的公職。到了第四個十年，因為可以明白事情的發生原由和來龍去脈，因而需要有「不惑」的能力，方才可以承擔較高層的任務。到了第五個十年，心性更加成熟，可以知道上天所賦予的是什麼樣的使命，於是他就可以成為國家的執政，負責國家的大政。

到了第六個十年，心性能力又更上一層樓，對於各式各樣的信息，都能分類處理，而且處理得非常流暢，沒有障礙，因此就可以憑著他的經驗指使下屬去做事，或出任國家的顧問。

到了第七個十年的時候，對於天地宇宙之中的各種事情已經有了豐富的了解，自己的心性也趨於圓融，對事情的看法也不再趨於極端，這就是「從心所欲不逾矩」。打個比方來說，同樣都是在做一條褲子，到了技藝純熟的時候，就可以有所變化，不管怎麼變化，總還是在「褲子」這個大範疇之中。在一定的範疇中，做各種改良、創新和變化，讓生命、文化可以有豐富的生命活力。到達這樣的境界，自然可以把他的生命經驗和執政的經驗傳遞下去，成為國之大老。

二、為什麼要「學」？

為什麼要「學」？古今中外，任何民族的人都要把他們的人生經驗經過一番整理之後，傳遞下去，稱之為「學」。可是在周人的認知中，不是只限定在個人生活、知識、能力的獲得與增益，更是要發揮執政者「化民成俗」的功能，也就是要能夠「教化民眾」。這個要求也就成為後世評鑑「是否為好官」的標準之一。許多有雄心壯志的地方官，在任時期，莫不致力於「移風易俗」、「端正社會風氣」。在《禮記．第十八學記》一開始就說：

> 發慮憲，求善良，足以謏（ㄒㄧㄠˇ）聞，不足以動眾。就賢體遠，足以動眾，未足以化民。君子如欲化民成俗，其必由學乎？

譯成白話就是說：「一個君子，在思考事情的時候，凡事都可以合乎法度，每做一件事都要求能夠達到良善的地步。這樣可以贏得一些小名聲，可是沒有辦法讓一般民眾有所感動。如果君子禮賢下士，親近有賢德的人，體恤來自遠方的人，雖然可以感動大眾，可以仍然沒有辦法做到教化民眾的境界。君子如果要想教化民眾，而且進一步形成良好的風俗，那就必需要從「學習」入手。」這一段話清楚的點出，周代貴族子弟之「學」，其主要目的是「出仕」。治理國事就必需要合乎宇宙的至道，方才可以讓國人感動，改善社會風氣，進而凝聚國人的向心力，提升國家的發展動力。

三、學什麼？

學什麼？要學會一種能夠觀察天地、人世之間各種事物間之次序的能力。有了這種能力，才能夠覺察天地、宇宙，乃至於人世間各種事物的來龍去脈、先後發生的次序，進而明瞭個人、事物、天地之間的相互感應與互動關係。把這種感應而來的覺知用音樂、詩歌、處事、為人等各種方式表達出來。這種感應與覺知，就是後世所謂的「天人合一」。《禮記．第十九樂記》提到「**樂者，天地之和也；禮者，天地之序也。**」因此「禮」就是「天地的次序」，「樂」就是「對天地萬物因諧波共振而來的感應與覺知」。

周代學子所學的內容就是「禮」和「樂」。要想達到這種境界，心性一定要安定。在前面第三章已經提到過，在祭祀的時候，一定要先做「心齋」、「觀想」的動作。這種動作已經融入周人的日常生活之中。在這種基礎上來看周代的教育，才能有比較深入的理解。祭祀和學習是有密不可分的關係。

《禮記．第八文王世子》提到：

> 凡三王（夏禹、商湯、周文王）教世子，必以禮樂。樂所以脩內也。禮所以脩外也。禮樂交錯於中，發形於外，是故其成也懌，恭敬而溫文。

夏、商、周三代一定用「禮樂」來教導將要繼位的世子。「樂」是用來調養內在的心性修養，使他有那種感知天地萬物的能力，進而人與物相融在一起。至「禮」則是用來處理外在的事物，在「方以類聚，物以群分」的原則下，把天地萬物依照它們的屬性作分類，方才有陰陽（二分法）和五行（五分法），更著眼於這些類別之間的互動關係，方才有「生（幫忙）、尅（制約）、乘（幫得過頭）、侮（反被制約）」的認知。這樣的教育需要有人指導，於是設有四種教師：太傅、少傅、太師、太保。

太傅的職責是教導父子、君臣所應具備的道德涵養。少傅是侍奉世子觀察太傅的言行、品德，而後模仿之。太師的職責是藉由各種具體的事物，讓世子曉得什麼才是應有的德行。太保的職責是謹言慎行，輔佐世子，讓他的行為歸於正道。

這種教育方式原本是用來教育周天子的兒子，讓他有足夠的心性覺知能力與品德，可以在安定的心性狀態下，覺察天地萬物和事情發生的次序，以及人與天地萬物之間的對應關係。各國諸侯也比照用相同的辦法來教育他們的兒子。這就是夏、商、周三代貴族教育的原發動力。教育的目的是讓這些世子，及至繼位的國君，有良好的德行和覺知的能力。有了這樣的德行和覺知能力之後，就會尊重教育他的師傅們，百官也會因而正直有為，國家才能夠大治。

1. 教育的第一項主要內容是「禮」

〈樂記〉云：「夫禮者，天地之序也。」「禮」就是天地之間的各種事物的分類和排列次序。當然也包括人事的各種關係和情境。甚至我們可以說，一個有效的人間禮制其實就是模仿天地的次序。因此，對人世上的親疏遠近做妥當的安排、將各種問題作明確的判別、把各種東西、事物做適當的分類、把是非作明確的分辨，這就是「禮」。

要想認知天地的次序，萬物的屬性，必需要在安靜的狀態中，用心把事情發生的先後次序都先看個清楚明白，而後才能依照這種認知來處理國事，達到「國家大治」的境界。

至於我們一般人所說的「行禮」，那是指「禮儀」。用人為的辦法來模擬天地運行的法則。不論動態或是靜態，只要參與者的心性狀態齊一、行伍排列得整齊、模擬動作又做得恰如其分，就會有具體的影響力。其中又摻雜了一些被現代人稱之為「神秘數字」的數目，如七、十二、六十四等。七和十二都很容易了解。七是太陽、月亮、水星、金星、火星、土星和木星等七顆與地球關係最密切的星球。十二是指黃道十二宮、十二月分、十二時辰。六十四就不容易了解。八佾舞是要用六十四位佾生來舞蹈。易經就是六十四卦。歷來都說「六十四」是象徵天地之數。我猜想，「六十四」是在對應「地球的半徑六千四百公里」這個數字。六十四又是「八」的平方。在地球上，任何都東西的速度只要達到每秒八公里，就可以掙脫地球的引力而飛起來，若沒有空氣的摩擦力，不會掉下來。東西可以飛上天而不會掉下來，在古人的認知中，神秘性十足。也許有些人不能接受這個假設，但是它的確是「儀式」與「神秘數」之間的共同部分，都是在模擬和反映宇宙、地球在運行上的一些特點。

在《禮記》的第一篇〈曲禮上〉提到「禮」的功用如下：

夫禮者，所以定親疏，決嫌疑，別同異，明是非也。

因為有了次序，於是就可以把人與人之間的親疏關係定出來，形成中國人特有的親屬、家族結構。因為有次序，就可以把不確定、有疑問的事物弄明白。更可以用「群」的概念把天下的事務作確實的分類，也可以判明誰是誰非。簡而言之，當所有的事情都放入一個次序的架構中，就不會「亂」。這就是「禮」的基本功用。

2. 教育的第二大項目是「樂」

〈樂記〉云：

> 凡音之起，由人心生也。人心之動，物使之然也。感於物而動，故形於聲。聲相應，故生變，謂之音。比音而樂之，及干戚、羽旄，謂之樂。樂者，音之所由生也。其本在於人心之感於物也。

這裡所說的「感於物」，就是前面一再提到的「對天地萬物要有所覺知」。最根本的地方就是在於「人心」。這裡所說的「人心」，不是指具相的大腦和心臟，而是指那個能夠認知外在世界的「心靈」。大腦、心臟，乃至於四肢、身體都是心靈所使用的工具而已。

同段接下去說：當一個人處在悲哀的心情時，所發出的聲音是急促、後繼無力。內心安樂的時候所發出的聲音是寬舒而徐緩。內心喜悅的時候所發出的聲音是高亢、爽朗。內心憤怒時所發出的聲音是粗壯、猛烈。內心恭敬時所發出的聲音是正直、有稜有角。有愛戀之心所發出的聲音是溫和而柔順。這些不同的聲音都是對應不同的外在情境。

同篇又提到：治世的音樂之特徵是「安祥而歡樂」，它的施政一定寬厚。亂世音樂的特徵是「怨恨而憤怒」，那時的施政一定乖戾辟違。亡國的音樂的特徵是「哀傷而憂愁」。從這個角度來看，聲音的內在意涵是和政治是相通的。春秋時候鄭國所流行的音樂就是亂世的音樂，傲慢自大而且無禮。殷紂王時代所留下來的濮水之上、桑間的音樂，都是亡國之音。那時的政事荒亂，人民流離失所，官員欺上瞞下，假公濟私而不可止。

正因如此，古代的聖王非常在意所處的外在環境。因此就用禮儀來引導人們的志向，用音樂來調和人們的聲音，用政令來統一人們的行為，用刑罰來防止人們作姦犯科。於是在古人的認知裡面，禮儀、音樂、政令、刑罰四者，終極目標都是一致的。這就是古代聖王能夠「齊一民心，實現天下大治」的原因，也是後世為政者必需要學習的榜樣。

有關教育方面的具體做法有不同的記載。依據〈文王世子〉篇的記載：「春夏學干戈，秋冬學羽帛籥，皆於東序。」「秋學禮，冬讀書。」〈王制篇〉云：「春秋教以禮樂，冬夏教以詩書。」從這些資料來看，大體上可以這麼說，在春夏的時候，萬物生發、繁秀，因此，教育的內容以「動態」為主。到了秋冬之際，大地以「收藏」為主，因此就要「把知識收入體內，並且藏之於心」。這樣的認知和制度一直沿用到現代。現在大多數歐美國家和我國的學制都是在秋天開學，夏天放個長長的暑假。

四、入學的資格與程序

由於「學」是為了培養國家所需要的行政人才，因此在入學的資格上有所限制。〈王制〉篇提到可以入學的資格是「**王大子、王子、群后之大子，卿、大夫、元士之適子，**」不過後面又加了一項：「**國之俊選，皆造焉。**」這一條就把入學資格放寬到平民之中有特別傑出表現的人。經過鄉一級的考核，報給司徒，成為「選士」，司徒再從其中選拔更優秀的人才，是為「俊士」。不經過鄉一級的考核，直接由司徒選拔者，都是可造之材，都要好好的培養。後來註解《禮記》的人稱這種人為「造士」。這些優秀人才方才可以跟貴族子弟一起入學。

對於入學的年齡，〈王制〉提到「**凡入學以齒。**」依照年齡的次序入學。〈學記〉：「比年入學」，每一年都可以入學。沒有具體的入學年齡。

至於具體的學校制度，以及入學之後，循序漸進的學習內容，在第十八〈學記〉篇有明確的說明：

> 古之教者，家有塾，黨有庠，術有序，國有學。比年入學，中年考校。一年視離經辨志；三年視敬業樂群；五年視博習親師；七年視論學取友，謂之小成。九年知類通達，強立而不反，謂之大成。夫然後足以化民易俗，近者說服，而遠者懷之。此大學之道也。記曰：「蛾子時術之。」其此之謂乎！

在古代，二十五家的「閭」有一間「塾」。五百家的

「黨」，有一間「庠」。一萬二千五百家的「遂」（或稱「術」），有一間「序」。在天子與諸侯的國都方才有「學」。每年都有新生入學，隔年就有考核。第一年考核他對經文的認識，辨別他個人的志向。第三年的時候，考核的重點是他能否專心學業、樂於合群。入學的第五年，考核的重點是他的知識是否廣博，是否親近師長。入學的第七年就要考核他是否真正具有卓越的能力。是否能擇取益友。合格者稱之為「小成」。入學九年則要考核他是否通曉事理、觸類旁通、卓然自立、臨事堅定，不違背師訓，合格者是為「大成」。到達這種程度和境界之後，方才可以出任公職，可以教化百姓，移風易俗，使人民心悅誠服。遠方的人爭相歸附。孔子被稱為「大成至聖先師」，就是指這種程度的最高境界。

五、學習的基本態度

〈曲禮〉上有一段話說明學習的基本態度：

> 禮，聞取於人，不聞取人。禮聞來人，不聞往教。

意思就是說，「對於『禮』這件事，只聽說必須用心向他人學習，不曾聽說要勉強別人來師法自己。只聽說有心的人自動自發的前來學習，不曾聽說要強行灌輸。」看了這種要求，非常感慨，現今的義務教育制度完全違背了這種「自動自發前來學習」的良法，而是站在國家人力運用的立場，強迫孩童接受教育。以致「上學」變成是一件痛苦的事。

〈學記〉提到：在周代，天子、諸侯在開學的時候，一定要戴白鹿皮做的帽子，用蘋藻之菜來祭祀先聖和先師，以表示尊敬之道。要誦習《詩經．小雅》這一篇之中的〈鹿鳴〉〈四牡〉和〈皇皇者華〉等三章詩歌，以誘發學子任官事上的心志。入學上課的時候，先要擊鼓，激發學子的奮發之情，然後打開書篋，以恭順之心從事學習。同時也設置了荼條和荊條，以收束學子的不正行為。

天子和諸侯在沒有舉行過各種大祭之前，是不可以到學校來視察，為的是讓學子可以依照自己的意願去讀書。教師要時常觀察學子的行為和學習情形，不需要時時叮嚀，讓學子可以有自己的主見。年幼者只需認真學習，不必多問，也不可以跳級升班。凡事總要有個順序。以上所說的七大項是周代教育的主要規範。在這一段的最後，特別提到：「要學做官的，先學如何做事；要當一個稱職的士，就先立定志向。」這是多麼明確的指示。

〈學記〉也提到正常的學習情形。按照時序的不同而有不同的教學內容。像是春天和秋天，教導各種有關的禮儀。在夏天和冬天，就教詩書。這些禮樂詩書，稱之為正業。回家之後，一定有家庭作業，稱之為「居學」。家庭作業的主要功課是練習彈琴。一定要先學會如何調弦雜弄的技巧，唯有在專注的心境下，方才可以彈好琴藝。不先學廣博譬喻的方法，便不能了解詩經的賦、比、興。不學各種灑掃應對之道，就不能學好禮儀。不能先對道藝培養出興趣來，就不能夠喜好學習這件事。這四項都不是在課堂裡學的，都是要在日常生活中練習。

君子對於「學」這件事，要做到「**藏焉、脩焉、息焉、游焉**」四種境界。學習不是外來的加上一些東西，而是像觸媒一樣，觸發、開啟生命之中與之對應的某些功能。因此，一旦要學什麼項目，第一步就是去找內在生命功能的對應部分，激發這一部分的生命功能。而這些內在的生命功能是藏在內心深處，找到之後，起了共鳴，這些學習的項目才能內化成為我們的認知和習慣。這就是「藏」。第二步就是要慢慢的去體會、慢慢的琢磨，調來調去，調到最佳的狀態，讓所學到的東西能夠穩定下來，可以發揮應有的功效，這就是「脩」；第三步就是要做到像呼吸一樣的自然，不需要有什麼特別的注意就可以做得出來，這就是「息」。第四個境界就是「可以隨興而作又不踰矩」，那就是「游」。

「夫然，故安其學而親其師，樂其友而信其道。」

做到這四種境界，才能學得安穩，親近師長，樂於與同學、朋友切磋，對所學的道理信奉不疑。如此，學方有成。

雖有佳肴，弗食，不知其旨也。雖有至道，弗學，不知其善也。是故學然後知不足，教然後知困。知不足，然後能自反也。知困，然後能自強也。故曰：教學相長也。〈兌命〉曰：「學學半。」其此之謂乎！

這一段更清楚的說「治學」的主要辦法，就是「身體力行」和「教學相長」。不管什麼樣的佳餚，自己沒有親自嚐過，就不知道它的滋味。宇宙的「至道」，不經過學習，就沒有辦法知道究竟好在什麼地方。認真的學習，才會知道自己有那些欠缺和不足的地方。唯有擔任教職，方才知道自己還有哪些地方沒有弄清楚。由於知道自己有所不足之處，方才有所反省；知道自己的困境，方才可以奮起突破。

不過在〈學記〉裡面也提到當時在教育方面的一些弊病：

> 今之教者，呻其佔畢，多其訊言。子于數進，而不顧其安，使人不由其誠，教人不盡其材，其施之也悖，其求也佛（拂）。夫然，故隱其學，而疾其師，苦其難而不知其益也。雖終其業，其去之必速。教之不刑，其此之由乎！

當時有許多教師只會照著書本唸，不能多做相關的說明。或是提出許多稀奇古怪的問題來考學生。或東拉西扯，言不及義。又忙著趕進度，草草了事，不管學生是否聽得懂。不用誠心誠意來教學生，也不管學生的程度如何，不能讓學生發展他們的才能。這樣的教法是違背了常理，也非常的乖戾。這種教育的結果就是讓學生覺得上學是一件痛苦的事，同時也憎惡師長。在知識的吸取方面，學生受困於那些艱澀難解的課題目，也就學不到什麼有益處的事。雖然九年的時間到了，可以畢業，但是學生離開庠序，就很快的忘掉所學過的東西。這種不像話的教育就是這麼形成的。

從以上所摘錄的有限資料，我們大體上可以明瞭周代的教育概況。在這樣的基礎上，再來解讀《論語》，於是有些自古以來不知如何解讀的文句，就比較容易弄明白了。

子貢，瑚璉也
—心性之學在當時的運用—

在第三章的結尾，我們提到子貢為了保存魯國而遊說齊、吳、越、晉等國，引發一連串的戰事，徹底改變了當時的國際局勢，讓魯國多延續了一百四十八年，直到戰國末年（西元前249 年），方才被楚國併吞。再過二十八年，秦始皇就統一天下了。這段記載見於《史記．仲尼弟子列傳》。

一、春秋末、戰國初的政局

周代實行封建制度。建國後，大封子弟為諸侯，同時也保存了一些古聖先王的後代。從周初建國到春秋末年，歷經了六百多年。各國諸侯之間早已沒有什麼親情可言，於是滅人之國成為常有的事，逐漸形成戰國初年所看到的七個大國與宋、衛、魯等小國。

到了春秋末年和戰國初年，魯、齊、晉等三個國家又出現公室衰弱、某些大夫家長期專權的現象。魯國有孟孫、叔孫和季孫三家大夫長期執政，由於他們的先人都是魯桓公的兒子，因此史稱「三桓」。齊國原先也有許多家強而有力的大夫家。由於這些大夫家相繼捲入爭奪王位的政變中，相互滅絕，最後政權落入田乞、田常父子之手。在西元前四〇四年，田常的曾孫田和放逐原來姜氏的齊康公，篡位為田齊太公。晉自文公之後，盡滅公族，改封異姓將領為大夫，稱為六卿，長期掌握國家的政權。這些大夫家對於權勢的追求也是不遺餘力，不斷的打擊對手，消滅其他的大夫家，最後形成韓、趙、魏三家分晉。孔子和他的弟子們就是生存在這樣的政治環境之中。

魯國到了定公（西元前 509-495 年）、哀公（西元前 495-466 年）的時候，國勢已經相對的衰弱了。而旁邊的齊國卻國勢日漸興盛。於是齊國就想併吞魯國。那麼魯國要怎麼才能躲過這場滅國的災禍？就必需要特別用心，看清楚各強國之間的矛盾與衝突的關所在，才能以四兩撥千斤的手法，在夾縫中求取生存之道。

與孔子同時的齊國國君是齊景公（西元前 547-490 年）。在第二章曾經提過這位國君，生前喜歡養犬馬，死後更用六百匹駿馬來殉葬。他在位四十三年，身死國亂。經過一番宮廷鬥爭，大夫田乞擁立倬公（西元前 488-485 年）。過了四年，田乞死，子田常繼立。齊倬公又為大夫鮑牧所弒。齊人擁立簡公（西元前 484-480 年）。田常與監止兩人共同執政。《史記・田敬仲完世家第十六》記載，「田常復脩釐子之政，以大斗出，以小斗收。」於是深得民心，權勢日隆。處心積慮想要除掉原來執政的高、鮑、國、晏等大夫家。過了四年（西元前 480 年），田常又弒簡公，立平公。他乘機把這幾家政敵和公族中強悍者除掉，又割齊國的一半土地作為他的封邑。聲勢淩駕在齊國國君之上。子貢的故事就從田常的身上展開。

二、子貢的遊說

依《史記·仲尼弟子列傳》所記載子貢的事蹟，故事是這麼說的：

齊國的大夫田常是一位野心勃勃的人。想要專擅國政，可是又怕高、國、鮑、晏這幾家大夫。於是就想要發起軍事行動，讓這幾家大夫帶兵打仗，效命於疆場。如果有所傷亡，正好趁機削弱或翦除他們的勢力。出兵的對象就是齊國旁邊弱小的魯國。孔子聽到這個消息，就對門弟子們說：「魯國是我們祖先墳墓所在的地方，是我們的父母之國。現在有了這樣的危難，你們有什麼對應的辦法呢？」

子路自動請纓，要求帶兵出征。孔子不答應。子張和子石兩人也說他們要出使齊國，去遊說齊國的國君。孔子也不答應。子貢請求讓他去作說客。孔子答應了他的請求。

子貢就前往齊國，拜見田常。他對田常說：「你要派兵攻伐魯國這件事，依我看來是大錯特錯。魯國是一個很難攻伐的國家。它的城牆又薄、又低、又矮，它的國土幅員狹小，又低下潮溼。它的國君又笨又沒有仁愛之心。它的大臣只會裝模作樣，沒有任何實質的作為。它的百姓又非常厭惡戰爭。這種國家你是不可以去攻打的。要打，就去打強國，不如去討伐吳國。吳國的城池又高又厚又大，土地廣袤，既大且深。他們軍隊的裝備又新又堅利、士飽馬騰，所有的重器精兵都在他們的陣營中。又派任幹練精明的大夫守城。這種國家很容易打。」

田常一聽，忿然作色，怒聲曰：「你所說難的事，別人認為是容易的事。你所說容易的事，別人又認為很難。你跟我說這種話，到底是什麼意思？」

子貢說：「我聽說：有內部之憂的國家要去攻打強的對手，有外部之憂的國家要攻打弱的對手。現在你的憂患是在內部。我聽說你三次想要加封，三次都不成，是因為朝廷有大臣不聽你的號令的緣故。現在你要滅魯，以擴大齊國的疆域。這些帶兵的將領打了勝仗之後，功勞很大，就會驕傲自大。這些將領也因此加官進爵。在這場戰事中，你卻沒有任何功業可言。於是國君就會逐漸疏遠你，國君也會因戰勝而有驕態，隨意支使群臣。在這種情形下，想要成大事，難上加難。主上驕傲，就會看不起臣下。臣下驕傲了，就會你爭我奪。如此一來，你，田常就會與國君開始有間隙，與屬下群臣相鬥爭。你想要安安穩穩的立足於齊國，那是不可能的事啊。所以我才建議不如去討伐吳國。沒有打勝，那麼從軍的人民都死在外地，帶兵的大臣也為之一空。如此，國內就沒有強臣，也沒有人民會對你有所責備。於是唯一可以控制齊國的人，就是你田常了。」

田常完全同意這種看法，對子貢說：「可是我的軍隊已經在征討魯國的路上了，現在忽然要他們改變路徑，去討伐吳國，大家會起疑心。我該怎麼辦呢？」

子貢說：「你先按兵不動，先派我出使吳國，說動吳王出兵來救魯國，而攻打齊國。」田常答應了子貢的請求。

子貢南下見吳王夫差，對夫差說：「王者不會忍心看一個國家的滅絕，而袖手不管。霸者是沒有強大的對手。千鈞重擔只要加一點點的力量，就會移動。現在擁有萬乘兵車、強大的齊國想要滅掉只有千乘兵車的魯國，他的目的就是要跟吳國爭強。我為大王感到危險。況且，出兵救魯國，是彰顯大名的事。討伐齊國又是有大利的事，可以安撫那些泗水流域的諸侯。把殘暴的齊國打敗，讓強大的晉國順服，這是何等的大利。名義上是保存了有亡國危機的魯國，實質上是困住強大的齊國。凡是有智慧的人都不會懷疑這個做法。」

吳王曰：「善。不過我有我的憂心之處。我曾經打敗過越國，把越王勾踐困在會稽山。這些年來，越王苦身養士，有向我報仇之心。等我把越國解決了之後，就聽從你的建議出兵去救魯國。」

子貢說：「魯國是弱國，而越國卻比不上魯國。吳國雖然說是強國，卻比不上齊國。大王如果不先去打齊國，而去滅越國，那麼魯國就已經被齊國滅掉了。齊國益加壯大，吳國就沒有機會稱霸了。何況大王想要用『存亡繼絕』作為出兵的名義，卻先去討伐小小的越國，畏懼強大的齊國。這算不上有勇氣。真正有勇有謀的人是不怕艱難的，仁者是不怕窮困儉約的。智者是不會漏失適當的時機。王者不忍看到一個國家的滅絕。如果大王現在出兵救魯，那是向各國諸侯顯示你的仁愛之心。救魯國而討伐齊國，威勢鎮住晉國，各國諸侯一定相率來朝覲吳國。那麼大王的霸業就可以成功了。大王擔心越王，那麼我去見越王，讓他派兵跟你去討伐魯國。這麼做，實際上就是讓越國空掉。」

吳王大悅，就派子貢出使越國。

越王勾踐親自在國都的郊外迎接子貢，親自為子貢駕車，讓子貢在迎賓館住下，對子貢說：「我越國是蠻夷之國，像你這麼尊貴的人怎麼會屈就而來呢？」

子貢說：「現在我去遊說吳王出兵去救魯國，討伐齊國。他有這個意願，可是卻擔心越國。說是要先解決了越國，再來救魯、伐齊。這麼一來，越國一定會有亡國之痛。沒有報仇之心，卻讓人起疑心，那是笨拙。有報仇之心，而讓人察覺，那就死定了。報仇的事還沒有著手進行，就讓人知道，那就危險了。這三者是要想報仇成功最大的敗筆。」

越王勾踐頓首再拜說：「我曾不自量力與吳國相戰，被困在會稽。那種心痛，痛入骨髓。心頭煩悶，火氣上升，日夜焦脣乾舌。我的願望就是要跟吳王決一死戰。你可有什麼妙計可以教我？」

子貢說：「吳王這個人，為人凶猛殘暴，群臣都快受不了。國家因為連年征戰而疲態畢露，士卒也快無法忍受，百姓多有所怨。大臣也發生了變化，伍子胥因為提出諫言而被賜死。太宰伯嚭用事，完全依順國君，要怎麼做，就怎麼做。這是殘國之治。現在大王你用誠懇的態度派發士卒去幫助吳王，激發他救魯、伐齊、稱霸的雄心壯志；送上重寶，取悅吳王的心。用謙卑的言辭，讓他覺得受到尊崇。在這種情形下，吳王就一定會去討伐齊國。他打敗仗，就是大王你的福氣。如果他打贏了，一定會北上逼臨晉國。請你派我去見晉君，讓晉國出兵打吳國。如此一來，吳國一定敗弱下去。吳國的精銳部隊損失於對齊國的戰事，他的重裝備部隊又被晉國困住。這時候，大王趁吳國衰敝的時候，一舉就可以滅掉吳國。」

越王勾踐大悅，許諾一定照子貢的計策去做。於是送上百鎰黃金、一把利劍、二把良矛。子貢不肯接受。離開越國，回報吳王：「我恭恭敬敬的把大王的話告訴越王，越王聽了之後，大為恐慌，說他不幸在年少的時候就失去父親，自不量力，獲罪於吳國，軍事上打了敗仗，自身也受到很大的屈辱。躲在會稽山，國家也因此成了廢墟。幸賴大王的恩澤，才能再得祭祀他的祖先，這種大恩大德，沒齒難忘。怎麼敢讓你再有所掛慮呢？」

過了五天，越國派大夫文種前來，奉書吳王說：

> 東海役臣孤勾踐使者臣種，敢修書下吏，問於左右，今竊聞大王將興大義，誅彊救弱，困暴齊而撫周室。請悉起境內士卒三千人，孤請自被堅執銳，以先受矢石。因越賤臣種奉先人藏器甲二十領，□□□鈇（斧）、屈盧之矛、步光之劍，以賀軍吏。

吳王大悅，把這件事情告訴子貢，並問子貢：「越王想要親自跟從我來討伐齊國，可不可以？」

子貢說：「不可。把別國的軍隊調集過來，而讓那個國家的國力空虛，再把該國的國君叫來使喚，這是不義。你可以接受越王所送來的禮物、派來的軍隊，辭謝越王隨軍的請求。」

吳王答應，就辭謝越王的請求。徵發九郡的兵力去討伐齊國。子貢也因而去到晉國。跟晉國的國君定公說：「我聽說，如果不事先作好考慮，等到事情來臨的時候就不知如何應付。軍隊如果事先不加分列方位，就不能剋敵致勝。而今，吳國對齊國開戰，如果不勝，越國一定乘虛而入。如果打勝了，他的勢力就會威迫晉國。」

晉定公大恐曰：「為之奈何？」

子貢說：「把軍事準備都做好，靜靜的在一旁觀看就可以了。」晉定公答應這麼做，在一旁觀戰。子貢離開晉國之後，就回到魯國。

吳王果然與齊國的軍隊決戰於艾陵這個地方，大破齊師。

擄獲齊國的將軍七人（《左傳》記是五人）。戰勝之後，果然兵臨晉國，而有與晉定公的黃池之會。在黃池，晉吳相互爭強，晉人就出兵攻打吳軍，吳軍大敗。越王勾踐聽到吳王大敗的消息，立即發兵襲擊吳國的國都。在離城七里的地方駐紮部隊。吳王夫差聽到這個消息，立刻從黃池撤兵，回救吳國。與越國的軍隊相戰於五湖。三戰不勝，城門不守。越遂圍王宮。殺夫差，而戮其相伯嚭。越王也不安分，在滅吳的三年之後，東向尋求稱霸的機會。

〈仲尼弟子列傳〉在這一段的最後，做一個小小的總結：「故子貢一出，存魯、亂齊、破吳、彊晉，而霸越。子貢一使，使勢相破，十年之中，五國各有變。」

三、考證與辨偽

子貢遊說齊、吳、越、晉四國，掀起一連串的戰事，終於保存了魯國。這件事卻不見於《春秋》與《左傳》。雖然事見於《吳越春秋》和《孔子家語》，可是這兩本書是漢魏時代後人所編撰的，無法當作證明之用。這是第一點令人起疑的地方。

其次，有關的年代對不起來。依《左傳》的記載，田常繼其父之位是在魯哀公十一年（西元前 484 年）。哀公十四年（西元前 481 年）田常弒齊簡公，立齊平公。盡誅鮑、晏、監止等大夫家，以及公室之彊者。不需要透過對外的征戰來削弱這些豪強與公族。

吳齊的艾陵之戰是發生在魯哀公十一年（西元前 484 年）、黃池之會是在魯哀公十三年（西元前 482 年），田常執政是在魯哀公十四年（西元前 481 年）。怎麼會是後發生的事去支配先發生的事呢？

自古就有人懷疑這段記載不是真的。《史記會註考證》收集各家的懷疑之說：

> 梁玉繩曰：自哀八年（西元前 487 年）齊伐魯，至廿二年（西元前 473 年）越滅吳，首尾十五年，何云十年？傾人之邦，以存宗國，何以為孔子？縱橫捭闔，不顧義理，何以為子貢？即其所言，了無一實，而津津言之。而小胥傳六有勾踐用子貢之謀，率眾助吳之語，豈不誣哉？

> 崔述云：論語列子貢於言語之科。孟子書中，亦稱子貢善為說辭。不過其才長於專對，若春秋傳中辭盟於吳之類耳。非若戰國縱橫之流巧言亂德，以傾覆人國家者比也。烏有佐陳恆（田常）以篡齊，欺夫差使亡國者哉。此蓋游說之士因子貢之善於辭令而託之也。非聖賢所為也。

> 王安石云：予讀史書所載子貢事，乃與夫（張）儀、（蘇）秦、（先）軫、（蘇）代無以異也。孔子曰：己所不欲，勿施於人。已以墳墓之國，欲全之，則齊吳之人豈無是心哉？奈何使之亂耶？

連太史公也有同樣的感受，說：「學者多稱七十之徒，譽者或過其實，毀者或損其真。子貢雖好辯，詎至於此耶？亦所謂毀損其真者哉！」

面對這些疑點和批評，我們也不能就此抹煞這一段記載。太史公把這一件不太真實的傳說記下來，總有他的用意。梁玉繩、崔述、王安石等人都是生長在一個承平、大一統的時候，不會感受到那種各國相互毀滅、隨時都會有亡國之痛的危機感。因此他們的那些批評都是站在我們所認知的傳統禮教的立場在說話，認為子貢的作為是陰謀詭計，不足師法。傳說中，這種計謀都是孔子出的主意，更被他們認為是荒唐的說法。

可是換個角度來看這段記載，就不是這個面貌。一群師徒面對自己的母國面臨亡國之禍，而且事情已迫在眉捷、無可避免的時候，會如何處理這個危機呢？當然不會束手就擒，設計一個類似「圍魏救趙」的計策，牽動各個有關的國家，達成救亡圖存的目的，應是人之常情。這個故事應當是在這種情形下產生的。時間上很可能是在戰國時候，而不是春秋末年。

四、《左傳》中的子貢事蹟

翻看《春秋左氏傳》，所看到的全都是各國之間的征戰、公室的內亂、權臣之間的鬥爭與殺戮等情事，根本沒有什麼仁義道德可言。只是春秋時代，各國在爭鬥的時候，嘴巴上還會掛些「存亡繼絕」之類的漂亮話。到了戰國時代就是赤裸裸的殺戮和滅絕。否則就不會演變成秦始皇統一天下的局勢。王安石與崔述的評語就是沒看透這一點。

在《左傳》裡，吳國在西元前四八〇年前後的十年中，不斷的入侵魯國和齊國。魯哀公七年（西元前 488 年）吳國欲稱霸中國，逼迫魯國提供一百副太牢作為祭品。魯國交涉不成，只好如數照付。這種勒索完全不合禮制。因為周天子在祭祀的時候才用十二副太牢。在這事件之後，吳太宰伯嚭召魯國的執政季康子去見他。季康子不願意應召，就派子貢去辭謝。

> 太宰嚭曰：「國君道長，而大夫不出門，此何禮也？」子貢對曰：「豈以為禮，畏大國也。大國不以禮命於諸侯，苟不以禮，豈可量也。寡君既共命焉，其老豈敢棄其國。太伯端委以治周禮，仲雍嗣之，斷髮文身，羸以為飾，豈禮也哉，有由然也。

吳太宰伯嚭責備季康子為什麼不肯出國，前來應召。子貢就回答他說：「我們這麼做，只是在尊重『大國』的身分地位。你們的祖先太伯和仲雍拋棄王位的繼承，跑到東南方來，目的就是要用周代的禮制來教化你們，可是現在你們依舊是斷髮紋身、不穿衣服的野蠻國家，有什麼『禮』可言。」那時的中原國家都是留長髮、穿衣裳的，而吳越兩國，卻是剪斷頭髮、服飾簡單，像日據時代所拍攝太平洋島嶼民族那種只圍草裙，或像臺灣高山原住民的穿著，子貢才有這種回答，也講得太宰伯嚭啞口無言。

哀公十年（西元前 485 年），齊國發生政變，齊僖公為大夫鮑牧所弒，田乞死，子田常繼位，吳國從海上攻齊，魯國跟從吳國，進攻齊國。

哀公十一年（西元前 484 年）春，齊大夫國書帥師伐魯。五月，魯哀公會吳伐齊。甲戌，齊國書帥師及吳戰於艾陵，齊師敗績，吳獲齊國書。

哀公十二年（西元前 483 年）：

>（哀）公會吳于橐皋，吳子使太宰嚭請尋盟，公不欲使，子貢對曰：「盟，所以周信也，故心以制之，玉帛以奉之，言以結之，明神以要之。寡君以為苟有盟焉，弗可改也已。若猶可改，日盟何益，今吾子曰，必尋盟，若可尋也，亦可寒也，乃不尋盟。

這一次是魯哀公與吳王夫差在橐皋這個地方盟會。夫差派伯嚭來問，要不要修改盟約。魯哀公不想修改盟約，就派子貢去拒絕這項建議。子貢對伯嚭說：「訂立盟約為的是要建立鞏固的信任。因此一定要用真心誠意來訂定，奉上玉帛，對天發誓，邀請神明來做見證。我家的國君認為一旦訂立了盟約，就不可以隨意更改。如果日後還可更改．就不能算是盟約。現在你建議修改盟約，如果真的可以修改，就沒有什麼信任可言。於是這個修改盟約的動作就沒有成功。

哀公十三年（西元前 482 年），魯哀公、晉定公、單平公、吳夫差有黃池之會。

哀公十四年（西元前 481 年），齊簡公為大夫田常所弒。《左傳》的記載是這樣的：

>甲午，齊陳恆（又作田常）弒其君壬于舒州，孔丘三日齊（齋也），而請伐齊，三。公曰：「魯為齊弱久矣，子之伐之，將若之何？」對曰：「陳恆弒其君，民之不與者半，以魯之眾，加齊之半，可克也。」公曰：「子告季孫。」孔子辭，退而告人曰：「吾以從大夫之後也，故不敢不言。」

在甲午這一天，齊國的田常（陳恆）謀逆犯上，在舒州這個地方殺害了他的國君壬（齊簡公）。孔子聽到這個消息，就靜靜的默想了三天。這是個非常嚴肅的動作。三天過後，就請魯哀公出兵去平定齊國的亂事。魯哀公說：「魯國長久以來一直被齊國欺凌削弱，現在你建議要去平定齊國的內亂，應該怎麼做呢？」孔子說：「田常謀殺了他的國君，有一半以上的齊國人是不會認同的，以整個魯國的軍力，加上一半齊國的人民，就可以成功了。」魯哀公不能做決定，說：「那你去跟季康子講。」孔子辭出，對門人說：「我以『從大夫』後人的身分，不得不對國君做這種建議。」從這個記載來說，孔子也是有血有肉的血性漢子，雖然做這個建議的時候，孔子已經七十歲了。

哀公十六年（西元前 479 年），孔子就過世了。《春秋》：

夏，四月，己丑，孔丘卒。

從以上的記載來看，子貢有兩次跟吳國交手的記錄，孔子也有「匡正亂世」的想法，在春秋末年那個「霸侵小，臣弒上」的混亂時代，想要有一番正義凜然的作為，的確是不容易件事。同時也顯示，有關子貢遊說齊、吳、越、晉四國，掀起一連串的戰爭，達成孔子要「保存魯國」的目標的記載，是完全不符合事實，是後人憑空揑造的故事。那麼為什麼太史公要記錄之呢？

五、傳說或演義

我們或許可以把有關子貢的事蹟看成是一種「傳說」或「演義」。這種傳說就像後世所流傳的「關公傳」「包公傳」之類的小說。人物是真的，事情是後來附會上去的。編這種故事的目的，就不是在記歷史，而是在表達一些共同的願望。

第一個願望就是把當時橫行霸道的吳王打入「倒楣鬼」的境地。於是在這個故事中，吳國被設計扮演倒楣鬼的角色。王安石等人就有所指責，認為不應該如此對待。其實從史實上來看，吳國在當時，屢屢北上入侵齊國和魯國，又表現得踞傲、粗魯、無禮。這種行為正是大家所共同厭惡的。也就難怪要被設計成「亡國」的角色了。事實上，吳國也真的自己斷送了大好江山。只是時間點上與這個演義不合而已。

第二個願望是強調不惜任何代價來保衛家國。這是針對戰國時代連年征戰、稍有不慎就會亡國的時局而發的。

到了戰國時期，各國之間爭戰不斷。完全只有國家的利益。用現代的軍事術語來說，就是「軍國主義盛行」，舉國皆兵。十五歲以上，四十五歲以下的男子全部都納入軍事組織。戰爭的規模越來越大，時間拖得很長，陣亡的人數也超乎從前。像長平之役（趙孝成王七年，西元前 259 年），秦將白起坑殺趙國軍隊四十五萬人。再過三十七年，趙國就滅亡了（西元前 222 年）。

那個時期，像蘇秦、張儀之輩的策士，合縱連橫，遊說諸國。像一九七二年湖南馬王堆漢墓出土的《別本戰國策》，就跟現行的《戰國策》大不相同。蘇秦根本就是燕昭王派去齊國的間諜，所執行的政策就是要「滅齊」。結果是真的做到了，齊國只剩下「即墨」和「莒」這兩個地方。幸賴田單用火牛陣打敗燕國的軍隊，才有「田單復國」這個故事。

《別本戰國策》中，只有五篇是與現行本《戰國策》相同，其他的廿八篇都不一樣。研究《戰國策》的學者認為，《戰國策》是戰國時代想要從事遊說工作的策士們的練習之作。既然如此，那麼太史公所記錄的子貢遊說各國以達成「存魯」目標的故事，合理的推論，也應該就是同一時期的相同作品。

一般人就把它當成是演義、小說、稗官野史，不會認真的去思索這個故事背後的意涵。在這裡，我們還是要探討這類演義故事所隱藏的另外一層意涵。

要想從事遊說的工作，最主要的憑藉就是要有大格局的眼光，看得懂大時代可能發生的變化。用現代的術語來說，就是要有「大戰略」的眼光。要想達到這個境界，除了飽讀相關的資料之外，更要能夠先把心頭安定下來，在定、靜的狀態下，看懂時局的發展。前面提到過，田常弒齊簡公時，孔子「齋」了三天，方才建議魯哀公出兵去平亂，就是明證。

故事中主角子貢就是一位有能力、可以做到這個境界的人。孔子敢派他去遊說各國，就是看準他有這方面的能力。他也非常精準的掌握住各國國君和執政者的心理，方才可以順利的完成使命。

現代的企業所面臨的態勢，大體上，跟戰國時代也相去不遠。要有長遠的眼光去看世界、國家、行業的發展局勢，讓自己的企業能夠在這樣的發展局勢中求得生存，乃至於最好的發展。像子貢這樣的故事，正好用來告誡與鼓勵每一位企業經營者。因此，這個故事雖然經不起史實的檢驗，可是它卻能迎合時代的需求。

漢代到了武帝時代，罷黜百家，獨尊儒術。歷來的學者都把這個功勞歸於董仲舒的〈天人三策〉。我猜想，子貢的這個傳說由於理路脈絡非常清楚；「存魯」這個觀念也非常適合漢代初年七國之亂後的政治環境，因而證明儒家是非常好用，而且有明確的效果，說不定這個故事才是促使漢武帝下定決心，獨尊儒術的主要因素。只是後人淡忘了這個故事，才會用後世的道德標準去看這個故事，而有前述的非議。

第六章

經學與《論語》

一、經學是盛世的表徵

周代的禮樂教育的基本教材，諸如：詩、書、禮、樂等，在後世都被尊稱為「經」。晉朝的皇侃在《論語義疏．序》指出：「經者，常也，法也。」是長久不變動，可以作為後世師法、學習的基本法則。劉勰《文心雕龍．宗經》也說：「經也者，恆久之至道，不刊之鴻教也。」是恆久不變的最高原則，是不需要四處宣揚的偉大道理。

依本書的第二章與第四章的敘述來說，詩書禮樂不是單靠背誦、記憶、發明、詮釋、註解而已，更重要的事情是依照內容所述，確實的練習，讓心性能夠經常處在「定、靜、安、慮」的狀態下，用「心」去觀察事情的發展，看清楚之後，方才可以做出正確的決策，那就是「得」。只要執政者能夠做到這種要求，國家的施政也就不會發生錯誤，可以達到國泰民安、昌盛繁榮的地步。

反過來說，從一個國家人民的表現，也就可以推知這個國家在施政和教化方面所作的努力。《禮記．經解篇》云：

入其國，其教可知也。其為人也溫柔敦厚，詩教也。疏通知事，書教也。廣博易良，樂教也。絜靜精微，易教也。恭儉莊敬，禮教也。屬辭比事，春秋教也。

不同的經書有不同的教化功能。因此，經學教育就跟政治表現合而為一。這是歷代重視經學的根本原因。

綜觀周、秦、漢、唐、宋、元、明、清各代，凡是大力提倡經學的朝代，就是文明盛世。凡是不注重經學的朝代，就是萎靡不振的末世。張清泉在《清代論語學》一書指出：「故學術界秉此觀念，以推崇經書，主政者亦因此而表彰經術，提倡經學，是以經學之興衰又與政治之隆替，息息相關矣。」[1]

從兩漢以降，歷代有關經學的著作，汗牛充棟。各種考據、註疏、發微等等，既詳細，也完備。可是從這些考據、註疏、發微的內容來說，絕大多數是依《說文解字》來讀經典，或依佛老之旨來詮釋，很少能夠回復到周代初年制禮作樂時候的情景，以致對經學的認知逐漸狹窄化，忘掉了「實作」的部分，只剩下「文字」的部分。這是很可惜的事。這也是中國傳統經學所以會日漸沒落的原因。本書在前面各章所談的各個主題，就是想要把已經被人遺忘的實作部分，重新振興起來。要想重振禮樂制度中的實作部分，當然就要從有關實作的關鍵入手。這個關鍵就是《論語》這本書。

單就《論語》這本經來說，依據《四庫提要》的記錄，兩千年來，相關的作品超過一千種，而亡佚者更不知其數。到了清代，《論語》更被認為是開啟經學門戶的鑰匙。清儒陳澧在《東塾讀書記》中說：「經學之要，皆在論語之中。」趙岐也

1 張清泉〈清代論語學〉，古典文獻研究輯刊第六編，潘美月、杜潔祥主編，第 8 冊，頁 1，臺北市：花木蘭文化出版社，2007。

在《孟子・題辭》中說：「論語者，五經之錧衿，六藝之喉衿也。」於是《論語》一書成為探索經學、祖述周公制禮作樂的關鍵之所在。

在這裡，我們還是要先檢視《論語》一書在歷史上的演變情形。因為我們現在所通用的版本，不是孔門弟子最初編定的版本。而是陸續演變所形成的。

二、歷代的演變

1. 先秦時期

《論語》成書於孔子身後，是沒有問題的。可是，究竟是弟子所為，或是再傳弟子所為，歷來有不同的意見。依時間的順序，可分為三種說法。第一種說法是主張由孔子的弟子所為。如：

1. 劉向認為「魯《論語》二十篇，皆孔子弟子記諸善言也。」[2]
2. 王充云：「夫《論語》者，弟子共記孔子之言行。」[3]
3. 班固認為：「《論語》者，孔子應答弟子及弟子相與言而接聞於夫子之語也。當時弟子各有所記，夫子既卒，門人相與輯而論纂，故謂之《論語》。」[4]

以上所列的第一種說法只是泛泛的說《論語》是孔子的門人所記，沒有指明是什麼人。第二種說法則明確的指出是何人所

---

2 見何晏《論語集解・序》引。
3 王充《論衡・正說》。
4 班固《漢書・藝文志》。

為。

4. 鄭玄認為《論語》是由「仲弓、子夏、子游等所撰定。」[5]

5. 佚名的《論語崇爵讖》云:「子夏六十四人,共撰仲尼微言。」

6. 傅玄提到:「昔仲尼既沒,仲弓之徒追論夫子之言,謂之《論語》。」[6]

第三種說法是除了孔子的門徒之外,還包括到孔子的徒孫。到了唐宋時代,柳宗元根據內容中有弟子被尊稱為「子」的現象,就認為其中有一些是出於再傳弟子之手:

> 孔子弟子,曾參最少,少孔子四十六歲。曾子老而死,是書記曾子之死,則去孔子也遠矣。曾子之死,孔子弟子略無存者矣。吾意曾子弟子為之也。何哉?且是書載弟子必以字,獨曾子、有子不然,由是言之,弟子之號也。蓋樂正子春、子思子之徒與為之爾。或曰:孔子弟子嘗雜記其言,然而卒成其書者,曾子之徒也。[7]

程頤也指出:「《論語》之書,成於有子、曾子之門人,故此書獨以二子以子稱。」[8]

不過,從整本《論語》的內容來看,書中被尊稱為「子」的門人,不只有子、曾子兩人,還有閔子、冉子。因此,

---

5 鄭玄《經典釋文·敘錄》引。
6 傳玄《文選·辯命錄·序》引。
7 柳宗元《柳河東集·論語辨》。
8 程頤《四書集註·序》引。

「柳、程所說，仍不足以為定論。」[9]

有關《論語》的編纂者是誰這個問題，對一般學者而言，是個大難題。這個難題的主要癥結是《論語》這本書的結構太過於怪異，不單是孔子的弟子記孔子之言，更有孔子的再傳弟子記他們的老師之事，如：〈子罕篇〉提到：「牢曰：子云：『吾不試，故藝。』」也有曾子、子夏、閔子騫、子張等弟子的門人所寫者。如〈先進篇〉提到：「閔子侍側，誾誾如也；子路，行行如也；冉有、子貢，侃侃如也。子樂。」很明確是閔子騫的門人所記，或在傳抄過程中被這些徒孫們改寫的。

張清泉認為《論語》是不同的人在不同的時間所編成的。大概可以分成兩期。第一期初編是由仲弓、子游、子夏等人所主持。第二期大約是在曾子死後，曾子和有子的學生為主，閔子和冉子的學生為次[10]。

當我在重新註解的時候，感覺到《論語》的寫作體例是空前絕後、歷史上絕無僅有的。每一章有它的主旨，各條語錄排列在一起，似乎在表達一些完整的概念。如果我們不去理會開頭時所說的：子曰或曾子曰、有子曰，直接去看各章主要內容，發覺似乎段落分明，可以構成一篇完整的文章。因此，我猜想，在編輯《論語》的時候，先把語錄寫好，大部分是弟子們記的，也有一些是再傳弟子記的。然後把章節大綱作好，再依照各章各節文義的需要，選擇合適的語錄，排列起來。至於是什麼時候這麼做，那就有得斟酌了。最有可能是在第一次編撰時就如此安排。後來在傳抄的過程中，方才出現變化。也可能是漢代安昌侯張禹依據魯論重新編定時所定下來的。那就是

9 周鳳五《論語》導讀，臺北，金楓出版社，頁 12-13，1985。

10 張清泉〈清代論語學〉，頁 10-11，2007。

代表漢儒的思想，不一定就是孔子與他的弟子們的思想了。

2. 兩漢時期

經過戰國時期的動亂、秦始皇的焚書、楚漢相爭時項羽的火燒咸陽等災變，先秦典籍大量佚亡。到了漢代初年，要想重新恢復經書舊觀，就必須「大收篇籍，廣開獻書之路。」[11]漢文帝時又派晁錯跟從已九十高齡的伏生，聽寫《尚書》。經過幾十年的努力，先秦舊籍日益復出。《論語》一書由於傳抄上的差異，而有古論、齊論和魯論的差別。劉向《別錄》云：

> 魯人所學，謂之魯論。齊人所學，謂之齊論。

班固《漢書・藝文志》云：

> 漢興，有齊魯之說。傳齊論者，昌邑中尉王吉、少府宋畸、御史大夫貢禹、尚書令五鹿充宗、膠東庸生、唯王陽（王吉）名家。傳魯論者，常山都尉龔奮、長人信少府夏侯勝、丞相韋賢、魯夫卿、前將軍蕭望之、安昌侯張禹，皆名家。張氏最後而行於世。

另外在漢武帝時，魯恭王曾經拆毀孔子的舊宅，以拓廣他的宮室。在孔子舊宅的牆壁中，得到用古文所寫的《尚書》、《禮記》、《論語》和《孝經》。於是，《論語》也有今古文之分。魯論和齊論是用當時通行的文字寫成的，而孔子舊宅出土

---

11 《漢書・藝文志》。

的《論語》是用古文寫成的。這三種《論語》在篇章上也有所不同。

何晏《論語集解，敘》云：

> 魯論語二十篇，齊論語二十二篇，有問王、知道，多於魯論二篇。

又云：

> 齊論二十二篇，其中二十篇中，章句頗多於魯論。

《經典釋文》引《桓譚新論》云：

> 古論文異者四百餘字。（與魯論之異）

從以上的記述，可知《論語》也有今古文之異，篇章也有所不同。表示《論語》這本書在成書之後，後人在傳抄的過程中，有所附益竄亂者。最後由張禹以魯論為主，兼採齊論，善者從之，而統一各家，成為唯一流傳後世的版本。這就是現在我們所用的本子。跟最先仲弓、子游、子夏所編定的《論語》已經有所差異了。

在學風上，兩漢也有所不同。西漢把精力放在收集古書，微言大義。東漢以章句訓詁為主。集大成者為鄭玄（字康成），著有《論語注》十卷、《論語釋義》一卷、《論語孔子弟子目錄》一卷、《論語師法表》等。從此，兩漢的《論語》由鄭康成總其成。於是他的注釋成為正統，齊論和魯論都不復有人提及。

能夠與鄭玄的成就相提並論的人就是王肅。可是王肅的見解每每與鄭玄相左，以致後世學者對王肅有毀有譽。王肅的相關著作有《論語釋駁》三卷、《論語注》十卷。相傳《孔子家語》也是王肅所造。

3. 魏晉時期

魏晉時期，流行清談玄學，佛學也在這時候開始流行。經學大受影響，可是《論語》在這時代卻有相當可觀的影響。著名的《世說新語》就深受《論語》的影響。作者劉義慶在卷首四篇，就以「德行、言語、政事、文學」來命名，取法於孔門四科的意思。

這時期最重要的作品是何晏的《論語集解》與皇侃的《論語義疏》。何晏挑選兩漢以來各家比較完善的註解，集成一書。所有不妥、不安的地方就用自己的見解。他所引用的對象包括孔安國、包咸、周氏、馬融、王肅、周烈生等。他所補充說明之處，都具有道家的玄學思想。由於他蒐集了各家的精華，以致這本書對後世的影響非常大。可是卻發生了意想不到的後果，由於這本書集合了各家的精華，以致先前各家的注疏因而亡佚。

皇侃《論語義疏》十卷是南北朝時期有關義疏方面唯一的一本。這本書在南宋時就不見了。乾隆時浙江汪翼滄從日本足利學中，得到這本書，鮑以文把這本書刊入「知不足齋叢書」。皇侃這本書主要是依據何晏的集解，並參考晉人江熙所集十三家《論語》注。挑選其善者為疏。皇侃也不能免俗，雜用佛、老、莊的思想。《四庫提要》引《國史志》云：

> 皇侃疏雖有鄙近，然博極群言，補諸書之未至，為後學所宗。

可見這本疏義所引用的資料非常廣博，後世鮮有能超越者。

4. 隋唐時期

隋唐兩代佛教鼎盛。由於佛教來自外國，言語多有隔閡，因此需要有各種講解、注釋、疏鈔、演義、變文等輔助措施，來幫助佛教教義的流通。這種風氣深深的影響到經學的發展。唐初孔穎達奉旨敕撰《五經正義》，賈公彥、徐彥、楊士勛等人為其他經典作疏，都是承繼前代的這種作法。

可是在這種崇尚經學的風氣下，《論語》卻一直不受重視。除了韓愈、李翱的《論語筆解》之外，就沒有其他的作品。可是這本書有很大的爭議。近人劉師培《經學教科書》就指出：

> 隋唐以降，論語之學式微，惟唐韓愈、李翱作《論語筆解》，附會穿鑿，緣詞生訓，遂開北宋說經之先。

韓愈、李翱兩人特別重視《論語》、《孟子》、《大學》、《中庸》四本書，主張要藉由這四本書來體會六經的精神。這種主張就直接影響到兩宋的理學。

5. 宋元明清時期

宋代的理學興起，是為了想替儒學，或者說是經學，在傳統的章句訓詁、名物之外，尋找更高一層的理論基礎，建立思想體系，希冀能與佛學相抗衡。因此特別著重「義理」的闡明與發揮。在這種風氣的帶動下，特別著重「理、氣、象」的理論架構。《孟子》一書多談「善養浩然之氣」，因此，頗合當時的潮流。

宋太祖時，宰相趙普就宣稱「以半部《論語》治天下。」程頤、程灝兩兄弟對於《大學》、《中庸》、《論語》、《孟子》都有所著作。到南宋初年，朱熹為《大學》、《中庸》作章句，為《論語》、《孟子》作集注。合稱「四子書」。方才確立「四書」這個名號。

可是朱熹的學說在南宋時期是不能見容於官方，被官方斥之為「偽學」。直到南宋滅亡，都不曾受到解禁。究其原因，是因為朱熹的學說直接指控當時主政者的不正心態。

朱熹的學術中心思想只有一個單純的問題，那就是「為什麼北宋在最富強的時候突然覆滅了？」他回顧北宋一朝激烈的新舊黨爭，以及雙方的政治主張，發現主要的癥結就是在於「人心」。

北宋時，由於北方無險可守，只能在平原地區屯兵作為屏障。宋太祖（960-976）時，軍隊是二十萬人，到了神宗（1068-1085）時，就增加到一百二十萬人。由於沒有退伍的制度，軍人又娶妻生子，以致「竭天下之財，養無用之兵」，國家財政日益困難。所謂舊黨的大臣，如歐陽修、范仲淹、蘇東坡、曾鞏、司馬光等人，對於國家的財政不足問題，主張增加生產，以豐國用。可是天時、地利不一定可以配合得上，努力不一定會有豐收，國家財政依舊困難。而且舊黨的人氣量過於狹小，認為凡事只能我來做，別人去做，就誓死反對。當王安石為相，把舊黨的各項主張付諸實行，如青苗法（就是像

2006 年諾貝爾和平獎得主孟加拉尤努斯所推動的農民小額信用貸款）、市易法（把各地進貢的貨品拋售到市場上，以豐裕民用，也讓國家和皇室賺錢）等，舊黨的司馬光等人就大為反對。等王安石罷相，司馬光繼任，盡去王安石的施政，完全不顧實際上的民生需求。

新黨一向有巧思，他們不主張依賴收入不穩定的農耕方式，而是主張用通貨膨漲的方式來弭平每年的國庫不足。由政府帶頭發行成分不足的銅錢，在陝西路發行夾錫錢，讓銅錢的成分公然不足；三個銅錢融成一個大錢，當十個銅錢來用，號稱「當十錢」，一下子貨幣就貶值三倍；又規定人民繳稅一定要用特製的皮錢。政府帶頭做出種種偷巧矯詐的事，帳面上每年都是物富民豐，一片歌舞昇平的太平景象，實際上卻有許多弊端。

朱熹認為不論是舊黨或是新黨的人，都犯了「心不正」的毛病。要想導正這個不正的人心，唯有深切的去體會古代「聖人之心」。可是聖人早已不在世間，不可能親炙聖人的教誨，只能從聖人所留下的教誨中，去體會聖人之心。因此，朱熹特別強調四書的重要性：《論語》代表孔子自己的言行和思想、《大學》是孔子的弟子曾參所作、《中庸》是曾參的弟子原思（子思）所作、《孟子》又是子思的再傳弟子孟軻所作。這四本書合在一起，代表儒家思想的薪火相傳。

因此，朱熹特別重視四書，是為了「矯正人心的偏差」，主要是針對那些為官者偏差了的心。儘管南宋一朝（1127-1279）斥朱熹之學為「偽學」，可是到了元仁宗皇慶二年（1313 年），宣布以朱熹的《四書集註》作為科學考試的依據，從此朱註的四書變成了國家考試的標準教科書。從此之後，就不再有人真正體察到「矯正人心」這一層用意。明太祖（1368-1398）沿用這個辦法，以朱熹的《四書集註》為考試的標準，用八股文取用士人，從此之後，明清兩代的文人只在八股文上用功，求取功名利祿，心性的練習也就逐漸被束之高閣。其間雖然有王陽明、林兆恩等人提倡，風行一時，可是終不能力挽狂瀾。

張清泉在《清代論語學》一書，列出清代有關《論語》的著作清單。到目前仍然可以見到者有五十九種，分成傳注、考證、辨偽、今文學義理、漢學義理、宋學、漢宋學、其他等八項。已經只剩書目，不見全書者一百三十二種。

從這些分類來看，清代大多數的學者已經忘了《論語》跟心性練習的關聯。雖然清儒陳澧在《東塾讀書記》中曾說：「經學之要，皆在論語之中。」也不能扭轉這種頹勢。而今，到了二十一世紀，心性之學又有再興的態勢。《論語》當然成為探索周代禮樂教化和孔門儒家在心性方面的主要入門書籍。要想達成這個目的，唯有拋開傳統的羈絆，重新開闢一條新路。

三、各章的主旨

皇侃在《論語義疏序》云：

> 哀公十六年，哲人其萎，徂背之後，過隙叵駐。門人痛大山長毀，哀梁木永摧，隴几非昔，離索行淚，微言一絕，景行莫書。於是弟子僉陳往訓，各記舊聞，撰為此書，成而實錄。上以尊仰聖師，下則垂軌萬代。

皇侃的這段疏序內容很感人，只說是門人因為要紀念孔子而作《論語》，並沒有說明《論語》究竟是怎麼編輯的。以致讓現代許多學者以為《論語》只是雜亂無章瞎編的。像臺灣大學中文系的教授周鳳五在寫朱熹集註的《論語》的導讀時更指出，論語只不過是弟子和再傳弟子隨意雜湊而成的一本書。他說：

> 欲判別《論語》的編纂者是誰，首應了解《論語》的文體與內容。《論語》是由若干斷片的篇章綴輯而成的，篇章的排列既沒有明顯的理路脈絡，標題也不過摘取篇中文字聊作分篇的標誌而已。不像後世論著理路清晰，以標題涵攝大意。換言之，這是一種鬆散的結構，容易被增刪改動。唯其結構鬆散，篇章的原始面貌也就易於保存。[12]

筆者認為，這些問題其實不難解決。試想我們要替自己的老師做個紀念集子，會怎麼去做？總不會把每位同學們交上來的平日筆記，隨便雜湊個幾篇，就算一章吧？任何當總編輯的人都會想要透過編輯這些筆記來清楚的彰顯老師的思想。做為門弟子者不都該如此嗎？更何況是孔門這些才高八斗的弟子，當然不會亂編一通，如周鳳五所言。如果真有編輯主旨，有特殊的用意，那麼我們又該怎麼去探求這個隱藏的奧秘呢？

我們先假定《論語》的編纂者就是東漢鄭玄說的仲弓、子夏等人，同時也假設編輯時的章節次序就是現在看見的次序。

---

12 周鳳五，《論語》導讀，台北，金楓出版社，頁 14，1985。

那麼我們不禁要問：「當年他們如此安排章節次序是不是有特別的用意？」從現在編輯者的慣例來說，應當是有他們編輯的用意，以表達全書的一貫思想。可是歷來的學者卻沒有注意這個問題。現在我們就試著用「生命的修煉」、「直覺能力的開發」、「靈性知覺本能的訓練」等主題入手，來「猜」當年仲弓、子夏等人編輯《論語》時的基本用意是什麼。就可以看到一幅跟世上各種流行版本都不相同的《論語》意象。這個意象更接近仲弓、子夏等人所要表達的孔子思想。這才是儒家思想，乃至於整個中華文化的根底。

現在我依照這種思路來解讀《論語》，立刻就把《論語》的意思呈現出來，各篇之間有特定的關聯。每一篇也有特定的主題，茲條列如下：

學而第一　總括說明學習的目的和方法。

為政第二　逐項討論學習時的各種方法和容易犯的各種毛病。

八佾第三　討論「禮」的形式、行禮的場合、內容和行禮的態度。

里仁第四　開始討論人如何處世，內容是「仁」和「道」。

公冶長第五　歷數孔門學生和當時的各國執政者的能力和品德，從最平凡到最優秀，做一次總檢查，然後指出，為學的最高境界是要像顏回那樣，在心性的修持和對宇宙天道的了解，才會有一定的成就。

雍也第六　檢視在學生輩中，出仕作官者的表現。

述而第七　講述孔子的學習方法和態度。

泰伯第八	繼續討論為學的一些基本態度，強調學是一輩子要謹慎注意的事。
子罕第九	是孔門弟子如何看待孔子的為學。
鄉黨第十	以孔子的日常生活表現和行為來檢視孔子是否確實做到知行合一。
先進第十一	講述孔門幾位有代表性的門人的人格特質、學習情形和為人處世的情形。
顏淵第十二	講一些修煉個人身心狀態，而後應用到實際政務上去的具體方法。
子路第十三	直接、明白的講述為政的一些具體做法。
憲問第十四	討論執政者（為相者）的基本品德。評斷一個執政者的功業，要從大處著眼，不能拘泥於小節。孔子也有感於世道人心的墮落，以致能聽得懂他的話，了解他心意的人不多，因而有遁世的念頭。
衛靈公第十五	在講心念和身體，乃至於外在環境的相互對應關係。人最重要的工作就是設法去了解那個內在的信息結構。可是一般人只會往外看，不會向內看。於是本篇就深入的探討如何才能內省返視，以及了解這個辦法之後，如何運用在為政和治學上面。這是一篇相當精彩的心性練習報告。
季氏第十六	說明為政者在做決策時，必需要有「深謀遠慮」的能力。要有這種能力是需要有許多條件配合。為政者必需要時時練習這種能力。
陽貨第十七	從每個人在心性覺知能力上的差異切入，來探

	索如何透過一定的訓練方法，來展現這方面的能力。光有這種能力而不肯深入練習，會有哪些流弊；後半篇是在說明這種心性覺知能力不好的時候，會有哪些毛病，應該如何改正。最後提出「兩極對立」的觀念是心性覺知上的最大障礙。
微子第十八	藉古代幾位賢人，微子、箕子、比干的傳說，來說明在一個大動亂的時代中，有心性覺知修養的人如何堅持自己的理想。
子張第十九	孔門弟子由於根器不同，有不同的領悟，大多數的弟子已經不太能把握這個方法，而是改用具體的學習方法，甚至各執己見。為學的目標也不再是生命境界、心性知覺能力的提升，而是具體的實務應用。最後藉子貢之口，肯定孔子在歷史上的地位。
堯曰第二十	上一篇的最後，藉著子貢的口說出孔子在中國文化和歷史上的地位和價值。本篇則是從古代聖王的言行來說明，一個君子要如何做到「內聖」和「外王」的境界。聖王的言行就是「內聖」所要仿效的對象。君子要不斷的從事心性知覺上的鍛鍊，達成五種美好的心性狀態，除去四種不好的心性狀態。然後方才可以真正的知天命。

第七章

臺灣於中華文化再興之應有角色

天下的事總是循環發生的。廿世紀初年五四運動的時候，在「打倒孔家店」的吶喊聲中，被國人棄之如蔽屣的儒家心性之學，到了廿一世紀初，卻成為歐美企業追求永續生存發展的主要訴求焦點。甚至在二○○八年以後，將成為國際上評鑑某個國家整體國力和企業競爭力的項目之一。這個趨勢在二○○四年以後越來越明顯，可是臺灣似乎渾然不覺，遺世而獨立。政府漠視這個重大的發展趨勢，也很少有大學能認識到這個趨勢和它的重要性。這才是我們這些關心國家未來發展的人憂心忡忡之所在。

在民國九十六（2007）年的三月十一日星期日上午，聆聽前行政院顧問陳嫦芬女士[1]的一場精彩的演講「企業治理與社會責任」[2]，才了解到中國傳統的儒家心性之學和未來國家發

1 陳嫦芬女士，臺大法律系畢業。曾經擔任四位行政院長的政務顧問，瑞士銀行亞洲區副董事長，現任中華企業治理協會常務理事、公共電視諮詢委員、專心在家陪伴罹患重病的先生。

2 這場演講是圓覺文教基金會每個月第二個星期天上午所舉辦的公益演講，地點是在臺灣師範大學教育學院的演講廳。有興趣的社會大眾自由參加，不收任何費用。圓覺文教基金會是一批修習佛法的科學工作者所組成的團體，除了實際的修行之外，更以「融合科學和佛法」為宗旨。主要領袖是中央研究院物理所的梁乃崇教授、東吳大學物理系的陳國鎮教授。筆者和陳嫦芬女士都是由英文漢聲出版社總編輯吳美雲女士所召集的禪修班上的學員。這個禪修班是由陳國鎮教授主持。

展、企業經營之間竟然有這樣重要的依存關係。今天的這篇報告就是先從陳嫦芬女士的演講說起，清楚的說明這個時代趨勢的來龍去脈，再以《論語》的相關資料再說明中國傳統心性之學如何面對這個世界上已經來臨的企業發展趨勢。

聽了陳嫦芬的這場演講，大受啟發，於是寫成〈儒家心性之學與廿一世紀的企業治理〉一文。民國九十六年七月十五日中華宗教哲學研究社、上海華東師範大學哲學系聯合舉辦「海峽兩岸『中國傳統宗教與人文精神』學術研討會」之主題演講。大獲與會者的贊同，激起極大的回響。

中華宗教哲學研究社（簡稱「宗哲社」）成立於民國二十年，是蕭昌明創立的。他的弟子李玉階在臺灣成立了「天帝教」。李玉階的長公子李子弋先生於民國九十五年又成立極忠文教基金會，以推行中華傳統文化與現代科學的結合，並應用在現實生活為職志。民國九十六年十月廿七日下午，宗哲社與北京大學哲學系合作，在北京大學的英杰交流中心的陽光大廳舉行有關中國傳統心性之學的講座，邀請中國文化大學哲學系的陳鼓應教授與我擔任講座。我所講的主題就是「傳統心性之學在廿一世紀的復興。」

我在演講中指出：中國傳統的心性之學所強調的重點是「如何用心去感知外在的世界。」量子力學所認知到的是「心念所產生的信息可以干擾量子波的活動範圍和頻率。」以及「在微觀世界中，觀察者的觀察意念會直接影響到被觀察對象所呈現出來的實相」。企業管理學者從宏觀的尺度來看企業的發展時，也發覺到「董事會和執行長的意願直接影響到整個企業發展的方向和成果。」因此，不論是在微觀和在宏觀的尺度上，都發現「心念」與「外物」之間有密不可分的關係。在這樣的認知之下，中國傳統的心性之學不再是放言空談，而是實際可行的方案。

這種認知已經在歐美國家形成風潮，大師輩出，著書立說，各領風騷。反觀中國大陸和臺灣，至少在學術界，對這種風潮似乎沒有什麼反應。因此，我大聲呼籲「中國傳統的心性之學將在廿一世紀復興，成為時代的顯學。」

那是一個陰冷、下雨、氣溫接近攝氏零度的星期六下午，有兩百多人前來聽講。會後的反應也相當熱烈。在八十年前，北京大學的學生高喊「打倒孔家店」，把傳統的心性之學打倒。八十年後的今天，我又站在北京大學的講堂上，公開的講傳統心性之學如何切合時代的需要，將在廿一世紀成為人類思潮的主流。這兩種實情在我的心中，形成強烈的對比，非常有趣。

李子弋（字維生）先生今（2008）年已高齡八十三歲。以前是淡江大學戰略研究所的教授兼所長。他的父親李玉階先生在民國七十一年（1982）創立天帝教。以「生生不息，體天心之仁，親親仁民，仁民愛物」為中心思想，亦即中華文化的仁愛思想與王道精神。李玉階先生於民國八十三（1994）年十二月過世。他的長公子李子弋先生接下天帝教第二任首席使者的重任。民國九十五（2006）年三月任期屆滿，李子弋先生卸下首席的重責。在民國九十四年（2005）五月他創立極忠文教基金會，以紀念他的父母。

天帝教從民國八十九年（1990）起就大力推動與中國大陸上的宗教交流。在北京大學設立極忠講座也是這種宗教交流的一環。可是這十八年只是讓大陸上宗教研究單位對「中國傳統宗教」有一些同情的了解而已，沒有實質的作用。在北京大學的講座結束後，十月廿九日早上，維生先生與我，以及他的秘書何光傑，一起在王府井大飯店十一樓的貴賓廳用早餐。維生先生從大戰略的角度先講子貢的故事，再講全球、東亞、中國大陸和臺灣即將面臨的處境。維生先生說，他在四年前，透過他所熟稔的中國大陸情治系統向國家主席胡錦濤建做了一個大戰略的建議，一方面能讓中國大陸在穩定中發展，一方面也保住臺灣的生存空間。在這次的戰略建議中，特別提到「把臺獨交給美國，把統一留給時間。」以這兩年中國大陸的作為來看，好像是採納了他的建議。維生先生語重心長的說：「我的戰略建議大概可以保臺灣十年的安定。大陸的國家主席也是採任期制，現在進入胡錦濤的第二任的任期。已經過去了四年，還有六年，六年後會有怎樣的發展，誰也不知道。」當時，整個貴賓廳的空氣都為之凝結。一位白髮長者對臺灣前途用心之深、用情之切，深受感動。

沉默了一陣子。我打破沉默，問維生先生：「這次你辦極忠講座，邀我來做有關心性之學的演講，你的戰略焦點又是什麼？」

維生先生要我自己回答。我說：「是不是在替臺灣在做歷史、文化上的定位？」他笑而不答。

我的這個答案是純粹從一個歷史學家的角度出發。任何一個時代能夠流傳於後世，不管是一百年後、五百年後、一千年後，仍然可以讓人記得的，不會是經濟、不會是法律，當然也不會是科技，而是「文化」。這裡所說的「文化」，不是時下流行的那些東西，而是對那個時代作了深切的反省之後所作的記錄。最有名的例子就是三國時代的蜀漢。在當時，曹魏有四百多萬人口，佔有整個華北。孫權的東吳有兩百萬人，佔有長江中下游。劉備偏處四川一地，人口不滿一百萬。是三國之中最小、最弱的一國。可是由於正史《三國志》是蜀漢的人陳壽所寫，以致蜀漢成為三國時的正統，曹魏反而變成篡位。

臺灣要想在歷史上留下永恆不朽的地立，唯有在「文化」上有特殊的貢獻。這本導讀已經很清楚的指出，二十一世紀的世界文化發展趨勢是心性之學的再興。而臺灣在這方面比中國大陸起來，保存較多的中國傳統文化。同時也對西方物質科學的發展有比較清楚的認識和體會。也因尊重傳統的儒、釋、道三教以及各種民間教派，也對心性方面保有相當程度的認知與實踐。要肩負這樣的重責大任是有足夠的條件。

光是只有這樣的條件，仍然有所不足。要想開創新的時代風氣、引領流行，必需要有所創新。於是，我就揉合陳國鎮教授所講的禪修、生命多重結構、以及量子力學有關心性的論述，來重新解釋《論語》。希望能擺脫傳統上對經學的研讀方式，開創新的視野。在另一方面，更在極忠文教基金會的努力下，在不久的將來，結合臺灣文史哲方面的教授，與大陸上各省重點大學的國學院合作，共同培養華人世界未來的領袖人才。讓臺灣固有的文化優勢得以發揮。如此，方才不負生平之所學，可保臺灣於不朽。

正文解讀篇

學而第一

本章的主旨在於總括說明學習的目的和方法。依照周代設立學校，施行教育的理念，「學」就是「要學習聖人之事，做為一個可以感動人民、化民成俗、治理國家的人才」。做到這種境界，後世稱之為「內聖外王」。所謂「內聖」，是說在內心要像古代聖王一樣的有敏銳空靈的知覺能力；「外王」就是用這個敏銳空靈的心性去察覺外在宇宙的運行原則，也就是「道」，而後依照這個「道」來治理國家，讓國家富裕，百姓的生活安樂。

在這一篇，先講學習應該怎麼去做、從哪些方面入手、最高的境界是怎樣的狀況，然後從第十一章開始到第十六章，都是在講述，一個學習有成的君子應該會有哪些具體表現。

1. 子曰：「學而時習之，不亦說乎？有朋自遠方來，不亦樂乎？人不知而不慍，不亦君子乎？」

「學」：學習有關可以治國的各種能力。最重要的關鍵就是讓自己的身心狀態常常能夠處於「安、定、靜」的狀態，可以隨時覺察事情發生的原委和隨之而來的變化，而後做出正確的決策。

「不亦說乎」：「說」同「悅」，高興、喜歡的樣子。

「朋」：志同道合的人。

「人不知」：1. 別人無法理解我的想法；2. 教了半天還教不會。

「慍」：生氣、發怒。

在導讀的第四章我們清楚的知道，周代的「學」，絕對不是現在以書本和考試為主的學習方式，而是在禮樂制度的薰陶下，在日常生活中學習有關詩書禮樂的知識和相關的身心鍛鍊。為學的最終目的就是出任國家的行政官員，治理國事。

這種知識當然不會是現在以物質為主要研究對象的「科學知識」，而是以「生命」和「天地宇宙」為主的「心性修煉」。也就是中國幾千年來代代相傳的「心性之學」，或者說是「大人之學」。由於這種訓練需要長久而持續的練習，因此說「學而時習之」。這種練習會讓個人的身心經常處於和諧的狀態，也常常會有許多新的觀念、新的想法湧上心頭，在這種情形下，當然會有愉悅的感覺。因此說「學而時習之，不亦說乎？」

由於這種心性的練習沒有標準答案，就需要靠朋友來相互切磋和印證，看看自己究竟做對了沒有。而這種印證在後世的禪宗和理學裡，更是重要的一環功課。禪宗裡有趙州和尚八十歲時猶到處行腳，找人印證他的修行是否正確，因而留下「趙州八十猶行腳」的公案。

「朋」這個字，原來的意思是「兩個貝靠在一起」，既然是相同的東西靠在一起，也就可以引申為「志同道合的人」。如果有這種志同道合，可以相互印證切磋的人。從遠方來這種可以相互切磋的朋友，當然是一大樂事。所以說：「有朋自遠方來，不亦樂乎？」

社會上有很多人對這種心性的鍛鍊是沒有感覺的，也不會有所認識。講給這種人聽，由於不能理解，以致不理不睬，冷眼相對，甚至冷嘲熱諷。即使是肯來參加鍛鍊的人，也不是每一個人都「一點就懂，一說就會」。有很多人是需要花費很大的力量、很多的口舌和精力，才會有一點點的進步。碰到這兩種情形，都會讓教他學習的人感到無奈，甚至無名火起而咆哮：「為什麼教了這麼久，你卻還是不會！」如果能夠很有耐心的教導，對於別人的冷漠、挑釁和諷刺可以置之不理，那麼不就是很有修養的人嗎？因此說，「人不知而不慍，不亦君子乎？」

這是孔子教學方法的總綱與基本態度。至於該怎麼做呢？孔子弟子中，年紀很小的有子提出了說明：

2. 有子曰：「其為人也孝弟，而好犯上者，鮮矣。不好犯上，而好作亂者，未之有也。君子務本，本立而道生。孝弟也者，其為仁之本與？」

「孝」：是指「先王之孝」，指在祭祀的時候，由於要「散齋七日，致齋三日」，長達十天的靜心觀想，而終能清楚的看到先王的形象、言行、嘆息之聲，彷彿就在眼前，可以感受到先王的意志加諸於自身，因此，不敢稍忘和疏忽。這種情形稱之為「先王之孝」。

「弟」：同「悌」，是指自己跟同輩之間的和諧交往。

「犯上」：是指違背了先王的意旨，破壞了跟上輩之間的和諧關係。

「作亂」：則是指破壞了同輩之間的和諧關係。也可以看作是破壞了社會上約定俗成的習俗。

「本」：是指生命的根本之處。

「道」：是指構成宇宙的那些精微的波動。用現代名詞來說就是「建構和運作宇宙萬事萬物的基本法則」。這種基本法則調動了宇宙物質的聚合，方才形成萬事萬物。

「仁」：仁者，「二人也」，引申作「和諧的人際關係」。

在上古時代，有智慧的聖人已經在探索宇宙是如何形成的。他們在極為安靜的狀態下，發覺所有的東西都有其基本的建構法則、運作法則。因此，他們稱這種基本法則為「道」。宇宙之中的所有東西、任何動植物都是因為有了這個「道」而得以成形。人也是因這個「道」而生。家族、社會，乃至於國家的形成和發展，也都依循這個「道」。一個偉大的聖王就是要能充分的掌握這種宇宙基本法則，依照這些法則所傳達的信息來治理國家，國家就會大治。人民安樂，國力富強。

到了春秋時代，統治者大都不再具備這種能力，於是他的職責就是要找尋有這種能力的人來出任「相」或「宰」，負責「調和鼎鼐」。在這種變化下，如何訓練一個君子人具有這種能夠掌握宇宙基本法則的能力，就成了當務之急。要怎麼入手呢？具體的辦法就是從「孝」入手。

從周初建國到孔子出生有五百七十年之久。在禮樂制度的孕育和薰陶之下，「先王之孝」早已成為周代貴族與士人共同的信念。在同一位先王的庇蔭下，所有的兄弟必需要和睦相處。引申來說，「孝」是「先王——子孫」的垂直和諧關係。「悌」則是眾家兄弟之間的橫向和諧關係。

從另外一個角度來說，中國人很早就知道：「生命是不會消滅的，生死只是生命形態的轉換。」受孕是從無形的狀態獲得一個物質的基礎。死亡是從擁有物質身體轉變成沒有物質的無形狀態。從無始無明以來，人必需要隸屬於一個明確的、固定的家族系統。生生世世都不可以脫離、背叛這個家族系統。一旦破壞了這個系統，最大的處罰就是「逐出家門」，驅逐出這個生命本源的家族系統。不僅是成為孤魂野鬼，更讓生命變得不完整而墮落，除非再度與之重逢和結合，才能得到真正的救贖。周人在這種認知之下，建立了獨特的宗法制度，建構了最早的「家族」。「孝」和「悌」就是維繫這種家族體系和制度的主要辦法。

在這種永續存在的家族理念之下，個人知道他與列祖列宗、兄弟姊妹之間必需要維持和諧、合作的關係，因此，他就不會，也不敢「犯上」，也就是破壞和諧的關係。當然也就更不會有「作亂」的情事發生。

一個有修為的君子，一定要做「孝」和「悌」這兩種根本大業。惟有把根本大業做好了，才能合乎宇宙的基本法則。

由於君子是擁有上天好生之德的人。因此，君子從事孝悌這方面的訓練和修習，就是認識生命的基礎，進而可以教導下一代。孝悌是學習的基本法則。仁就是人與人之間和諧相處的方式。因此，學習就是要從身邊周遭的家人做起，再逐步的擴大。

從古早以來，華北社會型態基本上是不太流動的，人與人之間都彼此認識，因而方才可以從個人與家族的相處情形而來評定一個人的人品、才能的高下。從春秋到唐宋科舉制度確立之前，人才的品評和進用都是依靠社會上對這個人的口碑評價。在那一千多年之中，拔擢人才的主要項目是「孝廉」，「明經」（明瞭經書）反而次之。

總體來說，宇宙的「道」具體的表現在人世社會上，因此，「學」的主要對象和內容就是這個無所不在的「道」，學習的途徑自然就是從社會、人倫入手。

3. 子曰：「巧言令色，鮮矣仁。」

「巧言」：1. 講好聽的話。2. 見人說人話，見鬼說鬼話。

「令色」：令人愉悅的臉色。

「鮮」：稀少。

這種依靠社會品評的人才拔擢方式是可以作假的。有的人為了爭取這種美名，故意裝模作樣，惺惺作態。從春秋時代到唐朝的一千多年裡，「察舉孝廉」一直是國家選拔人才的主要手段和途徑。這種制度的流弊就是「鳳生鳳，龍生龍」，有名望的人的後代也一樣有名望，結果就形成了「上品無寒門，下品無氏族」的門第社會。

孔子最擔心的就是這種造假及其連帶而來的弊病。因此，第三章就指出，不要有任何矯揉做作、裝腔作勢的動作。孔子說：「會講好聽悅耳的話，會裝出一副討好他人的臉色，都是不能真誠的處理人際關係。」孔子及其弟子們用這句話指出這種選拔人才的方式可能會產生的流弊，進而提出防患未然的辦法，就是「自省」。

4. 曾子曰：「吾日三省吾身：為人謀而不忠乎？與朋友交而不信乎？傳不習乎？」

既然有了這麼一層的顧慮，接下去就明白指出防範的辦法，那就是每天都要有自我反省的動作，仔細的檢討：幫人家出主意或做事，是不是有特殊的目的？跟志同道合的朋友在一起切磋，是不是知無不言，言無不盡？師長、同儕所教我的，我是不是認真的學習？

5. 子曰：「道千乘之國，敬事而信，節用而愛人，使民以時。」

有了以上的修為和練習，方才可以出任官職，治理國家。「千乘之國」在春秋時代只能算是中型的國家。魯國就是這種中型的國家。

治國的方法就是（1）謹慎小心的掌握住國家、人民的發展動向的信息，並且堅定不移的照著去做；（2）依照天地節氣的變換來生產和利用各種物資，因而能夠照顧全國人民。（3）在古代，人民的稅賦包括田租、勞役和布匹。其中「勞役」是要非常謹慎使用的一項，要在適當的時機來召集人民從事各種公共事務，例如修溝渠、道路、橋樑、建造宮室、乃至於田獵、征戰等勞役工作。要做到這三者，為官者就必需要在心性的修煉方面有相當深厚的修養，也就是要把心先安定下來，才能明瞭什麼時候，該做什麼事情。

在《莊子．大宗師》裡，就清楚的說明如何為官與治國。這篇寓言式的文章，提到顏回要去衛國作官，孔子告誡他一定要先把自己的心安靜下來，才能充分的掌握住人民和國家的信息，進而順著這個信息去施政，就可以政通人和。這種工夫稱之為「心齋」。

6. 子曰：「弟子入則孝，出則弟，謹而信，泛愛眾，而親仁，行有餘力，則以學文。」

這段話等於是孔子發給學生的功課。他要求學生，在家裡面要敬事長上，出了家門，就要遵守社會的習俗，與人和諧相處。謹慎的用心覺察社會中各種事物的發生和流轉的情形，才能得到民眾的信任，而後才能廣泛的照顧全國的民眾。彼此的關係才會處在良好和諧的狀態。這樣子努力學習，如果還有多餘的時間和精力的話，就可以參考、學習一些別人所做的有關禮樂、心性練習的記錄。

7. 子曰：「賢賢易色，事父母能竭其力，事君能致其身，與朋友交，言而有信，雖曰未學，吾必謂之學矣。」

「賢賢易色」：第一個「賢」是動詞，作「仰慕」、「欽佩」解。第二個「賢」字就是指賢能的人。賢賢就是看見有比我高明的人一定仰慕欽佩。「色」是指「形色」，也就是各種可以被觀察的對象。由於不同的觀察方式，會有各種不同的感受和認知。「易色」就是「改變自己對某些事物的看法」。

「竭其力」：盡自己的力量。

「致其身」：也是盡自己的本分和力量，不一定要犧牲自己的性命，因為那樣不合孔子的中庸思想。

在導讀的第四章已經指出，在周代的時候，並不是人人都可以到國家設立的學校去學習。只有貴族與少數具有特殊才能的人，才有機會入學。因此，社會上還有許多優秀的人才未被發掘而教育之。孔子認為，如果有一個人看到能力比他好的人，立刻產生仰慕之心，跟從學習之。跟從學習之後，改變了他對世間事物的看法；在家裡，能夠盡他的能力來孝順父母；

對國家，能夠盡他的能力來事奉國君；跟朋友交往，能夠言而有信。雖然這個人沒有正式入學，孔子卻認為他已經是在「學」了。

8. 子曰：「君子不重則不威，學則不固；主忠信，無友不如己者，過則勿憚改。」

「重」：莊重。

「忠」：勉力完成別人託付的任務。

「信」：可靠、不變。

在《禮記》〈曲禮下〉很清楚的記載「天子穆穆，諸侯皇皇，大夫濟濟，士嗆嗆」。天子的儀容態度是莊嚴肅穆、可以讓人望之而肅然起敬。諸侯的儀容態度是盛大而煊赫。大夫的儀容態度是從容、有條不紊。士的態度儀容是奮發而舒揚。因此，君子一定要莊重，否則就顯示不出他的威儀。反過來說，一個君子人如果他的行為不符合應有的身分地位，表示他沒有學好。

孔子認為，一個君子有幾個條件，一是要莊重，如果不莊重，就顯示不出他的威儀。二是要能夠完成別人所託付的任務，而且做得確實可靠；三是永遠認為自己是不足的，任何朋友都有比他高明的地方，值得請益。四是即使有了一些過錯，也不會諱莫如深，要能勇於改正。

9. 曾子曰：「慎終追遠，民德歸厚矣。」

「慎終追遠」：由於任何一個念頭或行為動作，都會產生意想不到的結果，因此，必需要非常留意所做的決定，以及這個決定的後果可能影響深遠。

「民德」：人民的道德和社會的風氣。

一般的書上都把這一段講成是喪禮和祭禮，認為喪禮辦得隆重，民風就會歸於淳厚。這樣的解讀完全不能與通篇的意思上下呼應。因此，必需得從其他方向來思索。

有一種解釋是從意識和潛意識的角度來詮釋。一個人的一生所做的事情，在生命最後要終結的時候，要完成「下載」的動作，把畢生所學的信息全部下載帶走，回復到生命的空靈狀態。而這就成為我們生命中的潛意識的一層。我們的潛意識是一層又一層的，非常深遠。潛意識也就是組成我們這個生命的「信息」層面的重要部分，一輩子又一輩子的累積，從無始無明以至於現在，既深且遠。因而主張，在此生臨終的時候要非常的謹慎，把畢生的經驗轉換成潛意識，而後帶走。一輩子又一輩子的累積，人的生命就因此而豐厚。這種詮釋好是好，可是依舊不能與上下文的意思相呼應。

如果藉用佛家用語「菩薩畏因，眾生畏果」來詮釋這句話，就可以有比較理想的解答。前面既然講到為官要能充分的掌握國家的信息，那麼，在上位者的意志和想法，是不是也就會直接影響到國家和人民呢？當然會。因此，在上位者一定要對自己的想法、念頭，非常小心。在導讀的第一章有關現代企業的那一節，就明白的指出，董事會與執行長的心念會直接影響整個企業的發展。在近二十年來，在世界上方興未艾的各種思潮中，有「渾沌」（chaos）和「複雜」（com-plexity）這兩種理論。這兩種理論都強調，任何一個意念和動作都會有不可預知的後續發展和意想不到的結果。因此，在最初作決定的時候，要非常的謹慎。

也就是說，「起心動念」要非常的謹慎小心。在上位者對於每一個念頭都非常小心，自然就不太容易犯錯。一般人民接收到這些謹慎而發的信息之後，自然也就謹慎小心，整個社會風俗當然也就會趨向於淳美敦厚了。

10. 子禽問於子貢曰：「夫子至於是邦也，必聞其政。求之與？抑與之與？」子貢曰：「夫子溫良恭儉讓以得之。夫子之求之也，其諸異乎人之求之與。」

「溫」：溫文儒雅。

「良」：良好的接收信息的能力。

「恭」：恭敬的態度。

「儉」：儉樸的生活。

「讓」：謙讓的行為。

這是在描述孔子對於信息和心性的修煉之後，各國的國君都要請他去參與國政。也就是在標明，「為學」的最高境界應當如是。

子禽不明白為什麼各國都要請孔子去參與國政，因而問子貢說：「夫子到任何一個國去，都要參與那個國家的政事，是他自己去求來的呢？還是別人請託他的呢？」子貢回答說：「夫子這個人的性格溫和，接收信息的能力良好，待人相當的謙恭，自己的生活又節儉，處處謙讓，因此，各國的國君爭相請他來參與國政。夫子求得參政機會的辦法，就是跟別人不一樣。」

換句話說，孔子為學習的終極目標立了一個非常好的榜樣。由於學得很透徹、很有自信，因此他的態度是非常從容，很有自信，對於國君所詢問的各種問題都能有良好的回答，對其他的大臣都很恭敬，事事謙讓。這樣反而讓各國的國君覺得孔子平易近人，言之有物，因而紛紛向他請益。這是從學習到出仕的最高境界。

11. 子曰：「父在，觀其志；父歿，觀其行。三年無改於父之道，可謂孝矣。」

「父」：古人稱長一輩的男性為「父」，再以「伯、仲、叔、季」的排行次序來分別誰是誰。

「父之道」：上一輩的人所有的心志、意念，乃至於各種行為示範。

前面導讀的第二章提到過，周代所謂的「孝」就是「先王之孝」，在祭祀的時候，看得到先王的音容、嗜好，感受得到先王的意志。春秋時代各國國君的年歲都不大，他所能觀想的「先王」，大抵就是自己的父親。這句話是說：當父親在世的時候，要看這個人的志向是不是跟父親的志向相同。當父親過世了之後，就要看他的言行是否依舊維持原有的認知與內涵。三年，或者說是「長久的時間」，不去改動原有的認知，方才可以稱得上是「確實做到先王之孝」。

12. 有子曰：「禮之用，和為貴。先王之道，斯為美。小大由之，有所不行。知和而和，不以禮節之，亦不可行也。」

「禮」：原本是指「天地的次序」，引申作「萬事萬物的次序」。

「和」：「樂者，天地之和也。」這種「和」是指「心與天地萬物之共振」。

有了共振，心頭方才會有「感受」，而後才會化為各種智慧。

「禮節之」：用禮來規範之。

在導讀的第二章提到祭祀時要有十天的「心齋」練習，在定靜的心態中，彷彿看到先王的形影，這種練習還可以超越自己家族的範圍，進而可以體察到天地之間的萬事萬物是有一定的運作次序。有了這種感覺而後才能對各種事物有正確的認知，而後做出正確的判斷。這就是「先王之道」的進一步應用。因此先王之道是如此的美妙。在定靜的狀態下，心中觀察事物的那把尺度可以隨意變化和調整，於是從大處著眼，就可以看到大格局的輪廓；從小處著眼，就可以看到細微精密之處。如此一來，能夠知道什麼事情該去做，什麼事情不該去做。如果只是裝模作樣的追求這種感知，不能依照真正的「禮」來有所節制，那還是不可行的。

13. 有子曰：「信近於義，言可復也。恭近於禮，遠恥辱也。因不失其親，亦可宗也。」

由於君子可以處在「心齋」的狀態，能夠把他所要處理的事情先看清楚，而後才會對這個事情有所說明。因此他所講的話要合情合理，可以確實做到，方才可以一講再講。對待人要謙恭有禮，方才可以遠離別人對你輕狎和侮辱。做到這些，因而讓人覺得你是一個可親近的人，這才是可以依循的途徑。

14. 子曰：「君子食無求飽，居無求安，敏於事而慎於言，就有道而正焉，可謂好學也已。」

一個君子人的心常常處在平和、安靜的狀態，生活上的物慾就不是那麼重要，不會在意錦衣玉食，雕楝畫樑，因而可以食無求飽，居無求安。對於事情的處理，由於直覺敏銳，而可以很快、很順當的處理完畢，又能講話謹慎，經常向有道的人請教，如果有這種情形，可說是「好學」（學得很不錯）了。

15. 子貢曰：「貧而無諂，富而無驕，何如？」
子曰：「可也，未若貧而樂，富而好禮者也。」
子貢曰：「詩云『如切如磋，如琢如磨。』其斯之謂與？」
子曰：「賜也，始可與言詩已矣；告諸往而知來者。」

一個心理上或現實生活上陷於貧窮的人往往會巴結別人，冀求別人對他有所施捨。心理上或現實生活上富裕的人又容易表現出驕傲的態度。

子貢問：「如果窮人不會巴結乞憐，富人不會顯現驕傲的態度，好不好呢？」孔子回答說：「不如安貧樂道，富而好禮。」

師徒兩人的問答暗藏玄機，就像後世禪宗的公案。子貢問說：「窮人總是希望能一步登天。富人要慷慨解囊，這樣做，好不好？」也就是說，有能為的人要盡力幫助哪些能力不足的人。

孔子的回答卻說：「可以這麼做，可是不如貧困的人可以用欣賞、喜悅的態度來面對貧困的生活；而富有的人能依照天地的次序、禮儀來處世待人。」換而言之，孔子是在說：「不要奢想這種便宜的事，要想成功，總是要按部就班，慢慢的來。」

子貢一下子就聽懂了孔子的意思。於是就舉《詩經》上所說：「如切如磋，如琢如磨」，意味著「一切工作都要慢慢的、仔細的、專心的來做，才會達到完美的地步。」他問孔子，學習是否就要這麼來做？孔子非常讚賞子貢的想法，表示有了這種認識，可以讀《詩經》了，因為他已經可以舉一反三。

16. 子曰：「不患人之不己知，患不知人也。」

一個好學的人最擔心的，不是人家不知道自己的心念，而是擔心自己不能隨時掌握別人所發出的信息。因為如果沒有這種能力，就不能覺察人民之所好，而提不出適當的政策，做不了正確的決策。也就不能成為一個稱職的行政官員了。

為政第二

上一篇是總論，說明「學」的目的和基本方法，從這一篇起，就是分項來說明如何學習。在〈為政篇〉裡，最先登場的就是一國之君。探討怎樣才是作為一個國君應有的本分。這裡所說的國君，有時是指周天子，有時是指邦國諸侯，有時兩者兼指。

周代以「禮」治國。所謂的「禮」，不僅僅是指人與人之間的行為規範，更是指模擬天地次序而運作的國家典禮。於是，在讀本篇的時候，必需要先在腦海中浮現一個盛大、莊嚴、隆重的祭典，方才可以領會孔子所要描述的場景。然後再來想，要做到典禮進行時的完美無缺，是要每一個參與者都要有同樣純淨的心智以及所散發出來的信息場。這種心智應當如何培養和訓練，就成為本章最主要的討論焦點。

本篇就是逐項討論學習時的各種方法和容易犯上的毛病。最後指出，當學成之後會是怎樣的狀態。

1. 子曰：「為政以德，譬如北辰，居其所，而眾星拱之。」

周代的國家大事「唯祀與戎」。祭祀和軍事行動是國家非常重要的兩件大事，向來要由周天子親自主持。在祭祀的場域中，周天子就像現代的宗教領袖。每當有盛大的祭祀典禮進行的時候，全部與會的諸侯和有關人員都必需先行進場，按照自己的身分地位，站在自己該站的位置上，等待周天子的來臨。當周天子蒞臨之後，整個儀式方才開始順利的進行。在整個典禮進行的過程中，周天子並不需要做什麼特別的指揮動作，只要他站上主持者的位置上，整個典禮就可以自動的順利進行。在這種情形下，周天子的地位就像北極星一樣，恆定在一個位置上，其他的星體都在自己的位置上，圍繞著北極星打轉。這種情形也適用於邦國諸侯，主持封國內的祭祀儀式。

施行政事也要像舉行儀式一樣。主政的天子或國君要具有他們應該展現的品德，也就是上一篇曾經提到過的「天子穆穆，諸侯皇皇」。天子與諸侯的作為就要像北極星那樣，安定的處在中樞的地位，其他的行政官員各就其位，推行政務。

2. 子曰：「詩三百，一言以蔽之，曰：『思無邪。』」

舉行這種祭典儀式的功用就在於建立一個強大的信息場，讓在這個場域裡面的人、地、事、物、時都能夠順利的運行。這個信息場的涵蓋範圍是依主祭者的身分地位而定。周天子的信息場當然要能涵蓋整個國家，諸侯的信息場要能涵蓋他的封國。一個大夫的信息場就只能涵蓋他的封邑。建構這個信息場的時候，所有參與的人一定要事先「心齋」十天。目的是要把身體的能量和信息狀態調整到最好的狀態。

這種動作是有物理學上的意義。一個物體是否堅硬強韌，是要看這個物體的分子如何排列。如果每一個分子的大小、形狀都差不多，那麼就可以形成一個堅硬的固體。如果每一個分子的大小互異、形狀不同，那就很難形成一個堅硬的固體，即使勉強擠在一起，所形成的固體也是鬆鬆散散的。我們設想在周代舉行重大祭典的時候，有那麼一大批華裔貴冑，經過十天的心齋練習，把每個人的身心都調整到能量很高，心念很整齊的狀態，排列在一起，從事祭祀活動，所形成的信息場當然很強，也能夠傳播、影響到很遠的地方。現代人在參加祭典儀式時，都不事先齋戒沐浴，甚至斥之為迷信，結果就是每個人的信息場都處在混亂的狀態。這些信息場混亂的人集合在一起，舉行祭典儀式，整個祭典儀式當然不會發生任何的效力。惡性循環不斷重複，也就沒有人相信祭典儀式原來真的具有那種特定的效應。

在另一方面，主持國家的祭祀典禮更要做到內心的寧靜和態度上虔敬。只有在這種安靜和虔敬的身心狀態下，主祭者方才可以達到「天人合一」的境界，從而可以用自己靈敏的心智去捕捉宇宙中流轉的信息波，並且可以分辨哪一些信息是有用的，哪些是沒用的。然後再根據有用的信息來治理國事。這就是儒家所說的「內聖」和「外王」的境界。

如何才可以達到這種內心的安靜呢？第一步當然就是心不要有邪念。要想做到這一點，就要有一個模仿的對像。《詩經》在周代是通用的教材，也是諸侯盟會時，藉以表達心意的工具。因而脫離了原來的詩歌的形式，而被賦予新的意義。這些新的意義都是具有正面的、美好的特色。由於《詩經》在周代有如此特殊的用途，孔子才會說，詩經所要表達的思想是純正無邪的。

3. 子曰：「道之以政，齊之以刑，民免而無恥；道之以德，齊之以禮，有恥且格。」

理想中的聖王是用他的心去體察宇宙至道的運行，而後依照這個至道來教導百姓。接著就產生「如何教導百姓？」這個問題。究竟是要用刑、法等外力來約束人民呢？還是要人民也能有心性上的修養，從內心來導正自己的行為呢？

孔子說：「如果為政者是用政令和刑罰來約束百姓的行為，百姓是可以遵守這些規定而不犯，但因為不是發自內心，所以就不會有什麼羞恥之心。如果教導他們從內心來體察事情的由來，也教導他們什麼是正確的行為，那麼，百姓們都會有羞恥之心，而且有守有為。」

4. 子曰：「吾十有五而志於學，三十而立，四十而不惑，五十而知天命，六十而耳順，七十而從心所欲，不踰矩。」

在導讀的第四章已經清楚的說明，周代對人生各個十年為期的階段有一定的規劃。孔子當然也是遵從這樣的傳統。只是他的起步似乎較常人晚了一些。

他在第二個十年的十五歲時，方才立志要好好的學習。到了第三個十年二十幾歲的階段，已經有了足夠的能力來擔任國家的公職。到了第四個十年三十多歲，心性的覺察工夫已經有很好的根底，對於他所截取的信息可以有所分辨而不會迷惑，可以明白事情的發生原由和來龍去脈，因而有了「不惑」的能力，方才能夠承擔較高層的任務。

到了第五個十年四十幾歲時，心性更加成熟，可以知道上天所賦予的是什麼樣的使命，明瞭宇宙的至道，也就是「天命究竟是什麼？」於是他就可以成為國家的執政，負責國家的大政。

到了第六個十年五十多歲時，心性能力又更上一層樓，可以分辨清楚所聽到或接收到的各式各樣信息，都能做分類處理，而且處理得非常流暢，沒有障礙，因此就可以順著信息的內容去做。也可以憑著他的經驗指使下屬去做事，或出任國家的顧問。

到了第七個十年六十多歲的時候，對於天地宇宙之中的各種事情已經有了豐富的了解，自己的心性也趨於圓融，對事情的看法也不再趨於極端，人生歷練到了成熟的階段，知道怎麼做方才合乎天理、國法、人情，因此就可以隨心所欲，自由自在的行事了。這就是「從心所欲，不踰矩」。

5. 孟懿子問孝。子曰：「無違。」樊遲御，子告之曰：「孟孫問孝於我，我對曰：『無違。』」樊遲曰：「何謂也？」子曰：「生，事之以禮；死，葬之以禮，祭之以禮。」

從這一段起，連續四段都是在講有關人生學習的具體做法。在〈學而篇〉已經標明，人生學習是要從「孝」開始。所謂「孝」，就是如何和上一輩的人相處，也就是垂直的上下關係。

在春秋時代，上一代的人有義務教導下一代的人，尤其是天子、諸侯之家。可是，也出現了很多不服從上一輩教誨的事情。當孟懿子來問什麼才是「孝」的時候，孔子就告訴他，「不要違逆上一輩的人所給的教誨。」他的意思是說，當上輩的人在世的時候，要用合宜的行為禮節來跟他們相處。當他們過世之後，就要用合宜的禮節來安葬他們，祭祀他們。間接的指出，所謂的「孝」，應該是「先王之孝」。

6. 孟武伯問孝。子曰：「父母唯其疾之憂。」

這裡所說的「疾」，可以是指「疾病」，也可以是指「不良的行為」。父母會擔心兒女的身體狀況，也擔心他的種種不良行為。如果有了健康的身體，也沒有什麼不良的行為，就可以算是盡孝了。

又，身體不好，表示心神渙散，沒有辦法在祭祀的時候達到周代禮樂制度所要求的「心齋」與「觀想」，也就不是「先王之孝」的要求了。

7. 子游問孝。子曰：「今之孝者，是謂能養。至於犬馬，皆能有養；不敬，何以別乎？」

「先王之孝」由於可以看到先王的容貌、感受到先王的意志，自然產生崇敬之心。這種崇敬之心不但用來對待已經過世的父王，更是要表現在現實的生活之中。最具體的「孝」，當然就是事奉父母。如果是懷著一顆虔敬的心、愛心去事奉父母，那麼父母的身心狀態自然也就比較健康。反之，如果不用虔敬的人來事奉父母，那麼父母事實上是會感到不舒服。於是，孔子在回答子游的問題時，就說：「今天所謂的『孝者』，只是對父母提供物質生活所需的一切供養。這些事情連犬馬等動物也都可以做到。如果對父母沒有一份敬愛之心，那麼跟動物的行為又有什麼差別呢？

8. 子夏問孝。子曰：「色難。有事，弟子服其勞。有酒食，先生饌，曾是以為孝乎？」

這段話還是接續上一段話而來。同樣的道理，是在強調事奉父母的時候，一定要用虔敬的愛心。否則無孝可言。色難，依傳統的說法，是說：事親之際要能和顏悅色，是件不容易的事。一般人總是會有情緒的波動起伏，有時候不免會把情緒發洩在父母的身上。如果沒有敬愛之心，儘管在形式上做到，有事就去做，有好吃的東西先讓父母品嚐，那樣還不能算是真正的孝道。

9. 子曰：「吾與回言，終日不違如愚；退而省其私，亦足以發，回也不愚。」

從這一段起，各段都是在講不同的學習方法。中國人的學習方法由於是要在日常的實踐中展現，因此，老師就要觀察學生的日常表現，來評斷這個學生是否真的學到了。顏回是孔子最鍾愛的學生，也是孔子和眾家弟子們共同讚譽有加的一位。他是怎麼學習的呢？

顏回其實是一位沉默寡言的學生。跟在孔子的身邊，孔子怎麼說，他就怎麼做，一點都沒有違抗、辯駁的意思，看起來，好像笨笨的。可是，觀察顏回私下的表現，卻發現他能夠把所學到的東西一一的展現出來。孔子因此讚美顏回說：「他一點都不愚笨。」這種方式形成了後世中國特有的教導和學習方式，上課時，學生不太敢多問問題。老師也依照學生所問的問題，來評斷學生的程度。

10. 子曰：「視其所以，觀其所由，察其所安；人焉廋哉？人焉廋哉？」

「廋」：隱瞞。

由於是強調在日常生活中實作，因此，就要去觀察他做了什麼事，再看他為什麼要去做這件事，最後看他是不是真正發自內心的去做這件事。在這樣仔細的觀察之下，還有什麼事情可以隱瞞呢？

11. 子曰：「溫故而知新，可以為師矣。」

在〈學而篇〉的一開始就講「學而時習之」，生命、身心覺知的練習是經常要做的事，也就是要時常溫習已經學過了的東西。如果在這種不斷的溫習的過程中，有一天，突然有了一些新的想法，那就是很了不起的創見。這種人一定有什麼東西值得大家去向他學習，因此他可以當別人的老師了。

12. 子曰：「君子不器。」

在學習的過程中，很多人把自己限定在某一個狹小的範圍之中，那就所學有限了。器物有一定的形制，也就有了一定的用途。如果有一個多用途的器皿，我們就不知該如何去界定它了。

孔子說，我們的學習不要像做一種定型的器皿，而是要不定型、多功能，方才有各種發展的可能性。

13. 子貢問君子。子曰：「先行其言，而後從之。」

子貢問：「什麼樣的人才可算是君子呢？」所謂「君子」，照字面來說，是「國君之子」。根據前面我們對學習的說明，「君子」可以引申作「有教養的人」解。也就是「受過學習的人」。由於他的心性比較安定，有敏銳的覺察能力，因此，他在一旦覺知了有什麼該去做的信息，他就去做了。等到把事情辦好之後，他才再來說明為什麼要這麼去做。

14. 子曰：「君子周而不比，小人比而不周。」

「周」：指寬廣的覺知範圍。

「比」：比，是指兩個東西靠在一起，引申作狹小的覺知範圍。

一個有良好心性學習的君子人，由於他的覺知範圍寬廣，因此，他就可以照應相當大的範圍，不會侷限在某個小範圍。而沒有好好學習心性修養的「小人」，由於他的覺知範圍小，因此，只能照顧某些小範圍，而不能照應大範圍。

15. 子曰：「學而不思，則罔；思而不學，則殆。」

本段和下一段都是在講學習時要特別注意之處。有一些人只是悶著頭一味的學習，不曾花腦筋去想想他所學的究竟是些什麼東西，有什麼具體的意義，是否可以有創新的見解。像一個大倉庫，裡面亂七八糟的堆滿了貨物，沒有好好的整理，以致形成垃圾堆，沒有什麼用場。這麼一來，不就是糊塗了嗎？

也有一些人整天想東想西，就是不肯定下心來，好好的鍛鍊一番，由於沒有實際的體驗，終究不能算是真知。因此朱熹說：「不習其事，故危而不安。」

16. 子曰：「攻乎異端，斯害也矣。」

更有一種人，專門喜歡找一些奇奇怪怪的題目和論點，來炫耀他的知識如何淵博。這種人比上述那兩種人更糟糕。

17. 子曰：「由，誨汝知之乎？知之為知之，不知為不知，是知也。」

學習是一件真知實做的事。知道就說知道，不知就說不知，不要為了面子而撒謊，這樣才是真正求知的態度。

18. 子張學干祿。子曰：「多聞闕疑，慎言其餘，則寡尤；多見闕殆，慎行其餘，則寡悔。言寡尤，行寡悔，祿在其中矣。」

學習的主要目的，終究是要去主持政務。這就不像自我修練那樣的放任，而是要多聽多問，把不懂的地方弄明白。對於不懂、不明白的地方，就不要隨口亂講。這麼一來，就不會惹來不必要的怨尤和責難。儘量要增長見聞，就不會有什麼不知道、不明白的地方，再加上做事謹慎，就不會有太多後悔的事。這麼一來，祿位就可以保有了。

19. 哀公問曰：「何為則民服？」孔子對曰：「舉直錯

諸枉，則民服；舉枉錯諸直，則民不服。」

魯哀公從國君的立場來問「如何學習可以治國，而讓百姓順服。」孔子回答說：「把正直的人放在適當的位置上，把不適當的人調開，那麼人民就服氣了。如果把不適當的人放在顯赫的位置，一腳踢開正直的人，那麼人民就不會服氣。」

如何才能覺察什麼人是正直的，什麼人是不適當的，孔子在這裡沒有明講。其實就是要靠「定、靜、安、慮、得」這種循序漸進的工夫。誠如在本篇的主旨部分所說，到了春秋時代，各國的國君都已經是平庸的人，需要有特殊的、傑出的人來輔佐。如何覓得這種人才，把他放在適當的位置上，成為國君最主要的課題。哀公這一問，不僅是他個人的問題，也是當時各國的國君共同所面臨的問題。

20. 季康子問：「使民敬忠以勸，如之何？」子曰：「臨之以莊，則敬；孝慈，則忠；舉善而教不能，則勸。」

在周代的禮制和宗法制度之下，像季康子這種華裔貴胄當然是魯國的輔佐之相。從相位來說，為相者要學什麼呢？他問孔子：「我在治理百姓的時候，要讓他們都有虔敬的態度，做事都能盡忠職守，又能相互砥礪勸勉，這樣就可以把國家治理好了嗎？」孔子回答他說：「你自己在面對百姓的時候，要有莊重的威儀，人民自然會有虔敬的態度。你自己把『孝』和『慈』這兩件事做好，百姓自然就會盡忠。提拔有能為的人，教導哪些知識能力不足的人，百姓自然會相互勸勉。」

21. 或謂孔子曰：「子奚不為政？」子曰：「書云『孝乎惟孝，友于兄弟。』施於有政，是亦為政，奚其為政？」

有人對孔子說：「你何不出來從政？」孔子回答說：「書經裡面講到『孝這件事很重要啊！能孝順父母的人一定會友愛兄弟。』把孝悌這件事做好了，也就可以算是從政了，何必一定要做官才算是從政呢？」

孔子的這段話，一方面是在強調學習是要從「孝」，也就是人與人之間的上下前後輩之間的關係做起；另一方面也在說明，如果人人都能從自己的家族倫理關係做起的話，國家的政事自然就會上軌道，何必一定要做了官，才要來關心政事呢？這段話跟〈學而篇〉的開頭所講，學習是要從「孝悌」入手，前後呼應。

22. 子曰：「人而無信，不知其可也。大車無輗，小車無軏，其何行之哉？」

為政之道，端在誠信。如果一個人，尤其是主政的人，不能讓人信任之，實在不知道他該怎麼處世為人。就像大型的車或小型的車上，沒有了在轅端持衡的關鍵，車子該怎麼駕駛呢？

23. 子張問：「十世可知也？」子曰：「殷因於夏禮，所損益，可知也；周因於殷禮，所損益，可知也。其或繼周者，雖百世，可知也。」

一世為三十年，十世就是三百年。既然學而時習之，它的內容是代代相傳，可是在這個傳遞的過程中，又是每一世、每一代的人都有一些損益增減，不會完全照抄。這種變化其實是有軌跡可循的。當子張問：「十世以後的事情，現在是否可以知道呢？」孔子說：「殷代的禮制是沿襲夏代的禮制而來，兩相比較，有什麼差別就很清楚的呈現出來。周代的禮制是沿襲殷代的禮制而來，有什麼變革損益，也是有跡可循的。照這個道理來推論，以後繼周代而起的朝代，有什麼變化，也就可以早做準備，而知道它會怎麼變化。」

24. 子曰：「非其鬼而祭之，諂也；見義不為，無勇也。」

主政者的主要任務之一，就是祭祀。祭祀就有一定的規矩和禮節。如果去祭祀不是他該祭的鬼，就是諂媚的事。看到該做的事情，而不放手去做，才是真正沒有道德勇氣。

八佾第三

這一篇是在討論「禮」的形式、行禮的場合、內容、行禮的態度、傳承等。在討論「禮」之前，必需要先對「舞」「八佾舞」、「祭泰山」（也就是後世的「封禪」）和「樂」等項，作一番了解。

什麼是「舞」？孔子時代所說的「舞」，絕對不是現代人所熟知的那種以表演為主要目標的舞蹈，而是一種身心狀態的自我表現。簡單的說，一個好的舞者是讓身體處在「氣功態」的情形下，進行舞蹈的動作，所追求的就是一種天人感應的狀態。因此，在古代的祭祀典禮中，舞是不可缺少的一環。古人在參加祭祀之前，一定要「散齋七日，致齋三日」，把身心調整到平順、和諧的狀態。主持祭典的王公貴族如此，參加八佾舞的佾生當然也是如此調整身心狀態。因此，我們可以想像一個古典的場景，那就是所有參加祭祀的人在身心方面統統都處於一種可以稱之為「氣功態」的和諧狀態。在這種諧波狀態下，一定會產生強烈的信息波共振的現象，形成一個威力強大的信息波，向四面八方散射出去。這個信息波大都帶有平靜、安祥的信息。它可以照顧一個特定的範圍，達到「國泰民安、風調雨順」的地步。這就是八佾舞的功用。

在周代那種階層分明的貴族社會結構，當然是天子有責任照顧整個天下。魯國的國君只能照顧他的封國，大夫只能照顧他的封邑，士就只能照顧他的一家。天子的八佾舞規模最大，可以達到六十四人。為什麼是六十四人？跟六十四卦有什麼關係？目前仍不太清楚。反正這就是天子用可以照顧天下的舞蹈陣勢。諸侯就小了一些，用六佾，四十八人；大夫再小一些，有四佾，三十二人；士只有二佾，十六人。

至於「祭泰山」，乃至於後來的「封禪」，也是在追求一種信息波的共振狀態。地殼表面高低不平，任何的突起都是具有尖端放電的功效。山越高，放電的效果就越強。反過來，尖凸的地方，尤其是山上的樹木，具有天線的作用，可以接收來自宇宙的電波、電磁波和信息波。因此，在高山的頂上，就形成了地球的電波、電磁波和來自宇宙的宇宙射線和信息波，產生共振的現象。這個因共振而產生的信息波就可以涵蓋一個相當廣大的範圍。

泰山突起在黃淮平原上，雖然不高，可是在當地來說，就是不得了的高了。它的尖端放電和共振所產生的信息波，當然會對魯國及其附近國家都產生相當大的作用。這就是魯國國君、秦始皇、漢武帝、唐玄宗、宋真宗和清高宗等帝王不辭辛苦，千里迢迢的跑去祭泰山的真正原因，他們就是要把自己安放在這個強大的信息波動裡面，獨享治理天下的權力。這就是「封禪」的根本用意。

至於「樂」，也是在追求相同的身心和諧共振的狀態。中國的音樂就是以表達個人的心性狀態為基本的設計，而不是像西方那樣以表演為主。中國的古琴的構造完全不同於西方的小提琴。小提琴是硬木薄板，有很好的共振腔，聲音就非常的亮麗。而中國古琴卻是軟木厚板，又沒有共振腔，完全要靠木板本身質地的鬆勁來和弦的振動產生共振，所能產生的聲音也就很小，只能在非常安靜的環境中，彈給少數幾個人聽。又，古琴的琴譜只記指法，左手按那個地方，右手如何彈，沒有規定要按哪一根弦，發什麼音。這麼一來，就給彈奏者一個非常大的詮釋空間，可以根據自己的心情來彈。因此，古琴就成了中國文人最喜愛的樂器。在導讀的第四章就提到「操琴」是周代學生回家必需練習的功課之一。

周初建國時，周公「制禮作樂」就是根據這樣的認識來規範國家的禮制。規定周天子如何祭天，諸侯如何陪祭。在諸侯的邦國內，諸侯如何祭祀山川，大夫如何陪祭。這一套禮制讓不同身分的人遵循不同的行為規則。可是到了春秋末期，由於權力結構的變遷，原有的社會階層發生了重大的改變。天子和諸侯不再獨享權力和隨之而來的尊榮。而實際掌權的人卻大剌剌的不遵守禮制，反而享用起天子或諸侯的禮制。這種現象對一個非常強調身分和地位的周代社會來說，是非比尋常的事，簡單的說，這就是「亂」。孔子一心一意要維護舊有的禮制，因此，就不斷的批評這些不合禮制的事蹟，也指出要怎麼做方才是合乎禮制的事。

從「信息」的角度來說，人在行為時，當然會散放出和行為有關的信息波。日本江本勝在《水的信息》一書中顯示，正當的行為、美好的音樂都會散放出和諧的信息波，水就會呈現美麗的六角形結晶；如果是一個不好的信息波，水就沒有辦法形成有形狀的結晶。由此可見，「心之為用大矣。」從這個角度來說，禮和樂就是在表達人的心念狀態。美好的、正確的、和諧行為和音樂，表示人的心念是放在正確的頻道上；反之，就是處在「不正」、「不和諧」的狀態。孔子詰問：「一個主政者，如果他的心念不是放在正確的頻道上，那他又怎麼能去治理國家呢？」這就是本章的主旨。

1. 孔子謂季氏，八佾舞於廷，是可忍也，孰不可忍也。

「八佾」：天子的舞樂，以八人為一列，八列，共六十四人。諸侯六佾，四十八人。大夫四佾，三十二人。士二佾，十六人。「佾」是八人一排的舞列。

八佾是周天子和各級貴族們祭天的典禮。當典禮舉行時，主祭的天子、陪祭的諸侯、公卿、大夫，以及擔任佾舞演出的佾生都是在一種特殊的身心狀態，表達出潔淨、安祥、和平等信息，以平靖地方，達到風調雨順、國泰民安的境界。由於主祭者身分地位的不同，佾舞要照顧的範圍也不同。天子要照顧的面是全天下，諸侯要照顧的是他的封國，大夫要照顧的是他的封邑，士要照顧的是他的家。因此，天子用可以象徵宇宙的八八六十四，六十四位佾生；諸侯四十八位佾生；大夫三十二位佾生，士就只有十六位佾生。

到了春秋晚期，周天子的勢力已經相當衰弱，各個諸侯國相繼僭越，採用天子的禮制。再下一級的執政大夫也有樣學樣，大剌剌的在自己的家中潛用天子的禮制。八佾是八人一排的舞列，八排，八八六十四名佾生。是周天子祭天地時用的禮制。可是，魯國執政的季孫氏竟然在自己的家中也用八佾，大大的違反了禮制，因此，孔子才會憤怒的說：「孰可忍？孰不可忍？」(這樣不遵守禮制的事都可以被忍受下來的話，還有什麼事情不可以忍耐呢？)

2. 三家者以雍徹。子曰：「相維辟公，天子穆穆。奚取於三家之堂？」

「雍徹」：天子宗廟的祭祀。在祭畢、撤祭品的時候，要唱「雍詩」以娛神。「雍」又作「雝」，是《詩經》「頌」的一篇，內容是武王祭祀文王的頌辭：

有來雝雝，至止肅肅。相維辟公，天子穆穆。

於薦廣牡，相予肆祀。假我皇考，綏予孝子。

宣哲維人，文武維后。燕及皇天，克昌厥後。

綏我眉壽，介以繁祉。既右烈考，亦右文母。

「相」：是協助、輔佐的意思。

「辟公」：是指諸侯。辟（ㄆㄧˋ）。

「穆穆」：是遠遠的看上去非常莊嚴肅穆的樣子。

要讀懂這段話，不妨想想現在各宗教界所用的儀式。無論是佛教、道教，或是天主教、基督教，都有一定的禮拜儀式。當這些儀式進行的時候，大多是由參與者共同唸唱某些特定的經文，而且不斷反覆的唸唱，通常又都會配上伴奏的音樂。形成一個人聲、樂音共振的場域。在這個場域中的人會有一種特殊的神聖感覺。周天子的祭祀儀式大概也應當如此。

文中提到唱雍詩，一般的註解都是說，在祭畢、撤祭品的時候要唱雍詩。我們不妨把這個場景擴大一些，想像成一個現代的宗教儀式，全場的人都在唸唱某一段經文，而且唱唸得非常專心，聲音非常的諧和，自然就會發出善良純美的信息波，以影響周遭的人和物，共同達到一個和諧的狀態。如此一來，也就可以達成國泰民安的境界。可是從來就不知道其中的機制為何，通常都是用「象徵」、「意義」、「想像」來看待之。不過最近日本人在這方面有了一些突破性的研究工作和相關的實驗，可以說明這種儀式確實具有某種特定的功效。

日本群馬縣水上町的琵琶湖，湖水已經優氧化非常嚴重。江本勝（Emoto Hiroshi）在一九九九年曾經做過一個用宗教儀式淨化水質的實驗，他請了大宮市寶壽院的住持和尚加滕寶喜，在湖邊做法唸經一個小時。然後拿這時候的湖水去冷凍，看它的結晶狀況，發現湖水已經從原先完全不能結晶的狀態，變成一個非常美麗、晶瑩剔透的六角形，證明水質在做法之後，已完全改變。可見，一個完美無缺的儀式確實有它的功效。

所有參加儀式的人都要把身心狀態調整要一個特殊的諧波共振狀態。於是，整個儀式場合就會處在一種諧波共振的狀態。當這種共振情形出現，在場的每一個人都是已經處在美好的、神聖的狀態。於是就會出現「相維辟公，天子穆穆」的場景，與祭的諸侯垂手恭立在兩旁，天子高高的站在祭臺上，看過去非常莊嚴肅穆。祭祀典禮若能完全按照禮制進行，主祭的周天子就能像北辰一樣，居其所而眾星拱之。

可是到了春秋時代末期，當周天子的權威衰弱之後，諸侯和大夫有樣學樣，在他們的祭祀時，也改用八佾，也唱雍詩。

這就是不守禮制。魯國的三家大夫：孟孫氏、叔孫氏、季孫氏就是不守禮制的實例。這三家大夫在自己家裡祭祀父祖時，竟然也用到周天子才可用的「雍徹」禮。在撤祭品的時候，演唱雍詩。孔子就批評說：「這種諸侯侍立，天子穆穆的場景，怎麼會出現在三家大夫的堂上呢？」

3. 子曰：「人而不仁，如禮何？人而不仁，如樂何？」

「仁」：是指人與人之間的和諧相處。

「禮」：是人的行為規範。

「樂」：是感情的直接發抒。

「仁」是指人和人之間的相處。「不仁」就是「不能和諧的相處」。在這裡，應該是在說，當大家都在一個很好的共振場合之中，感受那種神聖的氣氛時，如果有一個人就是搞怪，不肯也不能進入那種和諧的狀態，就會把整個和諧共振的場會破壞掉。這就像沿著順時鐘方向或反時鐘方向在打蛋，突然把攪拌的方向弄亂了，蛋就會發不起來，蛋糕也就做不成了。

進行祭典禮儀也是這麼一回事。在行禮時，就是在創造一個共振的場合。如果有人搗亂，就是不按照規矩進行，那個刻意營造出來的信息波共振場域，就遭到破壞。在這種情形下，那麼空有「禮」，又有什麼用？空有「樂」，又有什麼用？。

4. 林放問禮之本。子曰：「大哉問！禮，與其奢也，寧儉；喪，與其易也，寧戚。」

「禮」是行為的規範，可以是因外在力量而來的約束，也可以是發自個人內心的約束力量。一個人所要遵守的規矩太多了之後，就顯得猥瑣，投鼠忌器，沒什麼作為。因此，孔子回答說：「問得好，行禮這件事啊，與其太多規矩，不如少一點規矩，來得比較好。至於喪禮呢？與其把各種虛文禮節做得順暢，不如少一些虛情，多一些哀戚的真情。」

這裡所說的「戚」，除了「哀戚」之外，還有「平靜」的意思。一個人到了臨終的時候，是在逐一關閉他身上的各個系統，也把所有的信息「下載」帶走。這時候，最需要的就是親人在旁邊，平靜的講一些美好的話，有宗教信仰的人可以唸一些經咒，幫他順利的完成這個複雜的「關機、下載」的手續。這個關機的手續大概需要八個小時。現在做器官移植手術的醫師都知道，必需搶在這八小時之內把器官摘下，過了八小時，再來摘取，器官就沒用了。因為所有的信息已經不在了，空留一堆物質，是不會有作用的。這八小時對個人來講是相當重要的。如果受到外力的干擾，而沒有辦法完成關機和下載的手續，功課沒有做完，等於是人生白來一趟，不是很可惜嗎？佛教就主張在這八小時中，要安靜的助唸，不要搬動身體，等他完全下載資料之後，再來處理。所以，「與其易也，寧戚」，有可能是在說，與其搬動、幫他洗身體、穿衣，或號啕大哭，都是在干擾往生者的下載動作，不如安安靜靜的陪伴他走完這段歷程。

5. 子曰：「夷狄之有君，不如諸夏之亡也。」

對中文系和哲學系的人來說，「夷狄」、「華夏」之別，不成問題。可是對考古系和歷史系的人來說，麻煩可大了。最近二十年來的考古資料清楚的顯示，原先以為是文化低落的「夷狄」地方，在四、五千年前，都有高度發展的文明，反而是所謂的「華夏」、「中原」的地方，在同一時代，不是海灣、就是沼澤，少有人居住，也就談不上什麼文化的發展。

為什麼有這麼大的差別呢？已過世的美國哈佛大學張光直教授指出：主要的轉變關鍵就是周人以西陲的蠻國入侵文明程度很高的殷商，得逞之後，曾經大肆竄改歷史記載，把殷商說得是如何、如何的壞，而周是如何、如何的好。特別強調周的文化是最高的，四境各民族都是文化低落的戎夷蠻狄。後來的史書就繼承這個觀點，發展出一套以中原為中心的史觀。我們都是這種史觀教育下成長的。孔子也不例外，接受了周代建國時所創的中原史觀。在這個基礎上，才可以了解這段話在說什麼。簡單的說，這裡所謂的「華夏」，就是指「是人」、「是我」、「是有文明的」；而「夷狄」，就「不是人」、「不是我」、「沒有文明的」。

由於當時華夏各國的諸侯都不遵守周代的禮制，惹得孔子大為光火，感嘆的說，像四境哪些文化程度較低「不是人」的夷狄都知道敬重國君，反而像華夏「是人」的這些國家不知道禮制的重要，空有人的樣子，沒有人的內涵。

6. 季氏旅於泰山。子謂冉有曰：「女弗能救與？」對曰：「不能」。子曰：「嗚呼，曾謂泰山不如林放乎？」

接下去，就舉了一個實例來說明華夏各國如何不守禮制。

祭泰山是周天子或魯國的國君方才能做的事，把自己放在可以跟宇宙共振的接觸點上，讓自己成為可以統治天下的英明君主。可是身為大夫的季孫氏卻跑去祭泰山，大大的僭越了應有的禮制。門弟子冉求（也就是冉有）為季孫氏的家臣。孔子問冉求說：「你可不可以阻止季孫氏去祭泰山這件事情呢？」冉求表示他沒有辦法阻擋。孔子就感慨的說：「難道泰山的神明就不如林放來得懂禮嗎？怎麼會接受季孫氏這種僭越的禮數呢？」

7. 子曰：「君子無所爭，必也射乎？揖讓而升，下而飲，其爭也君子。」

「射」：是要求在安靜的狀態下，專注於身心的協調動作。射箭的最高境界是在身心專注的情形下，覺得是靶來迎箭，而不是箭去射靶，那就百發百中了。

接下去的兩段話都是在講身心狀態如何調整。這一段是以射箭來說明身心約束之後的一些具體表現。

由於射箭所要講究的要件，就是身心都處在一個非常平和的狀態，因此，就不可能發生你爭我奪、激烈碰撞的現象。表現出來的行為就是相互的禮讓，按照既定的禮節來進行。孔子說：「一個身心修養良好的君子人是沒有什麼特別好爭的。要爭，就是在比賽射箭的時候，參賽者上射箭臺的時候，要先行禮，而後才上臺；射完了，下臺來，各飲一杯酒。像這樣的爭就非常有風度。」

8. 子夏曰：「巧笑倩兮，美目盼兮，素以為絢兮。何謂也？」子曰：「繪事後素。」曰：「禮後乎？」子曰：「起予者，商也，始可與言詩已矣。」

「絢」：絢麗

「素」：純白

「後」：古代的語法，是說「在……之後」，「繪事後素是說，先要把畫畫的表面弄乾淨，清清白白的，方才可以塗染其他的顏色。」

這段話是在說，有了良好的身心修養作為底子，方才可以有其他附加的動作和意義。禮就是附加在良好的身心修養的動作。

子夏問孔子：「有了巧笑，才會有漂亮的樣子；要有美目，方才可以用眉目傳情；有了純白的底子，方才可以有絢麗的色彩。是什麼意思呢？」

孔子回答說：「有了素白的底子，方才可以在上面作畫。」

子夏接著說：「那麼老師的意思就是在說，人先要自己做得正，方才可以談到禮這回事囉！」

孔子說：「你這回可點醒我了。這麼一來，我們就可以來談詩的意義了。」

9. 子曰：「夏禮吾能言之，杞不足徵也；殷禮吾能言之，宋不足徵也；文獻不足故也。足，則吾能徵之矣。」

「杞」：周武王得天下之後，封夏代後裔於杞。

「宋」：是殷商亡後，封微子於宋，以奉祀殷商的祖先和統治殷商遺民。

「文獻」：「文」是指文字的記錄。「獻」是指留下來的實物材料。可是一般書上的解釋卻是「賢人」。在春秋時，距離商代已六百多年，距夏代更是接近一千年。夏商的「賢人」不可能活到那個時候。但是有關的文物卻可以留存得那麼久，甚至更久。

接下去孔子就要追問周代禮制的歷史淵源和本來形貌究竟如何。

周原來是混跡於西方戎狄之間的一個小國，後來兼併了西方諸戎，逐漸強大，再得到羌人，也就是姜太公那一族人的支持，終而在商紂王征討東夷三年，元氣大傷的時候，趁虛而入，經過幾十年的經營，終於在西元前一一二三年滅了殷商。由於原來的文化程度不高，在滅商之後，就繼承了殷商的文化，加以整理改良，成為周代的典章制度，周公的制禮作樂就是指這件事。因此，在周代的典章制度中，可以看到殷商典章制度的遺跡。同樣的道理，商是代夏而起的朝代。它的典章制度應當也是根據夏代的典章制度而來的。職是之故，一代代的往前推，就不難明瞭典章制度的源起、根本以及變化。

孔子看了當時諸侯國、大夫家不遵守禮制，感嘆沒有一個模範可供參考。就想到，夏代的禮制是可以說的，但是當時的杞國也不遵守原來的禮制，以致不能表現出夏代禮制的原貌。同樣的道理，殷代的禮制是可以說的，但是宋國的情形也不足以表現商代原來的禮制。都是因為留下來的文字記錄和實物不夠豐足的緣故。如果，流傳後世的文獻足夠的話，孔子自信可以把夏、商兩代的禮制說清楚。

---

10. 子曰：「禘，自既灌而往者，吾不欲觀之矣。」

「禘」：諸侯國五年一次的大祭，通常在太廟舉行。

「灌」：用鬱金草汁和黍所釀成的酒來灑地，以降神也。

接下去以「禘祭」的不夠確實來說明禮制殘缺之後，不忍卒睹的情形。「禘祭」是諸侯五年一次的大祭，在太廟舉行。在祭祀開始的時候，要迎神。也就是讓巫者逐漸進入「神明降身」的恍惚狀態，表示神明已經降臨。而前面所說的「唱雍詩」，是送神時候的行動。

孔子到太廟參加禘祭時，發現禘祭有一些不合傳統的地方，不忍卒睹。於是感慨的說：「我去太廟參觀禘祭，看到用鬱金草汁和黍所釀成的酒來灑地，以求神明降臨這個動作，其後的動作就看不下去了。」也就表示，一旦請神之後，巫者和祭者就隨興而作，完全不照傳統的要求來做動作了。

---

11. 或問禘之說。子曰：「不知也。知其說者之於天下也，其如示諸斯乎。」指其掌。

有人向孔子請教有關禘祭的事。孔子說：「我實在不知道禘祭是什麼意思。如果天下有誰知道禘祭的意義，就像出示這隻手掌這般，請明說。」於是就指指自己空有的手掌。意思是說，已經沒有人真正弄得清楚禘祭的意思了。文獻不足的緣故吧！

12. 祭，如在祭神，如神在。子曰：「吾不與祭，如不祭。」

在導讀的第二章提到，周代舉行祭祀的時候，主祭者要「散齋七日，致齋三日」，把所要祭祀的對象想得非常真實，等到開始舉行祭祀的時候，主祭者進入太廟，看到坐在上位的「尸」，就宛如看到先王的身影。周還出戶，又可以聽到先王的嘆息之聲。在這種情形之下，就是「祭如在」，祭祀時，先王好像就那在裡。同樣的道理，祭神的時候，就會感覺到神明就好像在那裡。在這種情形下，主祭者怎麼敢有所疏忽怠慢呢？這種祭祀一定要由天子或諸侯親自主持，不可以派代表去主持。

孔子到太廟參加禘祭，大概看到許多應該與祭的王公貴人自己不肯親自出席，只是派個家臣代表出席；即使出席了，在整個典禮的過程中，也是交頭接耳，竊竊私語，一點都不莊重。於是孔子有感而發的說：「祭祀的時候，就要想像祭祀的對象蒞臨現場。祭神時，就是神明已經到場。參加祭祀的人的心情也要跟著莊嚴肅穆起來，不可以有所輕忽。因此，如果周天子、諸侯、大夫自己不能親自參加祭祀，就不如不祭。派人代祭是沒有誠意的事。」這段話是在講參加祭祀時應有的基本態度。

13. 王孫賈問曰：「與其媚於奧，寧媚於灶，何謂也？」子曰：「不然，獲罪於天，無所禱也。」

「王孫賈」：衛國的大夫。

「奧」：室之西南隅，是家中尊長所用的臥室。

「灶」：灶神。古人祭灶，設神位於灶前。祭灶之後，更設供菜於奧，以迎尸。尸就是以孫子代表祖宗的降臨，可以坐在供桌上大吃大喝。後來所謂的「尸位素餐」就是指這件事而來的成語。

王孫賈問：「與其取媚於奧神，不如取媚於灶神，這話怎麼說？」

孔子回答說：「不是這樣的，一個人的行為如果違反了常理，獲罪於天，再怎麼祈禱哀求，也是沒有用的。」

14. 子曰：「周監於二代，郁郁乎文哉！吾從周。」

「監」：同「鑑」。參考，依循。

看了一大堆亂七八糟的祭祀和禮制，總該有一個正本的清源。周代的禮制到底該以什麼為藍本呢？孔子說：「周代的禮制是根據夏商兩代，逐步修改而來的，最合乎時代的需要，非常有內涵與深度，光輝燦爛，因此，我選擇周代建國時所訂下的禮制。」

15. 子入太廟，每事問。或曰：「孰謂鄹人之子知禮乎？入太廟，每事問。」子聞之曰：「是禮也。」

這段話也是在講參加祭祀時的基本態度。孔子到魯國的太廟去參加祭祀，每一件事他都要先詢問清楚。結果引來旁人的批評，認為他根本不懂。「誰說這個鄹邑的小子懂得禮制呢？

進到太廟，每一件事都要先問個明白。」

這裡所說的「太廟」，是指魯侯奉祀祖先的地方，任何的祭祀都不可以發生差錯，以免貽笑大方。因此，必需要把每一個與祭祀有關的動作都事先問清楚，方才可以讓整個祭祀順暢進行。因此，孔子聽了這些批評，就回答說，「凡事謹慎，不懂的地方就問，才是合乎禮的動作。」可見當時的人在行禮的時候，已經是隨自己的意思，亂來一通。

16. 子曰：「射不主皮。」為力不同科，古之道也。

「主皮」：古代射箭是比準頭，而不是比力氣的大小。只要射中目標就好，不一定要射穿做為目標的皮革。

一般的書上是說：古代射箭是比準頭，而不是比力氣的大小。只要射中目標就好，不一定要射穿蒙在箭垛上的皮革。因為射箭的人勁道有大有小的緣故。這種差別的對待，自古以來就是如此。

在這裡也許可以作另外一種考慮。射箭時，弓的大小、箭的長短都是會影響射箭表現的因素。可是，場地也會影響射箭的成績。一個好的選手進到一個新的比賽場地，就是可以在很短的時間內熟悉場地，人和場地融為一體，這樣就可以有很好的成績。如果一直不能適應場地，那麼比賽的成績就可能慘不忍睹。

這段話和上一段話「入太廟每事問」，從這個角度來想，它們都是在講「行禮時，與祭的人要很快的熟悉場地，把自己的身心狀態調整到某一種境界。」

17. 子貢欲去告朔之餼羊。子曰：「賜也，爾愛其羊，我愛其禮。」

「告朔」：朔是每個月的初一日。周代時，天子在每年的冬天，就要把來年的每個月的初一是什麼時候，要訂定出來，頒給諸侯。諸侯接受了之後，供在祖廟，每逢初一日，就要在祖廟祭祀，是為「告朔」。

「餼羊」：祭祀用，殺而未烹的羊。

這又是在講一個不願遵守禮制的例子。主角是孔門好學生子貢。不知什麼緣故，子貢突發奇想，要把每個月在太廟祭祀時所用的牲羊去掉。孔子不贊同，認為這麼一來，三牲祭禮就不全了，也就不成祭禮了。因此，孔子才會說：「子貢啊，你捨不得那頭祭祀的羊，我卻捨不得那套完整的禮儀呢！」

18. 子曰：「事君盡禮，人以為諂也。」

上面各章都是在講當時的貴族不知禮，不合禮、隨意改動禮的內容。接下去再講知禮又能確實行禮者的尷尬處境。18、19兩段要合著看，才有意義。

這一章是說，國君的禮數周到的話，就會有人批評是在拍馬屁。

19. 定公問：「君使臣，臣事君，如之何？」孔子對曰：「君使臣以禮，臣事君以忠。」

到底要怎麼做才恰到好處呢？魯定公就問孔子：「國君差遣臣下，臣下事奉國君，應當怎麼做才合適呢？」孔子回答說：「國君依照合宜的禮數來差遣臣下，而臣下就要把事情徹底的辦好，來回報之。」

20. 子曰：「居上不寬，為禮不敬，臨喪不哀，吾何也觀之哉？」

本章孔子總括的說明，當時人們，尤其是貴族們，是如何的不知禮。總結成三大項：1. 身居上位卻不能寬宏大量。2. 行禮的時候又不能有恭敬的態度。3. 弔祭喪事的時候又不哀戚。這種人就沒有什麼地方值得受人重視的了。可見在當時禮樂的崩壞情形是如何的嚴重了。以下兩章說明禮樂崩壞的情形。

21. 哀公問社於宰我。宰我對曰：「夏后氏以松，殷人以柏，周人以栗。」曰：「使民戰栗。」子聞之曰：「成事不說，遂事不諫，既往不咎。」

「社」：指供奉土地神的牌位。古代祭祀土地神的時候，要立一個木製的牌位。這個牌位稱之為「主」，是為神靈依附之所。

「戰栗」：恐懼的樣子。

「成事」：已經做完的事。

「遂事」：已經不可避免，不得不做的事。

「諫」：勸阻。

「咎」：責備。

魯哀公問有關祭祀土地神的事。宰我回答說：「夏代的都城安邑適合種松樹，因而用松木來做社主。商代的都城亳適合種柏，社主牌位用柏木。周人的鎬京適合種栗樹。用意是使人戰慄。」孔子聽到後，責備宰我荒謬的答覆。他說：「已經做了的事，就不要再說了。已經不可避免、不得不做的事，就不要再勸阻。已經過去的事，也就不要再追究責備了。」像宰我這樣的學生都會隨便解釋禮的內容，可見當時對於「禮」的認知已經到相當混亂的地步。

22. 子曰：「管仲之器小哉！」或曰：「管仲儉乎？」曰：「管氏有三歸，官事不攝，焉得儉？」「然則管仲知禮乎？」曰：「邦君樹塞門，管氏亦樹塞門；邦君為兩君之好，有反坫，管氏亦有反坫；管氏而知禮，孰不知禮？」

「三歸」：堂屋的名號，宰相府是也。

「官事不攝」：不能統籌處理，往往因人設事。

「樹塞門」：塞是「遮蔽」的意思。樹塞門就是用大樹來遮蔽大門，也就是後世所謂的「屏風」。

「反坫」：坫是用土堆成的一個臺子。兩國的國君盟會的時候，主人酌酒敬來賓，飲畢，把空爵放在坫臺上，稱之為反坫。

再舉一個不知禮、不合禮的例子。管仲曾經是齊的宰相，幫助齊桓公打敗晉國和楚國，完成霸業。由於功勞很大，使得他所得到的封賞也就很多。可是，他也就慢慢的不遵守禮制起來。在居家生活方面，有不少仿效齊君之處。因此，惹來孔子的非議，說：「管仲的器量很小。」

有人問：「管仲節儉嗎？管氏有三歸堂這個豪華的宰相府，又往往因人設事，不能全盤規劃，統籌管理，他怎麼能算得上節儉呢？管仲這麼做，懂得禮數嗎？」

孔子說：「國君的住處方才有大樹做的屏風，管仲家裡也有大樹做的屏風。齊君家裡有反坫，管仲家裡也有反坫。如果說管仲是個知禮的人，那又有誰會不知禮呢？」

23. 子曰：「關雎樂而不淫，哀而不傷。」

23、24、25 三章都是在講音樂。《詩經》在古代應該是可以吟唱的，用人的聲音來表達心靈的感受和有關的信息。24 章和 25 章則是在用樂器的聲音來表達演奏者當時的心情和相關的信息。

《詩經・關雎篇》所要表達的快樂是「有點快樂，又不會非常快樂」，哀傷也是「有點哀傷，又不會很哀傷。」也就是中庸的表現。

用日本人江本勝對水的實驗來看，對水發出「愛」的信息，水就可以呈現非常亮麗的六角形結晶。不同的語言所說的「愛」字，會呈現不同形貌的結晶。前面不是說「詩三百，一言以蔽之，思無邪。」就是在說，《詩經》各篇所要表達的信息都是純正無邪，可以讓水呈現出美麗六角形的結晶。行禮的時候，要唱《詩經》的某些詩篇，也就是在傳遞這種美好的信息。事實上，不只是吟唱詩經，做其他的事也可以有用樣的信息效果。

24. 子語魯大師樂曰：「樂其可知也。始作，翕如也；從之，純如也，皦如也，繹如也，以成。」

「翕如」：合奏嗡嗡然。

「從之」：放散。

「純如」：和諧的樣子。

「皦如」：清楚的樣子。

「繹如」：相續不絕的樣子。

禮和樂是一起的，都是修養身心不可缺少的工具。禮是身心狀態的調整，而樂是調整之後，身心狀態的表達。當人們不知禮的時候，當然也就不懂樂。孔子在這裡特別說明中國「樂」的基本原理。

在古代的經書中，很少談到中國音樂的特色。以致歷來對這一段話的解釋都說得不清不楚。現在按照林谷芳在《諦觀有情》一書的理論，中國音樂的基本待色是 1. 樂器本身的音色；2. 彈弦的餘韻；3. 留白（也就是抑揚頓挫）；4. 多重交錯和弦（幾首不同的曲子可以一起合奏，或是不同的樂器可以各自演奏，可是又混成一體）；5. 各節自成一個單元，各有標題，因此，演奏的長短由演奏者自行決定；6. 琴譜只記演奏的手法，而沒有硬性規定要彈奏什麼音，因此賦予演奏者極大的空間來表達或發抒他內心的感情。有了這些基本的認知之後，再來看孔子的這段話，就可以比較容易理解。

孔子跟魯國的樂官談論音樂的基本道理：「當一首樂曲開始演奏的時候，一定有一段前奏，各個樂器相繼引奏（翕如也）。接下去，就是各個樂器各自演奏它自己的旋律（純如也），可是合起來，又呈現一個整體的樂章。聽的人可以專注的只聽某個樂器的演奏，也可以聽整體的演奏（皦如也）。一個樂曲可以分成幾個章節，各個章節有它獨立的表現（繹如也）。就這樣子把一首曲子演奏完成。」

25. 子謂韶：「盡美矣，又盡善也。」謂武：「盡美矣，未盡善也。」

由於中國音樂，尤其是古琴，沒有明白的規定要彈哪根弦，哪個音，而只是記錄演奏時的指法，左手按弦的那一格的幾分之幾的地方，右手從弦的那裡往什麼方向滑，因此，軟木厚板的古琴在演奏時，可以完全表達演奏者當時的心情。古琴只是演奏給三五好友聽的，而不是大庭廣眾聽的。

孔子聽舜時的韶樂，就覺得音樂的表現相當完美，所要表達的心境也相當善良。可是他聽周武王時的音樂，由於有殺伐之心，因此，在音樂的形式上美則美矣，可是在心境上卻沒有達到「善」的地步。前面提到，周代以西陲小邦入侵殷商，成功之後，就大肆竄改歷史，可以佐證周代建國者在心性的修養上的確是有一些瑕玼。到了春秋時代，人們已經不太清楚「樂」的基本作用。在祭典時的奏樂，也是隨便之作。

26. 儀封人請見。曰：「君子之至於斯也，吾未嘗不得見也。」從者見之。出曰：「二三子，知患於喪乎，天下之無道也久矣，天將以夫子為木鐸。」

「儀」：衛國的地名。

「封人」：官名。

「木鐸」：金口木舌之鈴，用來警告之用。

衛國儀邑的地方官來求見孔子。告訴孔子的門生說：「只要是有德行的君子人來到我這個地方，我從來沒有不去求見的。」孔子的門人就引他去見孔子。他見了孔子之後，辭出，對孔子的門人說：「各位何必憂慮你們的老師失去官位呢？天下混亂已經很久了，上天將要把你們的老師當成警世的木鐸，垂教世人。」

這段話真正的指出孔子當時教學的根本目的，是在於匡正時勢，把已經亂掉了的禮樂重新振作起來。也警告當時的世人，不要再任意作為，而是要能反省，反過來找求自己的本心，加強自己的身心修養。孔子所扮演的角色就是警世的木鐸。

這段話是本篇的總結。前面幾章歷數春秋時代君王、諸侯、大夫是如何的不知禮，行禮也不能合乎要求，自己的身心也不能有一定的修養。那麼，孔子該怎麼辦呢？他要扮演一個「警世木鐸」的角色，不斷的提出警告，來提醒和糾正人們已經偏離正常軌道的行為。把這段話放在本篇的末尾，呈現大師級的豪氣與雄心。

里仁第四

這一篇是在討論「仁」、「道」、「禮」的內容。依照前面各章的敘述，「仁」是人與人之間的相處之道。人和人之間的相處是要用歡喜、高興、喜悅的心情，自己的身心狀況是在和諧狀況，所散發出來的資訊也就是一個好的、美的資訊波，別人受這個資訊波的影響，也就跟著美好、喜悅起來。了解這個機制之後，就可以比較容易了解儒家所說的「仁」究竟是怎麼一回事。而「道」是建構事物的基本信息。這種信息是以波動的形式存在。人只要在安靜的狀態下，就可以覺察到它的存在。「禮」就是具體的行為準則。

1. 子曰：「里仁為美，擇不處仁，焉得智？」

〔里仁〕可以有兩種不同的解釋：

1. 要住在有「仁」的地方。外在的環境好，個人就會受到良好的影響而變好。
2. 要在自己的心中有「仁」的意念。當自己的心念是在美好的狀態時，就會影響外在的環境和周遭的人，讓他們也跟著變好。

這一章是說：不管是外在或內在的環境條件如何，都要讓自己處在一個美好的，心境平靜、和諧的情境之中。如果不這麼去做，怎麼會得到智慧呢？

2. 子曰：「不仁者不可以久處約，不可以長處樂。仁者安仁，智者利仁。」

〔不仁〕：不能與他人和諧相處。

〔約〕：一般是作「貧窮」、「窮困」解，也可以作「拘束」解。

〔樂〕：一般是作「安樂」解，也可以引申作「放縱」、「無拘束」解。

〔安仁〕：一般作「心安於仁，而無不適然」。似乎可以解釋作：由於他有愛心，而讓周邊的人和環境都因此而安定下來。

〔利仁〕：一般作「知仁為利而行之」。似乎可以解釋作：一個有智慧的人是很擅長於利用這種仁心。

一個不懷著喜悅心、歡喜心、慈愛心的人，不可以讓他長時間處在一個拘束的狀態，也不可以讓他長時間的處在一個放縱的狀態之中。一個有愛心的仁人，由於他能散播出慈愛、美好、歡樂的信息，因而讓周遭的人都因此而安定下來。一個有智慧的人更是擅長於運用這種慈愛、美好、歡樂的信息。

3. 子曰：「唯仁者，能好人，能惡人。」

傳統的解釋是說，因為仁者無私，而能審辯人之好惡。有些牽強。應該說，唯有具有這種美好、歡喜、寧靜心態的人，才可以讓人變好，也可以襯托出哪些人的行為是不善的。

4. 子曰：「苟志於仁，無惡也。」

因此，當一個人能夠一心一意去追求那種美好的、和諧的、慈愛的、歡樂的人際相處狀態時，他當然就不會去做哪些不好的事情。

5. 子曰：「富與貴是人之所欲也，不以其道得之，不處也。貧與賤是人之所惡也，不以其道得之，不去也。君子去仁，惡乎成名？君子無終食之間違仁，造次必於是，顛沛必於是。」

富貴是每個人都想要的，如果不是用正道而得之的話，就不應該享用它。大家都不喜歡貧窮與卑賤，可是如果不小心意外的遭逢到，也就認命，不必呼天搶地的怨嘆而急欲去之。一個君子人如果沒有了這種「仁」的心念，他怎麼會得到他人的讚美而有好的名聲呢？這種仁美的心念是隨時隨地都要保持的，不會稍有片刻、頓飯時間的偏離。即使是在倉皇逃難、顛沛流離這種動盪不安的境界，也都要保持這個仁美的心念。

6. 子曰：「我未見好仁者，惡不仁者。好仁者，無以尚之；惡不仁者，其為仁矣，不使仁者加乎其身。有能一日用其力於仁矣乎？我未見力不足者。蓋有之矣，我未之見也。」

孔子感慨世間人士很少有人能一直保持那種和諧、美好的心態，大多數人都有各種好惡情緒的起伏波動，而沉迷其中，因此，他說「我未見好仁者，惡不仁者。」能夠有仁美之心的人，當然是最好的。能夠指正各種不仁的行為者，也就是在實踐「仁」的道理啊！讓哪些不好的心念不要加在自己的身上。於是，他又反問一句：「有沒有人有一天的時間盡力讓自己的心念保持在和諧、美好、歡樂的狀態之中呢？」但是很少有人能做到。他感慨的說:「我沒有看到沒有能力做到的人。也許有，但是我從來沒有看到過。」

7. 子曰：「人之過也，各於其黨。觀過，斯知仁矣。」

一個人的行為都是受到同儕、朋友的影響，因此，看人的所犯的過錯，就知道他的朋友、同儕是什麼樣的人，是有仁心的人呢？還是沒有仁心的人。

8. 子曰：「朝聞道，夕死可矣。」

從這一段話開始，討論的主題由「仁」轉換成「道」。「仁」是具體的實踐，而「道」卻是認知事物和行為的主要依據。也就是生命多重結構裡的「信息」這一部分。也就是指可以主導事物的進行和組成的哪些特定的信息波動。這一章的關鍵應當是在「聞道」。人要怎麼才能真正的「聞道」呢？就是用心靈去擷取流轉在空中的各種信息波，而後解讀之，成為我們的認知。

陳國鎮對信息波的來源和作用有所說明。他認為：信息波來自於我們的心靈，一旦有了心靈功能的同時，其實在我們所謂的世界裡，生命也創造了相應的信息波。因此只要我們有一個念頭發生，立即就有對應的信息波產生。這個信息波既有一部分存在自己的身體內，也有一部分散入周圍的空間裡。在身體裡的信息波會影響我們的生理和心理，成為各種正常或異常的機能；跑到外面去的信息波，就影響周圍的信息場，所以也就影響其他的人或物。由此可以推想，每一個人念頭一動的時候，周圍的世界也或多或少跟著被改變。

往外擴散的信息波，若碰到具有他心通的人，他們很熟悉於擷取信息波，就可以抓到我們所發射出來的信息波，解讀成意識的覺知，知道我們在想什麼。有些人抓到信息波以後，解讀成視覺的覺知，可以看清楚我們的身體狀況，就很像用眼睛看的情形，這種能力就被稱為天眼通或透視眼。

我們常說「天網恢恢，疏而不漏」，對於有特異能力的人而言，任何人只要動念想作壞，即使還沒有行動成為事實，在他周圍的空間裡已經散布了對應的信息場，都能夠被這些人擷取而解讀出的信息，更何況已經成為事實的罪行，就更能被覺察出來了。一念的好與壞，在物質世界裡看來，好像空間依舊平常如昔，可以神不知鬼不覺的任意使壞心念，反正沒有跡象可察，又有誰會知道呢？其實，只要我們多了解一點信息波和心念之間如影隨形的關係，就明白一念所產生的信息波，立即在空間中散布成疏而不漏的天網。這是真相，絕不是虛言恫嚇之詞。

由於信息波不是能量的擾動所形成的波動，它比較不會受到一些東西的阻礙就停下來，它可以傳到很遠的地方。所以有神通的人，他們不需要靠近到我們的身邊，就能抓到我們的信息波。只要他們想到我們，把注意力對準我們，就可以輕易抓到我們所散發出來的信息波，解讀出有意義的資訊。

在這個宇宙裡，到處都有信息波，只是我們會不會擷取、能不能分辨哪些信息是哪一個人的、哪一個信息波才是我們所要的。如果我們會的話，就抓得到許多有用的信息波，轉化成靈感或創意，給文化的發展帶來盎然的生機；如果沒有學會的話，我們就抓不到環繞在四周的信息波，覺得空間就是空空如也，哪裡有什麼東西？相反的，學會抓取信息波的人，即使信息波發生的地點是在很遠的地方，對他們來說，就如同在他們的身旁。

所謂「抓取信息波」，就是心靈的窗口的開合自如，以及窗口位置的移動是否靈活、恰當，這些能力不都是與生俱來，很多地方需要透過適當的學習、訓練才能擁有。

從生命的多重結構來看，現代人的認知其實還只是在下面三層的認知：物質、能量、信息，而且對於信息的認知還不夠完整，只認知到「信息像資料」的抽象概念，而沒有體察到有些信息也是自然界裡存在的一類波動。

由於信息波動的速度非常的快，比光速還要快，因此，人要擷取信息只是在一念之間。在孔子的時代，對於「快」的形容詞有限，「朝夕之間」的意思就是像我們現在所說「頃刻之間」一樣。因此，「朝聞道，夕死可矣」這句話可以擺脫傳統的照字面的解釋，而是說：「人可以很快的抓取充斥在宇宙裡面各種信息波動。」

9. 子曰：「士志於道，而恥惡衣惡食者，未足與議也。」

一個士人有心求道，也就是一心一意、隨時隨地的實習如何掌握宇宙之中的信息波動，那麼他的注意力就不會放在穿衣、吃飯這些日常生活瑣事上面。如果一個人整天挑剔穿什麼衣服、吃什麼美食，那就跟他沒什麼話好說的了。

10. 子曰：「君子之於天下也，無適也，無莫也，義之與比。」

〔適〕: 可，專主。

〔莫〕: 不肯、不可。

〔比〕: 依從。

一個君子人對於天下的事情，都是循著信息的波動在做，沒有特別專注的事情，也沒有什麼特別不可的事情。只要是正確、合理的信息波動，他就這麼遵循著去做。

11. 子曰：「君子懷德，小人懷土。君子懷刑，小人懷惠。」

〔君子〕: 能夠感知天地萬物、有道德修養的人。

〔懷〕: 思念之所及。

〔小人〕: 不能感知天地萬物的人，也就談不上有什麼道德修養。

〔土〕: 1. 田產；2. 朱熹註：溺其所處之安。

〔刑〕: 法度、規矩。

〔惠〕: 恩惠。

一個有道德修養的人有掛念的是自己德行的增加，而沒有道德修養的人所掛念的只是個人田產的增加。一個有道德修養的人心裡常思念的是如何遵行法度，而沒道德修養的人所關注的只是額外的施惠。

12. 子曰：「放於利而行，多怨。」

〔放〕: 1. 依據；2. 放縱。

這句話是接續上一句話來說的。一個沒有道德修養的人如果只是一味的追求自己的利益，就會招來許多怨恨的事情。

13. 子曰：「能以禮讓為國乎？何有？不能以禮讓為國，如禮何？」

〔禮〕: 行為的規範，主要的內容有主敬（行為合宜）、主和（行為無爭）。

〔讓〕: 禮的具體表現。

〔何有〕: 有什麼難處呢？

孔子質問：有誰可以用合宜的行為和謙遜的態度來治理國家呢？不能用謙遜的態度來治國，那麼空有禮制，不能發揮任何實質的效用。

14. 子曰：「不患無位，患所以立。不患莫己知，求為可知也。」

〔位〕: 職位、官位。

〔立〕: 立於那個位置上的能力。

〔莫己知〕: 不為人所知；人家不知道。

孔子認為，一個君子人不要擔心沒有職位，而要擔心自己不具有擔當那個職位的能力。不擔心別人不知道自己，而是要追求自己要有能讓世人所知的真材實學。

15. 子曰：「參乎！吾道一以貫之。」曾子曰：「唯！」子出，門人問曰：「何謂也？」曾子曰：「夫子之道，忠恕而已矣。」

〔忠〕：盡自己的能力，把事情徹底的做好。

〔恕〕：將心比心，引申作「推己及人」。

有一天孔子對曾參說：「曾參啊！我所講的道理是前後一貫的。你知道嗎？」曾參回答說：「是的。」孔子就出去了，其他的學生就問曾參說：「夫子的意思是說什麼呢？」曾參說：「夫子所教的道，只是要求我們把自己份內的事情做好，再把有關的觀念和態度推而廣之，讓其他的人起而效法。」

16. 子曰：「君子喻於義，小人喻於利。」

一個有修養的君子人所通曉的是在於這件事該不該去做，而沒有道德修養的人所注重的是個人的利益、好處。

17. 子曰：「見賢思齊焉，見不賢而內自省也。」

既然君子和小人有如此大的分別，而我們人生的目的就是在於學習，學習就要有學習的榜樣。看到好的榜樣，當然就要向他看齊；看到不好的榜樣，那就要藉此機會而反省，看看自己是不是也有相同的毛病。

18. 子曰：「事父母幾諫，見志不從，又敬不違，勞而不怨。」

在學習的過程中，最直接學習的對象當然是父母。可是，父母也是凡人，不可能沒有錯，那麼碰到父母有錯那該怎麼辦呢？第一步當然是委婉的勸諫。如果父母不聽，基於追求與上輩者和睦相處，所謂的「孝」的原則，只能恭敬的對待父母，不要有什麼違逆的行動。內心雖然憂愁，也不能有什麼怨言。

19. 子曰：「父母在，不遠遊，遊必有方。」

古代的人是不太出遠門的，由於交通不發達，一旦出遠門，就需要經過很長久的時間才會回來。又沒有郵政、電訊的服務，因此這段離家的時間基本上是音訊難通，甚至可能從此音訊全無。這種斷絕音訊的情形是不合乎「孝」的原則。所以孔子會說：父母在世的時候，為人子女者最好不要到遠方去。如果一定要去，也需要告知明確的方向和地點。

20. 子曰：「三年無改於父之道，可謂孝矣。」

在導讀的第二、第三章已經明確的說明，什麼是「先王之孝」。由於在祭祀時可以看到先王的存在，感受到先王的意志，因此，就不敢有所違逆和改變。在〈學而第一〉就有「父在，觀其志。父歿，觀其行。三年無改於父之道，可謂孝矣。」的說法。

「父」是指上一輩的男子，而不是專指自己的父親。在周代，天子和諸侯的繼承是「父傳子」為原則，繼位者如果年紀太小，通常都是由叔父來輔政。由於這樣的傳承，使得周代的典章制度可以綿綿不絕的傳遞下來。在這個傳遞的過程中，總是會有一些變化的。新君通常都會依照自己的意思而做一些變革。一旦有了較大的變革，就會中斷了典章制度的傳承，因此就形成了危機。孔子說這句話的意思，也就是在維護周代這樣的傳統制度，不希望有太多太快的變革。

21. 子曰：「父母之年不可不知也，一則以喜，一則以憂。」

父母是己身所從出的來源。從生命輪轉的觀點來說，我們都是因為有了父母的接納才有機會來到這個世上，又受父母的呵護照顧，才得以順利的成長。父母也會年老，我們就要謹慎小心的送父母走完人生的歷程。這是一個相互的義務，在時間的安排上，也是可期的。只是確切的日子不知而已。因此，孔子才會說：我們要知道父母的年齡，一方面為他們得享高壽而歡喜，自己也有較長的時間跟父母相處在一起；另一方面，也擔心父母日薄西山，大去的日子不遠，而哪些生命訊息的整理是不是已經完成，是以憂心。

22. 子曰：「古者言之不出，恥躬之不逮也。」

在有關「仁」的練習中，不妄言是重要的一項訓練。不要隨意答應他人的請求，怕自己說出的話做不到。

23. 子曰：「以約失之者，鮮矣。」

〔約〕：謹慎、小心。

既然不要隨意講話，相對的，在行為上也就有所約束。凡是在行為上有所約束和節制的人，都不會有什麼閃失的。

24. 子曰：「君子欲訥於言，而敏於行。」

〔訥〕：不擅於言詞、講話。

一個君子人在講話、做承諾的時候要小心、謹慎，而在行動上卻要敏捷。

25. 子曰：「德不孤，必有鄰。」

一個有德行的人，依照道理信息做事的人，一定會有跟他意念相同的人。

26. 子游曰：「事君數，斯辱矣。朋友數，斯疏矣。」

〔數〕：不斷的數落。

伺候君主時，如果他不斷的挑剔君主的毛病，總有一天會遭殃的。對待朋友也是一樣，老是批評朋友，朋友就會遠離他而去。

公冶長第五

在前面四篇分別講述了為學和從政的基本方法，在這一篇，拿實際的事例來說明孔門的學問。在這裡，歷數學生們的品德和能力。其中談到孔子的教育方法，以及根據事實而引發的教育作用。一般的好學生都是在「漸修」的階段，每個人由於才具不同，而有不同的發展。可是，顏回卻由於他的心性能長時間的處於一種特別安靜的狀態，以致能舉「一以反十」，讓孔子和子貢都讚嘆不已。這種能力有一些「頓悟」的影子。同時，也約略的涉及到對心性的探索，只可惜，就只是輕輕的觸及，沒有比較深入探索。曾子作《大學》，子思作《中庸》時，方才有稍為深入的探索。

這一篇先是檢討學生的才能，從最平凡的到最優秀的，做了一次總檢查。在前面四章所舉出的幾位好學生，共同的特色就是心性方面有特殊的感知能力。公冶長會聽鳥語、南宮和宓子賤懂得如何識時務。這些能力都是很普通的表現。為學最高的境界是要像顏回那樣，在心性的修持和宇宙天道的了解方面有一定的成就。在前面〈學而篇〉講過，為學的目的就是在培養敏銳的心性來覺察宇宙天道的變化，再依據這種變化，來治理國家。這就是後世所說的「內聖」的工夫。因此，在這一篇中，又檢視了幾個當時有名的大臣的所做所為，發覺他們都沒有達到這個要求。於是，孔子又回過頭來看看跟隨他的學生們，覺得這些學生豪氣是夠，但是做事毛毛躁躁，還需要一番磨練。

1. 子謂：「公冶長可妻也。雖在縲絏之中，非其罪也。」以其子妻之。

這段話和下一段話，都在講同樣的一件事，孔子把女兒和姪女都嫁給了他的學生。在從前，子女的婚姻都是由父母決定的，不是像現在的自由戀愛。因此，讀這一段，要從天下父母心來解讀。

普天之下，有哪些父母願意把女兒嫁給一個犯過罪，坐過牢的人呢？偏偏孔子敢把女兒嫁給一個有前科記錄的人。這到底是怎麼一回事？而且排在這一章的首段，顯然是有特別的用意。

公冶長到底犯了什麼罪，《論語》和其他的史書上都沒有記載。南懷瑾在他的《論語別裁》中，提到在其他的雜學之中，記載公冶長會懂鳥語。以前在學生時代讀有關公冶長聽得懂鳥語，認為是無稽之談。這二、三十年來，動物行為和溝通方式逐漸為科學家解謎之後，聽得懂鳥語，也就不足為奇了。在雜書上的記載是說，由於公冶長聽得懂鳥語，有一次，鳥對牠說，「公冶長！公冶長！南山有頭羊，你吃肉，我吃腸。」結果公冶長忘記了，把整隻羊連肚子裡的東西都吃掉了，鳥沒有東西可吃，就想害他。後來，鳥又對公冶長說，南山有頭羊。公冶長跑去，羊沒看到，卻看到一個被害死的人。官府就把公冶長捉起來，當成是謀害的犯人，關在牢裡面。小時候聽過也讀過這個故事，不過是把這個故事當成神話來看待。公冶長究竟為了什麼原因去坐牢，實在不知道。

如果這個故事可信的話，顯示公冶長具有一種可以聽得懂鳥語的特異功能。由於是被鳥害的，不是因人世上的糾纏而坐牢，也就沒有人世上的罪刑。孔子認為公冶長不是真正犯了什麼大錯。可是，人一犯錯，往往就得不到社會大眾的支持和認同，要想成家，就不是那麼容易。孔子基於愛護弟子的立場，把女兒嫁給了他。

在這一章的一開頭，就提這麼一個奇怪的故事。當年仲弓、子夏等人在編輯時，一定有特別的用意。也許就是在彰顯公冶長懂得鳥語這件事情吧。我們在前面一直強調，人要有比較寬廣的接收信息的能力，方才是孔門為學的基本宗旨。懂得鳥語，當然就是有比較寬廣的信息接收能力。南懷瑾從這個故事推論，公冶長也許在學問修養上有更深的工夫，遭遇到困難，還能不怨尤，方才得到孔子的欣賞。

我們可以這麼說，公冶長的例子只是在表示為學的一些基本要求，就是要有能力與外界的生物有所溝通。推而廣之，就是要能認識、感知外在世界中所有的生物、非生物。有了這種能力，也就是達到「樂」的基本要求。

2. 子謂南容：「邦有道，不廢；邦無道，免於刑戮。」以其兄之子妻之。

「邦有道，不廢」是說，在國家政治上軌道的時候，這種人一定不會被埋沒，會出來為國家社會做事。「邦無道，免於刑戮」，是說在國家政治黑暗混亂的時候，懂得如何自處，不會惹禍上身。孔子認為南容有這樣的本事，於是就把哥哥的女兒嫁給了南容。這種善於自處的能力，其實也是由於心性知覺能力活潑的緣故．知道時局是怎麼在變化，早作準備和因應。歷史上有不少悲劇英雄，說好聽一點是擇善固執，說得坦白一點，就是這種人不識時務，結果以身殉之。像趙氏孤兒、岳飛、文天祥等力挽狂瀾，救國救民的英雄，寫成小說題材，可以賺人眼淚；可是從家庭生活來說，往往就是家破人亡，那就很悲慘了。

3. 子謂子賤：「君子哉若人！魯無君子者，斯焉取斯。」

子賤，姓宓（ㄈㄨˊ），名不齊。子賤是他的號。《史記》上記載，他比孔子小三十歲，《孔子家語》說他比孔子小四十多歲。不管哪一條記載，宓子賤是孔子晚年所收的學生之一，確定無疑的。

孔子稱許宓子賤說：「你們看看，論內在品德修養，或外顯的才能發揮，宓子賤都可稱得上是一個君子人。誰說魯國沒有人才呢？如果宓子賤還不能算是一個君子的話，那麼還有誰可以算是君子呢？」

南懷瑾認為這段話可能有另外的用意。魯國是周公的封國，向來是以禮樂文化稱盛，可是到了春秋末年，魯國的禮樂文化也發生了改變。於是就產生了所謂的文化危機，認為傳統的文化快要失傳了。而宓子賤的為人品德相當古意，有傳統的君子之風。因而得到孔子的讚許。

4. 子貢問曰：「賜也何如？」子曰：「女，器也。」曰：「何器也？」曰：「瑚璉也。」

子貢是孔子的大弟子之一，外交、貨殖、文采是相當出眾的。在導讀的第五章已經提到過子貢的優異表現。好幾次代表魯國出使，都圓滿成功，為魯國爭取到相當大的利益。在《史記・仲尼弟子列傳》中有關子貢的傳說，在他的遊說之下，掀起齊、吳、越、晉四國之間的大戰，讓當時岌岌可危的魯國獲得生存的機會，多延續了一百四十八年的命脈。孔子晚年的生活，大概也是子貢負責的。

子貢有一天問孔子：「老師，你看我是怎麼樣的一塊料？」孔子說「你像是一種器物。」「什麼器物呢？」「像是瑚璉。」瑚璉是一種美玉，古代君王供在廟堂上用的。也就是放在皇宮、中央政府辦公處所，作為裝飾用的美玉，擺設起來，顯得非常莊嚴潔淨。象徵著「高」、「貴」、「清」。子貢的品格就是這三種特性。好是好，可是只能放在廟堂裡當裝飾品用，在國家大典的時候，偶爾拿出來用一下，亮亮相，平常的時候只有鎖在木櫃子裡面藏著。在有關子貢的記載中，顯示子貢都是在魯國有難的時候，方才出來管一管事。結果都能讓魯國化險為夷。平常小事，子貢是不會去做的。

5. 或曰：「雍也，仁而不佞。」子曰：「焉用佞！禦人以口給，屢憎於人，不知其仁，焉用佞。」

〔仁〕：善與人相處。

〔佞〕：善於逢迎拍馬。

〔不佞〕：不善於交際應酬，不太會講話。

〔禦人〕：防禦他人的攻擊。

〔口給〕：用言語去刺激他人。

孔子有一位很得意的學生，叫冉雍，字仲弓，也就是《論語》的編輯者之一。比孔子小二十九歲。孔子一直認為這個學生有王者之才。不知道是誰看到孔子如此器重冉雍，就有了一些醋味，酸溜溜的說：「冉雍這個人啊，待人處世是不錯，只是馬屁工夫差了一點。」孔子聽到了，就說：「為人處世哪裡需要伶牙利齒呢？老是用口語去刺激別人，常常會惹人討厭。假如一個人沒有做到仁的修養，光是一張利嘴，又有什麼用呢？」

6. 子使漆雕開仕。對曰：「斯之未能信。」子說。

〔說〕：同「悅」，是高興、讚賞的意思。

孔門為學的終極目的就是要出來從政，治理國家。漆雕開是以《尚書》（也就是書經）見長，書讀得不錯，於是孔子就要他出去做官。不料，漆雕開卻說：「他沒有準備好，還沒有足夠的信心。」由此可見漆雕開為學之誠，行道之篤。因此，孔子很高興的讚賞他的決定。

7. 子曰：「道不行，乘桴浮於海，從我者，其由與。」子路聞之喜。子曰：「由也，好勇過我，無所取材。」

〔桴〕：把竹編成排，大的叫「筏」，小的叫「桴」。

漆雕開是一個緩慢、隱退的例子，而子路卻是一個勇猛、進取的例子。孔子在晚年周遊列國，都不獲重用之後，有一天很感慨的說：「在這個地方都沒有辦法施展理想，依道施政，只好自我放逐，乘小竹筏到海外去，尋找可能的淨土。這種海上航行的事非常危險，敢跟我去的人，大概只有子路一個人吧！」子路聽了，就很高興，也許有點得意忘形，孔子於是又潑了他一盆冷水：「子路這個人啊，膽子比我還大，對於事情常常不能做出中肯的決定。」

8. 孟武伯問：「子路仁乎？」子曰：「不知也。」又問。子曰：「由也，千乘之國，可使治並賦也，不知其仁也。」「求也何如？」子曰：「求也，千室之邑，百乘之家，可使為之宰也。不知其仁也。」「赤也何如？」子曰：「赤也，束帶立於朝，可使與賓客言也，不知其仁也。」

孟武伯是魯國的大夫，當時的執政者，向孔子徵詢人才。他看中了子路、冉求和公西華三人。他問子路這個人為人處事如何，有沒有達到「仁」的標準。孔子回答說：「不知道。」孟武伯再問一遍，逼著孔子回答。孔子只好說：「子路這個人啊，你可以讓他去治理一個擁有千乘兵車的國家，他會把這個國家的財稅、軍事、政治等方面都弄得好好的。可是我不知道他是不是有仁愛之心。」孟武伯又問：「那麼冉求呢？」孔子回答說：「冉求這個人啊，你可以讓他去管理有千戶人家，有百輛兵車的國家，但是不知道他是否有仁愛之心。」「那麼公西華呢？」「他可以穿上朝服，站在朝廷上，招待來訪的賓客，我也不知道他是不是有足夠的仁愛之心。」

9. 子謂子貢曰：「女與回也孰愈？」對曰：「賜也，何敢望回？回也，聞一以知十；賜也，聞一以知二。」子曰：「弗如也，吾與汝弗如也。」

接下來，又舉出孔門兩個強烈對比的學生。

有一次，孔子問子貢：「你跟顏回比起來，誰比較優秀？」子貢回答說：「我怎麼敢跟顏回相比。顏回他的反應特別的靈敏，教他一件事，他就懂了十件事。可是我呢？教我十件事，頂多能聯想到兩件事。」孔子也感慨的說：「比不上啊！我跟你都比不上顏回。」

為什麼孔子和子貢要這麼感慨？歷來的解讀都語焉不詳。南懷瑾認為這是在感嘆「得天下英才而教」是一件非常困難的事。我想，可能不只是這種意思。在其他有關顏回的資料中，顯示顏回是一個心性非常安定的人，只要進入那種清靜、靈敏的狀態，就可以保持一段很長的時間，「其心三月不違仁」就是在描述這種境界。由於心性安定，顏回對周遭環境中的信息也就有了特別敏銳的接收能力，方才可以「聞一以知十」。子貢也是這方面的高手，他做生意往往是「臆則屢中」，在選擇買進、賣出的時機，往往都是恰到好處。可是，子貢自己覺得他跟顏回相比，工夫就差多了。孔子也有同樣的感慨，「我跟你都不如他。」這種感慨之中，其實是帶有幾許讚美和引以為傲的心情。

這種學習的情形可以用「漸修」和「頓悟」來比擬。一般人的資質都比較魯鈍，學習時，必需要一步步的來。孔子自己說，他的學問是從年輕多學多聞而來，而且他入太廟每事問，可見他對周遭的事情一直是抱持一種好奇心，因而肯問。子貢也是一樣，努力的學，舉一反三，方才學會。可是，顏回不一樣，他的資質、根基已經很好了，只要點他一下，他就會有很多的領悟，也就是到了「頓悟」的境地。這兩者是截然不同的境界。漸修累積到某一種程度時，方才會有「突然明白」的一天。如果不做漸修的工夫，妄想頓悟，無異是緣木求魚。

10. 宰予晝寢。子曰：「朽木不可雕也，糞土之牆，不可杇也，於予與何誅？」子曰：「始吾於人也，聽其言而信其行；今吾於人也，聽其言而觀其行，於予與改是。」

〔晝寢〕：晝寢有四種不同的情形，一是說白天打瞌睡，任何人都可能會一時精神不濟，而打瞌睡；二是白天睡覺，如中午小睡；三是過夜貓子生活，晚上不睡覺，白天不起床，不到正午，不會起床，日夜生活顛倒；四、是整天病奄奄的，沒有什麼活力。

〔糞土之牆〕：用牛馬的糞便堆疊或糊在土牆的外側。直到今天，中國大陸農村仍然常見這種糞土之牆。

前面提到宰我這個學生在回答魯哀公的問題時，任意妄答，被孔子罵了一頓。在這一章中，又提到他，也不是什麼好事，很可能是他的生活作息不正常，晚上不睡覺，白天不起床。這在農業社會中是被看成怪異的行為，而且在心性的修煉上也不合乎養生的要求，讓身心處在一個不正常的狀態下。因而，孔子嘆息的說，宰我這種人就像是一塊朽木，是沒有辦法用來雕刻的；也像一片用牛馬糞便堆成的牆面，是不能上白灰抹平的。罵他，也沒什麼用。孔子又說，以前是聽一個人所講的話，就相信他一定會如實做到。現在則不然，除了聽他怎麼講之外，一定要看到他怎麼做，才算數。這都是因宰我而讓孔子有了這樣的改變。

南懷瑾卻不這麼認知。他認為，宰我可能是身體不好，整天病奄奄的躺在床上。由於身體不好，也就沒什麼用，就像朽木和糞土之牆，派不上真正的用場。可是也不能太過苛責。從前，孔子看到一個人，有思想，有才具，便相信這個人將來一定會有出息，「聽其言而信其行」；後來他才發現，一個人即使有才具，有學問，但是沒有良好的體能，沒有充沛的體力，也就不會做出一番事業來。所以孔子說：「我看了宰予，對人生的看法有了改變。」

這兩種解讀法都講得通。總之，顏回是第一等的好學生，而宰我卻是不容易調教的學生。

11. 子曰：「吾未見剛者。」或對曰：「申棖（ㄔㄥˊ）。」子曰：「棖也慾，焉得剛。」

〔剛〕：方正，有守有為。也就是指有本領、沒脾氣的人。

〔欲〕：特殊的嗜好。

中國傳統用人術中，把人分成三等，上等人有本領、沒脾氣；中等人有本領、有脾氣；下等人沒本領、有脾氣。這裡所說的「剛者」應該是指上等人，有本領，沒脾氣。這種人很少見。因此，孔子說：我從來就沒有看到一個有本領、沒脾氣的人。旁邊的人說：「誰說沒有？申棖就是這樣的人。」孔子回答說：「申棖這個人有特別的嗜好，只要摸透他的脾氣，就可以投其所好，怎能算是無欲則剛呢？」

12. 子貢曰：「我不欲人之加諸我也，吾亦欲無加諸人。」子曰：「賜也，非爾所及也。」

既然講到無欲則剛，最具體的說法就是「我不喜歡人家把他的嗜好、幸福加在我的身上，我也不要把自己的嗜好、幸福加在別人的身上。」這是無欲則剛的最具體表現，可是這種境界很難做到。子貢說出了無欲則剛的理想狀態，可是孔子卻很務實的說，這種境界你是做不到的。也許孔子接下去會說，那我也做不到。

13. 子貢曰：「夫子之文章，可得而聞也；夫子之言性與天道，不可得而聞也。」

〔文章〕：在這裡，應該作廣義解釋。南懷瑾認為，應該包括了孔子的言行、思想、行為、舉動、待人、處世等方面的具體表現。其實在春秋時代，「文章」是指在實踐禮樂時的具體作為，以及相關的記錄。

〔性〕：是指人之所以可以認知外在一切的本體，也就是「真我」、「如來本性」、「本來面目」，是只可意會，不可言說的對象，一旦說了出來，就成了被知的對象，也就不是本來面目了。因此，不能說，不可說。孔子也就不知道怎麼說。

〔天道〕：構成宇宙萬事萬物的基本原則，也就是「信息」。

子貢說：「夫子在言行、處世等具相的層面，只要跟在身邊，是可以聽聞得到的；但是有關心性和天道信息這些不具相的層面，卻很難得聽到夫子在講。」

在〈學而第一〉開宗明義的說，學習的目標就是在提升生命的境界，拓展心性接收信息的能力。整部《論語》也都在朝這個方向努力。可是，孔門的學生還是免不了有所疑惑，夫子很少講心性和天道。心性是我們之所以能夠認知外在世界的主體，它是認知者，而不是被認知的對象，因此，如果被用言辭具體的描述的話，就不再是認知的本體，而成了被知的對象。因此，心性就是「不可說，不能說」。老子《道德經》一開始就說：「道可道，非常道；名可名，非常名」也就是在講那個不可以被描述的心性本體。

至於「天道」，或「道」是什麼？它不是具體的東西，而是構成宇宙各式各樣東西的基本法則，很可能只是一些帶有信息的波動，現代物理學上所講的「量子波」。陳國鎮教授對這種載負信息的量子波有獨到的認識。他在《生命信息說》這本書中說：

> 在修煉的過程中，很多人都碰到許多無法理解的現象，在內心深處留下許多的問號和戒懼。同樣的，我也碰過一些，走過二十幾年的摸索，我很幸運能一點一點把問題想通，也逐漸整理了一部分現象的道理，找到一個重要的概念，或許該說是重要的東西，可以串連很多不可思議的現象。那是什麼東西呢？那就是我一再提到的「信息波」。
>
> 在我的了解裡，信息波早就存在宇宙裡，可是我們對它

都不了解，因為它具有許多我們認為不可能的性質，例如無形無象、無遠弗屆、瞬息畢至等。從許多現象來看，信息波是非常重要的密使，宇宙萬象之所以如此神奇奧妙，和信息波的無所不在有極密切的關係，從生物到非生物幾乎都是信息波的傑作。甚至於我敢大膽地說，人文社會的現象也受信息波的作用，它可以運用在社會學、經濟學或政治學裡，照樣可以詮釋很多的人文現象。所有人世間的文化活動，其實是人與人所產生的信息波，彼此互動所形成的大浪潮。只要我們能抓到大浪潮的動向，就跟得上時代的人文脈動。

那麼，是誰在驅策信息波呢？當然是我們的心靈。是心靈在驅策信息波，中國人所講的修身養性以及佛教的修行，就具有非比尋常的重要性了。心靈是生命的最上層次，它是信息波的主宰，收發都由它在掌控，所以越努力修行的人，越能主宰信息波的收發。人生在世有了這樣的能力，才能夠主導自己的健康、智慧以及其他事情，也才可以掌握自己的生命動向。清楚本末的關係以後，再來看看修行這件事，就變得很有意義，值得用一生的努力去追求。很多人苦苦修行數十年，經常不知道自己做什麼？也有些人誤解修行的意義，以為只是在逃避世俗的牽絆，減少各種的干擾，這未免太不了解修行的價值。事實上，並不是這樣，從外表看修行，很像在逃避俗務，可是一旦有了真實的體會，就會明瞭自己是在找生命的源頭，沒有逃避的意思，修行到達一定程度之後，還要回頭重入紅塵，幫助世間的人。

當我們的修行能提升知覺能力，發現生命最上層的心靈是主宰時，便能曉得：心靈某種功能一出現，立刻就有相應的信息波發生。反過來說，有某一個信息波沖入心靈，心靈經常就有相應的功能呈現。心靈功能和信息波的收發是一體的兩面，無法單獨存在，當然也不能各自分離。

14. 子路有聞，未之能行，唯恐有聞。

心性和天道是要實作，才能真正體會到它的存在和功能。光是聽聽，沒有什麼用的。子路聽到一些有關心性方面的修煉方法，還沒有確實做好之前，不敢再有新的功課。

15. 子貢問曰：「孔文子，何以謂文也？」子曰：「敏而好學，不恥下問，是以謂文也。」

〔孔文子〕：衛國的大夫孔圉，死後被諡為「文」。

天道和心性既然是只能意會，不可言傳。那麼可以言傳的、具體的文章是指什麼呢？從這一段起，舉出六個當時的政治人物作為代表，來說明從政者應有的典範。

子貢問孔子：「孔文子憑什麼被諡為『文』？」

孔子回答他說：「因為他聰敏，又好學；又常向比他位階低的人、學問不如他的人請益，因此，被諡為『文』。」

一個人聰明的話，就容易自以為是，不肯向別人低頭，反而是常常發表高論，好像什麼都懂，結果言多必失，露了狐狸尾巴。當官的人更容易犯這個毛病。

16. 子謂子產有君子之道四焉，其行己也恭，其事上也敬，其養民也惠，其使民也義。

〔子產〕：鄭國的宰相。在他的執政期間，鄭國免於遭受晉、楚兩個大國的壓迫和侵略。

〔恭〕：自己內心的肅敬。

〔敬〕：對人對事在態度上的嚴謹。

〔惠〕：有恩惠。

〔義〕：合情合理。

子產是鄭國的名相，政績好，孔子非常稱頌他，認為子產有四種君子的美德：對自己非常嚴肅，不馬虎。一個人，尤其是當高官的人，很容易迷失自己，以為千錯萬錯都是別人的錯，很少對自己有什麼反省。而子產當宰相，卻可以做到隨時反省自己的過錯。對長上，在接受命令時，不只是服從，有好意見時，更要能充分的反應，在執行政策時，更要盡心盡力。讓一般百姓能有安定的生活，讓百姓能感恩於他。在力役的徵調和使用上，也是顧及到人民的現實，不會有不合理的徵調。這種境界差不多就是孔子心目中的「內聖外王」的境界。

17. 子曰：「晏平仲，善與人交，久而敬之。」

〔晏平仲〕：齊國的宰相晏嬰。

一般人交朋友大多是泛泛之交，或「相識滿天下，知心能幾人」。可是要長久而又深厚的交情，卻是一件不容易的事。齊國的宰相晏嬰卻是做到了。

18. 子曰：「臧文仲居蔡，山節藻梲，何如其知也。」

〔臧文仲〕：魯國大夫，臧孫氏，名辰。

〔居〕：在這裡作「收藏」解。

〔蔡〕：大烏龜，玳瑁。

〔山節藻梲（ㄩㄝˋ）〕：雕樑畫楝。

〔知〕：同「智」。

魯國的大夫臧孫氏為了收藏一隻玳瑁，特別蓋了一間屋子。這間屋子蓋得相當豪華，在楝和樑都畫了彩繪圖形。孔子認為這是個糊塗、不智的舉動。

19. 子張問曰：「令尹子文三仕為令尹，無喜色，三已之，無慍色；舊令尹之政，必告以新令尹，何如？」子曰：「忠矣。」曰：「仁矣乎？」曰：「未知，焉得仁？」崔子弒齊君，陳文子有馬十乘，棄而違之，至於他邦。則曰：「猶吾大夫崔子也。違之，之一邦，則又曰：猶吾大夫崔子也。違之。何如？」子曰：「清矣。曰：仁矣乎？」曰：「未知，焉得仁？」

子張問：楚國的令尹子文三次被任命為令尹，臉上都沒有高興的樣子，三次被罷黜下臺，也沒有什麼不高興的樣子。交接的時候，一定把原先的工作對新任的令尹交代清楚，這種人如何？」

孔子說：「這種人的確是忠於職守。」

「這樣的做法讓他的為學人格修養是不是達到『仁』的境界嗎？」

「他還不知道什麼是仁，怎麼能算是一個仁者呢？」

子張又問：「齊國的崔杼弒殺了齊莊公，同樣是齊國大夫的陳文子，有十乘馬車的家產，丟棄不管，流亡他國。到一個國家，看到那個國家也是權臣作亂，和齊國的情形一樣，掉頭就走。再到一國，看到的情形也是一樣，又掉頭就走。這樣的人夫子認為怎樣？」

孔子說：「很清高。」

「他達到了『仁』的境界了嗎？」

「他只顧自己，不能算是忠臣，面對亂事又不能平亂，只顧自己找一個乾淨樂土，這種人怎麼可以算得上有仁心呢？」

20. 季文子三思而後行。子聞之曰：「再，斯可矣。」

〔季文子〕：魯國大夫季孫氏，名行父，諡文。

〔三思〕：表示做事瞻前顧後，過分謹慎小心。

魯國季文子做事過分小心，每一件事都要反覆思考三次以上。孔子認為，只要考慮、再考慮就可以了。考慮多了，就會變得猶豫不決，反而不會著手進行。

21. 子曰：「寧武子，邦有道則知，邦無道則愚；其知可及也，其愚不可及也。」

〔寧武子〕：衛國大夫，名俞，諡武。在衛國歷經文公、成公兩朝。文公時政治清明。成公時，政治混亂。

孔子非常稱讚衛國的大夫寧武子，他在國家政事上軌道的時候，可以充分的表現他的聰明才知，在國家混亂的時候，又可以裝得什麼都不知道，一副愚笨的樣子。表面上，什麼都沒有做，暗地裡卻盡力在為這個國家做一些補救的工作。因此，孔子才會說，他的聰明才智，還是有人可以做得到的；但是裝愚笨而暗中張羅救國，卻沒有幾個人可以做得到。

22. 子在陳，曰：「歸與！歸與！吾黨之小子狂簡，斐然成章，不知所以裁之。」

〔吾黨〕：指跟著孔子的一班學生。

「狂」：豪邁、慷慨。

「簡」：做事不加考慮，輕率、草率。

看過了當時幾個有名的執政者的表現，都沒有達到孔子心目中「仁」的境界，孔子有些失望，回頭來看看這些跟著他的學生們，發覺這些學生們豪氣干雲，才能也不錯，就是做事有點莽撞，把天下事看得太容易了，雖然文采不錯，「斐然成章」，可以有很好的議論，可是還不曉得怎樣剪裁，而能知所進退。

23. 子曰：「伯夷、叔齊不念舊惡，怨是用希。」

在中國的歷史上，伯夷、叔齊和吳太伯三人都是該當君王而放棄的人。因此，留下了美名。孔子更稱讚伯夷、叔齊兩人，有不念舊惡的美德，事情過了就算了，不要再計較，或懷恨在心。這有什麼好處呢？「怨是用希」。

在有關水的實驗中，日本人江本勝很清楚的告訴我們，當心念停留在怨恨、不滿的狀態時，水受這些信號的影響，而呈現混亂的結晶；唯有在美好的心念時，水才會呈現美麗的六邊形。因此，心念不好，第一個受害的就是自己。不念舊惡，心頭的煩惱就少了很多，心念自然清純，不但別人對他的怨恨減少，自己的身心也會因此而健康起來。

24. 子曰：「孰謂微生高直？或乞醯焉，乞諸其鄰而與之。」

〔微生高〕：魯國人，姓微生，名高。

這一段主要是在講「直」的概念。「直」就是「直來直往」，別人怎麼對待我，我就怎麼對待他。不必故意委曲自己，拐彎抹角。有人向微生高借用一些醋，他沒有醋，不直接告訴來人說沒有，而是向鄰居討了些醋來，交予來借的人。孔子認為這麼做，有些矯情做作，不是直來直往。

南懷瑾把這段話解讀成，孔子要歸國了，就把過去在政治上的恩怨拋諸腦後了，過去有對不起我的人不要放在心上，隨他去。

25. 子曰：「巧言、令色、足恭，左丘明恥之，丘亦恥之。匿怨而友其人，左丘明恥之，丘亦恥之。」

〔巧言〕：講虛妄、好聽的話。

〔令色〕：裝出一副討人喜歡的臉色。

〔足恭〕：一副哈巴狗的樣子。對人很恭敬的樣子。

這一段是承接上一段而來的。既然要講求直來直往，就得有一個取捨的標準。左丘明是那位寫《左傳》的先生，是一位很有原則的人。左丘明不喜歡嘴巴很甜、一副笑臉迎人、態度又很恭敬的人，孔子也不喜歡這種人。把不高興、怨恨隱藏起來，而去親近所怨恨的人，這種人非常可怕，不知道什麼時候會捅你一刀。左丘明不喜歡這種人，孔子也不喜歡這種人。

26. 顏淵、季路侍。子曰：「盍各言爾志？」子路曰：「願車馬衣輕裘，與朋友共，敝之而無憾。」顏淵曰：「願無伐善，無施勞。」子路曰：「願聞子之志。」子曰：「老者安之，朋友信之，少者懷之。」

既然學生們還有些毛躁，究竟怎麼毛躁呢？從這一段師生的對話就可以看出，學生的境界和老師的境界是不同的。

有一天，顏淵和子路陪孔子談天。孔子就說：「你們把自己的志向說一說。」子路一向為人莽撞，他就先回答說：「我很慷慨，願意把我的車馬和貴重的皮裘都提供給朋友們使用，即使穿壞、用損了，也沒有什麼可抱怨的。」車馬和輕裘在當時的社會，是非常名貴上等的東西。子路願意供應這些上等名貴的東西給朋友，氣魄夠大。也就是說，凡是認得我的人，沒錢，問我要；沒飯吃，來找我；沒地方住，我提供住的地方。唐代杜甫的詩句：「安得廣廈千萬間，天下寒士盡歡顏。」就有這種氣派。在戰國時期，齊國孟嘗君、趙國信陵君、楚國春申君都是有這種的氣度和能力，養了三千食客。

顏回則說：「我不願張揚我的長處，也不要別人替我去做一些勞苦的事情。」天下最不容易駕馭的是自己。往往是「只要我喜歡，有什麼不可以。」卻把自己的喜歡建築在別人的痛苦之上。顏回的心性修養好，他的志向就是在學習如何駕馭自己的心性，不要隨著慾念而奔馳。

子路反問孔子：「老師，您的志向是什麼呢？」

子路的志向是「外王」，顏回的境界是「內聖」，孔子畢竟是老師，已經達到「內聖外王」的境界。「要讓老年人無論是在物質或是精神方面，都能得到安頓。朋友之間能夠相互信任，人與人之間沒有什麼仇恨。少年人永遠有一個遠大美好的夢想。」這是儒家治學終極的理想，就是把國家治理好。要想把這三種事情做好，最重要的就是有安靜的心性，方才可以覺察百姓的實際需要，從而提供適當的幫助。

27. 子曰：「已矣乎！吾未見能見其過，而內自訟者也。」

孔子鑒於像子路、顏回這樣優秀的學生，在人生志向方面，還是各有偏執，不禁感嘆的說：「算了吧！我從來沒有見到一個人能夠隨時的檢討自己的過錯，而且還可以在內心作一番自我批判的。」在〈學而篇〉已經提到過，為學的基本方法是內省，在這裡又提到內省的工夫。

28. 子曰：「十室之邑，必有忠信如丘者，不如丘之好學也。」

光是內省是不夠的，為學最基本的態度，就是要有一顆好奇的心。前面一篇提到孔子「入太廟，每事問」，就是一種好奇心的表現。有了好奇，才會發掘問題，從而著手蒐集資料，比排分析，然後得到正解。可是現在一般的學生卻往往只是愛聽老師講。講得精彩，鼓鼓掌，如是而已。老師的學問還是老師的，學生沒有學到，腦袋依舊空空。治學是一件需要全心全意、全副精神投入的事。不是隨便玩玩。孔子在這一篇的末尾，特別強調好學的重要。他能夠達到內聖外王，是學來的，不是天生就會的。因此，他才會說：「一般三家村、五家店的地方一定會有講學的人，他們在對事的忠、對人的信方面，可以跟我一樣，可是絕對不會像我那樣的好奇、好學。」

雍也第六

上一篇是講學生的能力和一些做官者的缺點，最後點出，如何為學。這一章則是檢視在學生輩中，哪些出仕作官者的表現如何。南懷瑾認為，〈公冶長篇〉是代表修德之業，〈雍也篇〉代表進業之用。通篇中最難解讀的部分，就是在探索心智如何接收宇宙中流轉的信息波，經過一番解讀，而成為個人的智慧。

1. 子曰：「雍也，可使南面。」仲弓問子桑伯子。子曰：「可也，簡。」仲弓曰：「居敬而行簡，以臨其民，不亦可乎？居簡而行簡，無乃太簡乎？」子曰：「雍之言然。」

〔雍〕：姓冉，名雍，字仲弓，也就是《論語》的編者之一。他比孔子小二十九歲。出身於貧賤之家。他的父親可說是下等人，可是兒子卻是資質非凡。

〔南面〕：可以南面而王、君臨天下的才能。

〔子桑伯子〕：在《莊子》這本書中曾經提到這個人，是一個非常豁達、疏闊的人。

〔簡〕：1. 指做事簡單扼要，不拘小節；2. 一種凡事不在乎的態度。

有一天，孔子說：「冉雍這個學生啊，有南面稱王、君臨天下的大才。」冉雍聽了覺得惶恐，認為應該有比他更好的人才。於是就反問孔子：「老師，您覺得子桑伯子這個人怎樣？」孔子回答說：「這個人不錯啊，做事簡單扼要，不拘小節。」冉雍卻說：「這樣不太好吧？如果在對人處事方面，都抱持一種恭敬心，來處理政事或是一般社會事務，那當然是很好的。可是，本來就是一個做事大而化之，漫不經心的人，再故意用這個方式來標榜的自己有特殊之處，那就太過分的疏狂簡約了。」孔子一聽，就知道剛才的回答有不圓滿的地方，於是就同意冉雍的說法：「你說得對。」

2. 哀公問：「弟子孰為好學？」孔子對曰：「有顏回者好學，不遷怒，不貳過，不幸短命死矣，今也則亡，未聞好學者也。」

〔好學〕：一般的書上都是作「勤奮、喜歡學習」解。可是根據上下文，作「學得很好」解，可能更貼近魯哀公的原意。

在〈學而第一〉的前言就指明，中國古代的君王就是要有非常好的信息接受能力。據此推測，冉雍之所以被孔子稱讚為有君王之相，應當是他有這樣的能力，而這種能力是天生的。這只是推論，沒有實際的證據。

「學」的目的就是在學習、培養這種接收信息的能力。也就是說，一般人只要有系統、有方法、有步驟的藉由學習，也可以開發出這種能力。不過，修道者多如過江之鯽，成道者卻鳳毛麟角。因此，當魯哀公問孔子：「你的學生之中，誰學得最好？」時，孔子回答說：「曾經有個學生叫顏回的學得很好，他能夠不把怒氣、不滿意的情緒發洩到他人身上，也不會犯同樣的過錯。是最理想的學生。可惜，他短命死了。現在再也找不到像顏回這樣學得這麼好的學生。」

3. 子華使於齊，冉子為其母請粟。子曰：「與之釜。」請益，曰：「與之庾。」冉子與之粟五秉。子曰：「赤之適齊也，乘肥馬，衣輕裘。吾聞之也，君子周急不繼窮。」

〔釜〕：六斗四升為一釜。

〔請益〕：再多加一點。

〔庾〕：十六斗為一庾。庾音ㄩˇ。

〔秉〕：十六斛（ㄏㄨˊ）為一秉。一斛是十斗。一秉就是一百六十斗。

大概是孔子在魯國當政的時候，有一次，派公西華出使齊國。當總管的人是冉求。冉求鑒於公西華有高堂老母，她的生活需要先安頓好，才能讓公西華安心的出國去當大使。於是，向孔子要求先行支付安家費。當時是以實物配給為主。實物就是主食「粟」。孔子就批給六斗四升。冉求覺得太少了，請求加一點。孔子就批給十六斗。一下子就增加了三倍多一點。結果，冉求自作主張，給了五秉，相當於八十斛、或八百斗。比原先孔子批給的數目大了一百三十倍。孔子似乎也沒有責怪冉求自作主張，只是淡淡的說：「這下子公西華出使齊國可肥了，有肥壯的馬車可乘，有華麗、輕巧的皮裘可穿，氣派大得很。我聽別人這麼說：『君子救急不救窮。』我們幫忙別人，要在他急難的時候，公西華已經很有辦法了，再給這麼多，不就是錦上添花嗎？」

4. 原思為之宰，與之粟九百。辭。子曰：「毋，以與爾鄰里鄉黨乎？」

〔原思〕：原憲，字子思。

〔宰〕：相當於今之「總管」職務。

孔子派原思當總管。給他的薪水是「粟九百」，由於沒有載明單位，因此，沒有辦法知道到底是多少。很可能是九百斗。子思覺得這份薪水太豐厚了，就謙辭。孔子對他說：「不要辭，你覺得太多的話，就分一點給鄰里鄉黨好了。」

這兩段都在講孔子對待學生的態度。公西華拿了過度豐厚的安家費，孔子認為實在不需要。子思由於家中的經濟情形並不是太好，要他當總管的時候，就把薪水特別提高。南懷瑾說：「從這兩則故事，我們看到孔子作之君、作之師的風範。除了是長官的身分外，還兼父母、師長之責，隨時以生活中的事例來教育學生，這也就是後世儒家所該效法其教化精神的重點之處。」

不過，我們也可以換個方向來想想。公西華到齊國去，不是私人的旅行，而是奉命去當大使。當大使，就不可以有寒酸相，應該維持一定的排場。冉求是官場老手，一直在季孫氏當總管，非常懂得官場的實際需要。因此，撥給公西華一筆龐大的經費，是很務實的作法。孔子也沒有特別的反對。而子思只是在孔子家裡當個總管，薪水多了一點，是孔子呵護學生的美意，而子思也有自知之明。

5. 子謂仲弓曰：「犁牛之子騂且角，雖欲勿用，山川其舍諸？」

〔犁牛〕：一種雜色的牛。

〔騂〕：毛色赤黃。

這段話應該是和第一段話合起來看。冉雍既然有王者之才，當然會有讓他一展長才的機會。可是他一直沒有出來作官。孔子就說：「你就像一頭雜色毛的牛所生的小牛，毛色赤黃而且有一對大大的角，是用來祭山川的好材料，即使我們捨不得用，山川鬼神也是不會放棄的。」在一個講究出身家世的社會裡，出身不好是一個妨礙，可是真正有才能之士，還是不會被埋沒的。

6. 子曰：「回也，其心三月不違仁。其餘，則日月至焉而已矣。」

前面講過，顏回是最好學的好學生。他究竟是怎麼好學呢？這一段話就是在講顏回如何好學。原來，顏回的心性狀態特別穩定，可以有一段很長的時間，三個月夠長了吧，都停留在這種「仁」的狀態中，而其他的學生不過是偶爾處在這種「仁」的心性狀態之下而已。在孔門的弟子中，冉雍、子貢等人也都可以有這方面的表現，只是在「仁」的心性狀態維持的時間不如顏回來得長。

7. 季康子問：「仲由可使從政乎？」子曰：「由也果，於從政乎何有？」曰：「賜也，可使從政乎？」曰：「賜也達，於從政乎何有？」曰：「求也，可使從政乎？」曰：「求也藝，於從政乎何有？」

孔門為學的基本目的是學成之後，出來從政，治理國家。可是在孔子的眼光裡，這些學生各有長處，可是都還沒有達到足以出仕，綜理國家政事的地步。季康子問孔子：「可以讓季由（子路）當宰相來治理國家嗎？」

孔子回答說：「子路這個人太剛毅果敢，一旦有所決定，就不容易有所改變。也許當個三軍統帥不錯，可是當宰輔就不太適合了。」

季康子又問：「那麼子貢呢？」

孔子說：「子貢這個人八面玲瓏，是外交的人才，不是當宰輔的人才。」

「那麼冉求呢？」

「這個人多才多藝，是當文化部長的人才，不適合當宰輔。」

果斷、聰明通達和多才多藝是當宰相的基本條件，合在一起，就是很理想的宰相人選，不過，各人的才具不同，也無法強求。雖然不是最好的人選，可是又比庸碌之輩強了許多。因此，冉求為季氏的總管多年。子路沒有當過宰相，在一次衛國的政變中被殺。而子貢在孔子過世之後，出任衛國的宰相。

8. 季氏使閔子騫為費宰。閔子騫曰：「善為我辭焉，如復有我者，則吾必在汶上矣。」

〔汶上〕：汶水之上，汶水是齊魯的交界線。

季康子要派閔子騫為「費」這個地方的行政長官。閔子騫不答應，就拜託周遭的朋友幫他辭謝這個職務，並且表示，如果一定要他出任的話，他就只好出國到齊國去了。

至於閔子騫為什麼要辭官，各家的解說不一。南懷瑾認為是季康子這個老闆不好，孔門的學生都不願意在他的手下做事。但是冉求就在季氏服務。可見南先生之說也不盡然。比較中性一點的猜測就是閔子騫自認為能力不足，不夠資格去當地方的行政長官，也可能是閔子騫對作官這件事沒有興趣。不出仕從政的原因，除了個人的志趣、學識能力不足之外，身體狀況不佳，也是一個阻礙的因素。下一章的主角冉伯牛就是這種身體不好的例子。

9. 伯牛有疾，子問之。自牖執其手曰：「亡之，命矣夫！斯人也，而有斯疾也。斯人也，而有斯疾也。」

〔伯牛〕：姓冉，名耕，字伯牛。

〔牖〕：南面的窗子。

冉伯牛生病了，病得不輕。孔子去探病。從南窗口伸手進去，握著他的手，感慨的說：「真糟糕，莫非是命中註定，這麼好的人，怎麼會生病呢？這麼好的人，怎麼會生病呢？」

包括南懷瑾在內，有不少人對這段話作了偏離主題的解釋，認為冉伯牛是得了什麼不可見人的病，甚至懷疑是得了花柳病。扯得遠了。仔細看上下文，不難看出上下文是在講從政的各種條件。身體健康當然是從政的條件之一。不貪、清心寡欲，更是從政的重要條件之一。下一段就在講如何清心寡欲。一般書上也是沒搞懂這段話的真正意圖。

10. 子曰：「賢哉！回也。一簞食，一瓢飲，在陋巷。人不堪其憂，回也不改其樂。賢哉，回也。」

這是我們最熟悉的一段，在初（國）中一年級的時候就讀過。依照字面的意思，顏回的日常生活是非常貧窮的。每天吃一個便當的飯，喝一瓢水，住在破破爛爛的地方。孔子因此稱讚顏回是個賢人。

現在仔細想想，這種解讀法不太對。因為，在中國的歷史上，「窮」成為「道德」上的表徵，「窮人」成為一個特定的對象，要由政府來設立專責機構負責照顧，已經到了宋代，是很晚的事。在宋朝人的傳記中，方才大量出現從貧困的環境中奮鬥掙扎，獲得成功的故事。從春秋到漢唐，社會上的「賢人」「人才」都是出自華裔貴胄、系出名門。

在春秋時代，貧窮並不成為什麼道德上指標。因此，這一段話只能看成是一種譬喻。「一簞食、一瓢飯、在陋巷」代表一種簡單、樸素的生活。也顯示出這個人的物欲不高。這種清心寡欲的境界是從政的基本條件之一。在孔門的弟子中，大概也只有顏回做得到。孔子聽韶樂，可以一樂就三月不知肉味，心定在某種境界，不出來，也就不在乎人世間的享受。顏回的定力很夠，可以「其心三月不違仁」。《莊子》〈人間世篇〉也談到孔子要求顏回把「心齋」、「坐馳」、「坐忘」等工夫練熟之後，擁有敏銳的覺察能力，方才可以從政，出任宰相。一個政治人物的物欲多了，心眼就活，想要的東西也就多了，容易犯上貪的毛病。前面提過管仲的豪奢生活，就是貪的表現。孔子認為，這樣的人是不適合從政，尤其是出任宰相的職務。

11. 冉求曰：「非不說子之道，力不足也。子曰：力不足者，中道而廢，今如畫。」

從前面一路看下來，可以看出，孔子對學生的要求很高，從政的條件幾乎是要求十全十美。可是，學生們就覺得很累，跟不上孔子的要求。於是，冉求就第一個討饒，表示自己的能力有限，實在達不到孔子的要求。冉求說：「不是不喜歡老師您所講的道理，只是我們的能力有限，跟不上。」孔子聽了當然很失望，冉求是眾弟子中，相當傑出的一個。他都有打退堂鼓、偷懶的意圖，可是，除了鼓勵之外，又能怎樣？孔子只好說：「力道不足的人，往往是做到一半才放棄。現在你都還沒有開始呢，就先畫地自限，認為自己不行。」

這段話也可以看作是前面討論從政的各種條件的總結。前面各種從政的條件都是要很努力的學習，才能有成就。可是，有些學生一看學習原來是這麼難，心中就先怕了，不敢來嘗試。結果就是不肯學習。

12. 子謂子夏曰：「女為君子儒，無為小人儒。」

〔儒〕：社會上所需要的人。另外，「佛」：不是人，是超人。「僊」：是來去自如的人。

〔君子儒〕：有德行的儒者。有果、達、藝等才能，又強健身體、清心寡欲的讀書人。

〔小人儒〕：書呆子。書讀得很好，學理也講得很好，可是不可以任事，一做事就會出亂子。也就是不能感通天地的讀書人。

孔門為學要作到什麼程度呢？孔子就設立了一個分辨的標準：「君子儒」和「小人儒」。孔子對子夏說：「你們要成為一個有各種美好的才能，身體強健，又清心寡欲，可以辦事，為社會所需要的人。而不是成為一個只會讀書，不會做事的書呆子。」

13. 子游為武城宰。子曰：「女得人焉爾乎？曰：有澹臺滅明者，行不由徑，非公事，未嘗至於偃之室也。」

〔子游〕：姓言，名偃。少孔子四十五歲。是孔子晚年所收的學生。

〔行不由徑〕：一般的書上都依照朱熹的註釋，作「不走小路」、「不走捷徑」解。南懷瑾卻提出另一種解釋：「行事不按照規矩」。他的依據是澹臺滅明有豪俠的作風，後來在南方一帶遊說諸侯，名動公卿。南懷瑾的解釋可能比較貼近實際的情形。也可以作「不墨守成規」解。

這一段是在講人才往往不會墨守成規。子游當武城這個地方的首長。有一次，孔子問他：「你當地方首長，有沒有發現一些特異的人才啊？」子游回答說：「我發現有一個叫澹臺滅明的人，他的行事往往不墨守成規，不是為了公事，他就不會到我的辦公室來串門子。」

這段話可以有兩方面的思考。一方面是出任地方首長要有知人之明，有責任和義務來發掘地方上的人才。二方面是人才不一定是要會讀書，豪俠之士也是人才。後來司馬遷作《史記》時，還特別寫了〈游俠列傳〉，來記述這些豪俠之士。

14. 孟之反不伐，奔而殿，將入門，策其馬曰：「非敢後也，馬不進也。」

〔孟之反〕：魯國的大夫。魯哀公十一年的時候，齊魯發生戰爭。在作戰的時候，孟之反是魯軍的統帥之一。

〔伐〕：誇耀功勞的意思。

〔奔而殿〕：打了敗仗，軍隊撤退的時候，在後面拒敵，掩護撤退。打敗仗時，能把軍隊安全撤離，是一件非常困難的事。

魯哀公十一年，魯國與齊國發生戰事。孟之反是魯國的統帥。那一次戰事讓魯國吃了敗仗。身為統率的孟之反在後面掠陣，掩護軍隊的撤退。等到軍隊都安全入城，自己也到了城門之下的時候，方才策馬前進，反而跟其他的人說：「不是我大膽，而是我的馬跑不動，實在要命。」

其實在打敗仗的時候，能夠把軍隊完整、安全的撤入城內，是一件很了不起的事情，功勞很大。可是，孟子反不居功，也不誇耀自己的功勞。這種謙讓是一種為官最重要的美德。在古今中外的歷史上，諸將爭功，往往就把國家弄亡了。

清代太平天國的失敗，就是諸將爭功。國民政府丟掉大陸，又何嘗不是諸將爭功的結果。武將不爭功是美德，對文官而言，又何嘗不是如此呢？

15. 子曰：「不有祝鮀之佞，而有宋朝之美，難乎免於今之世矣。」

〔祝鮀〕：衛國的大夫，名鮀，祝是他的官職，管宗廟、祭祀。

〔佞〕：口才很好，能言善辯。

〔宋朝〕：宋國的公子，名朝，長得很俊美。

言辭和容貌是為人處世或從政的兩項非常重要的條件。兩者比較起來，才能的重要性勝過容貌的重要性。所以孔子才會說，在現在這個社會上，如果沒有像祝鮀那樣的才能，而只有像宋國公子朝那樣俊美的容貌，也是沒有用的。

16. 子曰：「誰能出不由戶，何莫由斯道也？」

〔戶〕：正門。

孔子說：「有誰能夠不從正門出入呢？為什麼要走哪些旁門左道呢？」也就是說，無論是為人處世，或是從政，除了以上所說的各項要求之外，更需要行得正，做得正，不可以有什麼歪路旁門。走邪門，行左道，終歸曲折而難有結果。

17. 子曰：「質勝文則野，文勝質則史，文質彬彬，

然後君子。」

〔質〕：先天樸素的本質。

〔文〕：後天學來的文化。

〔野〕：散漫無用，像野生動物一樣。

〔史〕：矯柔做作。

〔文質彬彬〕：天性本質和後天的文化薰陶必需要均衡。

這段話是把以上所講的從政、為人處世的道理做一個小結。像冉雍、顏回這樣的人是天生的有良好的信息接收能力，可是他們也非常勤奮好學，方才得到孔子的讚許。子路、冉求、子貢等人當然也不差，也是非常好學而有這樣的成就。孔子自己也是因努力學習而多才多藝。如果一個人天生具有這樣良好的能力，卻不肯再加以雕琢，那就空有這種能力，終不能成為可用的人才。

孔子說：一個人如果資質良好，可是不肯多加學習，則散漫無用。一個人如果盡是學來的文化，掩蓋了他的本性，就會矯柔做作，迷失了本性。只有本性和文化之間取得平衡的發展，方才是一個可用的人才。

18. 子曰：「人之生也直，罔之生也幸而免。」

〔罔之生也〕：虛虛假假的過一輩子。

人要正直的過一生，不要虛偽假裝。也許虛偽假裝可以過一生，那也只不過是僥倖而已。

19. 子曰：「知之者，不如好之者；好之者，不如樂之者。」

正直或虛假的過一生，關鍵還是在於學習的態度。這是教育的大問題。有了正確的認識之後，方才有正確的態度。誰不想成功成名，成為一個有修養、有學問的人？可是，不是每一個人都可以達到正知正覺。因為，每一個人對每一件事的學習態度不同。一個人學得最好的事，一定是他最感興趣的事，否則學起來，就不帶勁。因此，孔子一針見血的說：「知道這件事的人，不如喜好這件事的人；喜好這件事的人又不如做這件事，覺得樂在其中的人。」

20. 子曰：「中人以上，可以語上也；中人以下，不可以語上也。」

從本篇的開始，一路下來都是在講如何成為一個可以從政的人，也就是學生如何學習各種從政所需的條件。這一段則是站在老師教導的角度來看怎樣才是適當的教育方法，那個方法就是因材施教。

孔門的為學，如前所述，是在提升個人生命的境界和能力。因此，在教導的過程中就發覺，學生的資質有「上、中、下」的差別。有的人資質高，一點就通，一說就懂，這是上等學生。有的人需要花較多的時間和精力，講解個幾遍，他也就懂了，這是中等學生。有的人再怎麼花精神來教導，他也是不懂。那就是下等資質的學生。這是天生的障礙。因此，孔子說：「中等資質以上的學生，是可以教導他們上等的教材；中等資質以下的人，就不能教導他們上等資質所用的教材。」

21. 樊遲問知。子曰：「務民之義，敬鬼神而遠之，可謂知矣。」問仁。曰：「仁者先難而後獲，可謂仁矣。」

有了老師的教導，有了學生的學習，結果就是「知」，也就是「智慧」。

樊遲問：「什麼是智慧？」

孔子回答說：「把做一個人應當做的事統統做好，尊敬鬼神，可是又不完全依賴鬼神的指示，保持個人的思考空間，那就是『智慧』。」

樊遲又問：「什麼是仁？」

孔子的回答是：「先要歷經一番磨練，困苦，方才有所收獲。那就是仁。」

所謂：「國之大事，惟祀與戎。」在夏商周，祭祀鬼神是天子，乃至於庶人，必需要做的事。斷章取義的說孔子不信鬼神，是不正確的。商代的甲骨文顯示，當時的商王每十天都會占卜（王卜旬），問鬼神祖先，這十天的情況將是如何？戰事的發展會如何？某某事該不該做？在那種情形下，人的行為幾乎都被鬼神祖先所掌握，可說是「近鬼神」，人沒有自己的思考和主張。

如前所述，孔門為學的目的是在追求如何擴大自己收取信息的能力，在安定寂靜的身心狀態下，隨時可以收取流轉在宇宙中的信息，加以解讀，成為行為的依據。這麼一來，人就成為自己的主宰，而不再是依賴鬼神祖先的指示而行事。這種自主的情形就是「遠鬼神」。由於是用自己的「意根」來接受信息，因而是智慧的具體表現。

自古以來，對這一段話的解說都不圓滿，究其原因，一方面是大家在解讀時，心中的時間尺度不夠長，看不到占卜在商周兩代的變化。另一方面也是由於不懂得人的意根如何接收宇宙中的信息。人的意根利用身體的感官和大腦來接收外界的信息，經過一番解讀，方成為自己的智慧。這些智慧所得都不是自己「創作」出來的，而是像宋人陸游所說「文章本天成，妙手偶得之。」

22. 子曰：「知者樂水，仁者樂山；知者動，仁者靜；知者樂，仁者壽。」

這一段話問題大了，很難照字面來解。不管怎麼解讀，都很難講得通。一般的說法是「有智慧的人喜歡水，有仁心的人喜歡山。有智慧的人好動，有仁心的人心中安靜。有智慧的人心中常保持快樂，有仁心的人長壽。」仔細想想，這些話都不太合乎常理和邏輯。

南懷瑾不同意一般的見解，把標點改動了一下，成為「知者樂，水；仁者樂，山。」知者的快樂就像水一樣，悠然安祥，永遠是活活潑潑的。仁者之樂就像山一樣，崇高偉大，寧靜。比較好一點，還是不通順。

也許要從信息的接收來說，會有比較合理的解釋。信息是以波動的狀態流轉在宇宙之中，也流轉在個的身邊，因而一個接收信息能力敏銳的人可以清楚的感覺到那種波動的狀態。陳國鎮教授就是有這種接收能力和經驗的人。他對信息流轉情形的描述說：「信息的流動像風也像水。」中國的「風水」就在形容信息的流轉狀態，而不是指具體的空氣和水。

既然我們的智慧都是因為善於接收流轉在宇宙之中的信息，而這些信息波的流轉像流水一樣，一波又一波的過來，所以說「智者樂水」。仁者是善於處理人與周遭的關係，因此，他所需要的知覺範圍必需既寬且廣，又高又大，那不就像山一樣了嗎？所以說「仁者樂山」。水當然是「流動的」，所以是「智者動」。山當然是不動，所以是「仁者靜」。智者因為知道了許多事情，把許多原先不清楚、不明白的地方弄清楚了，所以「智者樂」。山是巍巍不動的，是天長地久的，所以是「仁者壽」。

這樣解釋是不是比較合理一點？一般人由於對「信息波」沒有什麼認識，也就不容易看懂這段話的真正意思，不能責怪他們。

23. 子曰：「齊一變至於魯，魯一變至於道。」

周初建國的時候，協助周武王奪取天下的姜太公受封於齊，周武王的四弟旦因輔佐有功而受封於魯。這兩國都在原先的「東夷」地帶。負有監視、包圍、夾擊殷商故地宋國和衛國的軍事任務。等到西周覆滅，平王東遷之後，周代在陝西的舊土被北方文化較低的犬戎所佔，整個周代的文化重心就移到齊魯衛宋等東方國家。所以，從歷史的發展來看，宋本來就是文明之所在。而考古證據也顯示，東夷的文化水準遠遠高於西方岐山下的周原（周人的發祥地）。齊魯既佔有東夷之地，當然也就承襲了原先的殷商和東夷的文化。這些地方原來的禮俗就成為現在我們常說的周代文化的核心。

同樣在東方，齊魯文化似乎仍有一些差別。史書上記載，齊人好鬼神，好巫覡。巫覡就是具有敏銳的接收信能力的人。而魯國一直是周代禮樂文化的重鎮，直到春秋末年，還保持完整的禮樂制度。在導讀的第二章就已經說明，禮樂文化是以自己的直覺、直觀為主，也就不需要特別重視「巫」的能力。

魯國由於一直堅守周代的禮樂文化，經過五六百年的練習，發展出「定、靜、安、慮、得」儒家學習方法。於是放棄了原先像殷商、齊國那樣事事問鬼神的態度，專注於接收信息能力之培養，而讓個人可以在定靜的情況下，拓展自己的時空知覺，覺察到宇宙之構成和運行的「道」，也就是無所不在的信息波。

24. 子曰：「觚不觚，觚哉！觚哉！」

〔觚〕：商代中期時代的青銅酒杯，有方圓兩種。方形的觚，有稜有角。圓形的觚則像現在的喇叭口。從文義來說，孔子時代還知道觚有方圓兩種。

「觚不觚？」是在問：「這種圓形和方形的酒器都可以叫『觚』嗎？」「觚哉！觚哉！」是說「沒錯，它都是叫『觚』。」

這段話是承接上一段話而來的。齊國的「巫覡文化」和魯國的「道文化」，在本質上有沒有差別呢？本質上是沒有什麼差別的。因為都是在講求心性的安定和接收信息的能力。

25. 宰我問：「仁者雖告之曰：井有人焉，其從之也？」子曰：「何為其然也？君子可逝也，不可陷也；可欺也，不可罔也。」

〔逝〕：放棄原先的理想。

〔陷〕：陷落、困擾，落入陷阱之中。

〔罔〕：糊塗，不明事理。

把如何成為一個君子的條件、方法都講過了之後，接下來，就要討論一個君子人的處世態度了。

宰我是個聰明有餘而德行不足的學生，問了一個問題：「假如有人故意來欺騙我，說有人掉到井裡去了，我是不是就相信他的話，立刻跳到井裡去救人呢？」南懷瑾對這一段的詮釋也很妙：「他問孔子：你天天教我們要學仁，作人做事要講仁義道德，假使有個人來騙一個有仁義修養的人說，在水井裡有仁義。難道為了修仁養義，就聽他的話往井裡跳？」

孔子回答：「君子人啊，你可以讓他放棄原先的理想，但是不會陷入別人的包圍，給自己平添一大堆的麻煩。可以當面的來欺騙他，他也願意被騙，是一回事；但是絕對不會糊塗、將就。

26. 子曰：「君子博學於文，約之以禮，亦可以弗畔矣夫。」

〔博學〕：淵博的學習。

〔文〕：指禮樂文化之下的各種習俗、規章、知識等。

〔弗畔〕：沒有什麼離經叛道的事。

怎麼樣才會不糊塗呢？第一件事當然就是好好的讀書，學習各種有關的知識，對行為有一定的約束，這麼一來，也就不會有什麼離經叛道的行徑了。

27. 子見南子。子路不說。夫子矢之曰：「予所否者，天厭之，天厭之。」

〔南子〕：衛靈公寵愛的妃子，長得很美。

〔矢之〕：發誓。

一般的書上都說，孔子去見衛國的夫人南子，有違男女之例，於是子路大為不滿，孔子因而賭咒，說自己絕對沒有非分之想。南懷瑾反對這種說法，認為這麼一來把孔子貶得一文錢不值。南先生認為這句話的重點是在後段，「我不喜歡的人或事，老天爺也一樣不會喜歡。」南先生說得有道理。其實，這就是一個「君子可陷也」的實例。後來的儒生陷孔子於不仁不義的地步。

從這一篇的上下文來看，行文到這裡，應該是在講作為一個君子的行事條件。前兩段講到君子不會鄉愿，要博學熟悉社會的典章規範，在行為上又能自我約束。到了這一段，似乎應該是在講君子不該去「走後門」。前面在提到澹臺滅明的時候，特別稱讚這個人不會串門子，走後門。在這一段，提到孔子去見南子，是不是也有走後門的嫌疑呢？

孔子周遊列國，尋求的就是一個為官施政，一展抱負的機會。可是各國的政治人物都不願意看到孔子有這樣的機會。衛國是最有可能讓孔子一展鴻圖的國家。他要謀官，找衛國的國君去談就可以了，何必去找衛君的夫人南子？因此，去見南子，是不是有走後門的嫌疑呢？子路當然會為這種流言而擔心。孔子的回答也有些激動，「我不喜歡的人或事，老天爺也一樣不會喜歡。」而且說了兩遍。這樣解讀，是不是比男女情慾說，來得更切合實際情形和本篇的主旨呢？

28. 子曰：「中庸之為德也，其至矣乎！民鮮久矣。」

君子人的行為處世不走極端，取中庸之道，是最高也是最難的境界。一般人長久以來都做不到這個境界。

29. 子貢曰：「如有博施於民，而能濟眾，何如？可謂仁乎？」子曰：「何事於仁，必也聖乎？堯舜其猶病諸。夫仁者，己欲立而立人，己欲達而達人，能近取譬，可謂仁之方也已。」

孔門的為學就是要達到從政的目標。子貢問：「在從政的時候，如果能夠讓眾多的人民都得到恩惠好處，解決人民實際的困難，是不是就算達到『仁』的地步了呢？」

孔子回答說：「何只是達到仁的地步，必然是到達『聖人』的境界。古代的聖王堯舜也有可能做不到。一個真正的仁者啊，是要自己站立起來，也要幫助別人的利益，讓別人也站起來。從自己做起，然後推及他人。能從身邊的事做起，可謂是做到『仁』的具體方法。」

述而第七

這一篇的主旨是在講述孔子的學習方法和態度。孔子在安靜、清純、虛靈的身心狀態之下，可以很敏銳的觀察一個很長的時間跨度和很大的空間跨度，接收各種信息，因而有高超的智慧。我們的大腦接收外來的信息，透過一定的機制，傳輸給那個可以認知外在世界的「本我」，由這個真正的「本我」來解讀這些信息，而後產生反應指令，再透過大腦，傳達到身體的各個有關的部位。有時更是在「定」中直接看到哪些事情的發生。跟現代人強調是個人的「自我創作」，是自己想出來的，是截然不同的概念。

1. 子曰：「述而不作，信而好古，竊比於我老彭。」

〔述〕：根據《禮記·樂記第十九》「述」是「能識禮樂之文者」。

〔作〕：是「能知禮樂之情」。

〔古〕：長時間和空間的跨距。

一般的書上都把這一段解釋為「孔子很謙虛，說自己的工作只是在承先啟後，繼往開來，保存文化傳統。」孔子刪詩書，定禮樂，繫易辭，作春秋等工作，就是這方面具體的表現。這就是「述而不作」。他的態度是「信而好古」，經過一番考證，相信古人的話是真的，不是人云亦云的相信。南懷瑾在注解這段話時，作了一個相當有意思的總結：「他等於是幽默的說，我沒有什麼了不起，只是一個老古董而已。」

在導讀的第三章提到，依據《禮記．樂記第十九》，對於「作」和「述」有很清楚的定義：

故知禮樂之情能作，能識禮樂之文者能述。

也就是說能夠知道禮樂所表達的情境和感覺，是謂「作」，也就是現代人所說的「創作」。能知道禮樂的固定內容，照著去做，就是「述」。能夠創作的人稱之為「聖」，能夠照著去做者，稱之為明「明」。孔子很謙虛的說，他是照著既有的禮樂制度去做，而不是自行有所創作。

可是，當我們從「生命知覺」的角度來看這段話的時候，就會發覺，可能還有更深層的意涵，不是這麼膚淺的意思。而且，現行一般書上的說法也不能跟〈雍也篇〉的主題思想相呼應。因此，我們就應該設法從「生命覺知」的角度來思考這段話的意思。重點放在人如何產生「意念」。要想真正的了解這段話的意思，就必需先弄清楚我們的「意念」究竟是怎麼發生的。

一般人和現代從事心智科學研究的人都認為，人的意念是由大腦主導控制的，在不同的區塊，有不同的反應。在這種觀念之下，當然認為我們的意念是我們自己創作的。然而，真的如此嗎？為什麼當人的大腦某個區塊受傷之後，只要經過適當的練習，大腦其他的部位就可以取代這個部位的功能？顯然，大腦各區位的功能不是固定不變的，而是在本質上每個部位都有全部的功能，只是某些功能在這個部位表現得比較強勢罷了。一個天生無大腦的人還是可以活下來，只是他的生理功能和行動稍差而已。檢查他的腦部在受刺激後的反應時，發現腦幹的部位受到刺激後，會有電波產生。這些電波就足以指揮身體的各種動作。那麼，我們不禁要問：「大腦究竟是什麼東西呢？」

陳國鎮在〈身心極限的超越〉（手稿）和〈法塵的存在與自然科學的認知領域〉（第四屆佛學與科學研討會論文集，頁31-44，1996）等文，提出一個有意思的問題：「為什麼在佛法中，把『意根』看成是和眼、耳、鼻、舌、身等五官量齊觀的信息接收器官？」「意根」指的是我們的大腦。而佛法中所說的「根」就是指「信息的接收器官。」為什麼跟我們現代的認知完全不同呢？

在佛法的認知中，大腦只是一個信息接收器官，背後還有一個解讀信息的認知本體。這個本體在接收到信息之後，經過一番判讀，然後做出反應的決定，再發出指令來指揮身體，產生反應動作。認知本體所能運用的接收信息和執行指令的工具就是我們的大腦、眼睛、耳朵、鼻子、舌（口腔）、身體。

所以，我們的意念不是由我們的大腦自己想出什麼來的，而是大腦接收了外來信息的刺激，把這個刺激傳輸給我們真正的認知本體（稱之為「真我」、「如來本性」或「本來面目」等）。由這個認知的本體把所收到的信息做了一番解讀之後，而後才產生「該怎麼反應」的訊號，再交由大腦來發射這個指令，指揮身體，產生相對應的反應動作。我們的意念不是我們想出來的，而是捕捉外在信息而後產生的反應。因此，真實的情形就是「述而不作」，只是在傳述他所捕捉到的信息，而不是故意的製作一些信息。南宋大詩人陸游的名句：「文章本天成，妙手偶得之。」就是這種情形的最好寫照。如果一個人一直不能把心性安定下來，他就不能有效的接收外來的信息，也就不會有什麼好的認知和念頭產生。這種人當然也就不會有什麼智慧可言。

一個人的心性安定下來，他的時空知覺也會跟著擴大。例如，我們在找路的時候，一直在問：怎麼還沒找到？那時會覺得過了很長的時間，找得好久好辛苦。可是，回程時，不再有什麼企盼，不知不覺的就走完了剛才所走過的路程。同樣的距離，差不多的客觀時間，可是個人主觀上的時間感覺完全不一樣。一快一慢。為什麼有這樣的差別呢？只不過是在心念的動靜狀態作了一些調整而已。因此，在安定中心念可以覺察的時空範圍就要比在動盪中所能覺察的時空範圍要來得寬廣。心念越安定，可以覺知的時空範圍越廣大。結果，就是把「現在」的範疇逐漸擴大，我們平常所認知的「過去」和「未來」，在那種安定的心性狀態中，都變成了「現在」。也就是「當下」。這個新的「當下」涵蓋了原本的「過去、現在、未來」，以致時間和空間的跨距都變大、變長了。孔子用「古」來描述這種情形。像三國時代的諸葛亮可以「知過去，曉未來」，就是在展現這種心性狀態。

當時空知覺變寬，原來的「過去」被包含在「現在」之內，那就沒有了過去。可是，對一般凡夫俗子來說，那是一個不可思議的事。可是，智者必需確知那是真實可靠的，不是瞎編胡扯的。因此，孔子要說「信而好古」。

老彭是指古代兩個有這種能力的人。「老」是指老子，「彭」是指彭祖。「竊比於我老彭」，是說「大概可以跟老子和彭祖這兩位高人相比罷。」

2. 子曰：「默而識之，學而不厭，誨人不倦，何有於我哉！」

〔默〕：處在安定、安靜的心性狀態。

〔誨〕：教誨，說給別人聽。

既然心智的作用是要在安定、安靜、虛靈的狀態下方能有比較好的發揮，那麼我們在求學的過程中，最重要的一步是否就應該致力於追求這種安靜的身心狀態呢？所以，孔子說他是「默而識之」，在安靜的狀態下，才會覺察認識到外在的各種事物。

由於心性常常處於這種安靜狀態，因而常常有新的認知和想法，使他不斷的推陳出新。也就呈現「學而不厭」的狀況，一直在學習新的東西，不會有厭倦和停止的時候。

光是自己一個人知道新的認識，還是不夠的，必需要讓更多的人知道。於是就要不斷的講解、說給別人聽。因此，就要「誨人不倦」。

在一般的社會上，說得再小一點，就是在個人的日常生活中，能夠不斷的有新觀念、新想法的人已經不多了。何況還要把初生的概念經過一番努力來消化、整理，成為系統之說。至於把這些概念有系統的來教導別人，更不是一件容易的事情。孔子就是這麼一位不斷有新的概念、新的想法，又肯把這些新知識加以整理而後傳授給別人的人，其他的人很少能夠像他這個樣子，也就難怪他會說「何有於我哉？」又有誰像我這個樣子在做學問呢？

3. 子曰：「德之不修，學之不講，聞義不能徙，不善不能改，是吾憂也。」

〔徙〕：跟著去做。

這一段話是承接上一段話而來。既然孔子慨嘆很少有人像他那樣用功的在問學，那麼一般人的行為是怎麼樣呢？大多數的人是不修持自己的德行，也不講求學習以提升自己的生命境界，聽到該去做的事，也不肯主動的去做，不好的行為也不肯加以改善。

人生的基本目的就是提升生命的境界和能力，今天要比昨天好，明天要比今天好，方才符合生命的基本要求。可是一般人的人生往往卻是渾渾噩噩、糊裡糊塗的混過一生。等於是浪費生命，白活一輩子。因此，孔子才說「是吾憂也。」這才是我所擔心的事。

4. 子之燕居，申申如也，夭夭如也。

〔燕居〕：平居，也就是日常生活。

〔申申〕：心情舒展的樣子。

〔夭夭〕：活潑愉快的樣子。

既然孔子為學的基本方法是先要追求一個寂靜的身心境界，那麼在他的日常生活上，當然也就不會是活蹦亂跳，或者整天「張家長、李家短」的串門子。那種社交活動做多了，就會惹來一大堆是是非非。有了是非，自然跟著就有一大堆的煩惱縈繞心頭，想東想西，快樂不起來。

要想身心舒展，活潑愉快，就要天天讓身心處於那種安靜、空靈的狀態。孔子由於身心常常處於這種安靜、空靈的狀態，所以在日常生活上，表現出沒有什麼煩惱，整天快快樂樂的生活。

5. 子曰：「甚矣，吾衰也。久矣，不復夢見周公。」

這段話真是大麻煩，自古以來一直不曾解讀清楚過。

一般書上都認為這是孔子在感嘆自己身體不好，不能好好的睡覺。這是從字面上來的解讀。從本篇的上下文來看，應該不是在講這件事。因為通篇都在講學習的方法，是講求人必需要在身心安寧、空靈的狀態下，才能敏銳的接收宇宙中流轉的各種信息。孔子在這方面的日常表現就是一種身心安靜和空靈的狀態。因此，緊接而來的一段應該不會是在講孔子生病，或是身體衰弱。因為「生病」、「衰弱」都是身心處在比較混亂、不安定的狀態下，接收信息的能力也變得比較不敏銳。這麼一來就跟通篇的主旨不合。因此我們必需要另起爐灶來思索這段話的意思。

我們要從「睡眠和夢」的本質切入，方才有可能的答案。現代的心理學、精神醫學和認知科學，已經對「夢」作了很好的研究。總括的說，睡眠是在一種比較低沉、不活躍的身心狀態下，快速的整理白天所收到的各種信息，結果是百分之八十五左右的信息都被丟進了垃圾筒，只有百分之十五左右的信息會被檢拾起來，經過一番整理之後，成為我們意識的一部分。夢就是在整理信息時，把一些記錄片重新倒片再播放一遍。可是，這樣的理解仍然不能有效的說明，為什麼我們的夢境是如此的千奇百怪，甚至可以「親眼看到」某些不可思議的事。

在科學的發展史上，有一些偉大的發明就是在夢境中看來的。到了十九世紀中葉，化學元素一個一個的被發現，累積到六十五種，看上去雜亂無章，毫無次序可言，但是有些化學家相信，這些化學元素應該有一個排列的次序。當時的物理學家和化學家們卻不知道該怎麼把一堆亂七八糟的元素弄出一個排列次序來。一八六五年，俄國化學家門捷列夫（1834-1907）在睡夢中看到了化學元素依原子量的大小排列。醒來後，就依樣畫葫蘆，列了個表，這就是現代化學元素表的雛形。

當有機化學發明之後，如何來畫它的結構圖，一直是化學家們頭痛的問題。苯（H_6C_6）的氫有 6 支手而碳有 24 支手，怎麼配對？一直是個難題。德國化學家克庫勒也是在睡夢中看到六隻猴子手尾相聯，形成一個圈圈。睡來之後，就畫出了苯環。

一九三六年，生物醫學獎得主德國藥學家 Lowei Otto 也是連續兩次在睡夢中看到同樣一個有趣又簡便的實驗辦法，證明神經的傳導就是電磁波的脈衝。甚至一九八三年，諾貝爾生物醫學獎得主麥克林托克（Barbara McClintock, 1902-1994）由於在看顯微鏡找基因時，看得太入神，不知不覺的進入了基因裡面去看它實際的運作情形，因而發現基因的流轉和跳動的現象，稱之為「轉位」。她的研究工作也可算是「入夢」的一種。以上所說的情形也正是「述而不作」的最佳例證。

現代醫學對腦波的測試，也提供我們有關這方面的認識。我們知道，人在清醒的一般狀態，腦 β 波在 15-30 Hz（電磁波的計算單位，「赫茲」）；在憤怒、緊張、焦慮、不安等狀態時，腦β波是在 30 Hz 以上。而剛剛入睡時的腦θ波是在 6 Hz 以下，熟睡時就在 1.5 Hz 以下，為δ波。中間有一個似醒非醒、似睡非睡的過渡地帶，7-15 Hz，稱之為α波。現在研究氣功的人都在研究α波的機制和功能。

腦波越趨向於低頻，所能涵蓋的時空範圍越廣大；腦波越趨向於高頻，所能照顧的時空就越有限。一般的禪定和氣功，都是在鍛鍊α波從高頻短波轉向低頻長波。當這個α波越來越強，它的波型起伏越來越小，也就是低頻長波的時候，這個人所能認知覺察的時空範圍也就會越來越大。在這種情形下，一旦他的心智捕捉到一個有用的、高妙的信息時，就表現出非常有智慧的樣子。這就是孔門，乃至於中國傳統的治學方法，一直講求「定靜安慮得」的根本原因。

周公制禮作樂，是周代文化的奠基者。在這裡也許不必把周公當成是具體的歷史人物，而是看成代表文化的某些特殊的成就，或者直接把「周公」看成是高妙的智慧。這麼一來，解釋也起就方便多了。

高妙的智慧是要在身心安靜、空靈的情形下，方才能有所得。而人們心靈的安靜空靈，也就是α波旺盛的時候，其實就跟「睡夢」所差無幾。孔子很可能就是一個平常時候腦α波就很平順漂亮的人，他的心性也就常常處在一種空靈的情形下，獲得不少的靈感和智慧。

因此，這一段話真正的意思很可能是在說，孔子由於生活忙碌，身心不能安定下來，不能進入那種身心安靜、空靈的狀態，也就沒有了什麼特別的靈感。所以他才抱怨說：「真糟糕啊，我好久沒有進入那種寂靜空靈的身心狀態了，也就沒有什麼好的靈感了。」

這樣子的詮釋，是不是比較切合孔子的實際情形？在上下文的語意上也前後呼應，讀也起也流暢得多。

6. 子曰：「志於道，據於德，依於仁，游於藝。」

〔志〕：立志去追求。

〔道〕：構成宇宙萬物的各種信息。

〔據〕：有所本。

〔德〕：人之所以為人的基本條件和行事方法。同於「得」。

〔依〕：依靠、利用。

〔仁〕：人與人之間的相處之道。

〔游〕：指「游刃有餘」的狀態。

〔藝〕：生活所需的各種能力。

一般的書上都把這段話看成是孔門為學的四種方法，或孔門教育的根本目的。

「志於道」是說，一個人必需要立下志向，一心一意去追求宇宙的基本道理、空中流轉的信息波動，以求了解宇宙萬事萬物的真相。古人把這些高層次的信息波動就稱之為「道」。「志於道」的意思就是先要把為學的根本目標設定清楚。

「據於德」，「據」是「有所本」的意思。「德」是指萬物之所以成為萬物的那一組信息波動，也就是「得到了它應有的道」。它的功能在《道原經》中有非常清楚的描述：「一度不變，能適蚑蟯。鳥得而飛，魚得而游，獸得而走。萬物得之以生，百事得之以成。」這種信息組合本身一點都不需要改變，就可以適應世上各種東西。天下萬物因為有了它自己所需要的信息組合，方才成為它的樣子，表現出它應有的功能。「德」的意思，就是人得到了他之所以為人的信息組合，動物得到了牠之所以為動物的信息組合。「據於德」是說一個人要依照他原來就有的信息組合來行為處世。說得更明白一點，就是人要依據或發揮他個人的潛能來做事。

「依」是依靠、利用的意思。「仁」是用善念來處理人與人之間，人與社會之間的互動關係。「依於仁」就是用善心善念來處世、接物、待人。

「藝」包括禮、樂、射、御、書、數等六藝。其中的「禮」指天地的次序，也就是陰陽五行等分類法以及各大類之間的互動，形成天地運行的次序。

「樂」是在追求身心與外在某種特定的規律信息波動之間的調和，這些規律的信息波動包括了舞蹈、戲劇、音樂、美術等。

「射」是要求在安靜的狀態下，專注於身心的協調動作。射箭的最高境界是在身心專注的情形下，覺得是靶來迎箭，而不是箭去射靶，那就百發百中了。

「御」是在跳動的狀態下訓練人的身心專注。春秋時代的戰爭主要是將軍站在馬車上，與對手大戰幾百回合。因此，在戰鬥中，必需要非常的專心一致，讓身心和車馬的節奏合而為一。否則就會被對手刺死。

「書」是心靈所產生的信息、透過大腦，指揮手臂運用紙筆墨硯，來向外傳達，表現出個人的七情六慾。對中國人而言，這句話主要意思是指書法、寫字，因為這是個人傳遞信息的主要手段。

「數」是用心靈在捕捉宇宙中的一些抽象的、不可言喻的原理和原則。現在一般人認為「書和數」只是在學校裡應付考試之用。其實不然。它包括了占卜和數學，因為兩者都是用個人的意根（大腦）捕捉住宇宙中的一些規則、原理，再用符號表達出來。也就是擷取外在的信息向身體和意根輸送。

這六種訓練要達到「游刃有餘」的地步，方才可以「得心應手」、「隨心所欲而不踰距。」

7. 子曰：「自行束修以上，吾未嘗無誨焉。」

〔束修〕：一般的書上都說是「一束肉乾」，作為學費之用。南懷瑾提出另外一種見註解，認為是「約束自己的心性，修正自己的行為」。依通篇的上下文來說，南懷瑾的說法應當是正確的。

一般的書上都說，孔子是在開補習班，只要交了學費，沒有不教的。這樣的解釋，把教育當成了商品來買賣，也就失去了孔門教學和《論語》通篇的主旨。孔子那時候的教與學都是出於自願，為學的目的是在追求身心的鍛鍊和生命境界的提升，不是像現今這樣的以考試、就業為主要目的。因此，誠如南懷瑾所說，這段話真正的意思是在說：「如果一個人可以約束自己的思想，不斷的設法修正自己的行為，那麼我一定收他當學生，好好的教導他。」

8. 子曰：「不憤不啟，不悱不發；舉一隅不以三隅反，則不復也。」

〔憤〕：激憤的心情。

〔啟〕：啟發。

〔悱〕：內心有了懷疑，不同意。

〔發〕：動手作研究。

人是一種很奇怪的動物，在一般正常狀況下，學習的動機通常不會很強烈。往往要歷經了極大的艱難困苦之後，例如身上有怎麼治也治不好的病痛，或者走投無路，找不到工作，又身無長技等，方才會下定決心來學習一些可以解決他眼前的困難的知識或技能。所以，孔子會說「不憤不啟」，不經歷一番挫折困難，是不會起心動念去學什麼東西的。

「不悱不發」是說，要在心裡面對某些既定的說法產生了懷疑，才會動手動腳去找材料，從事研究。如果沒有這些懷疑困惑，就不會有什麼研究的動機，一直照書本既定的說法講就是了。

要想作研究，就必需要有觸類旁通的本領，不能每一個研究環結都需要老師或其他相關的人一一來做解說。就像有人描述一隻桌腳，就應該知道另外三隻桌腳是什麼樣子。如果連這樣的聯想的能力都沒有，就不必談什麼研究了。

9. 子食於有喪者之側，未嘗飽也。子於是日哭，則不歌。

這一段話如果直接照字面來講，又是前不巴村、後不巴店的斷頭文章。如果從「生死大事」來解讀它，就不難看出其中的脈絡。

從生命的多重結構來看，所謂的「生命」，可以簡單的分成硬體設備和軟體設備兩部分。硬體設備是指具體、具相的物質部分，也就是這個皮囊身體。軟體部分包括三個部分：第一、要有「能量」，指我們日常需要有各種食物，以補充身體的能量；第二、要有「信息」，也就是跟物質身體同時發生的生命信息程式軟體，包括了意識和潛意識；第三、還要有一個可以認知、判讀一切信息的認知主體，也就是虛靈的「心性」或「心靈」。我們現在所認識到的生死，只是在物質和能量層面的形成和消失，沒有涉及到信息和心智的層面。死亡就是從有形有相的物質層面轉變成不具形相的信息和心性層面。由於這兩個層面沒有辦法直接的溝通，因而自古以來，就形成了一個難以超越的天塹。人面對這種天塹時，莫不驚恐害怕。

人在面對這個難以超越的生死天塹時，尋求各種可能的對應之道。不同的認知和解決之道，就形成不同的宗教。世界上的宗教都是這麼形成的，而不是人類學上所說，為了應付外在環境的壓力而作的生存設計。這些對應生死方式大致分成四類：

1. 宇宙的主宰，一般稱之為「大我」。祂很強勢、很偉大。相對之下，人就顯得非常的渺小、又無用。人這個小我只有用「祈求」的方式，來求得宇宙大我的開恩和憐憫，來幫助人們解決生死大事，超越天塹。

2. 光是個人的祈禱，往往效果不彰，需要用到某種特定的辦法和團體的力量。當有一個人提出一種特別的辦法，可以跟宇宙的大我溝通，來幫助個人渡脫生死難關，於是就會吸引不少的人接受他的方法，跟隨他去修行。通常這樣的人就會成為「明師」，在明師的帶引下，往往形成一個新的教派。

3. 認為「大我」和「小我」之間不是那麼截然不同，不可超越，而是透過既定的修煉辦法，可以幫助個人發生轉化，讓這個「小我」可以跟宇宙這個「大我」合而為一。像密宗的修行，練到高階的「頗哇大法」時，可以在活著的時候，就把死亡的道路走一遍，看個究竟，等到真正要離開人世時，就不會恐懼和迷惘。

4. 認為「小我」根本就是「大我」的一部分，兩者沒有什麼分別，也就因此而渡脫了生死難關。

第一種方式，形成了世界上各個民族、各個社會和各種文化的宗教。第二種方式形成了西方的基督教和回教，在中國，也就是明清和現代常見的新興宗教。第三種方式就是中國的道教和佛教的密宗。第四種方式就是中國的禪宗。這樣的分析下來，好像找不到儒家應有的位置。的確也是真的找不到適當的位置，因為儒家在生死大事方面一直沒有清楚的認知。

《論語》的這一段話是孔子探討生死大事的少數幾條記錄之一。前面一段在講人只有面對極大的困境時，方才可以有新的想法和設法來突破目前的困境，終而提升自己的生命境界。人生最大的困難不就是生死大事嗎？孔子對生死大事的認知並不像佛教、道教那樣的透徹。只是模糊的感覺到那是一個天塹，不是一般人力所能超越克服的。

當孔子碰到這種斷然的改變時，只是先讓自己的情緒平伏下來，逐漸恢復正常的心性接收信息的能力。歌詠的基本作用就是在表達個人當時的心境，當心境起伏波動時，就不可能安靜下來，接收信息的能力也就變差了。因此這一段是在說：「當孔子碰到有人過世的時候，心情受到了一些干擾，連吃飯的心情也變差了。如果他情緒激動而哭了的話，就沒有辦法正常的歌詠。」

10. 子謂顏淵曰：「用之則行，舍之則藏，惟我與爾有是夫。」子路曰：「子行三軍則誰與？」子曰：「暴虎馮河，死而無悔者，吾不與也。必也臨事而懼，好謀而成者也。」

〔三軍〕：春秋戰國時的軍隊編制，分成左、中、右三軍。

〔暴虎〕：發了瘋的老虎。

〔憑河〕：站在河邊，要跳過這條河。

〔臨事而懼〕：碰到任何一件事，都要考慮周詳，不自作聰明。

〔好謀以成〕：有了好的智慧和計謀，各方面都考慮了，方才有成功的機會。

從這一段起，開始探討如何把所學的東西應用到實際的生活裡。首先點出的就是一個統帥的人才必需要在執行任務之先，有充足的準備和計畫，方才能夠成事。這種要求的最高境界自然也是要在心性安定又空靈的狀態下完成。

有一天，孔子對顏淵說：「一個有才能的人，當他有機會出仕來治理國家的話，就欣然接受，盡力而為。如果沒有出仕的機會，就隱藏在山林之間，不怨天，也不由人。只有你我兩人做得到這一點。」

子路聽見了，有點不服氣，反問孔子：「老師，當你要調派三軍，出發去作戰的時候，是要派遣誰呢？」

孔子知道子路那種急先鋒的毛病。就說：「你這種急先鋒，就像一隻發了瘋的老虎，站在河邊，就想跳過去，即使跳不過，也想跳，有勇無謀。這種人我是不會派他去的。一定要在事先有周詳的計畫，不會自作聰明，等到事情發生了，就有足夠的智慧和策略來應付，這才是統帥的基本修養。」

11. 子曰：「富而可求也，雖執鞭之士，吾亦為之。如不可求，從吾所好。」

〔求〕：想辦法，鑽營，刻意迎合。

〔執鞭之士〕：隨從人員。

孔子說：「如果『富』是可以刻意鑽營而得的話，就是替人拿馬鞭，跟在後面跑，教我做什麼，我都幹。如果是不可刻意營求的話，那麼就依我所說的道德、仁義等德目來為人處世就好了。」

在中國人的觀念中，身分、地位、財富不是單憑個人的努力就可以獲得的。而是要有祖上的陰德、自己累世的行為所積聚的功德和現世個人的努力。因此，在明清的家訓中常常這麼說：「小子何德何能而有今日之功名富貴，不過托庇祖宗之餘蔭爾。」功名富貴是以「德行」作為基礎。因此，功名財富之獲得不是個人用盡一切手段，不講仁義道德，就可以得到的，而是要先培養自己的德行，把有形和無形中的不利因素減到最低點，把有利因素增加到最高點之後，方才可以享有功名財富。

12. 子之所慎，齊、戰、疾。

「齊」同「齋」，是「靜心觀想」的意思，不是現在一般人所說的「吃素」。

「戰」就是「比武」。在比武時，最重要的一件事，就是全神貫注，不可以有絲毫的分心，只要稍為有一些疏忽，就很可能造成不可挽回的損害。因此，一個練武的人，最重要的功課不僅要把招式練熟，更要在定靜之中培養自己的定力和專注力。否則，即使招式再熟，心念不定，終究會敗下陣來。在另一方面，春秋時代的戰爭形式是以「車戰」為主。將軍站在戰車上，在平原上奔馳。兩車相會時，才會交手打一回合。因此，心念的鎮定是取勝的重要關鍵。一不留神，當場被刺死。所以，孔子才說，要非常小心謹慎的從事有關戰鬥的事。後世禪宗曹洞宗就以一人與十人比武決鬥來比喻心性修行的嚴肅性。在這種情形下，如果把注意力放在某一個人身上，其他九人就可趁虛而入，必死無疑。惟有把注意力同時放在十個對手的身上，方才可以有求活、求勝的機會，那就是一種空靈、極端靈敏的心性狀態。無論是車戰或是一比十的決鬥，最根本的要求，就是心念的專注和空靈。

照現在醫學的認知來說，「疾」是由於細菌、病毒等外來的力量所引起，純然不理會個人的身心能量是不是分布均匀、信息是不是正確無誤，更上一層的心性是不是純淨皎潔。從生命的多重結構來看，一個人的身心狀態，最先是心性上發出了一個念頭，念頭產生了信息，也就是一個訊號，進而調動身體的能量分布狀態，最後方才具體的表現在身體上面。因此，愈上層，愈重要。在上層發生任何一點偏差，在下層就會有很大的偏差出現。人的疾病其實都是因為心念所產生不對的信息所導致的。不對的信息提供了一個適合某種細菌或病毒生長的環境，那種細菌或病毒方才會在那裡生長。現在醫學只是看到了這個結果，卻以為是致病的原因。因此，在古人的認知中，要調理身上的疾病，只需要在上層的心性和信息層次下工夫，就很容易把不良的狀況調整回來。

這一段話就是在說，孔子對於修心養性的「齋」、需要有相當專注力的比武這件事，以及從上層心性和信息層次來調養身體的疾病狀態等事情，非常小心謹慎。

13. 子在齊聞韶，三月不知肉味。曰：「不圖為樂之至於斯也。」

正因為孔子對任何事情都非常的專注投入，以致他在齊國聽到韶樂演奏的時候，由於太高興、太投入，以至於他對周遭的生活瑣事都不太去理會，久久不能回復。說：「啊！真沒想到，聽了這種音樂讓我的身心狀態達到如此舒暢、快樂的地步。」

「三月不知肉味」這句話似乎不必完全照字面來解，說孔子聽韶樂之後，三個月的時間都不想吃肉。可以引申作「在一段較長時間裡，由於心念注意別的事情，以致不太理會生活上的瑣事。」

在沒有錄音機和留聲機之前，所有的音樂都是由人在現場演出。因此，音樂最能直接反映演奏者，乃至於聽眾當時的心情狀態。於是，一個懂得音樂欣賞的人只要聽幾個音符，就可以說出這首樂曲是在表達什麼樣的心情。

日本人江本勝對水的實驗顯示，音樂會聽音樂。讓水聽巴哈、莫札特、貝多芬的音樂，會在冷凍結冰時，呈現出美麗的六邊形。聽重金屬音樂或其他以節奏為主的流行音樂，水都在結冰時不能呈現任何形狀，也就是說，水被嚇到了。我們身上有百分之六十五左右是水分。聽好音樂，身上的水分自然光明潔淨，身體也就會健康起來。反之，聽吵雜的音樂，身上的水分首先就起不良的反應，那麼人的身體又怎麼會健康得起來呢？

孔子聽到古代流傳下來美好的韶樂，整個人的身心狀態不但安寧、虛靈，而且可以維持一段相當長久的時間。真是了不起的修行。

14. 冉有曰：「夫子為衛君乎？」子貢曰：「諾，吾將問之。」入曰：「伯夷、叔齊何人也？」曰：「古之賢人也。」曰：「怨乎？」曰：「求仁而得仁，又何怨？」出曰：「夫子不為也。」

〔為衛君〕：1. 要來當衛君；2. 要為衛君所用。

南懷瑾對這一段的註釋是說：孔子周遊列國時，各國都排斥孔子，生怕他奪取政權。唯有在衛國的時候，衛靈公、南子以及一般大臣都對孔子很好，尊敬他、照顧他。所以當時大家都懷疑他，甚至孔門的弟子，聽了太多的謠言，也起了懷疑。有一天，冉有就問孔子：『老師您真的想當衛國的國君嗎？』

對南先生的這種註解，有不同的看法。在前面提到過孔子去見南子，有「走後門求官」的嫌疑。孔子發誓說他絕對沒有這種念頭。在這裡，當然不能說孔子想篡位來當衛國的國君。如果孔子真有此意，那他會是千古罪人。在那時候，當天子、當諸侯必然是要出身華裔貴冑，而孔子只是流亡國外的沒落貴族。

再者，伯夷、叔齊兩人是商朝的公子。當商朝被西方的周人滅亡後，不肯出來為周所用，寧可餓死在首陽山。因此，子貢問伯夷、叔齊如之何時，當然不會是問他們兩人是不是要來當國君，而是在問他們兩人是不是肯出仕。這才合乎他們兩人的身分地位和餓死首陽山的宗旨。

所以，這一段話做以下的解讀會比較合乎常理：

冉求問子貢說：「老同學，您看夫子究竟會不會替衛國做事呢」？

子貢回答說：「好，我來替你問問看。」

子貢進到孔子的居所內，問孔子說：「您看伯夷、叔齊兩人是怎麼樣的人啊？」

孔子回答說：「他們倆是古代的賢人啊！」

「他們有什麼怨恨呢？」

「他們想那麼做，又真的做到了，那麼又有什麼好怨恨的呢？」

於是子貢就明白老師的意思，出來對冉求說：「老師是不會出來替衛國國君做事的。」理由是什麼呢？下一段就在回答孔子不肯出仕衛國的理由。

15. 子曰：「飯疏食飲水，曲肱而枕之，樂亦在其中矣。不義而富且貴，於我如浮雲。」

對在臺灣長大求學的人來說，這段話實在太熟了。初中一年級時國文課本就上過這一段。當時的解釋是說，孔子安貧樂道，寧可過著簡單樸素的生活，也不會用不正當的手段去專營謀求什麼職位。可是，現在從整篇上下文一路讀下來，卻發現這段話另有涵意。是在回答上一段話所觸碰到的問題。孔子不肯出仕衛國的基本理由是「不義」。

在當時的政治倫理，輔佐國君的人理所當然是由上一輩的叔父，或是平輩的兄弟來擔任，不是由平民之中簡拔人才。他一生都在尋求出仕的機會，但是反對的力量仍然相當強大。孔子只在魯國有過短暫的機會來執政，施展抱負。可是終究不敵貴族舊勢力的反撲，只有去職，而後流浪各國，去尋求出仕的機會。但是各國的政局也和魯國一樣，由貴族來輔政。當也有例外情形，像齊國就常有平民出身的宰相，如管仲、晏嬰等。晉國不是由國君親族來輔政，而是由當年陪伴晉文公亡命國外的異姓大臣來輔政。這些異姓貴族更不顧情面，為了己身的利益，展開無情的鬥爭。最後導致三家分晉。

在周遊列國的時候，孔子也許發現當時的政治舞臺還不是平民為主角。如果硬是要在舊勢力中弄到一席之地來執政，往往就要不擇手段。這些不擇的手段，在孔子的眼中，就是「不義」的象徵。他認為如果要用這樣的不義手段來得到出仕和執政的機會，寧可不要。於是孔子說：「我畢生最大的理想就是心安理得，粗茶淡飯，曲臂而臥，自然有它的樂趣。用不義的行動以得到富貴，對我來說，就像天上的浮雲，不干我的事。」

16. 子曰：「加我數年，五十以學易，可以無大過矣。」

要不要出仕，要在什麼情況下出仕，就成了孔子人生中最大的疑惑之點。人在這種不確定的情形下，很自然的就想到用一些方法來取得一些有用的信息，這就是占卜。古今中外，人們碰到這種情形，都會占卜。孔子那個時代，當然也不例外。

現在大陸各地考古遺址出土不少有字的陶片，顯示在距今七千至六千五百年前的陶器上，中國各地就已經有六個數字組成的卦爻。歷經四千年的演變，逐漸形成以「一」（丨）和「六」（︿）兩個數字為主。在漢武帝時，書寫方式由原先長形的篆字轉變為扁平書寫的隸書，「六」寫成「－－」。方才形成今天我們所熟悉的八卦。在孔子那個時候，占卜是一般人用來決疑的正常手段。而《易經》就是在解釋各種卦爻現象的手冊。當時的卦爻要比六十四卦複雜多了。

孔子周遊列國時，當然有機會出仕執政，可是，都不成功。用人心和常理來推想，孔子面對這麼多的無奈和失望時，是不是會有一卜前途的舉動？占卜歸卜占，不仕依然是不仕，顯然是卜得不太準。於是孔子感嘆的說：「我現在學藝還不夠純熟，再過幾年，到了五十歲的時候，好好的把《易經》弄清楚，那就不會有什麼大差錯了。」

17. 子所雅言，詩書執禮，皆雅言也。

孔子平常所讀的書，除了《易經》之外，還有《詩經》、《書經》和有關執禮的記載。古代的書是很稀有的。從考古出土的竹簡來看，做竹簡的第一步是用墨筆寫字，再用刀筆來刻。而後用繩子把一片片的竹簡串起來。因此，一部書的體積相當龐大，不是一般人隨便可以翻看的。不像現在紙本的書，隨手可得。因此，古代可讀的書不多，有機會讀書就更是難得。

18. 葉公問孔子於子路，子路不對。子曰：「女奚不曰，其為人也，發憤忘食，樂以忘憂，不知老之將至云爾。」

這一段在講孔子的人格特質。有一天，葉（ㄕㄜˋ）公向子路打聽孔子是個怎麼樣的人。子路不知道該怎麼回答。當孔子知道有這麼一回事時，就對子路說：「你何不告訴他，我是一個發憤治學起來，常常過了吃飯的時間而不知。心頭常保持快樂，也就沒有什麼煩惱。由於我每天都忙著學習，就不太留意時間的流逝，不知不覺就到了中年。」

這種人格特質的基礎還是心性的安定空靈，由於常把心念停留在某一種狀態之中，他的時空知覺也就隨之擴大。前面提到過找路的例子。我們在找路時，通常是比較心浮氣躁，經常會覺得花了好長的時間，找得好辛苦。可是，在回程時，由於不再找路，心境也就隨之放鬆，安靜下來。同樣的距離，差不多的時間，可是在心頭的知覺上，卻覺得「怎麼一下子就回來了？」原來時間的長短是取決於心性的安定與否。在安定的狀態下，時間的知覺變長，也就是「現在」變得很長。在不安定的狀態下，「現在」就會變得比較短。因此，時間不是客觀的存在，而是基於主觀的認知。只要心境安靜的能力和程度夠深，就可以在「現在」停留比較長久的時段。古人所說「活在當下」就是指處在這種長時間的現在。

「不知老之將至」是說，在安定的心性狀態下，對於時間的知覺變長了，明明還是在年輕的心境，怎麼一下子就到了中年。這是一種大家共有的知覺。

19. 子曰：「我非生而知之者，好古，敏以求之者也。」

〔好古〕：一般書上是作「喜好古代的事與物」；可是在這裡，也許要作「時間知覺很長，把一般所覺知的過去、現在和未來都包括在內。」也就是長跨距的時間知覺。

孔子繼續說他的特點。表示「我不是天生就懂得這麼多的事，而是在心性安定和空靈的狀態下，敏銳的覺察相當長時間跨度內的各種事物及其現象，方才會知道這麼多的事。」

20. 子不語：怪、力、亂、神。

像這樣訴諸安定心性，作長時間觀察的事，由於完全是觀察者自己的一家之言，別人很難有相同的經驗。因此，做這種觀察要特別的小心。一不謹慎，就會妄言。別人也沒辦法驗證。所以，孔子特別提出警告說，有四種情形是他所不講的。一是聽起來或看起來怪異的、荒誕不經的事或話。二是好勇鬥狠的行為。三是不合禮制，沒有秩序的行為和事物。四是各式各樣的神異傳說。

21. 子曰：「三人行，必有我師焉；擇其善者而從之，其不善者而改之。」

這一段話，要和〈學而第一〉的第一段「有朋自遠方來」一起來讀。這兩段都是在講同一件事情「印證」。如何在安靜又空靈的心性狀態下觀照世上萬物，沒有一定的標準，也就不容易「證明」自己確實做對了。可是，在孔子那個時代，有不少人會這種修身養性的工夫。

「三人行」，表示會這種工夫的人不少，隨便找三個人，就有值得與之「印證」的對手。凡是做得好的，就是學習、請益的對象。做得不好的，就成了反面教材，就引以為鑑，以後不在犯同樣的錯誤。這樣子行之久遠，個人的德行方才會逐漸圓滿起來。

22. 子曰：「天生德於予，桓魋其如予何？」

〔桓魋ㄊㄨㄟˊ〕：宋國的大夫，曾經想要謀殺孔子。

桓魋為什麼要謀殺孔子，原因已不太明白。我們就把桓魋看成是一種反面教材好了。上面既然講了「擇其不善者而改之」。這句話就是在說，如果碰到一個像桓魋那樣的不善者，只要自己的德行夠好、夠完整、夠強力，他能把我怎麼樣呢？也就是說，那就不會受到這個不善者的影響。

23. 子曰：「二三子以我為隱乎，吾無隱爾。吾無行而不與二三子者，是丘也。」

這種心性的修煉，基本上是以心印心，在日常生活中練習，為師者再從旁來觀察學生是否真正學得。可是，學習和傳授之間是不對等的。為師者之可以傳授什麼東西給別人，是因為他有了一些特殊的心得，或者是特殊的技能。學生之所以要學，是因為他不會這些知識和技能，希冀學得之後，可以為他所用。可是，人的資質各有不同，表現在學習上，也就各有不同的風貌和成果。不是每一個人都可以百分之一百的學會，多少都有一些折扣。

孔子的學識，如前面所講的，是他在特殊的心性空靈狀態之下學得的。除了顏回、子貢、仲弓這幾個學生的心性夠空靈之外，一般的學生沒有這種安寧、空靈的心性，在學習的時候，就不可能百分之百的相同。當他們學不會的時候，總是會抱怨老師留了一手，沒有把其中最精華的地方教給他們。所以孔子才會感慨的說：「小子們總是以為我有什麼東西隱藏起來，不肯教你們。其實我根本沒有什麼隱瞞的地方。這些年來大家跟著我學習，我也是傾囊相授，沒有一個地方不是帶著大家一起去的。」

這個感嘆也是後世所有當人師者共同的感受。在中國歷史上有許多高明的技術和身心的認知，後來都失傳了。就以中醫來說，一直有「今不如昔」的感嘆。後世講論中醫失傳的原因時常說：「中國有一個不好的傳統，做老師的人總是會保留了一手，作為自保之用，怕學生有一天超過了他。」任何為師者大概都不會認同這種說法。大凡會為人師者，都想找到適當的傳人，把自己所會的一切傳下去。可是入門者多如過江之鯽，學成者卻是鳳毛麟角。有時根本就找不到可傳之人。根本的原因是學生在資質、根器、領悟能力等方面跟老師大不相同，教起來也就有「對牛彈琴，牛不入耳」的感慨。

24. 子以四教：文、行、忠、信。

既然一般的學生資質魯鈍，沒有辦法一下子就讓他了解如何在心性、心靈上用功。就只好用比較笨的方法來教。前面不是說過「行有餘力，則以學文」嗎？這個「文」應該不只是指「文學、文章」，而是包括一些有智慧的先聖先賢，在做心性修煉時，對心性、生命所做的觀察報告，心得報告，甚至是練習的入門指南和手冊。後世稱這些記錄為「經典」。在孔子實際的教學工作上，為了教導這些資質駑鈍的人，只好把教育的方法更改了。倒過來做。從具體、具相的部分教起。也就是先從使用手冊或研究指南之類的東西教起。為學的第一步就是把這些先賢所寫的記錄好好的讀一遍，完全讀懂。

「行」就是「實行」。讀了往聖先賢的心得報告之後，是不是有起而仿效之心？讀了練習手冊之後，是不是起了好奇心，也想照樣練一練？有了這種好奇心，方才會照著書上的記載來練習。如果沒有好奇心，就失去了實行的心理原動力。

盡己之謂「忠」。看看是不是盡了自己全部的力量來練習？有沒有依照「文」上所記載的，徹底做到？

如果確實照著手冊做到了，前人所說的境界、現象一一都出現在自己的身上，那時候方才相信書上所言不虛假。這就是「信」。

現在的教育，在最基本的設計上，也是以「文」為主。可是第二步就走錯了。不是講求確確實實的身體力行，而是以考試為主。從小學一路考到博士。結果是造就了一批只會考試的機器，生命靈性完全棄之不顧，甚至全盤否定還有心靈存在，造就了一大堆「沒有靈性和靈魂的科學家。」

25. 子曰：「聖人，吾不得而見之矣。得見君子者，斯可矣。子曰：善人吾不得而見之矣，得見有恆者斯可矣。亡而為有，虛而為盈，約而為泰，難乎有恆矣。」

〔聖人〕: 生命修煉到達上層境界的人。

〔君子〕: 生命修煉已經趨向於完美境界的人。

〔善人〕: 已經著手生命修煉的人。

這段話充分顯示出，為師者在找傳人時的無奈。找不到資質好的人，只好不斷的降格以求，可是，找來找去，連最起碼的人才也很難找到。真是悲哀啊。

聖人，字面的意思是在說，生命修煉已經有了相當成就的人。像堯舜禹湯這樣的聖人在孔子的時代已經看不到了。只好退而求其次，能遇到君子也不錯。所謂「君子」是指生命修煉已經趨向完美境界的人。這兩種人是學習的對象。

「善人」是指已經著手生命修煉的人，修煉的目標是在於改善身心上的各種障礙。這種人在孔子的時代也已經不容易看到。再退而求其次，只要肯有恆心著手練習生命修煉的人就好了。

然而實際的情形又是如何呢？有些人根本沒有什麼動作，可是卻裝作他已經有所心得了；內容還是很空虛的，卻表現出好像很充實的樣子；做起來綁手綁腳的，有拘有束的，卻要表現得已經運用自如，一副很舒坦的樣子。在這樣的情形下，怎麼可能有恆的去做呢？在春秋末年，孔子已經有這樣的感慨，放眼看現在社會，情形依然如故。兩千五百年過去了，情況依舊沒有改善。

用現在的電腦來做比喻，就可以更清楚的說明「傳授」與

「學習」之間的障礙。像孔子這樣當老師的人，相當於電腦的 Vista 級，擁有 1000 giga 大容量的硬碟，又加上了特別好的寬頻網路。因此，他可以接收許多信息，又有許多強大的運算和記憶功能。可是，學生也許只是一臺 286 級的電腦，用的軟體是 PE2，硬碟也只有 20 mega，還沒有數據機可以上網連線。甚至可能只是一臺 8088 級的電腦，連硬碟都沒有，只有兩個軟碟機。在這種巨大的差別下，一個只有 20 mega 硬碟的 286 級電腦是沒有辦法安裝 Vista 級所用的軟體程式。

老師的傳授和學生的學習之間的障礙就在這裡。一般人在使用人體這部電腦設備卻往往不顧這種差異與障礙，在人生而平等的虛幻概念下，硬是要以 286 級電腦來安裝 Vista 級的軟體。結果可想而知，當然是裝不進去，但是一般人總是責怪要安裝的軟體不對，不會反省自己這部電腦的層級太低。因此，為學的基本目的就是把人體這部電腦設備，透過一定的方法，予以升級，再加上電話網路，乃至於光纖、寬頻網路。

孔子在教學時會有這樣的感嘆，就是在嘆息每一個人都已經不知道從根本做起。只好從末端的「文」教起，希望倒著教回去，讓學生終有一天可以達本返原。可是，一般人卻只知表面的工夫，甚至還不肯學，找盡各種理由來阻擋自己把他所擁有的「人身」這部電腦設備加以升級。兩千五百年來情形似乎沒有什麼改善，反而更加頑固。

26. 子釣而不綱，弋不射宿。

這段話又是千古大謎題。

照字面來說，一般書上都解讀成「孔子在釣魚的時候，不用大網子去捕魚；在打獵的時候，不射棲息在巢裡的鳥。」因此，有些學者就認為這是在表述孔子對於保護環境的概念。南懷瑾指出，這兩句話應該放在專門記載孔子個人生活的第十篇〈鄉黨〉。

為什麼要編在這裡呢？南懷瑾認為這兩句話是在說明孔子做人處事的原則。他說，「釣而不綱」就是在闡述做人的原則，「孔子不論是釣魚也好，做什麼也好，不喜歡用心機來整人。」至於「弋不射宿」也是「代表中國過去文化的一種精神。」

這樣的解讀好是好，但是跟上下文脫離了關係，變得不知所云。上一段剛剛講過，學習時沒有好榜樣，而一般人的學習態度也是很差的。裝模做樣，虛幌一招。這一段話應該是接上一段話而來，是在講一般人學習方面的一些毛病才合乎上下文意。

仔細想想，用網子捕魚和射獵棲息在巢裡的鳥，都是一種「討巧」、「省力」、「追求較好的、較穩定的收獲」的行為。說得難聽一點，就是「偷懶」。用最少的力量獲取最多的報酬。在現代社會，這種獲利的觀念是正確的。可是在春秋時代，非常講究個人的努力和付出，方才可以有所得。這種用機巧以獲利的辦法，在修行者的眼光，就變得不適宜。釣魚一定要有安定的心情、耐力、體力和技巧；射鳥也是一樣需要有精準的技巧，安定沉著的心性。這些都不是天生就會的，而是透過努力而學來的。

因此，這段話是在說，孔子最擔心的學習方法就是走捷徑、討巧、偷懶。在這裡，以身示範，表示孔子自己為人處世沒有什麼投機取巧之處。

27. 子曰：「蓋有不知而作之者，我無是也。多聞，擇其善者而從之，多見而識之，知之次也。」

這段話就很明白的表示是在說學習之道。孔子指出，有些人在對事情明明不甚明瞭的情形下，就冒充內行，膽敢冒然從事。他是不會這麼做的。孔子處事的辦法就是多聽、多聞、多問，把各種有關的資訊都收集齊了，看看哪些是好的、有用的，就依照這些訊息去做。多看各種訊息，就可以明白事情的真相，這樣方才會有智慧出現。

28. 互鄉難與言。童子見，門人惑。子曰：「與其進也，不與其退也。唯何甚！人潔己以進。與其潔也，不保其往也。」

互鄉這個地方的人很古怪，很難跟外人溝通。有一天，互鄉的一個小孩來見孔子。孔子也就接見了他。門人都覺得很奇怪，老師怎麼有辦法跟這麼古怪的人交談呢？孔子就特別的解釋說：「我們要嘉獎他們往好的地方發展，不會鼓勵他們怠惰退步。大家為什麼心胸要這麼狹小呢？即使是個壞人，他能夠反省過來，等於是洗了個澡，把自己弄乾淨，才來求見一樣。只要能夠這樣，不就好了嗎？如果說，昨天有了一點錯誤，今天即使有好的表現，由於這些人師者的肚量很大，卻仍然不以為然，那麼世界上就沒有一個人可以做朋友，也沒有一個人才可用。」

「難與言」就是「不好溝通」。人與人之間的溝通，是兩者之間的信息波接觸之後，產生了諧波，把兩種信息波融為一體，雙方就因此而能明白對方的意思。如果不能產生諧波，產生了亂波，或者波長過短，傳遞又有限，兩個人就不能產生認知。「互鄉難與言」就是在說，互鄉這個地方的人所發射出來的信息波的頻道很窄，很難跟一般人起共振，當然也就不容易出現諧波。可是，孔子所能發射和接收的信息波的頻道就比一般人寬了很多，可能是全頻道的，因此連互鄉人這麼窄的頻道都在他的接收的頻寬範圍內，也就可以有了溝通。於是，孔子教誨學生們，要把自己的信息頻道拓寬，不要小鼻子小眼睛的劃地自限。

29. 子曰：「仁遠乎哉？我欲仁，斯仁至矣。」

孔門為學所說的「仁」，就是「仁者，二人也。」是指人與人之間有良好的交往互動關係。有了以上所說較寬的信息波溝通能力，就可以與較多數的人產生共振，而有所交往。因此，孔子會說：「在這樣的情形下，與人相處又有什麼難呢？只要我想要與人好好的相處，就立刻可以做到。」

30. 陳司敗問：「昭公知禮乎？」孔子曰：「知禮。」孔子退，揖巫馬期而進之曰：「吾聞君子不黨，君子亦黨乎？君取於吳為同姓，謂之吳孟子。君而知禮，孰不知禮？」巫馬期以告。子曰：「丘也幸，苟有過，人必知之。」

〔陳司敗〕：陳是陳國，司敗就是司寇，官名。

〔巫馬期〕：姓巫馬，名施，字子期。孔子的學生，少孔子三十歲。

〔進〕：靠近身邊。

相傳吳國是文王的長兄泰伯所建，與魯國是同姓。按照宗法禮制的規定，同姓不婚。可是，魯昭公卻娶了吳國的國君的女兒，稱作吳孟子。因此，陳國的司寇就旁敲側擊的問孔子：「魯昭公知禮嗎？」

孔子在搞不清楚這句問話背後意思的情況下，以為陳司寇是在問宗廟、朝會之事，就回答說：「當然知禮啊！」

陳司寇就對孔子的學生巫馬期作揖行禮之後，靠近他身邊，低聲說：「據我所知，真正了不起的人是沒有偏私的。你們老師怎麼也會有所偏私呢？魯君娶了同姓的國家吳國的女兒，號為吳孟子。這麼做，是知禮嗎？這樣算是知禮，那又有什麼樣的行為不合於禮呢？」

巫馬子期把陳司寇的這些批評一五一十的告訴孔子。孔子馬上就知道自己說錯話了，謝謝陳司寇的指正，說：「我真是幸運，一旦有了些差錯，就會有人來指正。」

聞過能改就是一種與人溝通，產生諧波共振的好例子。如果不是諧波共振，就會一聽到別人在指責自己，那還得了，不拍桌子罵回去才怪。

31. 子與人歌而善，必使反之，而後和之。

音樂也是與人產生諧波共振的良好工具。中國的音樂，特別是彈琴，基本上是在表達自己的心境，而不是像西方那樣以表演為主。琴是軟木厚板，又沒有共鳴腔，音量很小，純粹就是彈給三五知音聽的。歌也是直接的表達當事者的心境。快樂心情下所彈出的琴音和所唱出的歌聲，當然是快樂的。悲傷情形下所彈的琴音和所唱的歌聲，當然也是悲傷的。

這一段是在說，孔子聽到別人在唱歌，很好聽，一定會請他再唱幾遍，然後就跟著唱和。也就是起了諧波共振。

32. 子曰：「文，莫吾猶人也；躬行君子，則吾未之有得。子曰：若聖與仁，則吾豈敢；抑為之不厭，誨人不倦，則可謂云爾已矣。」公西華曰：「正唯弟子不能學也。」

從這一段起，是在作通篇的總結。孔子闡述了為學的種種要點之後，總結來看自己是不是確實做到了。

孔子自省的說：一般的禮樂典章制度與值得學習的東西，我大概都做到了。至於身心修持到某一個特定境界的「君子」，我還差了一點。至於可以通曉過去和未來的「聖」，以及廣被人群的「仁」，我還差得遠了。只是我這個人一直有一顆好奇心，一直不斷的學習；也一直把所學到的東西不斷的教授給學生，沒有因為學生學得不好而感到厭倦、灰心。

他的學生公西華說：這正是我們這些學生一直學不到的地方。

33. 子疾病。子路請禱。子曰：「有諸？」子路對曰：「有之，誄曰：『禱爾於上下神祇。』」子曰：「丘之禱，久矣。」

依目前流行的醫學來解讀這段話，根本讀不通。一般人就會很武斷的說，孔子也很迷信鬼神吧。從生命的多重結構來解讀這段話，就可以讀通了。在前面討論「齊戰疾」的時候已經說過現代醫學和古人對「疾」的認知是有相當大的差異。

再說一次，在古人的認知，一個人的身心狀態，最先是心性上發出了一個念頭，念頭產生了信息，也就是一個訊號，進而調動身體的能量分布狀態，最後方才具體的表現在身體上面。因此，越上層，越重要。在上層發生任何一點偏差，在下層就會有很大的偏差出現。人的疾病其實都是因為信息不對所導致的。不對的信息提供了一個適合某種細菌或病毒生長的環境，那種細菌或病毒方才會在那裡生長。現在醫學只是看到了這個結果，卻以為是致病的原因。因此，在古人的認知中，要調理身上的疾病，只需要在上層的心性和信息層次下工夫，就很容易把不良的狀況調整回來。在上層的心性和信息層面下工夫，來調整身體就是「禱告」。

鬼神，也就是一組有自主能力的信息，只是沒有肉身而已。可是在功能上又比人強大些。在前面也提過，人面對鬼神時的態度，最常見的辦法就是承認鬼神比我們強大有力，於是要用「祈求」的辦法來請祂們與我共振，讓我安靜下來，把亂掉了的信息平復回來。

這一段話就是在講有一次孔子生病了，子路要替他祈禱，孔子反問：「你真的做了嗎？」子路說：「我是向上下各方的鬼神祈禱。」孔子就說：「那我早就在祈禱了。」

子路要做的祈禱是向外在的力量祈求，求祂憐憫，從而幫忙來修改身上亂掉了的信息。孔子所做的祈禱卻是自己在心性和信息層面上用功。兩種都是祈禱，可是在心性的層次上不同。

34. 子曰：「奢則不孫，儉則固。與其不孫也，寧固。」

一般人讀這一段，都是從生活的奢侈和儉樸的解讀。不合上下文的文意。行文至此，應該是在說，這種祈禱方式，特別是向外力祈禱的這種方式，很可能因為一時效果不明顯，而更換祈禱的對象。這就是「奢」，在對待的行為上，也就有了輕率、不禮貌的動作，就是「不孫」。相對的，執著於一個對象，一心一意的祈禱，進入深層的心性狀態，方才能夠發生效果。這就是「固」。兩者相比，與其換來換去，不如執著一點去做。

對臺灣的學生、醫生和一般人來說，這種說法不太容易接受。可是，美國的醫學院已經發現當醫生能帶著病人祈禱時，病人的復原時間大為縮短，而且癒後情形也非常良好。因此，美國一百五十家醫學院，已經有一半以上，開設有「祈禱」的課程，教導醫生如何帶病人作祈禱。而臺灣的醫生還停留在「迷信」自己的醫事技術階段，何時能有美國醫生那樣的覺醒，天知道。

35. 子溫而厲，威而猛，恭而安。

在這樣的學習能力之下，孔子給人的感覺是溫文儒雅，可是在學習這件事上面卻很嚴厲；很有威儀，卻又有一種神聖而不可侵犯的樣子；待人處事很恭敬，而且一副安詳謙和的態度。

泰伯第八

本篇繼續討論為學的基本態度，強調「學」是一輩子都要謹慎、注意的事。

1. 子曰：「泰伯其可謂至德也已矣。三以天下讓，民無得而稱焉。」

依照《左傳》上的記載，泰伯是指吳國的開國國君。周文王的祖父太王把周族從今天的山西省境內遷到陝西的岐山之下後，方才奠定了周的國家基礎。太王有三個兒子，泰伯居長，虞仲居次，季歷居三。季歷的兒子就是後來的周文王姬昌。在商的末年，由於紂的失政，以致周太王有意整軍經武，東伐紂王，一統天下。泰伯不能同意父親的想法，認為周只是殷商的諸侯，不應該有不臣之心。於是陷入兩難的局面，在家中，基於孝道，不可以不聽父親的話；可是在政治上，又不能違反人臣之禮。

太王又看到季歷的長子昌，英武有為，認為可以完成他的理想，因而有意傳位給昌。在宗法下，王位規定是長子繼承。輪不到季歷這一支。泰伯一方面不願意做叛逆的臣子，一方面又要做孝順的兒子，讓三弟和他的兒子可以繼位，於是他和二弟虞仲就出亡他鄉，不願繼位當王。相傳是逃到南方的吳國。當時的吳國是有斷髮紋身之俗的蠻荒之地。直到周武王統一天下之後，方才把出亡吳國的這一支找出來，封為王爵。

南懷瑾評說：「以現代的話來說，為了正義，為了信仰，帝王可以不當，人格不能沒有，真理的思想不能動搖。因此走掉。泰伯是真的有帝王可做而不為，這是非常不容易的，在孔子思想中最推崇這種人，並不把功名富貴放在第一位，把真理、道德放在第一位。窮死餓死，那是另外一回事，並不在乎。所以孔子最尊重的人是泰伯、伯夷、叔齊等人。」

以上是傳統的說法，有對的地方，也有不對的地方。一九八幾年，在陝西扶風縣的一處池塘中，打撈出一大批埋在地下的青銅器，依照銘文上的記載，那是虞國的重器。出土的這批青銅器顯然是在西周覆亡時，虞國的國君在倉皇逃難之前，埋在地下的。「虞」和「吳」在大篆中根本是同一個字。那麼，這個出土這批青銅器的地點應當就是「虞國」，也就是史書上的「吳國」。距離岐山不過一百多公里而已。那麼，《左傳》上所就的南方吳國又是怎麼一回事呢？

陝西省的考古學家們認為，泰伯和虞仲的出亡是有這麼一回事，可是不是出亡到幾千里外的江南，而是兩百多華里之外的地方。後來，到了春秋時代，東南方的吳國逐漸強大起來，方才冒用了「泰伯出奔」的故事，來提高自己的身世和地位，說自己也是系出名門，華裔貴冑。這種說法是以「華夏、中原」為中心的考慮。

現代的考古證據顯示，在五千年前，中國東部沿海地方，從遼寧到廣東，有非常高度發展的文明。在東南方，原先說是野蠻落後的東夷、徐夷、淮夷、吳越等地方文明，統稱為「龍山文化」，有非常豐富的玉器和稻米生產，光輝燦爛，非常先進。在陝西、甘肅境內則有彩陶文化，擁有很精美的彩陶，時間上比龍山文化早，但由於地方環境的關係，就沒有像東方沿海地區龍山文化所呈現的那麼豐盛的內涵。

五千年前，黃河是在今天的河南鄭州市附近入海。後來所謂的「中原」，在那時候，還是海灣或海邊的沼澤地，還沒有讓黃河所帶來的泥沙沖積成平原。三千年前方才逐漸淤積成平原。古海灣的殘留就是古稱「梁山泊」的地方，現在更縮小成為微山湖、獨山湖等湖泊。在這個時期的地層中，根本找不到任何人類的文化遺存。這些考古證據顯示，後世所謂的中原文化或華夏文化是比較後起的。它是周遭各方勢力在此角逐，爭奪對平原地區的控制權方才形成的。

在西方的周人的文化顯然要比東方的文化來得簡單。而周代滅了殷商之後，就把精銳部隊移駐東方，成立監控殷商故地宋國、衛國的大兵站，這就是齊國和魯國。魯國的文明是建立在東方龍山文化這個豐厚的基礎上。孔子一直稱讚的周文化，嚴格的說起來，應該是指經過周人改造的東方文化，而不是西方周代根據地的文化。

因此，哈佛大學的考古學家張光直就曾經直率的說，周人在滅掉殷商、佔有中原之後，大肆竄改歷史，把自己的「叛臣」角色改寫成「仁義之師」，把他的對手商紂王加以妖魔化，說他是如何的荒淫無道，酒池肉林。把他的盟友（像南方的楚國）和東方沿海各地加以矮化，說成是蠻荒之地，而有東夷、西戎、南蠻、北狄之說。其實，在今天江南的吳國，在五千年前，就有高度的稻米和玉器的文明，原本應是一個地方性的國家，跟中原沒有太多的往來。在春秋末年，方才逐漸向北方發展，為了爭取在周代貴族社會中的地位，就把泰伯、虞仲讓國出亡的故事套用在他們的身上。

孔子也許知道這件事的來龍去脈，他說的泰伯讓國，應該是指逃到距離岐山只有兩百多華里的地方所建的虞國，而不是南方的吳國。後代的人弄不清楚這回事，就把東南的吳國當成那個真正的當事者虞國了。

不管這個故事的真假如何，在這裡，孔子是把泰伯當成一個心性知覺上的模範。孔子稱讚泰伯是一位不可多得的古代聖王。儘管有良好的心性覺知能力，可是不爭著去當國君，而是三次推辭掉當國君的機會。這種謙辭的工夫讓泰伯的心性更加光明。

2. 子曰：「恭而無禮則勞；慎而無禮則葸；勇而無禮則亂；直而無禮則絞。君子篤於親，則民興於仁。故舊不遺，則民不偷。」

〔葸〕：窩囊無能。

〔絞〕：過分武斷。

〔故舊〕：1. 老朋友；2. 傳統。

〔不偷〕：不偷巧。

泰伯讓國是在講行為的最高境界，特別是說給貴族們聽的。而這一段就細數行禮的各種重要性。是說給當時所有執政者聽的。

在〈述而篇〉，講到六藝時，說到「禮」是身心的自我控制訓練。一個人如果只是恭敬謙卑的待人，可是沒有一定的自我控制，就會陷入卑躬、屈膝、哈腰的勞碌困境。如果謹慎小心，又沒有適當的自我控制的話，過分的小心就會顯得窩囊無能。如果一個人有勇氣，有衝勁，可是沒有適當的節制，就容易出亂子。如果一個人是直腸子，直來直往，不拐彎抹角，而沒有適當的控制的話，就容易陷於過於武斷的弊病。「恭、慎、勇、直」都是很好的行為，可是，一旦太過頭了，沒有適當的控制的話，就會有很大的流弊。

在春秋時代沒有專門的貴族子弟學校可以來教導這些事情，家族環境就成了最重要的訓練場合。因此，一個可以統治國家的君子人，一定要從家庭人倫著手做起，把人際關係處理好，把自己的行為控制好，這就是〈為政篇〉所說的「孝」。當他們確實做到了，一般尋常百姓也就會有樣學樣，跟著有良好的社會人倫關係。

在〈學而〉和〈為政〉兩篇都提到，貴族或國君有關「孝」的表現之一是「三年無改於父道」，也就是能夠維持一定的文化傳統。如果文化傳統沒有什麼脫漏遺忘，人民有所依循，也就不會有什麼偷巧的行為。到這種地步，方才是完滿的德行。

3. 曾子有疾，召門弟子曰：「啟予足！啟予手！詩云：『戰戰兢兢，如臨深淵，如履薄冰。』而今而後，吾知免夫！小子！」

德行的訓練，不是一天打漁，十天曬網的事，而是一輩子無時無刻都要戰戰兢兢，戒慎小心的事。曾子跟著孔子學了一輩子，一直為德行修養而戒慎恐懼。到了病重臨終的時候，方才鬆了一口氣，對他的門弟子說：「看看我的手，看看我的腳，這一輩子就是靠著這副手腳做事，非常謹慎小心的注意自己的德行，隨時注意有沒有做錯事情，這種情形就像《詩經》上所說『戰戰兢兢，如臨深淵，如履薄冰。』現在到了人生的終點，我方才能說，從今以後，我不會再犯什麼過錯了。」

4. 曾子有疾，孟敬子問之。曾子言曰：「鳥之將死，其鳴也哀；人之將死，其言也善。君子所貴乎道者三：動容貌，斯遠暴慢矣；正顏色，斯近信矣；出辭氣，斯遠鄙矣。籩豆之事，則有司存。」

這一段是藉著跟魯國大夫孟敬子的問答，來說明一個有德行的君子人，在一輩子中，君子要應該怎麼來訓練自己的行為呢？

在曾子病重的時候，魯國大夫孟敬子來探病，問了一些如何為政的問題。曾子很謙虛的說，「我今天跟你講這些話的心情，是非常真心的，就像『鳥之將死，其鳴也哀』，我現在病得快要不行了，所說的話絕對是出自真心。一個君子人一生所要注意的有三個重點：

第一點，「動容貌，斯遠暴慢矣」。人的容貌不是天生就這個樣子，而是相隨心轉。這就涉及到心念和自己身心狀態的互動關係。現在的科學界一直否定心靈的力量，認為是無稽之談，形成了「沒有靈魂的科學家」、「科學家不能有靈魂」的怪現象。可是，在古人的認知中，心念才是一切身心行為的原動力。一個有道德學問的人一定擁有強大的、良好的心性能力。一個一心向善的人就會表現出慈善的面貌，他的身心也就會往善良的方面發展。一個整天擔心自己生病的人，就會出現病容，弄到後來，果真生病了。一個嗜殺的人一定面露凶相。因此，「動容貌」的意思是說，善良的心念可以改變自己的容貌，表現出一副善良、可敬的神態，那麼就可以遠離粗暴、傲慢的毛病。

第二點，「正顏色，斯近信矣。」「顏色」就是指人的神情、氣色、態度等方面。「正顏色」就是要能端正待人處世的態度。在跟人對答的時候，要和顏悅色，不能有閃爍不定的神情。神情專注的跟人說話，也就容易取得對方的信任。

第三點，「出辭氣，斯遠鄙矣。」「辭氣」就是講話時的神情、氣勢。「出辭氣」就是講出的話一定要理直氣才能壯，不能猥猥瑣瑣的，那麼就可以遠離被人鄙視的地步。

曾子告訴孟敬子，做到了以上所講的三個要點，為政者先把自己的行為端正起來，就是一個有德行的君子人。當他有了良好的心性控制能力和訓練，他的領導統馭能力也就跟著展現了。於是，手下的官員就會各安其事，不必煩心，放手讓他們去做就好了。

5. 曾子曰：「以能問於不能，以多問於寡，有若無，實若虛，犯而不校，昔者吾友嘗從事於斯矣。」

一個君子人的心性控制訓練，就是一種學習。學習時，要懂得謙虛，不能以為自己什麼都知道了，世上一定會有自己還不知道的事情。向看上去比自己不如的人請教，往往可能得到一些有用的答案。這就是「以能問於不能」。

「以多問於寡」，要向看上去知識不夠淵博的人請教。南懷瑾說，「一個人有了才具之後，往往是不肯向人請教的，尤其是向不如自己的人請教。儒家一向標榜要『好察邇言』，即使像堯舜這樣的聖人也要留意街頭巷尾之議。」南懷瑾也說：「另一種解釋就是說，從政的人多半是通才，什麼都知道一點，可是不精。而『寡』就是指專家，專門研究一個問題，很深入，但不夠廣博。因此，通才的執政者要向專家請教。」

可能還可以有第三種解釋。在〈學而篇〉就講過，所謂「聖人」就是有很好的覺察能力的人。這種覺察能力不只是對國家大事，也對一般民眾的小事。有了這種廣博又精密的覺察能力之後，自然可以關注到每一個人民的生活細節。也就形成了「以多問於寡」的另外一種重要的表現。

當有學問的人做到了「以能問於不能」、「以多問於寡」的地步，在外表上看過去，反而像是沒什麼學問的樣子。就是「有若無，實若虛」。

「犯」是指下面的人對上面的人不敬。「犯而不校」是說，有人對他有些不禮貌的動作，也不會計較。因為他的心量比較寬廣。

「昔者吾友嘗從事於斯矣。」這些要求是孔門學生在練習心性修養時必需要時常注意的。這裡所說的「吾友」應當不是指特定的人選，如顏回、子貢等人，而是指全部跟從孔子學習的學生。

6. 曾子曰：「可以托六尺之孤，可以寄百里之命，臨大節，而不可奪也，君子人與？君子人也。」

一個從事心性學習的君子人，最高的境界是什麼呢？可以接受大去國君的托孤，以輔佐六尺之孤，也就是幼主。把國家政事全權委託給他，也就是「寄百里之命」。他要能一心一意的輔佐幼主，沒有二心，碰到國家危難時刻，或是有可乘之機，都不會動搖他對幼主的輔佐心念，「臨大節而不可奪」。曾子反問說，「這樣的人算不算是君子呢？當然算是君子。」

7. 曾子曰：「士不可以不弘毅，任重而道遠。仁以為己任，不亦重乎，死而後已，不亦遠乎。」

〔弘〕：弘大、胸襟大、氣度大。

〔毅〕：剛毅、有決斷、看得準、處理事情有見解。

〔道〕：路途。在這裡不作「宇宙的信息波動」解。

接上一段曾子繼續說：「一個君子因為要做到這種託付的使命，必需要有弘大的胸襟，做事情要有見解，有決斷，而且百折不撓。這個任務是非常沉重的，所要走的路途又是非常的遙遠。以善於處理人我關係，作為自己的主要任務，不是很沉重的事嗎？這種責任、這條道路要一直走下去，直到生命的盡頭，不是很遙遠嗎？」

8. 子曰：「興於詩。立於禮。成於樂。」

〔興〕: 1. 唸ㄒㄧㄥ，初起、起源；2. 唸ㄒㄧㄥ丶，有了興趣。

〔詩〕: 是一種完美無邪的和諧共振狀態。

〔禮〕: 是身心狀態的控制和約束，也把萬物依陰陽、五行來做分類，之後方才可以認識到各種類別之間的互動關係。

〔樂〕: 與外物達成和諧共振的狀態。

要達成以上所說的君子境界，一定要有一套完整的訓練方式。當時留傳下來的《詩經》各篇是貴族學習的主要教材。而這個教材的特質，如〈為政篇〉所說，是「思無邪」的，也就是可以端正人心的。一個貴族子弟必需要從這裡學起，也要從這裡培養出興趣來。因此，是「興於詩」。

然後是要學習和分類天地萬物的次序，以及各大類之間的互動關係，如此就可以完全明瞭萬事萬物的本源，方才可以成為一個頂天立地的人。這就是「立於禮」。

有了和諧的身心狀態之後，他所發出的心念大多是在一種和諧的狀態。中國的古人最鍾愛的琴就是用來表達個人身心狀態的最佳工具。如果當他彈琴的時候，能完全表達這種和諧的身心狀態的話，就算是訓練成功了。所以說是「成於樂」。

9. 子曰：「民可使由之，不可使知之。」

這句話一向有很多的爭議。照字面講是說：「人民是可以支配的，不可以跟他們講原因。」有些火氣大又迷信民主的人往往就藉以來指責孔子，說孔子是在提倡愚民政策。也有人把標點符號更改一下，改成「民可，使由之；不可，使知之。」意思是說，「百姓認可了，就讓他們這麼去做；如果還弄不清楚，就慢慢的教導他們，讓他們知道其中的原委。」比較好一點，還是不理想。

從前面幾篇一路解讀下來，我們對於「君子」和「平民」有了一個全新的認識，那就是說，君子人是在心性的修養方面有很好的成就，而一般人民在心性的修養方面是沒有什麼成就的。中國歷來稱做官的人為「大人」，並不是說他的體型比較大，而是說，他的身心知覺有過人之處，可以覺察一個相當大的範圍。相對的來說，一般平民自稱是「小人」，也不是說，他的個頭比較小，而是他的心性覺知範圍比較小，大概就是自己這個身體而已。這種覺知的能力是有各種不同的差異。這種差別幾乎是天生的，有的人天生的就有較寬廣的覺察能力；有些人經過一番訓練，也就有了這種能力；對哪些特別頑固的人而言，可能怎麼教也是沒有這種精微的覺察能力。

因此，「民可使由之」這句話應該標點成「民可，使由之」。「民可」是指中等之資的人，可堪調教的人。「使由之」是說，他在做自我身心專注訓練時，可以照一定的訓練方法和步驟，一步一步的來做。「不可，使知之」，「不可」是指哪些下等之資者，他們資質魯鈍、知覺不敏銳、沒有什麼覺察能力者，「使知之」就是說要盡力的去教導他們，帶著他們慢慢的進入狀況，學會如何運用心智來觀察周遭的環境，捕捉一閃即逝的有用信息，也就是一般人常說的靈感。

這樣的解釋比較合乎孔門教學的宗旨，也彰顯了孔子為萬世師表的真諦。

10. 子曰：「好勇疾貧，亂也。人而不仁，疾之已甚，亂也。」

〔疾貧〕：飢寒起盜心。

接下去的兩段話就在說一些負面的情形。一個人如果好勇鬥狠，動不動就打架，對於貧窮的生活感到不耐，容易飢寒起盜心的人，就會胡作非為。一個人如果不能善良的處理人與人、人與環境的關係，甚至以消滅別人、專門破壞環境，以為樂事，那麼這個社會也就真的生病了。

11. 子曰：「如有周公之才之美，使驕且吝，其餘不足觀也已。」

一個人如果有像周公那樣美好的資質，可是他卻非常的驕傲，而且吝嗇，這個人就沒有什麼其他可取之處了。這裡所說的吝嗇，不只是在金錢方面的吝嗇，也包括了缺少同情心，不肯包容別人，不肯嘉獎屬下，連一紙獎狀也捨不得給等各種刻薄寡恩的動作。這些都是一個為政者千萬要避免的事。

12. 子曰：「三年學，不至於穀，不易得也。」

〔穀〕：俸祿。

這段話是孔子的一種感嘆。當他開始有系統的教人如何為學、如何為政之後，跟他學的門生前後有三千人。只有少數幾位在《論語》中有記載，其他的門生呢？很可能就是來學一陣子，學到一些東西，就急急忙忙的去作官從政了。因此，孔子才會說：「來我這裡從學三年，還不想去找事做，這種人實在很少見了」。這種情形自孔子那個時代一直到現在，不都是如此嗎？在臺灣，所有的學生不都是以就業為最優先的考慮？至於真正的「做學問」，那是很少數的人才肯去做的事。

13. 子曰：「篤信好學，守死善道。危邦不入，亂邦不居，天下有道則見，無道則隱。邦有道，貧且賤焉，恥也，邦無道，富且貴焉，恥也。」

既然要去做官，就要有一些基本的條件。出仕的基本條件是說，對自己所學的，要全心全意的相信，不能猶疑不決。要虛心，肯向不同的人請教不同的問題。對於好的善道，要終生牢牢的奉行。有危亂的國家，就不要進去。已經亂成一團的國家就不要停留，遑論定居。天下有道的時候，就順勢出仕，為國家人民做事，天下混亂的時候，就隱居起來。當一個國家政治上軌道的時候，自己卻仍然不受重用，生活陷入貧窮，又沒有什麼社會地位，那是一件可恥的事。當一個國家混亂的時候，自己卻享有無上的富貴，顯然是做了許多苟且貪瀆的事情，也是可恥的事。

14. 子曰：「不在其位，不謀其政。」

由於以上所說的各項基本條件，讓一個君子人在選擇要不要從政的時候，有了依循的分寸。在有機會出仕的時候，就要努力的表現，盡心盡力。不出仕的時候，就不要隨便發表議論。因為不在那個位置上，就不容易真切的知道那是怎麼一回事。隨便講，就容易出錯。

15. 子曰：「師摯之始，關雎之亂，洋洋乎盈耳哉。」

〔師摯〕：魯國的大樂師。

〔亂〕：有的書上是作「治」的意思解，實在說不通，也許歷來說是古人有說反話的習慣。

一個君子有了前面兩段的修煉之後，在他的心性方面，也是要有很好的修煉。魯國的大樂師可能是一位很能創作的人，他作了許多美好的曲子，在歌詞方面，也都是秉承《詩經》的原意，思無邪。這種美好的歌聲隨時隨地都可以聽到，讓自己的身心都處於一個美好的境地。

16. 子曰：「狂而不直，侗而不愿，悾悾而不信，吾不知之矣。」

〔狂〕：是指豪邁慷慨、心地坦然、善交朋友、對就是對，錯就是錯。

〔侗〕：貌似忠厚，卻滿腦子的鬼主意。

〔不愿〕：不夠厚道。

〔悾悾〕：腦袋裡面空空如也。

有了好的修煉，當然也要提醒還有哪些應該注意的不良行為。這些不良行為包括（1）豪邁慷慨、心地坦然、善交朋友，但是人情重於理智，在人情包袱下，不能就事論事，無法做到「對就是對，錯就是錯。」（2）看上去貌似忠厚，可是肚子裡卻是一肚子鬼主意，對人也就隨時在算計，不夠厚道。（3）腦袋裡面明明是空空如也，卻以為天下事情他全都知道，不肯相信別人在說什麼。像這樣子的人，孔子也沒有辦法，只好說「這種人，叫我怎麼說呢？」

17. 子曰：「學如不及，猶恐失之。」

接上一段話而來，孔子繼續說：「為學就像怕趕不上什麼東西似的，要急急忙忙的，抓到機會就學，唯恐失去什麼。那能像前一段所說那三種不好學的樣子。」

18. 子曰：「巍巍乎，舜禹之有天下也，而不與焉。」

〔巍巍乎〕：形容崇高、偉大的樣子。

〔與〕：佔為己有，家天下。

通篇是在講一個君子如何為政。在結尾部分，以堯、舜、禹三位古代的聖王作為學習的榜樣。

孔子先是讚嘆的說：「舜和禹之有天下，是多麼的偉大啊！他們有了天下，可是並不把天下當成是自己傳家的東西。」相傳舜和禹都是選擇賢能的人來繼承他的帝位。在中國的歷史上稱之為「禪讓」。是儒家心目中最理想的政治傳承制度。

19. 子曰：「大哉堯之為君也，巍巍乎，唯天為大，唯堯則之，蕩蕩乎，民無能名焉。巍巍乎，其有成功也，煥乎，其有文章。」

我們在一開始說明古代的聖王的能力和特質的時候，就提到帝堯。帝堯的特質和能力是「其仁如天，其知如神，就之如日，望之如雲。」他與人相處時，讓人覺得他像天一樣的普遍照顧，他對事情的了解非常神準，靠近他，就像接近太陽一樣的溫暖，可是他又高高在上，像白雲一樣的高遠潔白。這種描述就是在說明堯有非常高妙的心性修持和覺察的能力。

因此，孔子在這裡稱讚帝堯的偉大時，就說：「堯之為國君，實在是偉大的事。只有天是最廣大的，也只有堯可以效法天的廣大寬闊。他的恩惠像波瀾一樣的壯闊，廣被四方，讓四方的人民都能感覺到他的恩惠，一般人民不知該用什麼樣的詞彙來形容堯的恩惠。真的偉大啊，堯所達到的成就。真是光輝燦爛，堯所留下的典章制度。」

20. 舜有臣五人，而天下治。武王曰：「予有亂（治）臣十人。」孔子曰：「才難，不其然乎，唐虞之際，於斯為盛，有婦人焉，九人而

已。三分天下有其二，以服事殷，周之德，其可謂至德也已矣。」

舜有五位能幹的臣子，就把天下治理得井井有條。這五位臣子是禹、稷、契、皋陶、伯益。禹是夏的始祖。稷是商代的始祖，契是周代的始祖。相傳都是因為這些人有德行，他們的後代方才可以相繼統領天下。這是傳統的說法。現代考古的證據發現，夏商周其實是三個不同的部落，也可以說是三個不同的國家，在前後一千年之中，相繼統領黃河流域。古人把這些部落的始祖都推論為起於同一個家族，象徵著這些部落經過漫長的時間，逐漸融合在一起，形成了後世所謂的「華夏文明」。

周武王統一天下，也是靠著十位能幹的臣子。這裡的「亂臣」，也要作「治臣」來解。否則根本說不通。

孔子對這種情形作了一番解釋：「人才實在是很難求啊！從唐堯虞舜到現在，（指春秋時代），以周代建國的時候，人才最為興盛。十位大臣之中，還有一位是婦女，男子只有九位。當周的勢力已經可以號令三分之二的天下時，周人還以臣子的身分，來服事殷商紂王。因此，周代開國的幾位周王都是享有最高的德行。」

21. 子曰：「禹吾無間然矣，菲飲食，而致孝乎鬼神，惡衣服，而致美乎黻冕，卑宮室，而盡力乎溝洫，禹吾無間然矣。」

孔子對於禹是沒話可以挑剔的。禹的生活非常簡單樸素，可是他卻對鬼神的祭祀，一點都不敢馬虎。他平常穿的衣服並不考究，可是在朝服衣冠方面卻相當的華麗。自己住的地方完全不去講求，可是卻致力於建設人民灌溉和排水用的溝渠。對禹，我是沒有什麼批評的意見。

「菲飲食」這句話，通常都作「吃得不好、不精美」。其實，「菲」是「薄」的意思，「菲飲食」的意思就是「吃的不多」，夠吃就好，不要吃到撐飽。吃得太飽，人就很容易昏沉，因為身體要調動非常多的能量去消化這些食物，對身體反而是一種障礙。「致孝乎鬼神」是在講信息層面的問題。「致孝」是「取得和諧、一致」。「鬼神」就是流轉在宇宙中的信息波，一組一組的存在。這兩句話合起來，就是說，不要吃得太多，可是對於流轉的信息波又能保持敏銳的覺察能力。

「惡衣服而致美乎黻冕」也是同樣的意思。衣服穿得華麗，就表示人被物慾所限。至於黻冕是祭祀時、上朝時所穿的衣服，不僅是代表身分地位，更是透過服裝的整理而讓身心狀態有所調整，調整到一個知覺靈敏的狀態。接下去講「致力於溝洫」更是敏銳覺知的具體表現。

「夏」的疆域主要是在今天河南西部、山西中南部。是一個缺乏水源的地方。打井和建溝渠是一個非常重要的事。如何找到可用的水源，更是重要的事。現代人用人造衛星作遙感探測都不容易找到水源，何況是五千年前。在《史記》的〈夏本紀第二〉提到禹的人格特質和所擁有的特殊能力：「禹為人敏給克勤，其直不違，其仁可親，其言可信，聲為律，身為度，稱以出，亹亹穆穆，為綱為紀。」這段記載中，「身為度，稱以出」這兩句話的釋讀，一直有些疑問。

在山東嘉祥縣出土的東漢武梁祠的畫像磚上有這樣的一

段文字：「夏禹長於地理，脈泉、知陰，隨時設防，退為肉刑（同「形」）。」意思是說，夏禹是個懂得地理、水脈的人，善於找出隱藏的規律或東西，隨時都能檢測狀況，用自己的身體來感覺，甚至在身體上表現出來。

這麼一來，前面《史記・夏本紀第二》中的「身為度，稱以出」這兩句話也就有了合理的解答。這兩句話意思是說「夏禹用他的身體來做測量的工具，各種測量的結果也就隨之而出。」

由於《史記》的〈夏本記〉依照《書經》的記載，一開始就說天下洪水泛濫，禹把洪水治平了。以至於我們現在不太容易弄懂「致力乎溝洫」是在講什麼。其實很可能就是在找水源，然後把水引到村落、農田裡去。怎麼找到水源？怎麼開鑿溝渠，都是要有非常敏銳的知覺能力。有關夏禹的討論，請見導讀頁 65。

子罕第九

在〈述而第七〉篇，討論了為學的具體方法；〈泰伯第八〉篇繼續討論為學的一些基本態度，強調為學是一輩子都要謹慎注意的事。在這一篇中提到，大家都覺得孔子非常博學，但是沒有什麼特別專精的地方，可是孔子自己卻認為他是勤奮好學，對什麼事情都有一份好奇心，才會對什麼事情有興趣，不會特別執著於某一點上。顏回對於這種境界讚嘆為「仰之彌高，鑽之彌堅，瞻之在前，忽焉在後」，有一種莫測高深的感覺。

這一篇錯簡的情形很嚴重，讀起來，意思有些混亂。因此，根據通篇的旨意，把各章的次序做了調整。

1. （原序1）子罕言利，與命，與仁。

「利」是從別人那邊得到一些好處。「命」是人到世間走一遭的基本設計。也就是說，人生走一遭是有特別的目的，根據這個目標，每個人都選擇了他要做的功課，來改正他生命之中的一些缺陷，或者說是不美滿的地方。至於仁，如前面各章所說，就是用善良的心來處理人與人、人與物、人與周遭環境的相互關係。孔子很少談論這三件事情。為什麼呢？

孔子的時代已經有了相當興盛的商業，《左傳》和後來的漢賦用「揮汗如雨」來形容當時齊國國都臨淄的市集如何的熙來攘往。孔子的好學生之一子貢就是很成功的大商人，孔子的生活主要是靠子貢的張羅。可是在整部《論語》之中，幾乎隻字不提子貢在商業方面的成就。這種態度似乎反映了一個事實，「商人為四民之末」，因為商人是在轉手買賣之間，博取相當的利潤。在春秋時代到漢代的統治者的心目中，這是不怎麼道德的事。因而刻意的貶抑商人的社會地位。可是實際情形就如西漢賈誼寫〈鹽鐵論〉所說，儘管商人位列四民之末，可是由於商人賺了很多錢，以至可以比擬王侯，跟公卿大夫平起平坐。實際上是居四民之冠。由於賺錢的行為被認為是不道德的，因此，孔子就不會常常講這方面的事情。

對一般來說，「命」是幽遠難明，不好明講，也講不明白。要談命，就必需要先探討「什麼是生命？」

現代物質科學文明對「生命」所作的基本假設是說：「這個身體就是這個生命，一旦沒有了這個身體，也就沒有了生命。」生命的存在取決於身體之有無。一旦身體不存在了，什麼也都沒有了，也就沒有了生命。可是，古今中外的聖人和智者卻不是如此認為，都認為現在這個身體並不等於生命，身體是有時間和空間的限制，但生命卻不受這個有限時空的限制。甚至認為生命是和我們所處的宇宙一起出現，就如禪宗六祖慧能大師所說「何期自性，本無生滅。何期自性，能生萬物。」

要想解開這種看似無解的矛盾，就要借用陳國鎮教授所提出的「生命多重結構」這個概念才行。他把生命區分成硬體設備和軟體設備兩部分。硬體設備是指這個有形、有相、有一定時空限制的肉體。軟體設備則包括了三個主要的部分：能量部分包括自受胎以來的基本動力和每天吃下去的東西所轉化而成的體力；信息部分包括了意識和潛意識；心性部分則是能夠認識、解讀外界一切事物，並做出決定的主體。由於它是認知的主體，而不是被知的對象，因此是不可知的、意識所不及的，也就是道家所說「道可道，非常道；名可名，非常名」，佛經常說的「不可說，不可說」，實在是不知道要怎麼說，說不出來，可是它又明明白白的存在。心性部分有不同的名稱，諸如「如來本性」、「本來面目」、「真我」等。

一般所說的「命」，指涉兩個不同的層次，一個層次是指不可說、不能說的認知本體，由於不可說，孔子也就不能談、不可談、不會談。

另一個層次是在我們的意識和潛意識之中，攜帶了種種信息，這些信息深深影響到人的行為、嗜好、交友、親人關係、事業、身心狀況等方面的發展。而這些信息大都帶有一些缺陷，或者是不圓滿的地方，就像現在電腦程式裡的病毒。人到世上走一遭的目的，就是在修改這些生命中的缺陷或是不圓滿之處。因此，來世上走這一趟之初，就選擇了一些功課來做。有些人比較急，選了較多的功課，他這一輩子就過得很辛苦了。有的人比較疏懶，只選了少數幾項功課，甚至只是在玩玩，根本不想做功課。這種人大多就是安逸、糊塗的過一生。一般人總是用最膚淺的自我意識來行為處世，很少會意識到他的行為動作其實是受制於這個生命之中最原始的基本設計。只有一些有特殊解讀能力的人方才可以掌握一二，還不一定準確。孔子對這方面有一些認識，但說不清楚，也就儘量少說了。

在〈為政第二〉篇裡，孔子大談什麼是「仁」。而在這裡忽然說孔子不常談「仁」，不是前後相互矛盾嗎？在這裡說孔子很少談到「仁」，一定有特別的用意，也就不可以一概通論之。

「利」是涉及不道德，也就是心念放在不正當的地方；而

「命」卻涉及更廣泛的信息和心性兩個層面。它的第一步還是要有正當的、美好的心念，如〈里仁篇〉所述。而這種心念卻是一般的「小人」所不具備。所謂「小人」，是指心念所產生的知覺只及於自身的人。《論語》中所說的「君子」，也就是後世所說的「大人」，他們的心念和知覺的範圍就相當的廣大。有了這種廣大的知覺，加上美好的心念，方才可以善待周遭的人和物，達到「仁」的標準。這種人在孔子那個時代已經不多見了，因此，孔子很少正面的談現實社會中的「仁」這項德目的具體實踐情形。

2. （原序4）子絕四：毋意，毋必，毋固，毋我。

〔意〕：同「臆」，是猜測、臆測的意思。

〔必〕：絕對的肯定。

〔固〕：固執、拘泥。

〔我〕：自以為是。

上一段是在講孔子對有些事情是堅持的，有些事情則是通權達變的。這一段則是講，孔子有四件事是絕對不會去做的。這四件事是不會憑空揣測、不會絕對的肯定什麼事情、不會固執或拘泥在某些特定的想法和觀念上、更不會自以為是。

3. （原序 2）達巷黨人曰：「大哉孔子！博學而無所成名。」子聞之，謂門弟子曰：「吾何執？執御乎？執射乎？吾執御矣。」

前面〈述而篇〉提到過，孔子由於心性常處在一個空靈的狀態，可以隨時隨地可以接收各種有用的、有意義的信息，形成好的靈感，因此，從外表上看起來。學問相當廣博，知道的事情很多。

達巷這個地方的人卻批評孔子說：「孔子這個人的確很偉大，他非常的博學，可是卻沒有哪一樣事情是他專精的。」

孔子聽到這種批評之後，就對門弟子說：「我要選擇什麼樣的情境呢？是要在如射箭般，在安定中才能求得心性的安定呢？或者是如駕車般，在動盪的情形下求得心性的安定呢？我喜歡在動盪的情形下能夠求得心性的安定。」

因為一般人為了衣食三餐，整天忙碌，不可能有長時間的安靜，大多是在匆忙中，能有一小段時間心頭安定一下，就非常難能可貴了。如果可以在匆忙中一直保持心境的安定，那麼這個人就可以做成很多的事。照這一段來說，孔子之所以會很多的事，顯示他就是那種在匆忙中可以一直保持心頭安定的人。接下去的幾段都在講他是如何的多能。

4. （原序 6）太宰問於子貢曰：「夫子聖者與！何其多能也？」子貢曰：「固天縱之將聖，又多能也。」子聞之曰：「太宰知我乎？吾少也賤，故多能鄙事。君子多乎哉？不多也！」

〔太宰〕：官名，在《春秋左傳》裡，通常是指吳國的太宰伯嚭。

〔縱〕：放縱、沒有限量。

〔將聖〕：有的書上釋作〔大聖〕，似乎不合平時的用詞，也許作「將會成為聖人」比較合乎文意。

〔吾少也賤〕：與「貴族」相對而言，意思是說，少年的時候，由於家道不是那麼富裕，沒有什麼伺候的人，什麼事情都要自己動手來做，因此就學會了很多事情。

吳國的太宰伯嚭問子貢說：「夫子真是聖人啊！要不然他怎麼會懂得那麼多的事情。」

子貢也順著太宰的口氣說：「就是上天要他成為當今的聖人，又有那麼多能為的事。」

孔子後來聽到了這段談話，就說：「太宰怎麼會了解我呢？我不是出身在錦衣玉食之家，家中沒有那麼多的僕人來伺候，大大小小的事都要自己動手去做，所以那些粗重的工作，我都會做。對一個君子人來說，這樣算是多能嗎？不多吧！」

5. （原序7）牢曰：「子云：『吾不試，故藝。』。」

〔牢〕：姓琴，名牢，孔子的弟子。

〔不試〕：不為世人所用。「試」就是「用」的意思。

〔藝〕：多才多藝。

有的書上把這一段直接放在上一段之末，也可以，不損文意。

琴牢這位學生也說他曾經聽夫子講過，由於他一直不為國家所用，因此有許多空閒的時間，可以學習各種藝能。

6. （原序 8）子曰：「吾有知乎哉？無知也。有鄙夫問於我，空空如也；我叩其兩端而竭焉。」

〔空空〕：一般書上作「悾悾」，誠懇的樣子。

〔叩〕：反問。

〔竭〕：直到盡頭。

一連幾段都在講孔子是如何的博學。孔子自己反問道：「我真的是那麼博學、有知識嗎？在我的感覺上，實在沒有什麼知識。有鄉下人來問我問題，他的態度是那麼的誠懇，於是我就反問他幾個問題，問清楚頭尾原由，就可以幫他把他的思路理清楚，如是而已。」

一般人的不聰明，或是糊塗，都不是學識上、知識上有什麼欠缺，而是思路不夠清楚，講出來的話也就不清不楚，旁人聽起來就覺得這個人糊塗，凡是思路清楚的人就會給人一個很好的印象，認為他是一個聰明伶俐的人，什麼事找他都是可以得到圓滿的解答。孔子自認為他就是這麼一個頭腦清晰、思路清楚的人。

7. （原序 17）子在川上曰：「逝者如斯夫！不舍晝夜。」

物理學上有一個基本的定理，叫做「不可逆現象」，把一滴墨水滴在一杯清水中，經過一段時間之後，這滴墨水就會很均勻的散開，與清水混在一起。可是我們卻沒有辦法再把這個混合的過程倒過來做，從混合液中把這滴墨水還原出來。人生也是一樣，這個身體一旦生成，就朝著「老化」這個方向發展，絕對沒有辦法再回過頭來，再年輕一次。

有了這種認知，方才可以讀懂這句話可能的涵意。孔子說這句話，可能是在感嘆人生就這麼一趟過，不能回頭的，就像河水一直不停的向前流走，從來不會回頭。那麼，人生走一遭是為了什麼呢？不會來混日子吧？前面也提到過，是為了修補生命中的缺點，為了達到這個根本的目的，就需要努力的學習，盡可能的學習所有可用的方法。

8. （原序 18）子曰：「吾未見好德者，如好色者也。」

來人生走一遭的基本目的是要改正累生累世所累積下來的缺陷，並且提升生命的境界和能力，今天要比昨天好，今年要比去年好，這一生要比上一生好。可是這種基本的要求卻不是每一個人都能做得到的，有不少人是來世上混日子的。換言之，世人的人生基本上可以分成「升學班」和「放牛班」兩大類。升學班的生命為自己設定了很多的功課，選課越多，這一生就過得越辛苦。而放牛班的生命，在他的這一生，往往是吃吃喝喝，說不定還是錦衣玉食，美女環伺。結果不但沒有消除原先的缺陷，更沾染了一大堆新的毛病和缺陷。那就是佛家所說的墜入地獄，生死輪轉不已。

這段話裡的「好德者」，可以比作生命的升學班，而「好色者」，就可比擬作生命中的放牛班。在世間，願意努力學習各種有用的方法，以消除生命中的缺陷的人畢竟是少數；渾渾噩噩過日子，在酒色財氣中打滾的人才是多數。所以孔子才會說這句話：「我從來沒有看到會努力修習美好德行的人，像喜好酒色財氣的人那麼多，那麼執著。」

9. （原序 19）子曰：「譬如為山，未成一簣；止，

吾止也！譬如平地，雖覆一簣；進，吾往也！」

為學的基本態度是什麼呢？不是一天打漁，十天曬網，而是持之以恆，慢慢的累積，不要半途而廢。其止其往，都是自己決定的。

治學就像用土去堆一座山，有的人往往不能堅持下去，越到最上頂端，越覺困難，說不定就因為怕難畏苦，在最後關頭放棄了。這座山也就堆得不夠完美，留下了缺憾。這時的停下來，是我自己做的決定。又譬如在平地上堆山，雖然才倒一筐土，只要我肯做，就會一直的堆上去。

10.（原序 16）子曰：「出則事公卿，入則事父兄，喪事不敢不勉，不為酒困；何有於我哉！」

為學的內容又該如何呢？孔子認為最基本的要求就是出仕朝廷，誠心誠意的奉事公卿；進到家裡，就要滿懷愛意的奉事父兄，乃至於整個家族的親人。在辦理喪事的時候，不敢不盡心盡力。飲酒不要過量，不要形成酒精中毒的狀態。這些事情對孔子來說，有什麼困難呢？

可是，社會就是有許多人做不到。不能在公開的場合做事，在家裡又常撥弄是非，搞得家族紛擾不安；一旦喝酒，就喝得酩酊大醉。這種人就是我們所說的放牛班生命。

11.（原序 25）子曰：「主忠信。毋友不如己者。過，則勿憚改。」

這一段在〈學而第一〉的第八章出現過，在此是重複出現，可能是為了接續上一段的話。為學的基本要求既然是出仕朝廷，那麼在個人的修養和行為方面，就應該做到「忠信」。盡一己之力為忠，說出的話要算話，不會反悔是為「信」。不要目空一切，不把別人放在眼裡，而是要看出跟自己交往的每一個朋友都有他們的長處，是值得自己學習的。有了過錯，不要掩飾，要勇於改正。

接下去又連續舉了幾個具體的例子來講人如何學習有關「禮」這件事。從這些例子來看，孔子的治學不是死板板的，不是一成不變的。

12.（原序 15）子曰：「吾自衛反魯，然後樂正，雅頌，各得其所。」

這段話從字面上來說，孔子從衛國返回魯國以後，就致力於訂正魯國的禮樂，把已經錯亂了的樂，改正過來。讓吟頌《詩經》「雅、頌」各篇的場合和情景、氣氛能夠適當的表現。

換言之，當時魯國的禮樂已經崩壞了，到了需要撥亂反正的地步。而孔子和他的門弟子所面臨的工作之一，就是把這些已經亂掉了的禮樂改正回來，禮樂一旦改正了，世道人心也就會跟著改正。接下去就舉了一些不知禮的實例。

13.（原序 3）子曰：「麻冕，禮也。今也，純儉，吾從眾。拜下，禮也。今拜乎上，泰也，雖違眾，吾從下。」

〔麻冕〕：用細麻布做成的禮帽。

〔純〕：黑色的絲。

〔儉〕：用麻織成的禮帽，依規定要用二千四百縷經線，織得非常的精細，很費工夫。如用絲，就容易得多了，相對之下，就比較儉省。

〔拜下〕：臣子向國君行禮時，應當在堂下拜見，國君往往為了尊重臣子，謙辭在當下拜見之禮，而請他升入堂上再拜。

〔泰〕：桀驁不馴；驕傲。

前面講過，「禮」是自我身心行為的約束。如果這種約束不能做得確實的話，就失去了禮的真實意義。穿戴和行拜覲之禮，都是「禮」的具體表現。在孔子的時代，這種「禮」的行為已經有了變化。

在周代的禮制中，規定要用二千四百縷經線的細麻布來做禮帽，那是非常費工夫的事。到了孔子那個時代，人們為了儉省人力和時間，改用黑色的絲線來做禮帽。孔子在這方面，不堅持固有的傳統，也跟著大家一起使用黑絲做成的禮帽。

在周代的制度中，大臣去覲見國君時，要在堂下行拜見之禮。國君往往為了表示客氣和尊重大臣，請大臣升堂之後，再拜。可是到了孔子的時代，大臣通常沒有徵得國君的同意，就大剌剌的直接拜於堂上，這是非常沒有禮貌，而且態度傲慢的事。孔子面對這種不知禮的情形，沒有辦法認同，因此，他的做法就是寧可違反大眾一般的做法，還是主張要在堂下行拜覲之禮，以維持固有的君臣禮數。

14.（原序 10）子見齊衰者，冕衣裳者，與瞽者，見之雖少必作；過之必趨。

〔齊衰〕：以粗麻為質料，不縫邊的喪服，是為「斬衰」，是喪服之重者；縫邊者為「齊衰」，喪服之輕者。在這裡，應該是泛指所有的喪服。

〔冕衣裳者〕：貴族的盛裝打扮，戴帽子，穿華麗的衣服。

〔瞽者〕：瞎眼的人。

〔作〕：起立，表示敬意。

這段話可說是孔子的親身示範。他見到有孝服在身的人、穿戴禮服的官員，以及瞎子，儘管他們年紀不大，孔子也是要站起來，表示敬意。如果要走過他們的前面，也就會快走幾步。這是禮的具體表現。

15.（原序 12）子疾病，子路使門人為臣，病閒，曰：「久矣哉，由之行詐也！無臣而為有臣，吾誰欺？欺天乎？且予與其死於臣之手也，無寧死於二三子之手乎！且予縱不得大葬，予死於道路乎？」

這段話可能是在孔子晚年的時候講的。孔子生病，而且還病得很重，子路就安排同學輪流的來照顧孔子，好像家臣一樣，這麼做有違當時的禮制。以孔子的身分，不當有家臣。等到病情稍為好轉，孔子就責備子路說：「仲由這麼做詐偽的事，已經有一段很長的時間了吧？我不應該有家臣，卻派了一些學生來作家臣，要騙誰呢？要想欺騙上天嗎？而且，與其讓我死在家臣的手上，倒不如死在弟子們的手上。我縱使沒有辦法得到卿大夫的葬禮，難道我會路死路埋、溝死溝埋嗎？」

從表面上來看，這一段話跟前後各段幾乎都連不上任何的關係。仔細想想，還是在講一個「禮」字。在周代的社會，不同身分的人有不同排場的生活和葬禮，被認為是天經地義的事情。孔子的晚年沒有任何的官職，當然也就不會有什麼家臣。子路故意安排了家臣來服侍他。在子路來說，是一番好意。可是對孔子來說，這麼做等於是陷他於不義，他怎能不生氣呢？

16.（原序 24）子曰：「法語之言，能無從乎？改之為貴！巽與之言，能無說乎？繹之為貴！說而不繹，從而不改，吾末如之何也已矣！」

〔法語之言〕：告誡的話。

〔巽與之言〕：委婉勸導的話。

〔繹〕：尋究的意思。

〔說〕：同「悅」。

別人告誡我、勸告我的話，能不聽從嗎？所以聽了之後，可以改過，方才可貴。我要勸導他人的話，能不講得委婉動聽嗎？但是要能把別人的問題追根究底的分析清楚，方才可貴。光說一些好聽的話，不能找出問題的癥結；雖然在聽，可是在行動上卻沒有任何改正的動作，孔子對這種人實在拿他沒辦法。

17.（原序 22）子曰：「苗而不秀者，有矣夫！秀而不實者，有矣夫！」

講過了學習的目標和主要的內容之後，就要來檢視孔門的學生們的學習情形。孔門的學生也是有「用功」和「不用功」的分別。

要知道，在生命的升學班和放牛班之間的界限不是那麼清楚，截然可分的，而是一個漸進的過程。有的人是用功了，可是只用了一點點的工夫，就像種子種下去，發了芽，可是沒有辦法長大、茂盛。也有人的確是花了不少的精神和心力，可是仍是做得不夠，不能達到開花結實的地步，仍是非常可惜。

18.（原序 23）子曰：「後生可畏，焉知來者之不如今也？四十五十而無聞焉，斯亦不足畏也已！」

雖然學習的成果不是那麼令人滿意，但是對學生還是抱著無限的希望。我們怎麼知道後來的人，不會努力向前，追上我目前的成就，甚至超過呢？不過，一個人到了四、五十歲，還沒有什麼具體的成就，那也就沒有什麼可觀之處了。

我們教學生，常常會特別喜歡成績很好的學生，可是，這種學生往往留不住，說不定他心念一轉，改行了，空留遺恨。到後來，會發現，留在這個行道上的學生，往往不是當年成績最好的學生。這種學生當年也許還沒有開竅，也許是其他的原因，學得不是最好的，可是一旦開竅了，就會努力向前，終而有良好的成就。不過，這些學生到了中年，還沒有什麼表現的話，那就不太可能有什麼表現和成就了。

19.（原序 20）子曰：「語之而不惰者，其回也與？」

在孔子所教過的弟子當中，只有顏回一個人可說是非常的用功，告訴他怎麼去做，他就照著去做，努力不懈，一直努力精進向前，其他的弟子就如上一段所說，到達各種的境界，就停止了。

20.（原序 21）子謂顏淵曰：「惜乎！吾見其進也，吾未見其止也！」

在孔子的心目中，顏回是一個一直努力向前，不曾停止的學生。因此，孔子對顏回的評語是「真可惜啊，我只看見他一直努力向前，可是卻沒有看到他停下來，休息一下。」

21.（原序 11）顏淵喟然歎曰：「仰之彌高，鑽之彌堅，瞻之在前，忽焉在後！夫子循循然善誘人；博我以文，約我以禮。欲罷不能，既竭吾才，如有所立，卓爾；雖欲從之，未由也已！」

這是一段非常有名的文章，在初中和高中的國文課本中都曾選錄這一段。

孔子環顧所有學生的學習情形和成果之後，忍不住的要稱讚顏回實在是用功的好學生。而顏回怎麼看他的老師呢？顏回認為，他已經盡了全力來追趕，可是卻實在沒有辦法趕上老師的學問和德行。

顏淵用「仰之彌高、鑽之彌堅、瞻之在前、忽焉在後」四句話來讚嘆夫子的學問深不可測。翻成白話文味道就差多了：「夫子的學問非常高深，就像抬頭仰望，越往上看，夫子的學問更在上面；用功的鑽研，越鑽研，就覺得越不容易有所突破。有的時候看起來是在前面，可是忽然他又在我的後面。」

在佛教經典裡也有類似的說法，來讚嘆釋迦牟尼的崇高偉大，稱之為「不見頂相」。不是沒有頭頂，也不是看不見釋迦的頭。

從學生的立場來看孔子的偉大，當然是在教導的方法上，夫子教誨的方法是「循循然」，循著學生的個性、思路，把他帶一圈，然後帶上正路。因此夫子是非常善於勸誘學生，走向良好的學習情境。具體的做法就是「博我以文」，在前面〈述而篇〉已經講過，「文」是指身心修煉所得的實驗報告，具體的表現就是《詩經》和各種典章制度。這句話是說，讓我熟悉各種有關身心修煉的記錄和典章制度。

「約我以禮」，如前面所述，「禮」是身心的調整和約束。因而說，用「禮」來約束、規範自己的行為舉措。

接下去，顏回說他在學習這條路上有欲罷不能之勢，用盡了所有的才能，覺得好像有一些成就，可以跟上夫子了，可是卻又發現夫子的學問還在前面，他雖然一直努力的想要追上夫子的學問和道德，可是不論怎麼努力，還是跟不上。

22.（原序 27）子曰：「衣敝縕（ㄩㄣˋ）袍，與衣狐貉者立，而不恥者，其由也與！『不忮不求，何用不臧？』」子路終身誦之。子曰：「是道也，何足以臧！」

〔不忮〕：不要因忌妬而有害人之心。

〔不求〕：不要貪求。

〔臧〕：善也。

別人讚美自己的話，聽過就好，不必整天掛在嘴巴上唸。掛在嘴巴上唸，就成了另外的一種障礙。總認為我已經到達完美的境界，反而不會再求進步。子路就是那種「一兩白糖沾不得，一沾就沒了」的毛病。他是有一種草莽的性格，不太在乎服飾是否和身分地位相配，於是孔子就稱讚他是那種穿了破衣服，還敢和穿華貴衣服的人站在一起，而沒有任何慚愧感覺的人。孔子用了《詩經》中的話來讚美子路，說他是「不忮不求，何用不臧」，意思是說「不要因為有了忌妒而有害人之心，也不貪求什麼，還有什麼不好呢？」在《論語》中，子路是常被孔子斥責的學生。他一旦得到孔子的讚賞，當然很高興，於是時常講誦這兩句詩。孔子知道子路又犯了執著的毛病，就提醒他：「那只不過是做人最起碼的道理，何足以為善呢？」這種不執著也就是學習的重要項目之一。

23.（原序 26）子曰：「三軍可奪帥也，匹夫不可奪志也。」

〔三軍〕：春秋時代軍隊的編制是「左、中、右」三軍。

不管是如何的學習修煉身心，最重要的一點，就是要有堅定的志向，下定了決心，勇往直前，不會因為遇到一點挫折就中途而廢。這種堅定的決心，要比三軍統帥還要勇猛。

24.（原序 28）子曰：「歲寒，然後知松柏之後凋也。」

有了決心之後，還要有恆心和堅毅的耐力。就要像松柏一樣，雖然在寒冬中，仍然保持綠意，不會因寒冷而凋謝。

25.（原序 29）子曰：「知者不惑；仁者不憂；勇者不懼。」

有了以上的訓練和修養，對各種事情的來龍去脈有了清楚的認識，也就不會感到迷惑。用善念來待人接物的人，就不會有什麼特別的憂慮。一個真正有勇氣的人，是不會因外在環境的嚴峻險惡，而感到畏懼。這三種境界就是學習的最高境界。

26.（原序 30）子曰：「可與共學，未可與適道；可與適道，未可與立；可與立，未可與權。」

〔適道〕:「適」是「向前進」。「適道」就是「向正道邁進」。

〔權〕: 1. 權力；2. 權衡輕重。

孔子講這段話，的確是了不起。把人性、人情看得極為透徹。明白的指出，有些人做朋友是滿好的，可是不一定可以共同創造一番事業。環顧中國的歷史上，有很多開國之君大殺功臣的事例，就是說明了這一點。

這段話照字面來說，有些人可以一起學一些什麼東西，但是由於每個人的根器不同，學習的速度有快有慢，目標也各有不同。因此，一起共同學習的人不一定可以共同做事。可以共同做事的人，又可能因目標不同、理想不同，也就無法創立一番共同的事業。可以一起創業的人，又不一定可以一起享有權力。

27. （原序 31）「唐棣之華，偏其反而；豈不爾思？室是遠而。」子曰：「未之思也，未何遠之有？」

前面四句是逸詩，沒有收在《詩經》裡面。字面的意思是說：「唐棣的花翩翩然的翻動著，有時偏在一邊。豈會不想一看它全貌，只是站在比較遠的地方，一時看不清楚罷了。」孔子說：「只是沒有認真的想而已，如果認真的去想，那又有什麼遠呢？」

南懷瑾對這一段有非常精闢的詮釋。他說：唐棣之花的四句詩，包含兩個意思。第一是說，前面有一朵花，真是好看，可惜偏向了一點。第二是映射偏差的過失，是由於自己不注意去深思所致。做事業，或是做人，最容易出錯的地方就是太不注意最淺近之處和偏信最親近的人。由人生經驗以及歷史上的教訓，我們便可知道，一個人的失敗，整垮你的不是敵人，往往是你左右最親信的人。也不是左右的人有意整垮你，而是他無意犯了一個錯誤，或太多的錯誤。結果卻幫忙把你拆垮了。所以最不容易看清楚的，是自己同室的人和最親近的事。四句話連起來，就是說，我們有愛好，就有了偏私；有了偏私，往往就看事情看不清楚，越親近的事物，越看不清楚。

子曰：「未之思也，夫何遠之有？」這是孔子的結論。他說實際上都是自己不肯用心去深思。才看不清楚。其實，最高遠的道理，就是最平凡、最淺近的。我們往往把擺在面前的事情看得漫不經心，不屑去考慮，才種下失敗的種子。

28.（原序 5）子畏於匡，曰：「文王既沒，文不在茲乎？天之將喪斯文也。後死者不得與於斯文也。天之未喪斯文也。匡人其如予何。」

在這篇的最後，孔子在感嘆他的這番教育和對禮樂、文化的認識，對人情的練達，卻一直沒有施展長才的機會。甚至還遭遇到各種困頓危難。他不禁懷疑和洩氣，以至有隱世於外地的念頭。

孔子因為長得跟陽虎很像，而陽虎在治理「匡」這個地方時，施政多所暴虐，匡這個地方的人民因而非常痛恨陽虎。看到一個長得跟陽虎很像的人來，就以為是陽虎，因而鼓噪把孔子團團圍住，出言恐嚇。讓孔子著實驚嚇到了。在這種危難的時刻，孔子認為如果上天確實派給他薪火相傳、教化人心的任務，他就不會受到傷害。於是孔子說：「自從文王之後，延續傳統文化和教化人心的工作，不就是落在我的身上嗎？如果天真的要毀滅這些文化、典章制度，我這個比周公晚生後死的人就不會有這麼多的才能，知道這麼多的事。如果天還不想滅絕這個文化傳統，這些愚昧的匡人，又能把我怎麼樣！」

歷來都是這麼解讀這句話。不過，仔細想想，這段話很像是孔子在對自己的使命、責任作一番說明，也是一番總結。認為我就是自周公以來，一肩承挑文化薪火相傳責任的人，一副捨我其誰的氣概。所以這段語放在本篇的末尾，也許更能表現出他的氣勢來。

29.（原序 9）子曰：「鳳鳥不至，河不出圖，吾已矣乎！」

〔鳳鳥〕：在古代的神話裡，每當有聖王要出世的時候，鳳鳥方才會出現。

〔河圖〕：相傳大禹治水的時候，在黃河中出現了一條龍，龍又變成了馬，馬背上揹了一個八卦的圖案。世稱為「河圖」。

孔子感嘆像傳說中的「鳳鳥至」、「河圖出」這兩個了不起的聖王治世的時代，再也不會出現。他雖然有挽救春秋末年那種混亂的時代，可是他的年事已高，時間已經不多，心有餘而力不從，奈何！

30.（原序 13）子貢曰：「有美玉於斯，韞匵（ㄉㄨˊ）而藏諸？求善賈而沽諸？」子曰：「沽之哉！沽之哉！我待賈者也！」

〔賈〕：同「價」．價格是也。善賈就是出好價錢。

這是一段譬喻的說法。子貢故意問孔子說：「有一塊美玉，是要放在保險箱裡面呢？還是要等待有人出好價錢而賣掉呢？」意思就是說，像老師您這麼一位有才能的人，是要隱姓埋名呢？還是要等待好的機會，出來為國家做一番事業呢？

孔子的回答當然是說，「賣了吧！賣了吧！我在等待誰出個好價錢。」孔子是一直在等待機會，可是終其一生，事與願違。

31.（原序 14）子欲居九夷。或曰：「陋，如之何？」子曰：「君子居之，何陋之有！」

由於孔子一直期盼不到出仕的機會，有的時候，當然也就興起一股隱世、逃離現實的念頭。孔子想到外地去住住。「九夷」是指當時還不是周人勢力所及的地方。前面不是提到過，周人自視自己的文化程度最高，四境的各民族文化程度都不高。孔子當然承襲周代的這種觀念。既然在周朝勢力之中無法施展自己的理想和抱負，何不換一個環境？

當孔子想要到外地去，就有不少好心人士來勸告他：「那種地方野蠻落後，怎麼可以去住呢？」

孔子的回答說：「一個君子人所繫念的是自己身心狀態的修養，而不是生活上的享受。於是不管哪種地方，他都可以隨遇而安。」甚至還在尋找是否有機會來施展他的理想和抱負。人都是一樣的，不可能這套理想只能在周代這種自認為有「文明」的地方施展，而是在所有願意接受他的地方施展。

鄉黨第十

前面各篇講述了孔子對於生命、信息和身心狀態的認識，也提出定靜安慮的修行方法。這一篇就是孔子的日常生活和行為表現來檢視孔子是否確實做到。南懷瑾在他的《論語別裁》這本書中，把這一篇當成是記述孔子日常生活行為的花絮，不值得重視。可是不少有所修持的人士卻認為，透過這一篇，可以探究孔子在做這些行為時的身心狀態，是了解孔門心法的重要入門。各說各有理，端看讀者自己本身是抱持怎樣的態度。

在〈里仁第四〉已經提到過，個人的情緒和心理狀態會影響到身心的表現。情緒又從何而來？當然是我們每天所處的工作環境、生活環境對我們所作的刺激和反應所致。譬如說，我們在公司裡，碰到一些難題，無法解決，就難免會有些抱怨，結果得罪了上級，心裡就更不舒坦，抱怨、不滿、嫉妒等心情也就難免。這些情緒綜合在一起，就構成了我們當下的身心狀態。因此，這一篇就是以孔子的日常生活態度，來講如何讓身心狀態保持在一個正常的狀態。他在對國君、對上級時，是用比較緊張的心情，可是又不至於卑顏屈膝；對下級時，就顯得和藹可親的樣子。他的身心狀態也就跟著一鬆一緊，有了調節。

我們現在的教育完全漠視外在環境對人身心的影響。事實上，不管你承認還是不承認，這種影響都是存在的。顏色對人就有很大的影響。像紅色就讓人的活力增加，藍色可以讓人冷靜下來，而粉紅色會讓人變得比較鬆軟無力。雜色當然就讓人感到混亂。因此，孔子就很在意衣服顏色的搭配。

居住的地方不規則，就會影響到人的空間感，也會跟著變得不規則，時間一久，空間感成為這個人身心知覺的一部分之後，這個人就會比較難以跟他人相處。所以，孔子才會「席不正不坐」。

吃東西更是大學問。不僅僅是在吸取物質層面的營養，更是吸收信息層面的營養。儒家所說的「六藝」中的「書」，就是把自己的心念、信息，藉由手腳、身體和各種工具傳出去，而拷貝在書本、字畫、雕塑等一切人工製品上。食物當然也是人工製品的一種，因而也是信息的載體。

掌廚的人在心情不佳的情況下烹調，就會把他當時的不良心情拷貝到他所煮的食物裡，讓人吃了這些食物以後，感到不舒服。當心情不良時，廚藝手工也就做得不好，不精緻。這就是「割不正」。這種帶有不良信息的食物，不吃也罷。因此，孔子會說「割不正，不食。」分食祭肉，是在分享來自祖考的信息。是周代禮制的重要部分。這些祭肉都是生的，若不趕快處理，就會腐敗臭壞。所以，孔子在分得祭肉時，一定要趕快處理。「祭肉不出三日，出三日，不食之矣。」相當符合現代的飲食衛生習慣。

從這樣的角度來解讀這一篇，不再拘泥在文字的表象上，就會有另外一番體悟。

1. 孔子於鄉黨，恂恂如也，似不能言者。其在宗廟朝廷，便便然；唯謹爾。

〔恂恂如也〕：溫和恭敬的樣子。

〔便便然〕：明辯貌。

孔子在家鄉，與鄰里鄉黨相處的時候，表現出溫和恭敬的樣子，可是很少跟鄉人聚在一起談天說地，只是靜靜的聽，好像是不會講話的樣子。在宗廟朝廷討論政事的時候，卻是講得條理分明，頭頭是道。只是他的發言相當小心，而不是放言高論。

在鄉里的談天，總是在講一些生活瑣事，也難免會蜚短流長。這種話講多了，難免惹出一堆不必要的麻煩來。這些麻煩事往往就會耗費相當多的時間和精力。對於一個有志在修行的人來說，這種閒談實在是一種浪費。而且也讓心頭不容易安定下來。所以孔子不太喜歡跟左右鄰居閒聊。把他的注意力、精力和時間統統用到心性涵養與修煉上面。

或許有人會質疑，孔子這樣做，是不是有些冷漠、不近人情？這要看你自己是怎麼去認定孔子的行為。如果要近人情，就會讓心常常處在動盪不安的情形下。這就不符合中國傳統治學的基本入門要求「定、靜、安。」

由於孔子的心頭常在安定的狀態，因而，在朝廷上，就可以口齒清晰的表達自己的意見。

2. 朝與下大夫言，侃侃如也；與上大夫言，誾誾如也。君在，踧踖如也，與與如也。

〔侃侃〕：和樂的樣子。

〔誾誾〕：音一ㄣˊ，中正貌。

〔踧踖〕：〔踧〕音ㄘㄨˋ；〔踖〕音ㄐ一ˊ。恭敬不寧的樣子。

〔與與如也〕：威儀中適貌。

在朝廷中，與比他職級低的官員談話時，是相當和藹可親。與比他職級高的官員說話時，也是相當有氣度，不是一副逢迎巴結的樣子。當有國君在場的時候，就會謹慎和緊張，可是仍然保持適當的威儀。

3. 君召使擯，色勃如也。足躩如也，揖所與立，左右手，衣前後，襜如也。趨進，翼如也。賓退，必復命，曰：「賓不顧矣。」

〔使擯〕：〔擯〕音ㄅ一ㄣˋ，國君派他去迎接來訪的國賓。

〔勃如也〕：臉色突然變得莊重。

〔躩如也〕：走得很快的樣子。〔躩〕音ㄐㄩㄝˊ。

〔所與立〕：跟來賓一同站立的人。也就是陪同來賓的人。

〔襜如也〕：〔襜〕音ㄔㄢ，整齊的樣子。

〔趨進〕：走路的腳步加快。

〔翼如也〕：如鳥一般的舒展。古人寬衣大袖，走得快時，兩個大袖就會飄起來，像展翅而飛的樣子。

當國君派他去接待來訪的國賓時，他在接獲命令的時候，臉色不再是輕鬆嬉笑的樣子，而是有凝重之色，表示他對這件事情的謹慎小心。當他去迎接國賓的時候，走得很快。向來訪的國賓和他的隨從行禮，左邊打打招呼，右邊拱拱手。他所穿的寬衣大袖的衣服在這種行動中，隨著動作而前後飄動，整齊而有規律。走得快一點的時候，衣帶飄飄，像鳥飛一般。當國賓回去時，一定送行，再向國君報告說：「賓客已經走遠了，不會再回來了。」

4. 入公門，鞠躬如也，如不容。立不中門，行不履閾。過位，色勃如也，足躩如也，其言似不足者。攝齊升堂，鞠躬如也，屏氣似不息者。出降一等，逞顏色，怡怡如也；沒階趨進，翼如也；復其位，踧踖如也 。

〔公門〕：朝廷的大門。

〔鞠躬如也〕：恭敬謹慎的樣子。

〔立不中門〕：不站在門當中。

〔履閾〕：踩在門檻上。〔閾〕音ㄩˋ。

〔過位〕：走過國君的座位，不管國君是否在座。

〔攝齊〕：提起衣服的下襬。〔攝〕，提起。〔齊〕，音ㄗ，衣服的下襬。

〔降一等〕：走下一階臺階。

〔逞〕：舒解，舒緩。

〔怡怡如也〕：和悅的樣子。

孔子到辦公室去，是相當小心謹慎的，就好像隨時會被解僱的樣子。站立的時候，不會站在門的正中央；走路的時候，也不會踩在門檻之上。走過國君問政時所坐的座位時，臉上表情莊重，恭恭敬敬，快步通過。說話也有一些結結巴巴。進入辦公室時，一定會提起裙子的下襬，恭敬謹慎，好像不敢大口喘氣的樣子。出了辦公室，方才可以舒緩一口氣，臉上表情方才可以放鬆，而有和悅輕鬆的表情。走下臺階時，走得很快，衣帶飄飄，就像小鳥在飛一般。回到自己的座位上，方才可以算是鬆了一口氣。可是仍然保持一種恭敬小心的態度。

5. 執圭，鞠躬如也，如不勝。上如揖，下如授，勃如戰色，足蹜蹜如有循。享禮，有容色；私覿，愉愉如也。

〔執圭〕：周代大夫受命到外國訪問時，一定要拿國君所賜給的玉圭，以為信物。

〔戰色〕：戰戰兢兢的樣子。

〔蹜蹜〕：走路時的步子邁得很小，走碎步的樣子。

〔享禮〕：〔享〕是〔獻〕的意思，享禮就是獻禮，把使臣所帶來的禮物羅列在廷前。

〔有容色〕：稍有舒展的容貌。

〔私覿〕：〔覿〕，音ㄉㄧˊ，相見也。私覿，就是私下與外國的君臣見面。

孔子奉命報聘外國的時候，一定會執國君所賜給的玉圭，態度是相當恭敬謹慎，好像有不勝負荷的樣子。對上位的人，執圭作揖；對下位的人，又好像是要傳授什麼東西似的。臉上的表情是戰戰兢兢的。走路時不敢昂首闊步，而是用小碎步。並且循著一定的路線在走。當國君把他所帶去的禮物羅列在廷前的時候，孔子方才在臉上露出笑容。當他和外國的君臣交談的時候，才恢復平常那種和悅的顏色。

6. 君子不以紺緅飾，紅紫不以為褻服；當暑，袗絺綌，必表而出之。緇衣羔裘，素衣麑裘，黃衣狐裘。褻裘長，短右袂。（必有寢衣，長一身有半。）厚以居去。喪無所不佩。非帷裳，必殺之。羔裘玄冠，不以弔。吉月，必朝服而朝。

〔紺〕：音ㄍㄢˋ，深青色近於黑。

〔緅〕：音ㄗㄡ，深咖啡色。

〔飾〕：作為領口、袖口的滾邊。

〔褻服〕：家居時所穿的衣服。

〔袗〕：單衣，音ㄓㄣˇ。

〔絺〕：葛之精者，音ㄔ。

〔綌〕：葛之粗者，音ㄒㄧˋ。

〔必表〕：一定要穿內衣，以讓葛布衣服穿在外面。

〔緇衣〕：黑色的上衣。

〔羔裘〕：用黑色羊皮所作的皮袍。

〔麑裘〕：白色的皮袍。

〔褻裘〕：平時居家所穿的皮袍。

〔右袂〕：右邊的袖子。

〔寢衣〕：睡覺時所蓋的被子。

〔狐貉之厚以居〕：用長毛的狐貉皮作為坐墊，取其溫暖舒適。

〔帷裳〕：上朝或參加祭祀時所穿的禮服。

〔必殺之〕：〔殺〕在此讀作ㄕㄞˋ，必定剪裁。

〔吉月〕：每個月的初一日。

這一段在講述孔子的穿著情形。孔子不用深青黑色和深咖啡色的料子來作為領口和袖口的滾邊。平常家居所穿的衣服也不用紅、紫兩種顏色。在夏天的時候，穿細葛或粗葛所做的單衣，由於質地很細，又透明，因而一定要穿內衣。冬天到了，要穿皮衣。穿黑色上衣時，一定穿黑色羔裘。穿素色上衣時，要穿白色麑裘。穿黃色上衣時，要穿黃色狐裘。平常在家裡所穿的皮裘比較長，取其保暖。但是為了方便做事，就把右手的袖子做得稍稍短一點。睡覺時，一定要有被子。被子的長度是一身有半，比他的身高再長一半。由於保暖的需要，用長毛的狐貉皮來作坐墊。當喪服除去之後，什麼飾物都可以佩帶。祭祀時的衣服一定要用整匹的布料來做，平時家居的衣服就可以經過剪裁。不穿黑色皮裘、不戴黑色帽子去弔喪。每個月初一日，一定會穿戴朝服去上朝。

7. 齊必有明衣，布。齊必變食，居必遷坐。

〔齊〕：就是「齋」，也唸作ㄓㄞ。

〔明衣〕：齋戒沐浴以後所穿的乾淨的衣裳。

〔變食〕：改變飲食的內容，也就是改吃特定的食物。

〔遷坐〕：改變居住作息的場所。齋戒時，要居住在外室，不可以與妻同房。

齋戒是祭祀的先期動作，目的是讓自己的身心做一番淨化的動作，而後達到另外一個純淨的、干擾較少的、心境比較安定的狀態，而可以跟來自宇宙的信息有所溝通和互動。因此，齋戒的第一步就是沐浴，把身上不好的信息沖洗掉。這時候當然不能再穿上原來的衣服。因為原來的衣服沾滿了被洗掉了的那些不好的信息。如果在洗澡後，再穿舊有的衣服，不就把原來的信息又貼回去，澡也就白洗了。這時所穿上的乾淨衣服，就不是華麗的衣料，只是純淨的布。

齋不是吃素，而是吃特定的食物，跟平日吃的東西不一樣，目的是改變身體的能量和信息層面，讓身心處於比較清純、靈敏的地步。也不可以有性生活，必需要一個人獨居。目的也是讓身體處在一種能量充足的狀態。

8. 食不厭精，膾不厭細。食饐而餲，魚餒而肉敗，不食。色惡不食，臭惡不食。失飪不食，不時不食。割不正不食，不得其醬不食。肉雖多，不使勝食氣；唯酒無量，不及亂。沽酒，市脯，不食。不撤薑食。不多食。

〔膾〕：切得很細謂之膾。

〔食饐而餲〕：〔饐〕音一ˋ，放得時間久而變壞。〔餲〕：音ㄞˇ，變壞而腐臭。

〔魚餒〕：〔餒〕音ㄋㄟˇ，腐爛。

〔肉敗〕：肉質變壞，腐臭。

〔不時〕：不在適當的時候。

〔食氣〕：米飯之氣。

在討論食物之前，要再複習一下六藝。其中的「書」是指把自己的意念發射出去，投射的對象不僅限於字畫，也包括一切人工的作品，當然也包括烹煮的食物在內。這是一般人從來不曾意識到的事。

要把食物做得很精緻，掌廚者就必需要花很多的心神和注意力，甚至要做到心無旁騖的地步。在這種情形下，所煮出來的食物載有掌廚者所賦予的良好信息，可以跟食用者產生共振。吃這種食物當然是一種享受。若是主廚者隨意煮出來的食物，由於沒有信息可以跟食用者產生共振，以致食用者吃起來就覺得食之無味。如果掌廚者是用厭惡心、憎恨心所煮出來的食物，當然就帶有厭惡、憎恨的信息。食用者吃了這些帶有不良信息的食物，怎麼會舒服呢？因此，孔子非常喜歡哪些用心烹調的食物，越精細，越好吃。

孔子也相當注重食物的衛生條件。放了太久的食物，不吃。變味發臭的魚肉不吃。食物的顏色不對，也就是敗壞了，不吃。發出臭味的食物，不吃。沒有好好去煮的食物，不吃。不是吃飯的時候，不吃。有的書上是說三餐之外，不吃零食。古代不一定是吃三餐，也許是吃兩餐，待查證之。

揮刀亂切的食物，不吃。因為信息混亂，吃了不舒服。沒有適當的醬料，不吃。因為中國古代的食物，大多是用水煮的，必需得沾佐料，才有味道。一盤菜之中，肉雖多，可是總不讓肉味勝過菜的味道。孔子喝酒是無量的，只是以不喝醉為原則。孔子時代所喝的酒，是像酒釀一樣的低度發酵酒，可以喝得很多，也不太容易醉。像高粱酒那種高濃度的蒸餾酒要晚到元明之際方才出現。孔子，乃至於唐代的李白、杜甫所喝的酒，都是這種低度酒。有的人一旦多喝一點酒，就發酒瘋，非常惹人厭。孔子喝酒之後，也許只是安靜的睡覺，不會有發酒瘋的事。

從市面上買回來的酒和肉食，由於擔心衛生的緣故，不吃。生薑有「解表發汗、溫中止嘔」的作用，可以把一些寒性的食物中和一下，不至於傷身，也有殺菌的作用。因此，孔子幾乎是每餐必吃。

吃東西的時候，身體必需先動用相當多的能量才能去消化和吸收所吃下去的食物。吃得越多，所需的能量也就越多。身在得到足夠的養分之前，就先消耗大量的能量，以致現代人的體溫大多偏冷。當身體的操作溫度偏低之後，有許多吃進去的東西消化不完全，又排不出體外，隨處堆積，因而出現像糖尿病、高血壓等各種慢性疾病。黨國元老張群享壽百歲。他的養生哲學就是「吃飯七分飽」。孔子對這種情形應該也有所認識，方才主張「不多食」，不要吃得太多。

9. 祭於公，不宿肉。祭肉，不出三日；出三日，不食之矣。

〔不宿肉〕：祭祀時所分得的胙肉，一定要趕快分掉，不待隔日。

在周代的祭祀禮制中，用豬牛羊等牲禮祭祀。在祭祀之後，就必需把這些生肉分給所有在場與祭的人，乃至於所有該得到的人。這種祭肉稱之為「胙肉」。「祭於公」就是指這種集合眾人一起祭祀的情形。「不宿肉」，就是不把祭肉留過夜，一定要當場分掉。當時沒有冷藏的設備，收到祭肉的人，必需在三天內把生的祭肉處理掉。超過三天而不處理的生肉，很可能就腐壞，不能吃了。

10. 食不語，寢不言。

這是一般常識，可是大多數的人就是做不到。吃飯的時候，高談闊論，氣氛熱烈，結果就會多吃了很多。而且，每一口食物都沒有經過仔細的咀嚼，也就是食物還沒有經過充分的馴化，沒有變成可以跟人體配合的精微物質。這種還不能跟人體完全搭配的食物吃下去之後，就會形成消化不良，造成身體的不舒服。

在解〈述而第七〉「不復夢見周公」時，就討論過睡覺的機制和重要性。睡覺是人生一大事，很多人卻不珍惜睡覺。人要睡覺是生理調節的必需。在比較短的時間，很快速的把白天所收集到各式各樣的信息做一個整理，第二天才有能力再接收新的信息。凡是整理得有條不紊的時候，人就神清氣爽。反之，則頭昏腦脹，精神不能集中，做事的效率也大打折扣。長期的不睡是會大大的戕害身心，甚至會因而送命。

要想入睡，先要把身體從興奮的狀態鬆懈下來，逐漸進入一個心頭平靜的狀態。失眠的人就是不能放鬆自己的身心，在內心深處，深怕一放鬆，就回不來似的。在臨要睡覺的時候，還在跟他人聊天，讓身心一直處於亢奮的狀態，也就沒辦法讓自己安安靜靜的進入睡眠狀態。就會影響到第二天的精神狀態和工作效率。

11. 雖疏食菜羹瓜祭，必齊如也。

古代祭祀必然要有豬牛羊三牲。可是這種牲禮並不是每一家人都可以負擔得起的。平常人家只能用蔬菜、菜羹、瓜果之類的食品來祭祀，是比較菲薄的祭品。即使如此，也還是要充分表達祭祀的誠意，就像正常的齋戒一樣。現代有些吃素的人卻把這個意思扭曲了，反把蔬食菜羹瓜果當成是正品，一味排斥肉食。更甚者，反過來質疑是不是孔子弄錯了。以今害古，又添一個實例。

12. 席不正，不坐。

席，就是在地方鋪一些草、蒲葦、竹篾之類的東西，人就坐在上面。中國人有椅子是南北朝時方才從北方傳入，稱之為「胡椅」，也叫「交椅」。孔子在日常生活上，一切都講究方正規矩，因此，地方所鋪設的竹席不放得方正，他也是不坐的。前面已經講過，座位和居所的空間感也是我們身體的感知範圍的一部分。這個空間感一旦不正，整個人的行為和與人相處的能力也就跟著怪異，成了一個不能合群的人。現在的建築喜歡搞一些怪異的造形，標新立異。結果卻害苦了住在裡面的人，讓他們的身心無法處在和諧圓融的境界，以致怪人特別多。

13. 鄉人飲酒，杖者出，斯出矣。

〔鄉人飲酒〕：是古代的一種敬老的禮儀。

〔杖者〕：拿拐杖的老人。

在敬老的鄉飲酒禮中，一定要等到老者拄著拐杖離席，孔子方才跟著離席。

14. 鄉人儺，朝服而立於阼階。

〔儺〕：迎神以逐鬼的祭禮。

〔阼階〕：主人所站的地方。

鄉人請巫者帶著面具，裝扮成趕疫疾惡鬼的儺神，在起乩的狀態下跳舞，藉以趕鬼。孔子在這種場合，一定穿上正式的朝服，站立在主人所站的位置上，觀看儺戲的進行，同時也參與到整個逐鬼的活動。

15. 問人於他邦，再拜而送之。

〔問人〕：問候他人。

古代的交通不發達，也沒有郵政和電話，要問候一個朋友，就必需要派專人前去問候。在這位信使出發的時候，孔子一定要對這位信使再拜，而後送他出發。一方面是對要問候的人給予最誠摯的信息，一方面也是感謝這位信使的辛勞。

16. 康子饋藥，拜而受之，曰：「丘未達，不敢嘗。」

魯國的大夫季康子送了一些藥給孔子，孔子拜而受之。可是卻對來人說：「我的身體狀況還沒有到需要吃藥的地步，不會服用這些藥。」

有些書上是用現代醫學的用藥觀念來解讀這句話，說是因為不明藥性，不敢用這些藥。也許不是實際的情形。在〈述而第七〉提到孔子生病，他是用祈禱的辦法來治病。受現代醫學教育出身的我們就看不懂孔子為什麼要這麼做，反而認為是迷信、愚昧。這是因為我們「迷信」所有的病都是由外物（如細菌、病毒）入侵所致。美國的國家衛生院已經在反省為什麼投入天文數字的經費、人力和物力，只有少數疾病得以控制，大多數的疾病連致病的原因都沒有搞清楚過。因而開始尋求其他可能有效的方法。對中國的醫學來說，病是身心狀態失衡所引發的，而且「心」的分量要比「身」來得重，負面的想法、情緒會讓身體的運作失去平衡，過了身體可以忍受的臨界點之後，就表現出「病況」來。在這種認知下，治病就不是靠用藥，而是靠心念的改變。祈禱就是在改變心念和因此而發出來的信息。

在傳統的中醫之中，有一門「祝由科」，就是教人用祈禱的辦法來治病。在這種對身心和疾病的認識下，用藥有的時候會被認為是多餘的。孔子的這段話就在說明這種認知，認為用藥其實是不必然需要的。

17. 廄焚，子退朝，曰：「傷人乎？」不問馬。

孔子上班的時候，家裡的馬廄失火。孔子下班回家，知道這事之後，第一句話問「有沒有傷到人？」不問馬如何。這是一種對待下人的重要態度。人總比牲畜來得重要。可是世上的人往往是把牲畜、車馬看得比人重要。

18. 君賜食，必正席先嘗之。君賜腥，必熟而薦之。君賜生，必畜之。侍食於君；君祭，先飯。疾，君視之，東首加朝服拖紳。君命召，不俟駕行矣。

〔腥〕：生肉。

〔生〕：牲畜。

這一段記述孔子如何和國君互動。當國君頒賜食物時，一定端正的坐在席位上，先嚐之，再分食給其他的家人。國君賜的生肉，一定要煮熟，供奉祖先之後，方才食用。國君所賞賜的牲口，一定飼養起來。

朱熹註曰：「古者臨食前必祭，侍食者，君祭，則己不祭而先飯，若為君嘗食然，不敢當客禮。」陪同國君吃飯時，由於國君一定要先行祭祀祖先，而後才進食。這時候，陪食者就要先嚐一下飯食。為什麼要有這麼一個動作？朱熹的註解沒有講清楚。我們可以換一個方向來想。周代的禮制，在祭祖先時，有一個「尸」的角色。就是子孫坐在上位，代表祖先接受祭祀而大吃大喝。孔子講這幾句話，是不是也有「尸」的意思呢？國君在祭祀時，先代表國君的祖考來吃幾口飯？可以再深思之。

生病時，國君來探視。一定要臥在南牖之下，頭朝東，臉就朝南。身上披蓋著朝服，原先用來束綁衣服的紳帶就會拖在地上。

國君有所召喚時，不等車馬準備好就立刻上路，趕進宮內，聽候吩咐。

19. 入大廟，每事問。

先見之於〈八佾第八〉的第十五段，也表示孔子對於做事的認真、謹慎。

20. 朋友死，無所歸，曰：「於我殯。」

〔殯〕：停柩。

朋友死了，沒有家族來料理，孔子就會說：「由我來料理一切的喪事。」

21. 朋友之饋，雖車馬，非祭肉，不拜。

一般朋友之間的餽贈，即使像車馬那樣的名貴又實用的東西，但是不祭祀祖先時所得到的祭肉，就不拜受。

22. 寢不尸，居不容。

睡覺的時候不會大剌剌的躺在那裡，也就是一般所說的「挺屍」。可能是向右側臥。由於不會壓迫到胃部，是比較舒服的一種躺法，也是最能放鬆自己的臥法。

平常在家裡，穿著就可以隨便一些，不需要穿那些正式的服裝。

23. 見齊衰者，雖狎必變。見冕者與瞽者，雖褻必以貌。凶服者式之；式負版者。有盛饌，必變色而作。迅雷、風烈必變。

〔狎〕：親近的人。

〔褻〕：常常碰面的人。

〔式〕：同〔軾〕，車前的橫木，在這裡是說，用雙手扶在這根橫木上，以表示恭敬。

〔負版者〕：持邦國圖籍者。

孔子看到有穿喪服的人，儘管這個人很親近，一定會收起笑臉，神情莊重的致慰問之意。看到作官戴帽子的人和瞎子，雖然常常見面，仍然以禮貌的態度來對待之。在路上碰到穿喪服的人，一定是雙手按在前面的橫木，微微欠身致意。看見持有國家圖籍的人，也是在車上，雙手扶栻，欠身致意。朋友擺下盛宴來招待孔子。也一定會站立的向主人表示謝意。遇到打雷、大風，也一定會因緊張而改變臉色。

24. 升車，必正立，執綏。車中不內顧，不疾言，不親指。

上車時，一定正立，手裡拿著駕馭馬車的韁繩。坐在車裡時，不會屢屢伸出頭來向後看。在車中，與同車的人講話時，不會很疾促。也不會對外面的景緻、人物指指點點。

25. 色斯舉矣，翔而後集。曰：「山梁雌雉，時哉時哉！」子路共之，三嗅而作。

〔山梁〕：山間的橋上。

〔共之〕：恭敬的把東西放在地上。

〔嗅〕：可能是「狊」（音ㄐㄩˊ）的誤寫，是張翅飛翔的樣子。

這段話從字面上根本不知所云。歷代各家注釋這一段時，也是各說各話，不知所云。

這一段是在講，孔子和子路走在山中，子路襲取山間的橋上的一隻雌雉，把其他的雉雞驚嚇得到處亂飛，過一陣子，這些雉雞又飛回來，在原地上空來回飛旋。孔子責備子路說：「抓橋上的雌雉，不是時候啊，不是時候。」子路就乖乖的把所抓到的雌雉拱手放在地上，讓雉鳥飛去。這隻雉鳥在被放掉之後，對著孔子和子路，張翅飛了三圈，而後飛去。

先進第十一

這一篇是在講述孔門幾位有代表性的學生的人格特質、學習情形和為人處世情形。

1. 子曰：「先進於禮樂，野人也。後進於禮樂，君子也。如用之，則吾從於先進。」

〔先進〕：朱熹注是作「前輩」解。可以引申作「以前的學生」。

〔野人〕：村野之人。村野之人大都有粗獷的作風。

〔後進〕：後輩，可以引申作「現在的學生」。

〔君子〕：有教養的人，具有纖細、文弱的樣子。

孔門的學習是以禮樂為主。禮是天地萬物的次序，也是人與人互動時的行為規範與標準。樂是個人對於周遭環境有了感受而產生的舒發。在禮樂初起的時候，總是比較粗獷的。到了後來，逐步改進，才慢慢變得精緻化，也就呈現彬彬有禮的樣子。而且，在山野之間，人們的歌唱大都是「拖腔」為主，音色高，聲音大，聲調長。表現出人和自然之間的互動關係。可是在都會地區的「里巷之歌」，就以「小調」為主，聲音柔，曲調平，聲調短。聽起來就缺少一種陽剛之氣。因此，孔子會推崇比較原始的鄉野之歌，也比較喜歡不矯柔做作的禮。

這段話就是在說，從前的人在行禮作樂的時候，作風樸拙、粗獷。後來的人把這種粗獷的作風改變成彬彬有禮的樣子。可是也就失去了原先的那種把情感發揮到淋漓盡致地步的作用。因此，孔子認為，如果讓他來做選擇的話，他寧可選擇從前那種粗獷、樸拙的禮樂作風。

2. 子曰：「從我於陳蔡者，皆不及門也。德行：顏淵、閔子騫、冉伯牛、仲弓。言語：宰我、子貢。政事：冉有、季路。文學：子游、子夏。」

〔不及門〕：學習的成績還不及格，不如孔子的廣博和多樣。

通常會把這一段分成兩段。前一段是在感嘆跟他出生入死、同經患難的哪些學生，用功是沒話說，可是都只是在某個方面有傑出的表現，而不是像他那樣在各個方面都有傑出的表現。接下去的一段就明白的指出在德行、言語、政事和文學這四項，各有哪些傑出的學生。

「德行」是指對於信息的接收和處理有非常敏銳的能力，而且可以身體力行者。這方面的模範生計有顏回、閔子騫、冉伯牛、仲弓等四人。這四人的能力在前面各篇都分別提到過。

「言語」是指能夠接收信息，再充分的用口語表達出來，具體表現就是辯才無礙者。也是心智對於信息的接收很敏銳者。這方面的佼佼者計有宰我、子貢兩人。

從〈學而篇〉一路下來，孔子講「政事」的基本要求就是有靈敏的心智，可以接收流轉中的信息，而後根據這些信息來處理國家的政務。這方面的好學生計有冉求、子路兩人。

「文學」，一般人都照字面解，不假思索的認定就是現代所謂的文學作品，包括詩詞歌賦、小說、散文等。可是在孔子那個時代並沒有這些東西，勉強可以跟現代所謂的文學匹比者，大概只有《詩經》。因此，這裡所謂的文學，應該不是指詩詞歌賦之類的東西，也不會是指有文采者。在前面〈述而第七〉講過，這個「文」應該是指一些有智慧的先聖先賢，在做心性修煉時，對心性、生命所做的觀察報告，實驗報告，甚至是練習如何改進和提升個人生命境界的入門指南或學習手冊。後世稱這些記錄為「經典」。這裡所說的「文學」，把「文」當成是受詞來看，「學」是動詞，那麼就是「學文」的意思，是在說：照著既定的入門指南去學，也可以有很好的成就。在這方面表現優異者為子游、子夏兩人。他們兩人加上仲弓就是主編《論語》的弟子。從這個角度來看《論語》這部書，不就是我們修行的入門指南嗎？

德行、言語、政事、文學此四者有其共同點，就是對心性、心智的，進入一種敏銳、空靈的境界，可以隨時隨地的接收各種有用的信息。只是表達的方式和應用的場合不同而已。一般人把這四者看成是當時孔子教學的四種科目，這是小看了孔子的教育方法。

3. 子曰：「回也，非助我者也，於吾言，無所不說。」

顏回是孔子認為最優秀的學生，前面〈為政篇〉提到，「吾與回言終日，不違如愚，退而省其私，亦足以發，回也不愚。」可是，顏回的學習態度不是現在所流行的「發問」才能表現認真學習的方式．而是一種慢慢的揣摩，自我的實踐。老師只是從旁觀察。這種學習方式也許是生命時不可缺少的一項動作。生命的所需要的就是一種在安靜狀態下的內省工夫。隨便發問，表示可能沒有把所學的東西加以內化、深思和體悟。而顏回卻是把孔子所教導的東西，內化成他生命之中不可缺少的部分，而後在日常行為上表現出來。這種學習的方式是單向的，對於教授者來說，沒有收到直接的反應，就不容易知道自己所講的是對還是錯，也就不容易有所改進。所以，孔子才有這樣的感慨，顏回的確是好學生，可是對他的改進卻沒有什麼助益。

4. 子曰：「孝哉，閔子騫，人不間於其父母昆弟之言。」

在德行一項中，最重要的表現是「孝」。「孝」不只是小輩孝敬長輩，而且還要和睦家族，讓全家人相處在很和諧的狀態。閔子騫做到了這一點，因此，被孔老夫子稱讚。

相傳閔子騫的後母對他很刻薄。冬天製棉衣的時候，給自己親生兒子用棉花來做，而給閔子騫做的冬衣卻是用便宜而且不保暖的蘆花來做。但是他還是很孝順。後來終於感動了他的後母。所以被列入二十四孝之中。這個傳說是宋代以後才出現的，因為棉花是在南宋時廣州有「黃道婆」者從安南、占城引入。在春秋時代沒有棉花，蘆花銀鬆，根本不能用來作填充物，遑論做棉襖！

光是孝順後母，大概還不夠資格被列入廿四孝之列。還要加上一種「心不為外力所動」這個條件。「人不間於其父母昆弟之言」的「間」，是在他人在旁邊講一些批評、論斷、乃至道聽途說、蜚短流長的話。「不間」就是「不聽這些流言」，即使聽了，心也不為所動。這就是修行的基本工夫了。一個人如果心頭不定，一聽別人說東道西，就會跟著去想、去做反應，他的心就被牽引走了，也就寧靜不下來。一個人的德行絕不是在跳躍、動盪中表現出來的，而是在寧靜、長久之中表現出來的。

5. 南容三復白圭。孔子以其兄之子妻之。

〔南容〕：南容适，字子容。也稱車容。

〔白圭〕：詩經大雅的篇名。詩句為「白圭之玷，尚可磨也；斯言之玷，不可為也。」意思是在勸勉人要謹言慎行。

南容這個學生非常注意自己的言行，每天都會誦唸《詩經大雅》的詩句，來警惕自己。孔子認為這個學生非常可靠，於是就把姪女嫁給他。「三復」似乎和曾子所說「吾日三省吾身」是同樣的意思，不會只是口誦而已。如果只是口誦，就很容易流於形式。孔子一定不會欣賞這種追逐虛名的人。「吾日三省吾身」正是孔門教學的基本要求。反省的第一步當然就是把心頭先靜下來。然後向內心去做省察

6. 季康子問：「弟子孰為好學？」孔子對曰：「有顏回者好學，不幸短命死矣，今也則亡。」

在這裡，孔子再一次的肯定顏回是他心目中最好的學生。上一次是魯哀公問誰是孔子心目中最好學的學生。這一次換季康子來問。答案都是一樣。有一個叫顏回的學生他學得很好，可惜，他短命死了。這裡所說的「好學」大概有兩層不同的涵意。淺的一層涵意是說，他努力學習。深的一層涵意是說顏回

學得很好。顏回是一個對信息接收有非常高的靈敏度的人。這種隨時隨地可以接收信息的學生，非常不容易碰到。孔子的學生之中，可以有這種能力者，大概只有顏淵和子貢兩人。顏淵死，不就是很大的損失嗎？

大凡這種對信息接收能力很敏銳的人，如果不知有所選擇、防護、排除不良的信息，很容易造成對身體的傷害，終而有不可回復的遺憾。顏回不幸短命，極可能就是他不知如何做好防護的工作，也就是他不知如何養生。以致他接收了太多不好的信息，累積在身上，導致整個身體的信息系統亂掉。就像現在電腦的軟體被病毒入侵，一定要作適當的處置，方才可以維持電腦的正常運用。當指揮身體運作的信息系統亂掉之後，身體的各個器官就沒有辦法如常的運作，人也就非死不可。顏回的短命極可能是在這種情形下發生的。而不是一般書上所說，顏回由於生活窮困，以致營養不良餓死的。

上古時代的聖王都有這種覺察信息的能力。他們的這種能力是天生的。可是到了春秋戰國時代，周天子和諸侯已經被認為是「上天的代表」。他們的職責不是自己來接收信息，而是找一個能夠接收信息的人來當宰相，來治理國家。這種轉變，才有了所謂的「學習」。誠如論語一開始〈學而第一〉所說，「學而時習之」，上焉者就是在學這種覺察信息的能力。中焉者就是學習已經覺察到的信息，成為自己的知識。下焉者就只能聽命，跟著做。也就是〈雍也第六〉所記「中人以上，可以語上也；中人以下，不可以語上也。」〈憲問第十四〉:「古之學者為己，今之學者為人。」「君子上達，小人下達。」

7. 顏淵死，顏路請子之車為之槨。子曰：「才不才，亦各言其子也。鯉也死，有棺而無槨。吾不徒行以為之槨。以吾從大夫之後，不可徒行也。」

顏淵死了，他的父親顏路，也是孔子的學生，少孔子六歲。來請求孔子，把他的馬車賣掉，好為顏淵買一個外槨。（按，照字面講，是要拿孔子的座車充做外槨，實際上，槨很龐大，裡面可以裝上好幾輛車馬，所以不可能是拿車來作外廓。）孔子不答應。孔子說：「不管有才無才，每個人都認為自己的兒子比較好。我的兒子（孔鯉）死的時候，也只是有棺而無槨。為什麼對顏回要如此破格呢？我是不會賣掉車子去走路，而讓顏回有槨可用。因為，我的身分是大夫，不可以徒步行走。」在那個時候，按照禮制，大夫出門一定要坐車。如果孔子沒有車，那他該怎麼跟其他的大夫交往呢？不能說，別人大夫有車可坐，而孔子走路跟著他們吧？

8. 顏淵死，子曰：「噫！天喪予！天喪予！」

顏淵之死，對孔子是很大的打擊，孔子在傷心的情況下，不禁悲嘆的說：「啊！是老天要亡我啊！老天要亡我！」為什麼要這麼傷心呢？只有一個理由可以讓孔老夫子如此傷心。那就是「傳人沒有了。」孔門有三千弟子，見諸史傳記錄者，有七十二人。但是在整部《論語》裡，能夠被孔子算成是入門弟子，衣缽傳人的只有前面提到的這十幾個人。在這十幾個弟子當中，只有顏回一個人是最為出類拔萃。由此可見，真正合乎理想的傳人是非常難得的。顏回在三十一歲過世，那時候孔子已經七十歲，已經不可能再從頭開始來培養另一個優秀的傳人。孔子當然意識到這一點，發現自己企盼已久的衣缽傳人居然先走一步。那種失落的感覺，是非常強烈的。難怪孔子會講出這麼重的話。

9. 顏淵死，子哭之慟。從者曰：「子慟矣。曰：有慟乎，非夫人之為慟，而誰為？」

顏淵死，孔子哭得非常的傷心。侍從在旁邊的人告訴孔子說：「你哭得太傷心了。」孔子反問說：「這樣算得上是悲慟嗎？若不是為了損失這麼一個優秀的學生而悲慟，那又要為誰悲慟呢？」由此可見，孔子的確是把顏回當成是衣缽傳人，不幸走得比孔子早。對七十歲的老年人來說，很難承受這麼沉重的打擊。

10. 顏淵死，門人欲厚葬之。子曰：「不可。」門人厚葬之。子曰：「回也，視予猶父也，予不得視猶子也。非我也。夫二三子也。」

顏淵死後，他的同門師兄弟們要厚葬他。孔子反對。結果，孔門師兄弟還是用厚葬的辦法來安葬顏回。孔子說：「顏回啊，把我看成像他的父親。而我卻不能用葬我兒子的方式來安葬他。不是我不想這麼做，而是這些門人不讓我這麼做啊！」言下之意是說，由於同學們的好意，讓顏回所得到的葬禮超過了他應該享有的禮制，就變得不合禮法。「依禮法而行事」是孔子畢生治學和修身的主要德目，這時候卻莫可奈何的被學生們的好意而破壞了。這種心痛勝過喪子之痛。

11. 季路問事鬼神。子曰：「未能事人，焉能事鬼？」曰：敢問死？」曰：「未知生，焉知死。」

顏淵死，同學們一起出力厚葬了他，大概又有一些類似後世的招魂、超渡等的儀式。因此，子路才會問如何祭祀鬼神。在《中庸》第十六章提到「子曰：鬼神之為德，其盛也乎？」在商周時代，整個國家的大事就在「祀與戎」——祭祀和打仗。如果不是確信有鬼神，又何必去祭祀？

這段話緊接在顏淵之死這件事之後，又跟下面一段話沒有什麼關聯。因此，才可以合理的揣測，很可能是顏淵的同學要為他做一些有關的祭祀。而他們的做法，包括厚葬在內，讓孔子覺得，已經超過了應有的禮法，所以才會生氣的說：「未能事人，焉能事鬼？」連人世的正常禮法都做不好了，怎麼能去事奉更高一級的鬼神呢？

子路大概心不甘，情不願，又頂了一句：「請問『死』，包括死後的一切，又是怎麼一回事？」孔子訓斥他說：「你連活人的事都管不好了，還管什麼死後的事情？」由此可以推測，厚葬顏淵這件事，子路可能是主要的策劃人之一。

一般人常用這段話來說孔子是反鬼神的，甚至是反宗教的。這是由於斷章取義的緣故。在一個以祭祀為國家大事的社會文化裡，怎麼可能否定鬼神的存在？而且在《中庸》裡，孔子就曾盛讚鬼神的德行。可見孔子是認識到有鬼神存在的。

12. 閔子侍側，誾（ㄧㄣˊ）誾如也。子路，行（ㄏㄤˋ）行如也。冉有、子貢，侃侃如也。子樂。曰：「若由也，不得其死然。」

〔誾誾如也〕：頭腦清楚，說話有條理。

〔行行如也〕：不斷的在動，一副坐不住的樣子。

〔侃侃如也〕：器度很大的樣子。

以下幾段分別記述孔子的幾個好學生的為人處世情形。閔子騫是「中正適度」，雍容大肚的樣子。子路的處世態度是好動，一副坐不住的樣子。冉有、子貢是說話很客氣，一副和樂融融、很有氣度的樣子。對於這幾個學生，孔子很欣賞。不過，他也為子路擔心，「如果像子路這個樣子，可能沒有好下場。」因為一個人老是處在莽撞好動的情況下，當他面對事故發生時，往往不會先冷靜的思考對策，能避免的，就避免之，而是率爾以對，常造成不良的後果。後來子路果然死於衛國的孔悝之難。

13. 魯人為長府。閔子騫曰：「仍舊貫，如之何？何必改作。」子曰：「夫人不言，言必有中。」

〔長府〕：古代主管財稅收入的機構。

魯國派任新的財稅主管，大概是做了一些稅制方面的變革，目的當然是在增加稅收，這是一種擾民的做法。閔子騫說：「照原來的樣子收稅就可以了，為什麼要弄一些新花樣呢？」孔子非常讚美這個想法，認為閔子騫平常時候不太講話，一旦講話，就能切中要點。

14. 子曰：「由之瑟，奚為於丘之門？門人不敬子路。」子曰：「由也升堂矣，未入於室也。」

子路由於個性急躁，在彈奏瑟的時候，有殺伐之聲。孔子聽了，就批評說：「這種瑟聲怎麼可以算是我的門人呢？」別的學生聽了孔子這樣批評子路，就不敬子路。孔子自覺失言，趕緊說：「子路已經入門了，只是還不夠精緻而已。」

15. 子貢問：「師與商也孰賢？」子曰：「師也過，商不及也。」曰：「然則師愈與？」子曰：「過猶不及。」

師是顓孫師，字子張。商是卜商，字子夏。子貢問孔子：「子張和子夏相比，誰比較好？」孔子說：「子張這個人才高意廣，而且好為詰難，常常過了頭。而子夏卻又有所不及。」子貢說：「這麼說，子張比較好囉？」孔子卻說：「過猶不及。」做事做過頭常常有不可收拾的後果，還不如那些做事慢半拍的人，因為沒有做到，總是還有可以更改和修正的機會。

16. 季氏富於周公，而求也為之聚斂而附益之。子曰：「非吾徒也，小子鳴鼓而攻之可也。」

季孫氏的財富已經相當可觀了。冉求為季氏的邑宰，又增加稅收，盡力聚斂收刮，以增加季氏的財富。孔子非常不能認同冉求的做法，恨恨的說：「這種人根本不配做我的學生，大家可以擂著鼓，把聲勢壯盛起來，共同去聲討他。」

17. 柴也愚，參也魯，師也辟，由也喭。

孔子的學生中，高柴（子羔）的本性愚直，反應遲鈍。曾參有點魯莽，不聰明，又有些憨厚。子張這個人比較外向偏激，也比較固執。子路這個人粗俗、豪放。

18. 子曰：「回也其庶乎？屢空。賜不受命，而貨殖焉，臆則屢中。」

〔庶〕：一般的書都說是「庶幾近乎聖道」，不過，「庶」也有「多」的意思。孔子認為顏回的特色可多了。

〔空〕：一般的書上都作「窮乏」。事實上，窮跟學習沒有關係。窮是生活上、經濟上的狀態，而學習是心智上的活動。因此，「空」就是指在心智上的「空靈」、「靈敏」。

孔子直接說明顏淵和子貢的特色。孔子認為，顏回的特點可多了，最大的特點是他的心智經常處在「空靈」的狀態，隨時可以接收信息。子貢也是可以隨時擷取靈感的人，他不去做官，專門從事生意買賣。每一次下單訂貨，都可以恰中時機，貴賣賤買，利市百倍。

19. 子張問善人之道。子曰：「不踐跡，亦不入於室。」

〔善人〕：應該不是在講後世所謂樂善好施的人，而是指「善為人之道」，如何讓這一次的人生可以過得美滿充實。

〔踐跡〕：依循前人走過的道路。

〔不入室〕：一般書上都說是「不能入聖人之奧室。」可是，這麼說，整段文句的意思變得很矛盾，不向聖人學習，又要學什麼呢？如果把「室」當成「限制」解，就是說「不要落入某些特定的思想、理論匡架中」，比較妥當。

子張問怎麼可以圓滿的過這一生。孔子回答他說，不要依循前人走過的道路，也不要落入一些既定的思考模式和成見之中。要自己用空靈的心智去實際體會和觀察，方才可以找出一條完全適應這個人過一生的具體好辦法。

20. 子曰：「論篤是與，君子者乎？色莊者乎？」

〔論篤〕：稱讚容貌篤實的人。

〔色莊〕：色厲而內荏的人。

要圓滿的過一生，就必需要好好的學習。學習什麼？當然是學習自己來投胎的時候所設定好的功課。要做好這些功課，就必需要全力以赴，而不是隨便客串玩玩。「論篤」就是指說要好好的過完這一生。誰可以真正完成自己原先設定的功課呢？是那種對生命有所知覺又堅持身體力行的君子人呢？還是那種表面上說好話，內心卻恐懼不安，實際上做不到的人呢？

21. 子路問：「聞斯行諸？」子曰：「有父兄在，如之何其聞斯行之？」冉有問：「聞斯行諸？」子曰：「聞斯行之。」公西華曰：「由也問：聞斯行

諸，子曰：『有父兄在。』求也問：聞斯行諸，子曰『聞斯行之。』赤也惑，敢問。」子曰：「求也退，故進之。由也兼人，故退之。」

子路是個急性子的人，一聽到什麼話的刺激，往往馬上採取行動。因此，當他問：一有刺激，是否就該馬上採取行動，孔子就勸他要多加考慮。孔子要他考慮家中有父兄長輩在，不要魯莽。冉有是個慢性子的人，孔子就建議他，聽到任何的訊息或刺激，就要立刻採取行動。公西華看到兩人問同樣的問題，老師卻給完全相反的答案，感到疑惑，孔子告訴他：因為子路是個急躁莽撞的人，於是要他不要那麼衝動，而冉求是慢性子，才要他聽了就去反應。這是孔子因人施教的教育方法，不會墨守成規，一成不變。

22. 子畏於匡，顏淵後。子曰：「吾以女為死矣。」曰：「子在，回何敢死？」

孔子在「匡」這個地方被人圍困，後得脫身。在衝突中，顏淵失散了。後來再相逢。孔子對顏淵說：「我以為你遭難橫死了。」顏淵回答說：「有夫子在，我怎麼敢先死。」這段對話顯示孔子和顏回之間的相互關係，情同父子。

23. 季子然問：「仲由、冉求，可謂大臣與？」子曰：「吾以子為異之問，曾由與求之問？所謂大臣者，以道事君，不可則止。今由與求也，可謂具臣矣。」曰：「然則從之者與？」子曰：「弒父與君，亦不從也。」

〔具臣〕：勉強可以算是。

子路和冉求都是季氏的家臣。因此，季子然問孔子：「他們兩人算不算得上是大臣呢？」孔子回答：「我以為你會問一些其他的問題，原來是問這個啊！所謂大臣，是依道來為國君做事，不合於道，就不能為國君做事。冉求和子路勉強可算是『具有那麼一些樣子的大臣』。」「既然有那麼一點樣子，那麼就應該完全跟從季氏的政策去做囉？」孔子說：「只有弒君弒父這兩件事不能跟隨。」

24. 子路使子羔為費宰。子曰：「賊夫人之子。」子路曰：「有民人焉，有社稷焉，何必讀書，然後為學？」子曰：「是故惡夫佞者。」

子路派子羔去當費邑的行政長官。孔子不贊同，認為這麼做是在害子羔，說：「你這麼做，不就是在害他嗎？」子路辯解說：「有土地，有人民，何必要把書讀好，才來做事呢？」孔子說：「我就是最討厭這種逞口舌之利的人了。」

25. 子路、曾皙、冉有、公西華侍坐。

子曰：「以吾一日長乎爾，毋吾以也。居則曰：不吾知也，如或知爾，則何以哉？」

子路率爾對曰：「千乘之國，攝乎大國之間，加之以師旅，因之以饑饉，由也為之，比及三年，可使有勇，且知方也。」夫子哂之。

「求，爾何如？」

對曰：「方六七十，如五六十，求也為之，比及三年，可使足民，如其禮樂，以俟君子。」

「赤，爾何如？」

對曰：「非曰能之，願學焉。宗廟之事，如會同，端章甫，願為小相焉。」

「點，爾何如？」

鼓瑟希，鏗爾，舍瑟而作。對曰：「異乎三子者之撰。」

子曰：「何傷乎？亦各言其志也。」

曰：「莫春三月，春服既成，冠者五六人，童子六七人，浴乎沂，風乎舞雩，詠而歸。」

夫子喟然歎曰：「吾與點也。」

三子者出，曾皙後。曾皙曰：「夫三子者之言何如？」

子曰：「亦各言其志也已矣！」

曰：「夫子何哂由也？」

曰：「以國為禮，其言不讓，是故哂之。唯求則非邦也與，安見方六七十，如五六十，而非邦也者？唯赤則非邦也與？宗廟會同，非諸侯而何？赤也為之小，孰能為之大？」

這一章記述孔子和學生一起討論所學何事，以及他心目中理想的學習。

子路率先說，他為學的目標就是要治理一個擁有千乘兵車的國家，這個國家夾在大國的中間，常常受大國的侵略，又常遭到天然災害，只要讓他管上三年，就可以富國強兵。這種理念是子路個性使然，也是當時一般人的共同理想。

冉有的理想是治理一個像今天的「縣」這麼大的小國，只要三年，就可以讓人民富裕起來，至於禮樂教化，就讓別人來做。謙虛的表示他的能力有限。

公西華則表示他願意在諸侯朝會和宗廟祭祀的時候，充當司儀。這些事情目前他還不會，可是願意去學。就像〈鄉黨第十〉所記，孔子入太廟，每事問。

曾皙卻說，他的理想跟大家不一樣。他的理想是在暮春三月的時候，穿著新做好的衣服，和一批朋友，到郊外去享受大自然的信息，在沂水中洗澡，在風中且歌且舞，在回家的路上，一路哼唱不已。

結果，孔子非常讚賞曾皙的想法。曾皙不懂其中的原因，孔子解釋說，治國要以禮為主，像子路這樣的夸夸其言，一點都不謙讓，不合於禮，因而笑他。方圓六七十里的地方，也算是一個國家，怎麼能像冉有那樣小看它呢？而公西華把宗廟祭祀和諸侯盟會這種事情當成小事，那又有什麼事情可算是大事呢？

這一段也在說明人和大自然的信息溝通，是孔老夫子最高的理想。春天是植物發芽生長的時候，也是地球的磁場轉趨旺盛的時候。人在春天最好就是多跟大自然接近，多吸收地球和植物所散放出來的信息，身心狀態也就會比較健康。有了身心健康的人民，國家當然也就會真正的富強。要比用霸道的方法去役使人民，積聚財富來得有效。這一段再參看《莊子》〈大宗師〉和〈人間世〉兩篇有關顏回要到衛國去做官時，孔子給他的建議，就可以明白孔子這樣的想法是有根據的。

顏淵第十二

這一篇是在講個人修行之後的身心狀態，而後應用到實際政務上去的一些具體方法。這是孔門治學、求學的方法論。一般的書上由於是逐條註解，就不容易看出整體的治學方法。現在我們從整篇的角度來看各段之間的隱喻意涵，就有另外的一番見解。這種學習的方法成為二千年來儒家的傳統。依照排列的次序逐段想過去，就會發現，孔子的學習方法是「深入淺出」，先講一個深的境界，再一步步的淺出。非常有意思。

1. 顏淵問「仁」。子曰：「克己復禮，為仁。一日克己復禮，天下歸仁焉。為仁由己，而由仁乎哉？」顏淵曰：「請問其目？」子曰：「非禮勿視，非禮勿聽，非禮勿言，非禮勿動。」顏淵曰：「回雖不敏，請事斯語矣！」

〔克己〕：克制自己的物欲。淨化自己的心靈。

〔復禮〕：回復到克制自己物欲的那種內心修養狀態。

在前面〈里仁第四〉討論過「仁」是什麼。在這裡又提起「仁」這回事。顏淵問「仁」是怎麼一回事，請孔子為「仁」下個定義。

孔子回答說：「淨化自己的心靈，回復到克制自己物欲的那種內心修養狀態，就叫做仁。有那麼一天可以做到克制自己的物欲又淨化了心靈，而且還可以保持一段相當長久的時間，那麼天下的人都會跟著這麼做。實踐『仁』這項德目是由自己來做，難道是要靠外力嗎？」

顏淵接著又問：「那麼行仁的細節是什麼呢？」

孔子說：「不合於禮的事物不要看，不合禮的言談不要聽，不合禮的話不要說，不合禮的行為不要做。」

顏淵說：「我雖然魯鈍，不聰敏，但是對老師您的指導，我還是要盡力去做。」

單看這樣的解釋，我們實在不知道這段對話的真正用意是什麼。其實，還是一句老話，「要把心念定在一處」。「非禮勿視，非禮勿聽，非禮勿言，非禮勿動。」這四句不就是在講「減少對外界的注意力」「減少外界對自己的干擾」嗎？

後世禪宗的修行法裡面，在開始練習如何把心頭安定下來，如何減少心頭上飛馳而過的各種念頭時，都會要求初學者「置心一境」、「置心一處」或「置心一念」。把注意力集中在某一個狀況，某一種境界或某一種念頭。當能夠做到這一項要求的時候，那時候就不會太去注意身旁的其他事物。也就是說，對練習者而言，身外事物雖然是存在的，但是對它們的知覺卻是越來越模糊。這時的身心狀態就能脫離這個有形身體的羈絆，時空知覺就會跟著擴大，直覺也就因此而產生。顏回、子貢、仲弓等人所具備的那種「空靈」的直覺能力，就是在這種情況下發生的。

從前面各篇一路讀下來，會覺得那種空靈、直覺的能力是天生的，不是人人可以獲得的。在孔子的三千弟子當中，只有那麼幾位學生有這種能力。如果真的是這樣，就不應該，也不可能有那麼多的人拜在孔子的門下。可是事實上，的確是有那麼多的人投入門下，要求學習這種能力，可見這種空靈、直覺能力是可以學而得之的。而且，在《莊子》、《老子》、《列子》等書中，也同樣的提到相關的修煉辦法。

那麼，孔門的修煉辦法在哪裡呢？原先以為孔子大概是知其然而不知其所以然。在解讀這段話的時候，突然有一個念頭閃過心頭，直覺的認為「克己復禮」應該是在講修煉的方法。才想到禪宗的修行方法。於是就做了以上的詮釋。這種心智空靈的工夫是可以透過練習而得，第一步就是減少跟外在環境的不良互動。那麼，如果天下的人都這麼做，都有了空靈的心智，人與人之間的溝通就變得非常容易，那怎麼不會「天下歸仁焉」？

2. 仲弓問「仁」。子曰：「出門如見大賓；使民如承大祭；己所不欲，勿施於人；在邦無怨，在家無怨。」仲弓曰：「雍雖不敏，請事斯語矣！」

修煉身心的第一步是減少跟外在不良環境的互動，那接下來又該怎麼做呢？就是自己不要發出不良的信息波。為了不讓自己產生不良的信息波，就要讓自己的心念一直處在一個「恭敬」的狀態下。像出門去見重要的賓客、去參加一項重要的祭祀活動，心情當然是緊張、恭敬，不敢輕舉妄動，深怕出什麼差錯。這種情形下，當然不會有什麼不良的心念。

看到自己不喜歡的東西或事物時，當然會引起自己一些不良的念頭，罵個兩句，是常有的事。可是，罵人這個信息一旦產生，第一個受害的，當然是自己，其次才是別人。別人在收到這個罵人的信息之後，又會產生反應，反彈回來。這麼來來回回的刺激和反應，最後形成了一個不良的結果，或者打了一架，或者告上法庭，形成一個「怨恨」。要想不結這種怨恨，最好的辦法，就是不要有第一個不良的念頭。「己所不欲，勿施於人，在邦無怨，在家無怨」就是在講這個道理。

3. 司馬牛問「仁」。子曰：「仁者，其言也訒。」曰：「斯言也訒，其謂之仁矣乎？」子曰：「為之難，言之得無訒乎？」

〔司馬牛〕：姓司馬，名犁，字子牛。《史記仲尼列傳》云：「司馬耕，字子牛，牛，多言而噪。」

〔訒〕：忍耐。

《史記》上說，司馬牛是個多言而噪的人，可見他常常講錯話而惹來許多麻煩。當他問孔子什麼是「仁」的時候，孔子就告訴他，講話的時候，先要想一想，不要脫口而出。司馬牛沒有聽懂孔子的意思，反問：「講話時先想一想，就算是達到『仁』的境界了嗎？」孔子回答他：「當事情發生到不可收拾的地步，才難處理呢！為什麼不在引發事件之初就先忍一忍，把事情想清楚，弄明白，而後再說再做呢？」

修行的另外一個要件就是有很多話其實是可以不說的。有時候偏偏就是很想說一些刺激別人而讓自己爽的話，可是一旦說了，會有什麼不良反應和後果，是不能預測的。要不想有什麼不良的反應，就不要種下它的因子。說話就必需要謹慎小心，把可以不講的話、講了之後可能有不良反應的話，忍住不講。如此一來，人與人的相處就和諧了，也就是在「仁」的境界。

4. 司馬牛問「君子」。子曰：「君子不憂不懼。」曰：「不憂不懼，斯謂之君子矣乎？」子曰：「內省不疚，夫何憂何懼？」

司馬牛真的是言多而噪的人，他不像顏回那樣，夫子回答問題之後，私下好好的去揣摩。司馬牛的反應似乎慢半拍。孔子回答他所問的問題之後，他總是要反問一句：「這樣做，真的就可以了嗎？」這次，他又問什麼是「君子」。孔子回答說：「不憂不懼的人就是君子。」他實在聽不懂，又問：「不憂不懼的人，真的可以算是君子嗎？」孔子再回答他說：「內心沒有什麼愧疚，又哪來的恐懼。」

暫且不去管表面的意思。承接上一段的話來看。上一段說，講話小心謹慎，就可以減少他人的怨尤。同樣的，也可以減少內心許多內疚和後悔。內心少了愧疚和後悔，就不會有什麼事情值得憂慮和害怕的。佛家的《心經》裡不也是說：「無罣礙故，無有恐怖，遠離顛倒夢想，究竟涅槃。」嗎？也是在講同樣的意思。心頭沒有了各種羈絆和牽掛之後，也就沒有什麼可以恐懼害怕的，這種情形之下，使人遠離各種顛倒夢想之事，方才能夠達到無憂無懼的涅槃境界。

5. 司馬牛憂曰：「人皆有兄弟，我獨亡！」子夏曰：「商聞之矣：『死生有命，富貴在天』。君子敬而無失，與人恭而有禮；四海之內，皆兄弟也。君子何患乎無兄弟也？」

司馬牛憂心忡忡的說：「人家都有兄弟，唯有我沒有兄弟！」子夏就安慰他說：「死生有命，富貴在天。君子用謹慎的態度來處世，也就不會有什麼閃失。用恭敬的心來待人，就顯得有禮貌。在這種情形之下，四海之內的人都是你的兄弟。君子為什麼要擔心自己沒有同胞兄弟呢？」

在周代的社會和政治制度，兄弟是最主要的輔政人選。從周天子到士大夫家，都是一樣。司馬牛沒有同胞兄弟，也就沒有了輔佐的力量。可是，換一個角度來說，政事一定要靠眾人的支持，才可以順利的推行和運作。自己兄弟畢竟是個有限的範圍。這個範圍太小，也就可能找不到適當的人來輔政。唯有主政者心正意誠之後，任何人都是他可以信任的對象，那麼，可以用來輔政的人選的範圍就擴大了很多。賢才也就容易得到。

6. 子張問「明」。子曰：「浸潤之譖，膚受之愬，不行焉，可謂明已矣。浸潤之譖，膚受之愬，不行焉，可謂遠也已矣。」

〔浸潤之譖〕：〔譖〕音ㄗㄣˋ，毀人行，也就是在背後詆毀他人。這種壞話像水浸一樣，日積月累之後，就威力無窮。

〔膚受之愬〕：〔愬〕音ㄙㄨㄛˋ，訴己冤。訴說自己的冤屈時，會講得聲淚俱下，有如切身之痛，方才會博得他人的同情。

主政者最重要的工作就是「明」，明察政事的來龍去脈，不為臣下所矇騙。要如何才能做到「明察」這個地步呢？最重要的原則就是要知道哪些人常在耳邊在講一些專門詆毀別人的話，哪些人在講自己的切身利益的時候，講得極其動人，博取他人的同情。這些話不能對主政者發生效力，才算是「明察」。也才算是「深謀遠慮。」要想做到這一地步，必需要有前面所講的修養工夫，否則很難辨別何者為是，何者為非。

7. 子貢問「政」。子曰：「足食，足兵，民信之矣。」子貢曰：「必不得已而去，於斯三者何先？」曰：「去兵。」子貢曰：「必不得已而去，於斯二者何先？」曰：「去食；自古皆有死，民無信不立。」

為政者有了安定而且空靈的心智，謹慎小心的發言，不惹民怨，也能明察臣下的行為，那麼這個人會是怎麼樣呢？他會是一個值得人民信賴、託付的主政者。在這種情形下，他主持政事方才可以算是成功的。所以當子貢問：「如何從事政事」時，孔子回答說：「國家要有足夠的糧食，要有足夠的軍備，同時也要人民對政府有足夠的信心。」

子貢問：「如果出現不得已的情形，必需去掉一項，在三者之中，要去掉哪一項呢？」

孔子回答說：「去掉軍事裝備。」

子貢又問：「如果不得已還要去掉一項，那又是哪一項呢？」

孔子明白的說：「去掉糧食準備。自古以來，人都會死，餓死戰死都是死，也就不足以特別的害怕。可是，人民對主政者的信任卻是非常難得的事。一個主政者如果不能贏得人民對他的信任和託付，他就不可能有穩固的基礎，來確立他的統治地位。」

8. 棘子成曰：「君子質而已矣，何以文為？」子貢曰：「惜乎，夫子之說君子也，駟不及舌！文猶質也，質猶文也；虎豹之鞟，猶犬羊之鞟。」

〔棘子成〕：衛國的大夫。棘，音ㄐㄧˊ。

〔駟不及舌〕：良馬跑的速度都不及講話的速度來得快。

〔質〕：天生的本質。

〔文〕：學習的範本。

〔文為〕：學習哪些修煉的範本。

〔鞟〕：音ㄎㄜˋ，去掉毛的皮革。

這一段是在說，對於一個君子人來說，天生的本質和後天的學習是同樣的重要。像顏回、子貢這樣的人，他們的空靈心智幾乎是天生的，而成為孔門最好的學生。那麼，衛國大夫棘子成就質疑：「一個好的君子，也就是可以有資格去主持政事的人，只要憑他們天生的資質就可以了，何必透過後天的努力學習？」

子貢就責備棘子成，「話說得太快了，快得比最好的馬車的速度還要快。沒有經過考慮的話，就是會有語病。天生的本質和後天的努力是同樣重要，不可以偏廢。像虎豹的皮，去掉毛之後，看上去就跟犬羊的皮革，沒有什麼差別。」

像顏回、子貢那樣有天生的空靈本質，如果沒有用功學習的話，一樣是不能成功成名。可以打一個比方來形容人的本質。那就是電腦的瀏覽器及其軟體。人的心智就像電腦的瀏覽器。有些人不聰明，就是他用的軟體版本比較陳舊；像孔子、顏回、子貢這些人之所以成為聖人，是因為他們的心智瀏覽器軟體的版本不斷的在更新。學習就是在更新瀏覽器所用的軟體的版本。一個好的執政者、君子、士大夫，就是要不斷的設法更新自己所用的瀏覽器軟體的版本。不更新，就很快的會落伍。任何舊版本軟體看上去都一樣的笨。管他是虎豹的皮，還是犬羊的皮。

9. 哀公問於有若曰：「年饑，用不足，如之何？」有若對曰：「盍徹乎！」曰：「二，吾猶不足；如之何其徹也？」對曰：「百姓足，君孰不足？百姓不足，君孰與足？」

〔徹〕：抽十分之一的稅。

前面剛講過，國家碰到危難時，可以去兵、去食，不可以無信。現在就舉一個實際的例子，來說明如何藏富於民。

魯哀公對有若說：「年頭不好，國家的稅收也不好，支出也就捉襟見肘，我該怎麼辦呢？」

有若對答說：「何不實行十分抽一的稅收呢？」

哀公說：「十分取二都不夠了，何況是要十分抽一呢？」

有若回答說：「百姓的生活富足了，國君怎麼會不富足呢？百姓的生活不富足，國君的稅收又怎麼會富足呢？」

「人民富，國家就富」這個道理是建構在政府和人民之間彼此信任的基礎上，國家的橫征暴斂其實是國君不相信人民的具體表現。只顧自己的需求，不顧人民的死活。

10. 子張問「崇德，辨惑。」子曰：「主忠信，徙義崇德也。愛之欲其生，惡之欲其死；既欲其生又欲其死，是惑也！」（誠不以富，亦衹以異。）

〔誠不以富，亦衹以異〕：這是《詩經小雅》的兩句話。一般書跟從朱熹的意見認為這兩句話是錯簡，應當是放在季氏第十六的第十二段頭。

〔崇德〕：尊崇品德。

〔辨惑〕：明辨疑惑。

〔徙義〕：猶言遷善，即行為趨向於道義。

子張問孔子：「如何有良好的品德，又可以明辨疑惑？」

孔子告訴他：「把『信』這件事確確實實的做到（主忠信），循著正確的方法來努力的遷善改過，讓自己的本性得以改進，培養出那種空靈的直覺能力來（徙義崇德），就可以明察了。一般人總是依自己的好惡來處世，喜愛一個人的時候，喜歡得不得了，但願他長命百歲；厭惡的時候，又恨不得他死。既要他長命，又要他早死，不是『惑』又是什麼？」

這一段接續在討論如何才能「明察」。要能明察，基本上是要做到尊崇品德，明辨疑惑。品德就是指那種寧靜、空靈的直覺能力。有了這種能力，就可以知道什麼事該做，可以做；什麼事不該做，不可以做。於是就可以明辨疑惑了。

11. 齊景公問政於孔子。孔子對曰：「君，君；臣，臣；父，父；子，子。」公曰：「善哉！信如君不君，臣不臣，父不父，子不子，雖有粟，吾得而食諸？」

人有了明察的能力，那麼他就應該知道如何來處理人倫關係，把自己社會網絡中所扮演的角色確實做好。在上位的人，就要有上位者的行為表現；做臣子的人就要盡做臣子的本分。當父親的人就要像父親的樣子；當兒子的人也要盡兒子應盡的責任。這麼一來，國家的政事就上軌道了。

齊景公聽了孔子這番話，就很感動的說：「講的真好啊，真是妙啊！如果做國君的不像國君，做臣子的不像臣子，做父親的不像父親，做兒子的不像兒子。國家即使富有，我這個國君也是坐不住國君的位子。」

12. 子曰：「片言可以折獄者，其由也與！」子路無宿諾。

〔片言〕：簡單的幾句話。

〔折獄〕：判斷刑案。

〔宿諾〕：隔宿的承諾。答應的事而沒有立刻去做。

有了明察的能力，就可以判案。中國自古以來，行政官一直兼任司法官，這種明察、判案的能力也就成為作官的人必需具備的能力。子路是很好的行政官，也是很好的司法官。由於他也是心智相當靈敏的人，只要聽上幾句供詞，就可以很快的把握住案情的原委，做出正確的判斷。所以他沒有什麼積壓不辦的案子，也沒有什麼答應之後，遷延蹉跎，不去辦的事。

13. 子曰：「聽訟，吾猶人也。必也，使無訟乎！」

孔子說：「聽人民訴訟而後做判斷，我大概還可以。不過，我最希望的是沒有訟案的發生。」

有了明察以判案的能力，當然很好，可以讓刑案很快的了結。讓社會正義得以伸張。這是比較低的一個層次。如果社會上人人都可以「仁」來相處，以「禮」來相待，就不會有什麼衝突、對立，也沒有愛恨情仇，自然就沒有刑案發生。這才是儒家心目中的堯舜盛世。

14. 子張問「政」。子曰：「居之無倦；行之以忠。」

在這裡的子張問政，就不會是在講行政，而是指聽訟。一般官員每天一定要做的事就是聽訟。那是一件很累人的事。因此，必需要打起精神，不感到厭倦，而且要確確實實的做，不可以有任何投機取巧的動作。

15. 子曰：「博學於文，約之以禮，亦可以弗畔矣夫。」

要做到有空靈的心智可以明察是非，就必需要「學」。怎麼學呢？就是要把前人所留下來，寫成文字的哪些心得報告，通通讀熟。再依照約定俗成的行為標準來規範自己的心念和行為，這麼做，大概不會有什麼差錯了。

16. 子曰：「君子成人之美，不成人之惡；小人反是。」

一個君子人為政聽訟時，也有基本的要求，那就是「成人之美，不成人之惡」。幫助百姓去完成任何美好的事，不會也不應該去推波助瀾去做哪些醜陋的、不美好的事。哪些身心知覺小的小人，反而只是成人之惡，而不是成人之美。

在本篇一開始就講修持的第一步就是把心念置放在某一個特別選定的情境上。這個情境必需是美的、善的、真的、好的，才會向外表現出真善美的面相和行為。對外散發出這些美的、善的、真的、好的信息，也才會聚合具有相同信息的人，成為一個善良美好的社會網絡。這種聚合就是我們平時所說的「善緣」。從政者要想社會安定、民生樂利，就必需要在他自己的心念裡發出真善美的信息。如果在上位者總是懷抱醜陋的、陰險的、卑鄙的、下流的、貪婪的心念，人民也就會跟著醜陋、陰險、卑鄙、下流、貪婪。今天臺灣的社會如此亂相叢生，就是社會上從上到下充斥著各種醜陋的、陰險的、卑鄙的、下流的、貪婪的信息。因果報應，歷歷不爽。

17. 季康子問政於孔子，孔子對曰：「政者，正也，子帥以正，孰敢不正？」

為政者的心念必需要放在「正」的地方，也就是剛剛所講的美的、善的、真的、好的念頭，國家的政治才會上軌道。當季康子問為政之道於孔子時，孔子回答說：「『政』就是『正』，你當執政的人心念正，還有誰敢不正呢？」

18. 季康子患盜，問於孔子。孔子對曰：「苟子之不欲，雖賞之不竊。」

季康子為國內有偷盜的事屢屢發生而煩惱，來向孔子請教該怎麼辦。孔子回答他說：「如果你自己的物欲不是那麼重，不貪求財貨，那麼即使你出重賞要人去偷盜，也不會有人去做。」這段話明白的指出，魯國有那麼多的偷盜事件發生，都是因為執政的人有「偷盜」的意念，貪求財貨不就是在偷國家的府庫，偷盜人民的財產嗎？

19. 季康子問政於孔子曰：「如殺無道，以就有道，何如？」孔子對曰：「子為政，焉用殺？子欲善，而民善矣！君子之德風；小人之德草；草上之風必偃。」

季康子問孔子說：「把那些無道的人都殺掉，讓全國的人都能有道，可以這麼做嗎？」

孔子回答說：「像你這樣執政的人，哪裡還需要用到刑戮。你想要善，人民自然就會跟著從善如流。君子人就像風，一般人就像草，風吹草偃是必然的事。」

這段話是反覆的重申，執政者的心念很重要，光靠刑戮是沒有大用的。

20. 子張問：「士何如斯可謂之達矣？」子曰：「何哉？爾所謂達者！」子張對曰：「在邦必聞，在家必聞。」子曰：「是聞也，非達也。夫達也者：質直而好義，察言而觀色，慮以下人；在邦必達，在家必達。夫聞也者：色取仁而行違，居之不疑；在邦必聞，在家必聞。」

〔達〕：通達。

〔聞〕：有名望。

子張問：「士要怎麼樣才算是通達呢？」

孔子說：「你所說的『通達』是什麼意思？」

子張說：「在邦國內有很好的名聲，在大夫家裡也有很好的名望。」

孔子說：「那是『聞』而不是『達』。所謂『通達』，是說他有正直的本質，喜好做該做的事，可以明察別人所說的話的涵意，也能觀察別人的容色，隨時替人著想，把自己放在謙卑的地位。這種人到處受歡迎，也就是通達了。至於有名望又是怎麼一回事呢？他只是表面上似乎愛好仁德，實際的行為上卻又不是如此，自己又以仁人自居，而且信以為真。在國內，他會騙取一定的名望，在大夫家也一定會騙取相當的名望。」

21. 樊遲從遊於舞雩之下。曰：「敢問崇德、脩慝、辨惑？」子曰：「善哉問！先事後得，非崇德與？攻其惡，無攻人之惡，非脩慝與？一朝之忿，忘其身以及其親，非惑與？」

〔脩慝〕：〔慝〕音ㄊㄜˋ，藏在心中的惡念。脩慝就是去除心中的惡念。

樊遲跟從孔子遊於舞雩臺下，請問夫子如何提高自己的品德，去除心中的惡念，辨別迷惑。孔子回答說：「問得好，碰到應做的事就趕緊去做，不去計較報酬，不就是提高品德了嗎？反省自己有什麼惡念，不去檢討別人的惡念，不是脩慝，又是什麼？一旦發怒，忘了自身的安危，甚至忘了父母家人，不就是迷惑嗎？」

本篇到這裡，把前面所說的各種情境，做一個總結。人的心念要在空靈的狀態下，接收各種良好的、美好的信息，方才可以有良好的品德。不要在內心有什麼醜惡的念頭，更不要一時糊塗，在氣忿難平的狀況下，做出一些讓自己陷於苦惱的事來。佛教的十二因緣法講人生的起源是「無明」，也就是一時糊塗。糊裡糊塗的一個動作，引來一連串的反應，越來越真實具相，後果也就不能逆料。這就是人生。孔子也注意到一時糊塗是人生大不幸的開始。

22. 樊遲問「仁」。子曰：「愛人。」問「知」。子曰：「知人。」樊遲未達。子曰：「舉直錯諸枉，能使枉者直。」樊遲退，見子夏曰：「鄉也，吾見於夫子而問；子曰：『舉直錯諸枉，能使枉者直。』何謂也？」子夏曰：「富哉言乎！舜有天下，選於眾，舉臯陶，不仁者遠矣；湯有天下，選於眾，舉伊尹，不仁者遠矣。」

孔門的理想是要用正念來執政，治理國家。要想讓國家大治，就要把符合本篇所講的那三項標準崇德、脩慝、明辨的人放在執政的位置上。能夠做到這三項標準的人，就稱之為

「直」。不能做到這三項標準的人，就稱之為「枉」。把正直、有直覺能力的人提拔出來，放在執政的位置上，那些不正的人自然就會消聲匿跡。

樊遲問：「仁是什麼？」

孔子說：「仁就是能夠愛人。」

樊遲又問：「什麼是智慧？」

孔子說：「能夠知道每一個人的本性和特質。」

樊遲不明白，孔子就更具體的說：「提拔正直、有直覺能力的人，出任適當的職位，把不適人的辭退，就可以使那些不正直、沒有直覺的人改正過來。」

樊遲還是不懂，就去問子夏：「剛才我向夫子請問什麼是智慧，夫子回答我說：『舉直錯諸枉，而使枉者直。』這是什麼意思？」

子夏說：「哇！夫子的話好極了。當舜有了天下之後，從大眾選拔皋（ㄍㄠ）陶（一ㄠˊ）來輔政，那些不仁的人也就遠離而去。商湯有了天下之後，從大眾中選拔了伊尹來輔政，那些不仁的人也因而遠離。」

23. 子貢問「友」。子曰：「忠告而善道之，不可則止，毋自辱焉。」

這些修持的工夫，由於沒有絕對的標準，因而需要有相對的參考指標。這種相對的指標就是朋友。在《學而第一》的第一段就講「學而時習之，不亦說乎？有朋自遠方來，不亦樂乎？」就是在講這種修持的工夫不但隨時隨地都要注意，更要有朋友可以印證。印證不是考試，沒有絕對的標準答案。只能告個人的涵養、信任和興趣。

因此，當子貢問：「什麼是朋友？」時，孔子回答說：「要能忠告而委婉相勸，就是朋友。講了，而不聽，就不要再講。不要自取其辱。」

24. 曾子曰：「君子以文會友；以友輔仁。」

要怎麼印證呢？當然是要拿出自己的心得報告，來和有同樣修養的朋友交換心得。也藉著朋友的規勸和印證所得的心得，來幫助自己有更好的能力來和他人好好的相處。

子路第十三

這一篇直接明白的講述為政的一些具體做法。作為一個執政者，必需要身先士卒，以身作則。要名正，才能言順。心要安定要正。當人民的生活富裕安定時，就要施以教化，來改變他們的氣質，提升生命的境界。能達到這些要求的人就是孔子心目中理想的君子。一個善於為政的君子，也就是可以把本篇，乃至於整部《論語》所說的各項條件充分做到的人，當他執政七年之後，人民在他的教化之下，有了豐富的倉廩，有了很好的道德修養，對國家有了信心，那時候方才可以整頓軍備，讓人民來捍衛國家。這句話是在呼應前面《顏淵第十二》所說「去兵、去食，民無信不立。」的說法。

1. 子路問「政」。子曰：「先之，勞之。」請益。曰：「無倦。」

子路問：「君子人出任官職有哪些基本的條件？」孔子回答說：「就是身先士卒，以身作則，作屬下的模範。」再問還有沒有其他的條件。孔子又說：「就是不要有倦怠之心。」

2. 仲弓為季氏宰，問「政」。子曰：「先有司，赦小過，舉賢才。」曰：「焉知賢才而舉之？」曰：「舉，爾所不知，人其舍諸！」

〔有司〕：官吏、下屬。

仲弓出任季孫氏的家宰，向孔子請教如何主持政務。

孔子說：「做事一定要為百官的表率，比他們做得勤快。遇到屬下有一些小過錯，就原諒他們，不要太追究。同時要薦舉有才能有德行的人才。」

仲弓又問：「我怎麼知道這個人是人才還不是人才呢？」

孔子說：「人才是不會被埋沒的。你不識貨，自然有其他的人會任用他。」

3. 子路曰：「衛君待子而為政，子將奚先？」子曰：「必也正名乎！」子路曰：「有是哉？子之迂也！奚其正？」子曰：「野哉，由也！君子於其所不知，蓋闕如也。名不正，則言不順；言不順，則事不成；事不成，則禮樂不興；禮樂不興，則刑罰不中；刑罰不中，則民無所措手足。故君子名之必可言也，言之必可行也。君子於其言，無所苟而已矣！」

子路問孔子：「衛國的國君要請夫子去主持政事，哪一件事是你首先要做的呢？」

孔子說：「那就是『正名』這件事。」

子路聽不懂孔子的意思，反問說：「是這樣嗎？夫子您老人家也太迂腐了，哪裡是正名這件事。」

孔子就責備子路：「你這個人真是鄙俗無知。君子人對於自己不知道的事，就不敢亂講。你知不知道，為官執政的時候，如果名位不正，他講的話、所發布的命令也就不會順著道理而來。不順著道理，則政事都辦不好。政事辦不好，則國家的禮樂教化就不會興盛。禮樂不興盛，國家的刑罰也不會適當。國家的刑罰不能適中的話，人民就不知道如何自處。因此，君子所擔任的官職一定要是明確的，他發布的命令方才可行。君子對於他所講的話、所發布的命令，必需要是一絲不苟的。」

4. 樊遲請學稼，子曰：「吾不如老農。」請學為圃，曰：「吾不如老圃。」樊遲出，子曰：「小人哉，樊須也！上好禮，則民莫敢不敬；上好義，則民莫敢不服；上好信，則民莫敢不用情。夫如是，則四方之民，襁負其子而至矣；焉用稼！」

這段話是講為政者不必什麼事情都要親自去做，只要把握住基本原則，清靜自己的心念，讓自己的行為合於禮制，國家自然就可以大治。

樊遲向孔子請教有關種田的事。孔子說：「你問錯人了，種田這方面的事，我不如老農。」又問如何種菜。孔子說：「我不如老圃。」樊遲走了之後，孔子嘆曰：「樊遲真是不懂事的小子。他不知道，上面的人好禮，行為端正，那麼普通的百姓怎敢不敬重上位者。上面的人所做的事都合乎道義，則人民也沒有不服從的。上面的人說話算話，下面的百姓不敢不真情以對。這麼一來，四方的人都帶著他們的老婆孩子投奔過來。何必自己去種五穀菜蔬呢？」

5. 子曰：「誦詩三百；授之以政，不達；使於四方，不能專對；雖多，亦奚以為？」

在〈為政第二〉就提到過「詩三百，一言以蔽之，思無邪。」讀《詩經》是要純化自己的心念。讀了《詩經》之後，讓他去從政做事，卻不能做得好，派他出使外國，又辦不好外交。這種人一定是沒有把《詩經》讀透讀懂，沒有把「思無邪」內化為他生命的一部分，也就不能讓他的心性純然，心智空靈。這種人光是會讀書而已。讀得再多，卻沒有什麼用。

6. 子曰：「其身正，不令而行；其身不正，雖令不從。」

一個從政的君子有了純然的心性、空靈的心智，他的行為就會正直。在這種情況下，人民自然起而效法，也就不需要下達什麼命令。為政者不能有空靈的心智，也就不會有正直的行為，儘管下達一大堆的命令，人民也是不會聽從的。

7. 子曰：「魯、衛之政，兄弟也。」

這種為政的基本要求不限於某地某國方才適用，而是適用於每一個國家。在魯國做得好的人，在衛國也一樣可以做得好。以下，孔子就到衛國去的見聞和問答。

8. 子謂衛公子荊，善居屋，「始有，曰：『苟合矣；』少有，曰：『苟完矣；』富有，曰：『苟美矣。』」

魯衛之政，既是兄弟，情形也就相差不多。公子荊是衛國當時的大夫。他的家業是慢慢的累積，家室是慢慢的擴大，而不是像一些王公貴族，在完全不體恤民力的情形下，極力動員龐大的人力物力，一下子就把家室建造起來。這種情形就表示公子荊有仁心仁德，是個好官。因此，孔子就很讚美公子荊，說他善於經營家室。「剛開始經營家室、有一些日常生活用具的時候，就說：『夠用就好了。』等到稍稍有一些像樣的東西時，就說：『已經很完備了。』再多一點，成為富有的時候說：『非常美好了。』」這三種境界的表現，顯示公子荊是一位對物質慾望不是很強的人，這種人的行為表現正是孔子一直所讚許的。

這段話的涵義是在說為政者必需要先減少自己的物慾需求，才不會任意的增加人民所交的稅賦，人民方才有好日子過。

9. 子適衛，冉有僕。子曰：「庶矣哉！」冉有曰：「既庶矣，又何加焉？」曰：「富之。」曰：「既富矣，又何加焉？」曰：「教之。」

孔子到衛國去，冉有當跟隨。看到衛國田地上種植的莊稼相當茂盛，人人也相當多，孔子讚美說：「庶矣哉！」冉有問：「既然到了豐富的階段，下一步又該如何呢？」孔子說：「讓人民更加富裕。」冉有接著再問：「那富裕了以後，又該怎麼辦呢？」孔子說：「好好的教育人民。」

這三句話可說是儒家治理國政的三個步驟。治國時，先求其有，再求其富，再來就要好好的教導人民，讓人民的行為都能合乎正道，人與人之間的溝通無礙，那麼國家一定大治，成為人間的樂土。如果只是富有，而不知禮樂，更沒有書數，人就只是一種會吃會動會說話的動物而已。

10. 子曰：「苟有用我者，期月而已可也，三年有成。」

孔子看到衛國的情形，不禁感嘆的說：「假如有國君肯用我來執政，短時間之內就可以看到成果，三年一定有豐碩的成果。」

11. 子曰：「『善人為邦百年，亦可以勝殘去殺矣。』誠哉！是言也。」

看到衛國的情形，孔子想起一句古話來，這句古話是說：「善人來治理邦國一百年（連續一段很長的時間），也可以讓殘暴的人不做壞事，政府也就可以廢除死刑了。」孔子說，這句話講得真對。

12. 子曰：「如有王者，必世而後仁。」

〔世〕：三十年為一世。

把一個國家治理得上軌道，國泰民安，民生樂利，不是一下子就可以達成的，而是要一步一步慢慢的來。大概要三十年，方才可以達到。臺灣的經濟發展從無到有，由有而富，剛好就是三十年（1960-1990）。由於沒有把教育做好，以致民多奸巧，從一九九〇年之後，就由盛而衰。誠哉！是言也。

13. 子曰：「苟正其身矣，於從政乎何有？不能正其身，如正人何？」

一個人能夠正其身，那他還會沒有出來從政的機會嗎？不能正其身，他又要怎樣去端正別人呢？

14. 冉子退朝，子曰：「何晏也？」對曰：「有政。」子曰：「其事也！如有政，雖不吾以，吾其與聞之！」

冉有退朝回來，孔子問他：「為什麼這麼晚才下班？」冉求回答說：「有事要辦。」孔子懷疑說：「是在辦季孫家的事罷！如果是國家大事的話，我雖然已經很久不過問，可是我總是會知道有哪些事。」

這段話的意思不明，不知道它真正的意圖是什麼。從前一段的語意來猜想，這段話是不是在講，一個從政的人要以一國的利益福祉為優先考慮，而不該是以一家的利益為優先考慮？

15. 定公問：「一言而可以興邦，有諸？」孔子對曰：「言不可以若是其幾也！人之言曰：『為君難，為臣不易。』如知為君之難也，不幾乎一言而興邦乎？」曰：「一言而喪邦，有諸？」孔子對曰：「言不可以若是其幾也！人之言曰：『予無樂乎為君，唯其言而莫予違也。』如其善而莫之違也，不亦善乎？如不善而莫之違也，不幾乎一言而喪邦乎？」

這段話是在講國君的念頭是何其重要。國君的念頭正，則國家也就跟著會發達起來，國君的念頭不正，有可能導致國破家亡。

在古代人的認知中，聖王是有相當強大的心念能力，在很深沉的安靜狀態下，可以預知天下的事。後來的國君雖然在這方面的能力稍差，總是比一般常人要來得強一些。因此，他的一個念頭往往會形成一個強大的信息波，向四面八方散射出去，在他統治範圍中的人民會在不知不覺當中收到這個信息，也就受到國君的影響了。明乎此，就知道任何人的心念是不可以隨便的起的。一旦有了一個念頭，說不定就引申出一連串的後續發展。起心動念之間，就會有影響，然後在共振效果的影響下，把與之產生共振的人慢慢的聚合在一起，這就是我們常說的「緣」或「業」。後世的佛家有兩句話可以更精確的說明這個現象，那就是「菩薩畏因，眾生畏果。」一個有修行的人非常在意起心動念，起什麼樣的念頭，得什麼樣的果報。就像現在哲學和科學所強調的因果律一樣。可是一般人卻不知心念的重要性，反而只看眼前、當下所得到的享受和報償是什麼。人人都怕碰到不好的果報，可是卻天天在心生惡念。

魯定公問：「我聽說『一言可以興邦』，真的有那回事嗎？」

孔子對曰：「話不一定如此說。有人說：『做國君難，做臣子也不容易。』如果明瞭做國君必需要小心謹慎，那麼不就會注意到他所說的任何一句話都會有意想不到的影響力了嗎？」

定公又問：「那麼是不是也可能『一言以喪邦』呢？」

孔子對曰：「話也不一定如此說。不是說『做國君的人沒有快樂可言，唯一的快樂也許就是沒有人敢反抗他所說的話。』如果國君所說的話是正的話，那麼沒有人違抗，不是很好嗎？如果是邪惡的，又沒有人敢違抗，後來把國家毀了，那麼不就是國君的一句話可以使國家淪亡嗎？」

16. 葉（ㄕㄜˋ）公問政。子曰：「近者說，遠者來。」

當國君或執政者的心念一直是停駐在真、善、美的境界，所發出的念頭和信息波當然也就是真、善、美。自然就會吸引有相同心念，可以與之共振的人。就像吸塵器的吸塵作用，先吸引周遭的人，再吸來稍遠的人，再吸來更遠的人。

17. 子夏為莒父宰，問政。子曰：「無欲速；無見小利。欲速則不達；見小利則大事不成。」

子夏要去莒父這個地方為官，向孔子請教如何施政。孔子告訴他：「什麼事情都不要操之過急，也不要只看眼前的近利。要想超快，往往會無法達成任務。只看眼前的小利，就沒有辦法成功大事。」

因為做事太快了，就欠考慮，有許多方面沒有注意到，結果就會發生許多「意外」，而把整個事情延宕下來。這些意外更包括身體的意外傷害在內。因為性子急的人通常都比較緊張，緊張的情緒使得身上的肌肉跟著收縮而變硬。緊張的情緒持續一段時間之後，僵硬的肌肉就變成身體的常態，身體就會僵直、酸痛，關節部位更是變硬變脆。一旦遇到一個較大、較劇烈的動作，很可能就把關節弄碎了。人也就受傷。一旦受傷，就不可能再工作，所有事情被迫延宕。不就是欲速而不達了嗎？

凡事只看小利的人，他的心智所擷取和發射的信息波，必然是以短波為主。短波的振幅小，可以傳遞的距離有限。只能注意到一個較狹窄的時空範圍，表現出來的行為也就是謍察為明，仔細、精明，可是很少能從大局著眼，只在小地方斤斤計較。而做大事的人的心念必然是以長波為主，他所發射和接收的信息波可以涵蓋一個大的時空範圍。他所表現的行為也就是心胸開闊、大而化之、不拘小節、大事明白而小事糊塗，這種人適合做長程的、大範圍的規劃。因此，「見小利則大事不成」是在說；具有短波特質的人當然不能去照顧較為廣大的時空範圍。

18. 葉公語孔子曰：「吾黨有直躬者：其父攘羊而子證之。」孔子曰：「吾黨之直者異於是：父為子隱，子為父隱，直在其中矣。」

〔直躬者〕：行直道的人。也許「直」要作「直覺」來解。

〔攘羊〕：順手牽羊，偷竊是也。

〔證〕：作證。

〔隱〕：一般書上作「隱過」解。在這裡也許要作另外的解釋，方才可以把整段的意思讀通。那就是「事先的告誡而讓事情先化於無形。」

這段話也是千古大謎題。

葉公對孔子說：「在我的轄境內有直性子的人，他的爸爸順手牽羊，做兒子的就出面去告發。」

孔子說：「我們那裡的人卻不是這麼做。父為子隱，子為父隱，直在其中矣。」

照字面講，父親或兒子犯了罪，要相互掩飾隱過，而孔子卻認為這是「正直」的表現。不是很奇怪嗎？

這一段話有兩個不同意涵的「直」字。葉公所說的「直」，的確是「直腸子」，「直性子」，「直來直往」，不會拐彎抹角。因此，爸爸偷羊，兒子就去告發。這麼一來，人倫關係完全破壞了。

孔子所說的「直」，卻是同時在講「直覺」和「正直」兩件事。直覺上認為可能有偷竊的事，事先提出警告，要下手偷東西的人一旦有人事先警告，就知道事機已經敗露，而不敢下手去偷。這麼一來，不就把一件犯罪的事先行化解了嗎？這不就是「隱」嗎？因此，這段話正確的解釋應該是：「做父親的要事先告誡兒子，不可以順手牽羊。做兒子的也同樣要能事先規勸父親，不可以順手牽羊。這樣一來，一些可能發生的犯罪行為就事先消弭於無形。這是要靠直覺和正直的處世態度才能辦到的。」

19. 樊遲問仁。子曰：「居處恭，執事敬，與人忠；雖之夷狄，不可棄也。」

〔居處〕：日常生活。

〔執事〕：做事情。

〔夷狄〕：指沒有開化的異邦。

樊遲問仁。孔子說：日常生活的態度要恭謹，做事的時候要謹慎，待人要忠誠。即使在夷狄之邦，也是必然如此。

20. 子貢問曰：「何如斯可謂之士矣？」子曰：「行己有恥；使於四方，不辱君命；可謂士矣。」曰：「敢問其次？」曰：「宗族稱孝焉，鄉黨稱弟焉。」曰：「敢問其次？」曰：「言必信，行必果；硜硜然，小人哉！抑亦可以為次矣。」曰：「今之從政者何如？」子曰：「噫！斗筲之人，何足算也！」

子貢問：「怎麼樣可以稱得上是一名『士』呢？」

孔子說：「做事時，知道什麼樣的事是可恥的而不去做。奉命出使外國，可以圓滿的達成任務，沒有辜負國君派他的使命。這樣的人就算得上是一名『士』了。」

子貢又問：「還有沒有其他的要求呢？」

孔子說：「在宗族裡面，所有的族人都稱讚他是一名孝子；在家鄉，鄰里鄉黨都稱讚他是一位可以和睦相處的人。」

子貢再問：「還有沒有其他的要求？」

孔子說：「講出的話，必然要信守承諾；採取行動要相當的果斷。這種人的器量小，見識也不廣，只是像塊硬梆梆的小石頭。將就一點，也算是次一等的材料了。」

子貢問：「那麼依夫子的意見，現在這些從政的人，怎麼樣？」

孔子說：「啊！哪些人啊，都是一些器量狹小、才能淺薄之人，怎麼算也輪不到他們。」

21. 子曰：「不得中行而與之，必也狂狷乎？狂者進取，狷者有所不為也。」

〔中行〕：合乎中庸之道。

〔狂〕：進取善道。

〔狷〕：守節無為。

如上一段所言，現在為官的人都是一些偏執、器量狹小、見識不廣的人，所以孔子會感慨的說：「我實在找不到一些行為合乎中庸之道的人，可以與之交往。只好退而求其次，跟一些狂狷的人交往。狂的人都比較積極進取，狷的人是有所不為。」

22. 子曰：「南人有言曰：『人而無恆，不可以作巫醫。』善夫！『不恆其德，或承之羞。』」子曰：「不占而已矣。」

〔不恆其德，或承之羞〕：這是《易經》恆卦九三的爻辭。意思是說，人如果沒有常德，將會常常遭到羞辱。

〔不占〕：不必為他占卜。

南方人常說：人如果沒有恆心的話，就不可以做巫，來為人醫病。」孔子讚嘆這句話講得真對。接著引用《易經》裡的話說：「如果不能有恆心的話，就常常會遭到羞辱。」接著又說了一句：「只是平常不太占卜罷了。」

這段話也是看不懂的千古大謎題。

我們一直認為古人用巫者來醫病是個非常迷信的行為。而現代這種完全用機械來分析檢驗、投以據說有療效的化學製劑，才是科學理性的醫療方法。可是，仔細的檢討，現代人所生的病有三分之一是可以治的，有三分之一不治也會好，剩下的三分之一是怎麼治也治不好。看看病理學的課本，對於各種病的症狀有很清楚的描述，可是在病因方面，有一半以上的疾病是原因不明，根本不知道是怎麼回事，剩下的一半之中，有三分之二是知道怎麼回事，可是不知道該怎麼治。剩下的三分之一，方才是可以有辦法治療的病。這樣的成績實在不知道有什麼好驕傲的？可是，現代醫學卻表現得非常強勢，好像他們什麼病都能治，還一味的排斥別的醫療方法，斥之為「迷信」。這種態度使得我們看不懂這段話。

從生命的多重結構來看，現在我們所說的「病」，只是指在物質和能量層面所浮現出來的症狀。之所以會有這樣的表現，其實是導因於信息和心智層面的不正常。想想細菌和病毒漫天漫地的分布，每一個人都「浸泡」在無數量和無數種的細菌和病毒分布的環境中，可是只有少數的人才會「被某些細菌或病毒感染到」。為什麼是只有張三得肝炎，而不是全部的人？現代醫學只能用機會率的概念來解釋，說只有千分之一的人會得，張三剛好就是那個千分之一的倒楣鬼。

事實上最合理的解釋應該是張三的身心狀態提供了肝炎病毒著床和生長的良好環境，張三方才得了肝病。中醫的五行學說裡提到「怒傷肝」，發怒的這種情緒會讓整個身體陷入一個極度緊張的狀態，把身體的能量在極短的時間內爆發出來，顯現出暴怒的行為。身體裡面貯藏能量最多的地方是肝，而產生情緒的地方主要是在腹腔。一旦「怒」的情緒產生，它會像一陣龍捲風，把肝所貯藏的能量一下子就刮走，上沖到頭部，乃至於四肢。外顯的行為就是大聲的斥責、加上拳腳相向。等到這股情緒消散之後，肝的庫藏能量就大為受損，需要一段較長的時間方能修補回來。如果這個經常有這樣發怒的情緒產生，他的肝就常常被刮龍捲風，自然就受傷了。一旦受傷，就沒有什麼抵抗力。圍繞在身體四周的肝病毒就會趁虛而入，形成了肝炎。在這樣的認知下，該怎麼去治肝病，就很明確了。不是直接去消滅肝病毒，而是去改善那會導致肝炎的身心狀態，改善自己的脾氣，減少發怒的次數，讓肝得到充分的休息，肝才有機會自行修復受損的部分。

「巫」其實就是在做改善情緒的動作。直接在人的心智和信息層面下工夫，而不是在物質層而去和病毒對抗。這種改善個人情緒，乃至於整個身心狀態的工作，不是一天兩天吃幾次藥就可以完成，必需是長時間的工作，甚至是一輩子的事。時間一長，不就需要有「恆心」了嗎？所以說：「人而無恆，不可是作巫醫」。沒有恆心，不就會再惹病上身嗎？也就難怪孔子會說「善夫！不恆其德，或承之羞。」只是這種工作往往吃力而不討好，巫者不會主動的找人來醫，都是人生病了之後才來找他。「不占而已」這句話也許是在說「不會主動的去找病人。」

23. 子曰：「君子和而不同；小人同而不和。」

所謂「君子」，也稱「大人」，是指身心狀態平和、寧靜、有較寬廣的時空覺知能力的人。由於他所發射出來的信息波，大多屬於長波的範圍，因此，可以跟較多的人產生共振，而達到諧波的境界，不會只跟少數幾個人共振。因此是「和而不同」。

所謂的「小人」，是指身心可以覺知的時空範圍較小，他們能發射出來的信息波往往是短波。短波就傳不遠，也就不能跟很多人產生共振，只能跟少數的人共振，因此是「同而不和」。

24. 子貢問曰：「鄉人皆好之，何如？」子曰：「未可也。」「鄉人皆惡之，何如？」子曰：「未可也。不如鄉人之善者好之，其不善者惡之。」

子貢問：「地方上的人都喜歡某人，都稱讚某人，這個人可以算得上是好人嗎？」

孔子說；「不一定是好人。」

子貢又問：「那地方的人都討厭他，嫌惡他，又怎麼樣呢？」

孔子說：「那也不一定是壞人。真正的好人，是讓哪些地方上的好人都稱讚他、喜愛他，而壞人都討厭他。」所謂物以類聚是也。只有好人才能知道誰是好人，而惡人卻因為不是同類而討厭之。

25. 子曰：「君子易事而難說也：說之不以道，不說也；及其使人也，器之。小人難事而易說也；說之雖不以道，說也；及其使人也，求備焉。」

君子人在面對一件看上去容易的事時，由於他的心念可以觀照一個比較廣大的時空，因而知道後續的發展還有很多步驟要做，不是想像中那麼簡單，因此往往把「容易的事」說得有些困難。而且，說這些事的發展還要依照「道」，否則不說。他們在用人方面，往往因人的才器而派用，做到適才適所適任。

小人反是。由於小人的時空知覺有限，對事情的看法也流於膚淺。後續動作複雜的難事，由於看不清楚，就往往被說成是容易的事。對於一件不合道理的事情，他還是照說不誤。在用人方面，由於只能顧及細小的地方，也就展現出嗇察為明的態度，什麼事情都要求百分之一百，不管人之才具是否可以做到。

26. 子曰：「君子泰而不驕；小人驕而不泰。」

由於君子人對事情的原委和發展可以洞察清晰，因此，他做起事來是心安理得，一副舒坦的樣子，不會有驕傲的態度。而小人卻因些許的成就而沾沾自喜，吹噓誇耀，因而沒有那種安逸、平順的態度。

27. 子曰：「剛、毅、木訥，近仁。」

一個君子人，由於他的身心特性，而使得他在行為上有一些特殊的表現。由於能洞察事情的原由和發展，因而不會亟急鑽營，也就是「剛」。一旦有事發生，他會執行得很徹底，不會半途而廢，也就是「毅」。由於他不會東說西說，看上去就像木頭一樣，因而是「木訥」。這樣的人由於善與人產生共振，因而善與人相處，所以說是「近乎於仁」。

28. 子路問曰：「何如斯可謂之『士』矣？」子曰：「切切、偲偲、怡怡如也，可謂『士』矣。朋友切切偲偲，兄弟怡怡。」

〔切切〕：相互切磋。

〔偲偲〕：也是相互切磋。

〔怡怡〕：和樂的樣子。

如〈學而第一〉的一開頭就說過，這種心性的修持是沒有具體的標準，做得好不好，做得對不對，都是要透過朋友之間的相互切磋，才能得到印證。因此，當子路問孔子什麼樣的人可以算得上是「士」時，孔子回答說：「要能相互切磋，而且還要做得心悅誠服，一副和樂的狀態，才可以稱之為『士』。朋友是要相互切磋。有了不同的看法，最壞是不再交往切磋就是了，可是兄弟是家人，不但要相互切磋，更要一門和樂，不要因有不同的意見而出現不愉快的現象。」

29. 子曰：「善人教民七年，亦可以即戎矣。」

一個善於為政的君子，也就是可以把以上所說的各項條件充分做到的人，當他執政七年之後，人民在他的教化之下，有了豐富的倉廩，有了很好的道德修養，對國家有了信心，那時候方才可以整頓軍備，讓人民來捍衛國家。這句話是在呼應前面〈顏淵第十二〉所說「去兵、去食，民無信不立。」的說法。

30. 子曰：「以不教民戰，是謂棄之。」

在當時各國都整軍經武，積極侵略併吞他國的春秋末年，一個國家如果不能有良好的軍備，很快的就會被他國吞併掉。一個國家要想生存下去，必需要積極的整軍經武。要打仗，就要讓人民知道「為何而戰，為誰而戰」。要想做到這一地步，就必需要有良好的執政者、有良好的治理和良好的教育。以上所說的，乃至於整部《論語》所說的各項身心修養和道德上的要求，都是在為了提高國家的戰鬥力做準備。所以，在本篇的末尾，孔子說：「以不教民戰，是謂棄之。」不這麼辛苦的教導人民，不讓人民知道要為何而戰，為誰而戰，那麼一旦國家遭到入侵，不就有亡國之危機？若是亡國，不就是「棄民於不顧」了嗎？

憲問第十四

這一篇的主旨是在討論執政者，也就是為相政者的者的基本品德。不要有官做就好，而不顧當時的國家局勢。言出必行，不可以有戲言。久遠之前的約定也要謹記在心。要有一個可以合作的團隊，各司其職，分層負責。要經過適當的歷練，在歷練時不要因疼愛而放鬆應有的嚴格訓練。評斷一個人的功業，要看大處的貢獻，而不能拘於小節。可是，孔子也有感於世道人心的墮落，以致能聽得懂他的話，了解他心意的人不多，因而有避世的念頭。

1. 憲問「恥」。子曰：「邦有道穀，邦無道穀；恥也。」

〔憲〕：是指孔子的學生原憲，就是〈雍也第六〉所提到的原思，字子思。

〔穀〕：享受俸祿。

原憲向孔子請教什麼是「恥」。孔子回答說：「國家的政治上軌道的時候，在朝為官，享受俸祿。當國家政事混亂，仍舊在朝為官，同流合污。這種情形就是可恥的事。

2. 「克、伐、怨、欲，不行焉，可以為『仁』矣？」子曰：「可以為難矣，仁則吾不知也。」

由於這一段沒有發問的人，晉代的何晏懷疑仍舊是原憲在問，因此在他的《論語集解》，把這一段和上一段合併為一段。南宋朱熹的《論語集注》方才分成兩段。

〔克〕：朱注為「好勝」。

〔伐〕：朱注為「自矜」，也就是自吹自擂。

〔怨〕：朱注為「忿忿」。

〔欲〕：朱注為「貪欲」。

（原憲又問）「一個人能夠克制好勝、自矜、忿忿、貪欲這四種欲望，是不是可以算是一個仁人了嗎？」

孔子說：「這種人的確是難能可貴，可是，可不可以算是一個仁人，我不能確定。」因為克制這四種情欲，只是做到修身，把自己的慾望降低而已。而「仁」卻是指人與人之間的和諧相處。慾望少的人不一定就是可以和好相處的人。要與人和睦相處，不但自己要發出善念，而他人也要有相同的善念，方才可以辦到。

3. 子曰：「士而懷居，不足以為士矣！」

〔懷居〕：偷安耽樂於自己的家中。

士是要有「以天下為己任」的胸襟和氣魄。如果一個士人只知道耽在家裡，不肯出來做事，擔負一些社會責任，他就不配當一名士人。

4. 子曰：「邦有道，危言，危行；邦無道，危行，言孫。」

〔危言〕：講正直的話。

〔危行〕：做正直的事，正正當當的做事。

在國家的政治上軌道的時候，一個士人應該正直的講話，也正直的做事。可是在國家政事混亂的時候，還是要能正正當當的做事，可是在講話方面，就要謹慎小心。

5. 子曰：「有德者，必有言；有言者，不必有德。仁者，必有勇；勇者，不必有仁。」

「德」者，得也。也就是得到、了解到或體悟到宇宙運行、生命循環道理的人。有德者，是有這方面修持和練習，到達相當高的境界的人，一般書上就稱之為「有道德修養的人。」由於他的身心知覺靈敏，「直覺」能力很好，因此，就會把他在生命修煉的過程和心得講給別人聽。因此，「有德者，必有言。」一般口齒伶利、會說話的人，不一定會有相對的道德修養。

有仁德的人必然勇敢，因為他知道什麼事他該做，就義無反顧的去做。而一個有勇力的人卻不一定有仁德。

6. 南宮适（ㄍㄨㄚ）問於孔子曰：「羿善射，奡（ㄠˋ）盪舟，俱不得其死然。禹稷躬稼而有天下。」夫子不答。南宮适出，子曰：「君子哉若人！尚德哉若人！」

〔南宮适〕：即南容，孔子弟子。

〔羿〕：后羿，有窮國的國君，善射箭，相傳天上有十個太陽，為虐天下，后羿射下了其中的九個，天下方得安寧。後為臣下寒浞所殺。

〔奡〕：寒浞的兒子，有大力，能在陸地行舟。也就是可以在陸地上拖著船走。後來為禹之孫少康所殺。也有一說是他能率舟師作戰。

〔禹〕：一般人對禹的認識主要是依據《史記．夏本紀》開頭的記載而來，認為禹是治洪水的專家。後來由於功勞太大了，就繼舜而有天下。可是，又有山東發現的東漢武梁祠石刻像中，有大禹像。根據旁邊的贊詞「夏禹長於地理、知陰、脈泉，隨時設防，退為肉刑。」配合上《史記．夏本紀》的「身為度，稱以出」這兩句話，我們知道大禹是一位長於用尋龍尺（dowsing rod）在乾旱的地方，尋找水源的人。夏的主要地盤是在豫西山地、太行山東西麓，都是非常乾旱的地方，當然需要有會找水源的人來領導群眾。在中國的歷史上，凡是會這種找水術的人都成為聖王（如夏禹、東漢光武帝、唐太宗）和聖僧（廬山慧遠）。在這一段裡說禹是親自耕作，可能是指這種找水源的事。

〔稷〕：是后稷氏，教民耕稼。他的後人就是周文王、周武王。

南宮适問：「像后羿那種善於射箭的人、寒浞那樣有勇力可以在陸地上拖著船行走的人，都不得善終。而禹能在鬧洪水的地方導水，在乾旱的地方找水，而稷教民稼穡，從事農耕。這兩人都建立王朝，王朝又能維持很長的一段時間，那是為什麼？」

孔子當面沒有回答。等到南宮适出去了，孔子方才說：「一個君子人啊，就要像禹和稷那樣有德於天下，而不是靠勇力。」

一般的書上把這兩句話解成「像他這樣的人啊，真是個君子啊！像他這樣的人啊！真是個尊尚道德的人。」這裡的

「他」似乎是指南宮适。跟整個上下文的語意不合。

仔細想想講這段話的情景。學生來問為什麼禹和稷可以享國那麼久，而羿和奡卻不能？做老師的人回答時卻說：「這個學生真是有品德啊！真是好啊！」不是很怪嗎？讓我們來回答時，我們會怎麼說？當然是針對羿、奡、禹、稷的人格特質來說。因此，等到南宮适出去後，孔子所說的那兩句話，極有可能是針對禹和稷的德行而發。然後說：君子人啊，要學，就學習禹和稷的德行，而不是羿和奡的勇力。整部《論語》不曾提到過稷這個人，倒是提到過禹，在〈泰伯第八〉的最後，提到禹的功業，「菲飲食而致孝乎鬼神；惡衣服而致美乎黻冕，卑宮室而致力乎溝洫。」孔子對禹是佩服到無話可以形容，「吾無閒然矣！」因此，當南容問到這四個人的功業為何有差別時，孔子的回答當然是針對禹和稷的特質和功業而發。

這段話是在強調一個君子人，尤其是國君，要有像禹、稷那樣的人格特質、行事風格，隨時隨地以人民的福祉作為優先考慮的對象，方能享國久遠。不能像羿和奡，憑一己的勇力，固然可以逞一時之勇，為一方之霸主，但是這個霸主的地位是不會長久的，頂多及身而止，身死國滅。

7. 子曰：「君子而不仁者有矣夫？未有小人而仁者也！」

君子人由於他的心性和時空知覺比常人來得寬廣，知道事情如何發生，也知道後來的結果。因此，他就不會任意妄為。而小人由於他的心性狹隘，時空知覺小，不知道事情如何發生，也不知道後來會怎樣，只顧到眼前。因而敢有所妄為。一且妄為，總是會得罪一些人，也就不能好好的與人相處。也就是「不仁」了。因此，孔子說：「君子人可曾出現不仁的現象嗎？不可能的。至於小人，那是一定不會有仁心仁德的。」從這個標準來看上一段所提的四個人，禹和稷符合「君子」的標準，而羿和奡則只能算是「小人」。

8. 子曰：「愛之，能勿勞乎？忠焉，能勿誨乎？」

一個君子人還是要經過一番訓練，方能成才。在這個訓練的過程中，是相當辛苦的。不能藉口愛護，而減少對他應有的訓練。要徹底的完成整個訓練課程，能不隨時隨地耳提面命，給予各種告誡嗎？

9. 子曰：「為命：裨諶草創之，世叔討論之，行人子羽修飾之，東里子產潤色之。」

〔為命〕：外交所需的辭令。

〔裨諶〕：讀作ㄆㄧˊ　ㄔㄣˊ，鄭國的大夫。

〔世叔〕：鄭國的大夫。

〔行人子羽〕：鄭國的大夫。「行人」是官名，派遣使者和接待外賓。

〔東里子產〕：鄭國的大夫。東里是子產所居住的地方。

這段話可能是在講訓練的內容。國家的政事往往不是一個人可以獨斷獨行的，而是要有一個合作的團隊。孔子就以鄭國如何決定外交事務為例，來說明如何組成一個決策的團隊，又能讓這個團隊順利的運作。在鄭國要制定一項外交行動時，由裨諶起草，由世叔來討論審議，由掌管使臣和接待外賓的行人之官子羽來修飾辭句，然後再由子產來潤色文句。這樣子經過一層一層的修飾和斟酌，這項外交辭令方才可以完美，達成應有的效果。

10. 或問「子產」。子曰：「惠人也。」問「子西」。曰：「彼哉彼哉！」問「管仲」。曰：「人也，奪伯氏駢邑三百，飯疏食，沒齒，無怨言。」

〔惠人〕：能加惠於人的人。

〔子西〕：楚公子申，能讓國，立昭王，而改革其政，也是當時的賢人。

〔彼哉彼哉〕：是一種輕蔑的說辭，就像現在的人說：「就那個樣子嘛！」

〔伯氏〕：齊國的大夫。

〔沒齒〕：猶云終生。

有人問：「子產這個人如何？」孔子說：「他是一位能夠加惠於人的好官。」

有人問：「楚國的子西如何？」孔子說：「就是那個樣子嘛，不過爾爾。」

有人問：「那麼齊國的管仲呢？」孔子說：「管仲這個人啊，曾經剝奪過齊大夫伯氏在駢邑的三百戶采邑，害得伯氏生活陷入困苦之境，只能吃粗食淡飯，可是伯氏終其一生，並沒有說過任何一句怨恨管仲的話。」在〈八佾第三〉就提到過管仲這個人的器量很小，對人並不寬厚，這裡所舉的就是實例。

11. 子曰：「貧而無怨，難；富而無驕，易。」

像伯氏那樣，被管仲弄得陷入貧困的境地，而終生沒有怨言，那是非常難能可貴的事。一般人很難做得到。相對的來說，富有的人不表現出驕傲的態度，就比較容易。

12. 子曰：「孟公綽為趙魏老則優，不可以為滕薛大夫。」

〔孟公綽〕：魯國的大夫。個性廉靜寡欲，不適合處理繁雜的事。

〔趙魏〕：當時晉國的兩個豪強的大夫家，後來把晉國分掉。

〔老〕：百官之長。

〔滕薛〕：在山東省境內的兩個小國。

一個人的才具有高下之分，有的人可以治理一個大國，有的人可以治理一個大家，有的人可以治理小國。適才適所，方能適任。像魯國的大夫孟公綽，他的能力高，可以執簡馭繁，出任當時晉國的豪強之家趙氏和魏氏的家臣總管，就很適當，可以充分展現他的才能。如果派他去當像滕國、薛國那樣小國的大夫，國家小，大大小小的事情他都要管，那就不能讓他發揮所長。當時趙魏兩家的土地和勢力已經比魯國來得強大，讓孟公綽那樣有才能的人在魯國做事，有些可惜了。

13. 子路問「成人」。子曰：「若臧武仲之知，公綽之不欲，卞莊子之勇，冉求之藝，文之以禮樂；亦可以為成人矣！」曰：「今之成人者，何必然？見利思義，見危授命，久要不忘平生之言；亦可以為成人矣！」

〔成人〕：成為一個人格完備的人，也就是成為一個君子。

〔臧武仲〕：又稱臧孫紇，魯國的大夫，聰明能幹。

〔公綽〕：孟公綽，魯大夫，以廉靜寡欲著稱。

〔卞莊子〕：魯國卞邑的大夫。有勇力。

〔文〕：教化、教育。

〔授命〕：遇到危險的時候，可以不顧性命，共赴危難。

〔久要〕：長久以前的約定。舊有的約定。

子路問如何可以成為一個有完備人格的君子人。孔子告訴他：「君子人是有幾個條件，要有臧武仲那樣的智慧，孟公綽那樣的恬靜無欲，又能執簡馭繁，要有像卞莊子那樣的勇力，要有冉求那樣的才藝。再加上一番禮樂的教化，就可以成為一個德行兼備的君子人了。」孔子又說：「現在不一定要這麼要求。看到有利可得時，先要想想是不是合乎道義，在國家有危難的時候，可以奮不顧身的效命疆場，跟他人很久以前所做的約定不敢忘記，平時講過的話也不會忘記。做到這些要求，大概也就可以成為一個君子人了。」

14. 子問「公叔文子」於公明賈，曰：「信乎？夫子不言不笑不取乎？」公明賈對曰：「以告者過也！夫子時然後言，人不厭其言；樂然後笑，人不厭其笑；義然後取，人不厭其取。」子曰：「其然！豈其然乎？」

孔子問衛國人公明賈衛大夫公叔文子是怎麼樣的一個人，「聽說他這個人不言、不笑、不取，是不是這個樣子？」

公明賈回答說：「那是告訴你的人講得太過頭了。公叔文子這個人，在該他講話的時候，方才講出他的意見，因此，人們不會厭惡他的講話。碰到可以歡樂的時候，方才笑，人們不會厭惡他的笑聲。應該取的時候，方才取，人們不會厭惡他的收取。」

孔子有點不相信，反問說：「他真的是這個樣子嗎？真能做到嗎？」

這些要求其實也就是一般為官者的基本要求。不要自吹自擂，不要逢迎諂媚，不要貪得無厭。

15. 子曰：「臧武仲以防，求為後於魯，雖曰不要君，吾不信也。」

臧武仲獲罪於魯國，先出奔到邾，再回到他的封邑防這個地方。派人到魯國，要求立臧氏之後，魯國的國君答應了他的請求，封賜他的兒子臧為。而臧武仲就離開防，去到齊國。孔子評論這件事說：「臧武仲到了防這個地方，派人來向國君說，要立他的後代為大夫。雖然他說不是在要挾國君，我是不會相信他說的這些話。」

16. 子曰：「晉文公譎（ㄐㄩㄝˊ）而不正；齊桓公正而不譎。」

〔譎〕：詭詐。

〔正〕：正直，不耍詐術。

在前面一直在講為臣之道該如何如何。從這段開始，孔子也講為國君之道該如何。晉文公和齊桓公都是春秋末年的名君，都完成了他們的霸業。可是，兩人的處世風格完全不同。

晉文公出身於一個鬥爭慘烈的宮庭，他自己在外流浪十八年，藉楚國的力量，返回晉國，殺了姪子晉靈公，而為國君。從此，晉國沒有同姓的貴族可資輔政，完全靠陪同他一起流浪的家臣來輔政。這些異姓貴族完全沒有情分可言，只有利害關係的合作與衝突，最後演變成三家分晉。

齊桓公也是歷經了一場宮庭政變。齊襄公無道，鮑叔牙奉公子小白奔莒。等到公子無知弒殺了齊襄公之後，小白入齊，是為桓公。同時，管仲和召忽兩人奉公子糾奔魯，魯國接納公子糾。桓公怕公子糾來搶王位，就要魯國殺掉公子糾。召忽死難，而管仲不死。後來，鮑叔牙把管仲薦舉給桓公，桓公任命管仲為相，九合諸侯，一匡天下，助桓公完成霸業。

孔子評論當時的兩位霸主，認為晉文公的手段是詭譎不正，而齊桓公的手後是正而不譎。

17. 子路曰：「桓公殺公子糾，召忽死之，管仲不死。」曰：「未仁乎！」子曰：「桓公九合諸侯，不以兵車，管仲之力也。如其仁！如其仁！」

子路問：「在齊國的政變，桓公一即位就殺了他的兄弟公子糾，以防他來搶奪王位，在這次事件中，召忽隨同公子糾一起死難，而管仲同樣是輔佐公子糾的人，而不肯一起死難。像管仲這樣的人可以算得上是『仁人』嗎？」

孔子認為看國君、丞相的功過，要從大處著眼，而不能只在小地方挑毛病。儘管桓公有殺公子糾、管仲有不忠的不良記錄，可是齊桓公能夠九次召集各國諸侯，一起崇奉已經衰微了的周天子，這九次行動都不是靠軍事武力的威脅，而是靠仁義的號召。這些事蹟都是管仲出力策劃方才完成的。這就是管仲的仁德啊。

18. 子貢曰：「管仲非仁者與？桓公殺公子糾，不能死，又相之。」子曰：「管仲相桓公，霸諸侯，一匡天下，民到于今受其賜。微管仲，吾其被髮左衽矣！豈若匹夫匹婦之為諒也，自經於溝瀆，而莫之知也！」

管仲的確是一個有爭議的政治家。子路、子貢這些好學生對管仲都有意見。上一段是子路提出質問，現在子貢也提出同樣的質疑。「為什麼桓公殺了管仲的老闆公子糾，而他不能因而以殉。又反過來幫桓公，做他的宰相。管仲可以算得上是仁人君子嗎？」

孔子還是堅持他的看法，從大處著眼。認為管仲幫助齊桓公，稱霸於諸侯。尊周天子，城濮之戰，打敗楚國，讓楚國的勢力無法北上，把「久矣不振」的周王室振作起來，人民到今天仍舊受到他的恩惠。如果沒有管仲，我們今天可能已經被楚國所統治，連服裝、文化都要改變式樣了。他這樣的做法豈是一般沒什麼見識的人所能了解的。如果管仲也像一般常人，在他老闆被殺之際，自殺而死，就不會有後來的這番功業，人們也就不會知道他是誰。

19. 公叔文子之臣大夫僎（ㄓㄨㄢˋ），與文子同升諸公。子聞之曰：「可以為文矣！」

〔公叔文子〕衛國的大夫公孫拔，諡曰文。

〔文〕：諡法：「錫民爵位曰文。」

公叔文子提拔他的家臣大夫僎，出任衛國的官員，和他一起上朝。孔子聽到這件事，就贊嘆的說：「難怪他的諡號可以叫『文』。」這段話的意思是說，一個好的大臣，要向國家推薦理想的人才。

20. 子言衛靈公之無道也，康子曰：「夫如是，奚而不喪？」孔子曰：「仲叔圉（ㄩˇ）治賓客，祝鮀（ㄊㄨㄛˊ）治宗廟，王孫賈治軍旅；夫如是，奚其喪？」

孔子批評衛靈公無道。季康子問說：「那他為什麼還不被趕下臺呢？」孔子說：「在衛國，有仲叔圉掌管接待外國賓客事，祝鮀掌管宗廟的祭祀，王孫賈掌理軍事。他們都本本分分的做事，衛靈公怎麼會因政事辦不好而下臺呢？」

在春秋時代，「國之大事，唯祀與戎」，孔子所說的三件事，就是在祀和戎的範圍之內。把這些國家大事讓適當的人去掌管，政事也就上了軌道。在這樣的情形下，國君儘管有些小地方做得不好，也不會影響全局。

21. 子曰：「其言之不怍，則為之也難！」

〔怍〕：慚愧。

這段話的語意不清楚。接在批評衛靈公的後面，是不是就在講衛靈公的毛病呢？也許是。就當它是在講衛靈公的毛病好了。

衛靈公也許有說大話、好吹牛的毛病。因此，孔子批評說：「這個人好說大話，而不會感到慚愧，那麼要他真正著手去做事，可就有點困難了。」

22. 陳成子弒簡公。孔子沐浴而朝，告於哀公曰：「陳恆弒其君，請討之。」公曰：「告夫三子。」孔子曰：「以吾從大夫之後，不敢不告也！君曰：『告夫三子。』者！」之三子告，不可。孔子曰：「以吾從大夫子後，不敢不告也！」

齊國發生政變。陳成子弒齊簡公。消息傳來，孔子沐浴而上朝，向魯哀公報告：「齊國的大夫陳恆弒殺他的國君，請派軍隊去齊國平亂。」

魯哀公回答說；「這件事我沒能力作主，請你去問孟孫、叔孫、季孫這三家執政的大夫。」

孔子退朝之後，對人說：「自從我當了大夫之後，任何事情都不敢隱匿，一定要向國君作報告。這次向國君報告齊國發生政變的事情，而國君卻要我去向掌權的三家大夫報告。」

孔子就去向三家大夫報告這件事情，請求派軍隊去齊國幫助平亂。三家不答應。孔子說：「因為我身為大夫，有責任向上級報告，不敢不作報告。」孔子與三桓同樣是「大夫之身份，怎麼能要求孔子去向三桓作報告、請示呢？」孔子只能向魯哀公報告，不能向同輩的大夫報告，可見當時魯國已經亂了章法。

23. 子路問「事君」。子曰：「勿欺也，而犯之。」

子路問：「如何事奉國君？」

孔子回答說：「不要有所隱瞞，進諫時不要怕主上生氣，要能直言進諫。」

24. 子曰：「君子上達；小人下達。」

〔上達〕：君子循天理，故日進乎高明。

〔下達〕：小人循私利，故日趨乎汙下。

這段也是千古謎題，現在試著來猜一猜。

事君是君子共同的目標，幫助國君建立一個安和樂利的國家，是君子共同的理想。本篇從一開始就在講如何做一個良相。在〈學而第一〉的第一段，就開宗明義的解說：「為學的根本目的就是在追求空靈的心性，知道宇宙、世事的變化，然後依據這種變化來治理國家。」因此，一個君子人，尤其是要執政的君子，就必需要時常注意鍛鍊自己的心性，讓心性一直保持到空靈的境界，因而可以知道宇宙世事的變化的軌跡。這麼一來，不就是「上達」了嗎？

而小人，也就是身心知覺只及於本身的人，由於不能覺知宇宙世事的變化軌跡，只能憑著自己的喜怒哀樂來行事，那麼，就不會依照宇宙世事的變化軌跡，也就是不能依照天理而行。這麼一來，因果循環，把有相同嗜好、毛病的人集合在一起，這不就是同流合污嗎？

25. 子曰：「古之學者為己；今之學者為人。」

從前面一路講來，這些國君和執政的大夫，由於心性上沒有修養，因而有一大堆亂七八糟的事，孔子從「學習空靈本性」這個角度來看那時候的人是如何在學做人。就發覺在古代的時候，為學是為了要拓展自己的時空知覺，要向上修煉他的心性和信息這些空靈的部分，而向下就是要養身，把身體的能量和物質部分調整到正常的狀態。因此，為學都是為了提升自己的生命境界。而與孔子同時的人大多沽名釣譽。為學只是裝個樣子，是做給人看的。事實上，沒有任何學習的境界和成就可言，方才有上面所說的魯國國君大權旁落，有力的三家大夫又不肯出兵去幫齊國平亂、不理會孔子的報告等這些不合禮制的事。

26. 蘧伯玉使人於孔子。孔子與之坐，而問焉。曰：「夫子何為？」對曰：「夫子欲寡其過而未能也。」使者出。子曰：「使乎！使乎！」

〔蘧伯玉〕：衛國大夫，姓蘧，名瑗，字伯玉。

衛國大夫蘧瑗派人來向孔子請安。孔子請來人坐下，問道：「你家大夫最近在做些什麼事情？」來人回答說：「我家大夫一直想要減少自己的過錯，可是一直辦不到。」來人辭出後，孔子大為讚賞來人的講話，說：「好一個使者啊，好一個使者。」因為藉著使者的回答，把蘧伯玉追求心性方面的練習一表無遺，也顯示蘧伯玉的確是個君子人。

27. 子曰：「不在其位，不謀其政。」

這一段在〈泰伯篇〉的第十四段已經出現過，在此又重複出現。

從這一段開始，在講君子人從政的一些基本態度。第一個重要的態度就是「不在某個職位上，就不要隨便針對那個職位的掌管業務發表任何的意見。」

28. 曾子曰：「君子思不出其位。」

由於君子人的從政基本要求是「不在其位，不謀其政。」那麼他所要考慮的事物就要在自己職掌範圍之內。所以，曾子說：「一個從政的君子所要考慮的，不會超出他的職掌範圍。」據此，一般的學者論斷這時候已經有了專業分工。

29. 子曰：「君子恥其言而過其行。」

由於君子只就自己的職位來發言，因此，如果所說的話超過了他可以做到的範圍，那麼就會感到是件羞恥的事情。

30. 子曰：「君子道者三，我無能焉：仁者不憂；知者不惑；勇者不懼。」子貢曰：「夫子自道也！」

孔子說：「君子之道有三，而我卻沒有能夠做到。那三件要求是：仁者由於有良好的人際相處，因而不會感到憂慮；智者明瞭世事的變化，因而不會感到迷惑，勇者因為心中沒有可以害怕的事，因而不會感到恐懼。」

子貢說：「這哪裡是夫子的謙虛，實在是夫子在講他自己啊！」

31. 子貢方人。子曰：「賜也，賢乎哉？夫我則不暇！」

子貢在評論他人的長短。孔子責備他說：「子貢啊，你自己真的是百分之百的完好嗎？我每天都忙著反省自己，更正自己的過錯，哪有時間去管別人的事呢？」

32. 子曰：「不患人之不己知，患其不能也。」

自己天天在進德修業，為的是什麼？是為了增長自己的心性能力。因此，不要去擔心人家不知道我有什麼能力，而是要擔心我自己是不是已經具有什麼長處，可以讓人家知曉和稱道。

33. 子曰：「不逆詐，不億不信。抑亦先覺者，是賢乎？」

〔逆詐〕：事先預測有詐偽的事將會發生。

〔億不信〕：「億」同「臆」，預測也。「億不信」，事先揣測別人將不會守信用。

講到心性能力，預測就是一種良好心性能力的表現。在現代的研究中，空靈良好的心性能力包括：預知未來、迴知過去、用意念的力量來改變外在的物品等多項功能。在〈公冶長第五〉和〈述而第七〉就講過顏回、子貢、仲弓等人都具備這方面的能力。因此，在這裡講具體的學習和心性修養時，又提出會預知未來這個能力，可以算得上是先覺者呢？還是賢達人士呢？應該是先覺者。

34. 微生畝謂孔子曰：「丘何為是栖栖者與？無乃為佞乎？」孔子曰：「非敢為佞也，疾固也。」

〔栖栖〕：音ㄒㄧ，倉皇不寧的樣子。

〔佞〕：音ㄋㄧㄥˋ。說一些好聽的話來取悅他人。

〔疾固〕：討厭哪些固執、不知變通的人。

微生畝對孔子說：「孔丘啊！你為什麼看起來一副忙碌不安寧的樣子呢？是不是要到處逢迎，講一些好聽的話，來取悅於人呢？」

孔子說：「我是不敢講一些悅耳動聽的話去討好別人，只是很厭惡世上哪些頑固不靈的人。」

這裡的頑固應該是針對上一段的預測能力而來。有良好心性能力的人往往可以預測世上事情的發生，而事先提出警告。可是，世上多的是冥頑不靈的人，就是不聽這種事先的警告，反而認為是妖言惑眾，嗤之以鼻。孔子的痛恨應當是對這些冥頑分子而發的。

35. 子曰：「驥不稱其力，稱其德也。」

〔驥〕：千里馬。

一匹好的千里馬，不是稱揚牠的力氣有多大，而是牠那溫順良好的德行。意思是說，一個好的君子，不在乎他能做多少事，而在於他的德行，自然就包括這些預知的能力在內。

36. 或曰：「以德報怨，何如？」子曰：「何以報德？以直報怨，以德報德。」

有人說：「為人處世，以寬厚的恩德來回報怨恨的對待，可不可以呢？」

孔子回答說：「那又該怎樣來報答人家對你的恩德呢？應該是以公正、正直來回報怨恨，以恩德來回報恩德，就可以了。」

37. 子曰：「莫我知也夫！」子貢曰：「何為其莫知子也？」子曰：「不怨天，不尤人；下學而上達。知我者，其天乎！」

孔子說：「沒有人知道我的心意。」

子貢就想不通，夫子不是早已名滿天下了嗎，怎麼會說「沒有人知道他呢？」因而反問：「為什麼說沒有人知道你呢？」

孔子說：「我這個人啊，不怨天，不責怪人，勤勤懇懇的學習，終而可以知道上層宇宙的變化。知我者，大概只有天吧！」

也就是說，一般人看的只是表象，不會看到深層的內心世界。在那個深層的世界裡，孔子是孤寂的人，沒有幾個真正的知音。

38. 公伯寮愬子路於季孫，子服景伯以告，曰：「夫子固有惑志於公伯寮，吾力猶能逮諸市朝。」子曰：「道之將行也與？命也；道之將廢也與？命也；公伯寮其如命何！」

〔愬〕：讒言毀謗。

公伯寮在季孫氏的面前講子路的壞話，子服景伯就把這件事告訴孔子，說：「季孫相信公伯寮的讒言而對子路有所猜疑，我有辦法訴諸民意，在市井上討回公道。」孔子說：「道之能行於天下，那是天意，命中註定的事。道不能行於世，也是天意。公伯寮他能對子路怎麼樣？」這段話表示有道的人，在社會上，常常會遭遇到哪些小人的挑釁，君子要能坦然以對。

39. 子曰：「賢者辟世，其次辟地，其次辟色，其次辟言。」子曰：「作者七人矣！」

〔辟〕：同「避」。

因天下無道，賢能的人見事之不可為而避世，隱居起來。差一等的人，就離開這個地方，到別的地方去。再差一等的人看到別人形色不對，就避開他。再差一等的人，當話不投機，意見不合時，就轉身離去。這樣子做的賢人已經有七位了。

40. 子路宿於石門。晨門曰：「奚自？」子路曰：「自孔氏。」曰：「是知其不可而為之者與？」

子路有一次在石門這個地方過夜。第二天早上，管門的人問他：「你從哪個地方來？」子路回答說：「我是孔門的弟子。」管門的人說：「喔，就是那個明明知道不可為，可是偏偏又為之的人，是嗎？」這一段是孔子心情的寫照。從字句的表面上來說，是在感嘆時代局勢都不利於孔子的學說，可是從深一層的意涵來看，這段話也是在說，孔子認為總是有可以實行他的理想的時候。

41. 子擊磬於衛。有荷蕢而過孔氏之門者，曰：「有心哉，擊磬乎！」既而曰：「鄙哉，硜硜乎！莫己知也，斯已而已矣！『深則厲，淺則揭。』」子曰：「果哉！末之難矣！」

〔磬〕：石製的打擊樂器。十二片為一組，懸掛在木架上，敲擊演奏。是古代禮樂的重要樂器。在湖北省出土有楚國的編磬和編鐘。因而有實物可資說明。

〔荷蕢〕：肩上荷擔著盛草的器具者。也是有「隱士」的意思。

〔硜硜〕：打擊石磬的聲音不夠清脆，而是一種混濁的聲音。

孔子在衛國時，有一天敲擊石磬以奏樂。有一位不知名的隱士，荷擔著盛草的器具，走過孔子居所的門口，聽到磬聲，說：「擊磬的人是個有心人。」聽了一陣子，才說：「不對啊！這個磬聲混濁不清，不夠清揚，顯然是有心事。世人既然不賞識你，你看開一點就是了。《詩經》上不是說過：『遇到水深的地方，便和衣涉水過去，遇到水淺的地方，就把衣裳的下襬撩起來，再涉水而過。』看實際情形，採用不同的辦法，人也一樣，要適應時宜。」

孔子聽到了說：「這個人講的話果然很好，把世事看得如此透徹，我也就沒有什麼可以非難批評的了。」

42. 子張曰：「書云：『高宗諒陰，三年不言』何謂也？」子曰：「何必高宗？古之人皆然。君薨，百官總己以聽於冢宰，三年。」

子張問：「《書經．無逸》上說：『殷商武丁居喪，三年不發政令。』這是什麼意思？」

孔子回答說：「不僅僅是武丁，古代的人都是這樣。國君過世，新君繼位，一時不過問朝政。百官各自攝理他自己的業務，聽從太宰的命令，這段時間一共三年之久。」

43. 子曰：「上好禮，則民易使也。」

在上位的人事事遵照禮節去做，那麼民眾就容易聽從他的指使。

44. 子路問「君子」。子曰：「修己以敬。」曰：「如斯而已乎？」曰：「修己以安人。」曰：「如斯而已乎？」曰：「修己以安百姓。修己以安百姓，堯舜其猶病諸。」

子路問：「什麼樣的人方才可算是君子？」

孔子說：「用恭敬的態度來修持自己的身心狀態和行為。」

「只有這樣就可以了嗎？」

「把自己的身心都安頓好了，那麼就可以讓別人也跟著安定下來。」

「這樣就夠了嗎？」

「修煉自己的心性，讓百姓都因而可以跟著安定下來。這件事連堯舜都不一定可以做到。」

45. 原壤夷俟。子曰：「幼而不孫弟，長而無述焉，老而不死，是為賊。」以杖叩其脛。

原壤蹲著等候孔子。孔子對他說：「你小的時候就不曉得謙遜待人，敬重尊長。長大了以後，又沒有什麼可以值得稱道的長處。活了這麼一大把年紀，還不死，真是一個徒然浪費社會資源的傢伙。」用手上所拿的拐杖打他的小腿。古人正式的待人行禮是跪坐，「蹲著」是很沒有禮貌的事。

46. 闕黨童子將命。或問之曰：「益者與？」子曰：「吾見其居於位也，見其與先生並行也；非求益者也，欲速成者也。」

孔子家鄉有一位童子前來傳話。有人問孔子說：「這個小孩有出息嗎？」孔子說：「我看他大剌剌的坐在大人的位子上，跟他的長輩並肩而行。這種小孩不是想在心性的修持上有什麼進展，只是想快快長大而已。」

衛靈公第十五

1. 衛靈公問陳於孔子。孔子對曰：「俎豆之事，則嘗聞之矣；軍旅之事，未之學也。」明日遂行。在陳絕糧。從者病，莫能興。子路慍見曰：「君子亦有窮乎？」子曰：「君子固窮；小人斯濫矣。」

〔陳〕：同〔陣〕，指的是軍事訓練、軍事行動。

照字面來說，這段話是在講述孔子落難的故事。在前面〈子路第十三〉提到孔子不能見容於魯國的當政者而離開魯國，開始浪跡天涯、周遊列國。他的第一站就是去到跟魯國有密切關係的衛國。一路上贊嘆衛國的富庶。他去見衛靈公的夫人南子時，還惹得子路大為不滿，以為孔子想要走後門去謀一官半職。結果孔子發了重誓，才平息一番風波，事見〈雍也第六〉。

孔子終於見到了衛靈公。沒想到，衛靈公畢竟還是個世俗的君主，只知追求國家的軍力強盛，好跟他國爭勝，而沒有想到要能做到政治清明，愛惜百姓。所以，當衛靈公向孔子請教有關國家軍事的問題時，孔子老實不客氣的回答：「國家祭祀、朝覲和外交盟會的事，曾經學過一些。至於有關軍旅的事，從來沒有學過。」

在相當失望的情形下，覺得衛國不是他理想的地方，於是在第二天就動身，離開了衛國。孔子的相貌長得跟一位魯國的大夫陽虎很像。這位老兄在匡這個地方橫征暴斂，惡名遠播，連陳國百姓都非常氣憤他。結果發生了誤會。當他路過陳國的時候，陳國人把孔子當成是那位橫征暴斂、不得人心的陽虎，把孔子一行人圍起來，斷絕了糧食的供應。於是孔子和隨行的弟子們就面臨絕糧的窘境。大家都餓得頭昏眼花，手腳發軟。

子路想不通，為什麼老夫子有這樣子的德行，也有相當不錯預知未來的能力，怎麼偏偏沒有算準自己的命運，碰到這麼倒楣的事。於是他帶著困惑和憤怒之情去問孔子：「像您老人家這樣的君子人，怎麼會碰上窮頓困厄的時候？」

孔子回答說：「君子當然會有困頓的時候，小人碰到這種困厄的時候，就會守不住他為人處事的基本的原則，而會不擇手段的去找尋脫困的門路了。」

這個故事有個基本的要點，非常值得說明。那就是說，窮頓困厄原本就是生命中不可或缺的一環。只有超越了窮頓困厄，方可以安身立命，甚至得以提升生命的境界和能力。完成人生的歷練。

我們在前面已經說過，我們的生命有硬體和軟體兩大部分的設備。軟體設備中的本我（或者稱如來本性、本來面目）發出一連串的信息（意識），藉由身體而表現出來。信息之於身體，就好像廣播節目之對於收音機一樣。身體只是忠實的反映出信息。而信息是無形的、獨立的。顯然不是身體的產物，也不用依靠身體而存在。活人身體中所發生的每一件事，都是表現與其對應的信息模式，也有人說是對應影像的凝聚。脈搏和心臟遵循特定的律動，體溫保持在固定的範圍，腺體分泌荷爾蒙等功能，都不能單靠物質名稱來解釋。每一種功能都依賴一組對應的信息。而信息的來源是意識，意識又是由本我心靈所產生。當身體各種功能用一種特定的方式運作一致的時候，就會出現和諧的整體模式，也就是所謂的「健康」。如果某種功能出了差錯，就會或多或少的影響整體的和諧。我們稱這種不和諧的狀態為「疾病」。因此，真正會生病的是人，不是人的身體。就像悲劇的演出，我們不會說舞臺是悲劇，戲才是悲劇。

無論是疾病，或者現在所說的困厄，對生命來說，都是一種失去和諧的狀態。問題的根源是那個真正的我「本我」，不是外顯的身心狀態。君子是能認知「本我」的人，他會有能力知道所遇到的窮頓困厄是自己內在信息的忠實反應，要改變的是自己的內心，而不是看得到的外在環境。因此，君子遇到這種情形是所要做的工作是自我反省，向內心去尋找真正的原因。小人就沒有這種認識和知覺，他會不斷的抱怨外在的環境，一副怨天尤人的態度。難怪孔子要說「小人窮，斯濫矣。」

為什麼會有這種不和諧的狀態呢？因為在意識和本性的層面出現了失序的狀態，也就是說，失去了什麼東西，方才出現對應的症狀。如果沒有少掉什麼東西，那他就是完整的，既健康又完美。相反的，一旦完整性在某個部位受損，那就「不完整」了。也就是不健康或生病了。一旦領會了疾病和症狀的差異。疾病是指那個受損的完整性，症狀是指外顯出來的現象。那麼，反過來說，症狀能夠幫助我們去重新認識我們在信息層面失去了什麼，在本性層面上發生了什麼偏差。疾病只有一個目標，那就是要讓我們重新變成完整。用自省、內視、返聽等辦法，向內在的信息和本性層面去找，究竟哪裡出了差錯，以致失去了一些東西，把原本的完整、美滿破壞了。這種工夫總括說來就叫作「祈禱」。前面提到過，孔子生病時，是用祈禱的辦法，而不是用藥。

孔子離開魯國的執政地位，浪跡天涯，不就是一種「失落」和「失序」的狀態嗎？從這個角度來想，孔子在陳國絕糧，也是他自找的。因為內在信息層面缺了什麼，才會導致外顯的行為反映出那種缺乏。對應之道就是靜坐和反省。後世的大儒，像明朝的王陽明，被貶官到貴州龍場時，就靠靜坐和反省，幫他渡過難關。只有君子人方才會這種內省方法。一般世俗小人當然不會囉！

2. 子曰：「賜也，女以予為多學而識之者與？」對曰：「然，非與？」曰：「非也！予一以貫之。」

孔子對子貢說：「你以為我的學問就是靠多方學習而會的嗎？」子貢有點困惑的說：「是啊！難道不是嗎？」孔子說：「我學習的方法一直沒有改變。」

從字面上來看，這師徒兩人的對話簡直是在打啞謎。究竟在說什麼？一般書上總是說這「一以貫之」，就是「夫子之道，忠恕而已矣。」難道沒有別的解釋嗎？當我們用心順著上面一段話來想一想，「一以貫之」這句話極有可能是在講「孔子的治學方法一直就是自省、收視返聽。」

在〈述而第七〉曾經提到過，孔子的治學基本工夫就是「述而不作，信而好古」、「默而識之」、「我非生而知之者，好古，敏以求之」，都是在講孔子在心性安靜的狀態下，得到了靈感，而能看懂天下的事情。在這裡所說的「一以貫之」，應該就是在講這種收視返聽，直指本心的工夫。

3. 子曰：「由，知德者，鮮矣！」

什麼是「德」？就是得到讓人之所以為人，鳥之所以為鳥，狗之所以為狗的那一組信息。在《道原經》中就提到「鳥得而能飛，魚得而能游，獸得而能走，萬物得之以成。」物質是有一定時空範圍的，是具相的，是有限的。信息就沒有這麼多的限制，可以豎窮三際，橫遍十方，也就是可以應用在各種不同的場合。像這麼廣泛應用的東西，應當不是指物質部分，而是能夠指揮和運用物質的那個信息組合，也就是構成我們這個生命體的基本藍圖。任何東西、人、物、鳥、獸都是根據這個藍圖所提供的信息組合，而後發揮各種生理和心理的功能。這種狀態就相當於現在我們買了電腦之後，電腦裡面一定要事先安裝合於這臺電腦規格的軟體。古人稱這種安裝好所需軟體的情形為「德」。

不過人是非常愚昧的，大多數的時候只會往外觀看，看有形有相的物質部分，反而忽略了這個物質身體還有一個信息層面的專用軟體。所以孔子說：「知德者，鮮矣。」

4. 子曰：「無為而治者，其舜也與！夫何為哉？恭己正南面而已矣。」

這段話涉及到中國古代政治最不好懂的部分「無為而治」。從字面上來說，在古代的聖王之中，大概只有舜一個人的確是做到「無為而治」的地步。他怎麼做呢？其實他什麼也沒做，讓自己的行為處於恭恭敬敬的狀態，然後面朝南，面對著群臣和百姓而已。在《史記．五帝本紀》中提到舜有聚合眾人的能力：

> 舜耕歷山，歷山之人皆讓畔。漁雷澤，雷澤上人皆讓居。陶河濱，河濱器皆不苦窳。一年而所居成聚，二年成邑，三年成都。

我們由於已經被訓練得只會往外觀察，很少有機會收視返聽。以致不知道個人念力的重要性，也不太清楚他的念力究竟有多大的威力。一個常常能返視自省的人，也就是一般人所說「有良好德行的人」，往往配合著有強大的心念力量。當他的善念散發出來，跟他有同樣能力的人就會接收到，於是產生了共振作用，形成諧波狀態，於是就可以吸引一大批人，聚在一起。如果這種共振狀態越來越強，那麼可以吸引越來越多的人。這就是「一年成聚，二年成邑，三年成都」的基本原理。在這種心念共振的情形下，像舜這樣的震央，看上去，他什麼也沒做，只是讓自己處在一個相當安靜、恭敬的狀態，來面對群眾，可是卻發揮了相當巨大的影響力。

5. 子張問「行」。子曰：「言忠信，行篤敬，雖蠻貊之邦行矣；言不忠信，行不篤敬，雖州里行乎哉？立，則見其參於前也；在輿，則見期倚於衡也；夫然後行！」子張書諸紳。

〔言〕：一般書上都當作「言詞」、「所說的話」來解。那麼解，似乎有些不通。不如把它解釋為「練習的方法」或「教人如何練習心性安靜的方法」，比較來得清楚明白。

〔忠〕：徹徹底底的做到。

〔信〕：就會相信所言不虛。

〔行〕：平時的練習。

〔篤敬〕：非常規矩，按部就班的做到。

這段話是更進一步的具體說明實踐練習的方法。

子張問：「到底該怎樣來實行呢？」

孔子說：「所教的方法要徹徹底底照著去做，方才會相信，所教不虛。平時在日常生活中的練習，也要中規中矩，按部步就班。這麼做，即使在沒有什麼文明可言的蠻貊之邦，也還是行得通的。反過來說，不照著去徹底練習，日常行為上也不規矩恭敬，那麼在自己最熟稔的家鄉鄰里，也一樣行不通。這種行為的準則是隨時隨地隨身攜帶的。站著的時候，它就好像立在眼前。乘坐轎子的時候，就好像放在扶手的橫木上。唯有在這種隨時警惕的情形下，方才可以確實做到。」子張聽了這話，就把它記在自己的衣帶上，更是如影隨行的跟在身邊，可以隨時隨地的警惕自己。

6. 子曰：「直哉史魚！邦有道，如矢；邦有道，如矢。君子哉蘧伯玉！邦有道，則仕；邦無道，則可卷而懷之。」

有了這種心性的修煉之後，在生活和行為上，有什麼具體的表現呢？那就是「正直」，照著信息上的指示去做，而不是自己故意要個花樣或噱頭。孔子讚美像史魚這樣一個行直道的人。當國家的政治清明上軌道的時候，他像一支箭那樣這麼正直的處世。當國家政令混亂的時候，他也還是這樣正直的處世。至於蘧伯玉則是另外一種典型。在國家有道的時候，他就出來做官。無道的時候，則會把自己卷藏起來，就像一些卷子，捲起來，藏在懷裡。

7. 子曰：「可與言，而不與之言，失人；不可與言，而與之言，失言。知者不失人，亦不失言。」

那麼「直」到底是怎麼一回事呢？就是該說該做的時候，一定要說要做。不該說不要做的時候，就不要說不要做。

孔子說：「可以告訴他的時候，而不告訴他，就是『失人』。不該告訴他的時候，反而告訴他，就是『失言』。一個有智慧的人是不會失人，也不會失言。」

8. 子曰：「志士仁人，無求生以害仁，有殺身以成仁。」

〔志士〕：是指有志向，致力於完成某些崇高理想的人。

〔仁人〕：是善於跟他人和諧相處的人。

〔求生〕：是指求取生活上的便利，不一定非指求生存、活下去。那樣解，就貶低了孔子的意思，變成「好死不如賴活」。

〔殺身〕：也不一定是指犧牲性命，舉凡讓自己的生活有一些不方便，都可以算上。

孔子說，那些有一定志向，致力於完成某些理想的人，或是可以與人和諧相處的人，從來都沒有發生過為了個人生活上的需求，做出一些會破壞人際關係和諧的事。反而往往是為了堅持某種理想，犧牲一些生活上的享受，來成就人際相處的和諧。因為在這些人的生命本質（也就是「德」）裡面，都是具有「真、善、美」的特質，這些特質就會在他們的日常生活、身心狀態上反映出來。不會去做一些非份的要求，也不會為了一己之私欲而損及別人的利益。

9. 子貢問「為仁」。子曰：「工欲善其事，必先利其器。居是邦也，事其大夫之賢者，友其士之仁者。」

子貢是孔門的大弟子。他問：「仁這件事究竟要怎麼去做。」

孔子回答他說：「就像一個工匠，想要把事情做好，一定先要把他所使用的器具弄好、磨利了。在人世上究竟該怎麼做呢？一個君子，居在某個邦國，就跟那個國家裡面，有賢能的人交往，也要去跟那些可以行仁的士人交友往還。」這也就是〈學而第一〉第一段話所說「有朋自遠方來，不亦樂乎。」朋友是要切磋、印證和砥勵德行用的。跟賢德的人在一起，當然為德日增。

10. 顏淵問「為邦」。子曰：「行夏之時，乘殷之輅。服周之冕。樂則韶舞。放鄭聲，遠佞人；鄭聲淫，佞人殆。」

〔夏之時〕：夏代所用的曆法。到今天，我們的農曆就是根據夏代的曆法改良而來，是可以完全掌握天地四時的變化。古代為政者最主要的工作項目之一，就是確實掌握天地四時的變化，而來推行政事。

〔殷之輅〕：輅，音ㄌㄨㄟ，大型的木車。歷來註釋都說這種殷人乘坐的大型木車是樸素渾堅。也就是說「堅固耐用」。依在河南安陽殷墟所出土的車子來說，早期的車軸大樑是直的，架上馬背之後，車箱是斜的，坐在上面，人會向後仰。中期以後車軸改良了，大樑像現在低底盤公車大樑凹下，架在馬背上之後車廂是平的，坐在上面，人不會向後仰，就很舒適。

〔鄭聲〕：大概是指流行在市井的音樂小調之類。這種小曲小調直接反映民間生活的悲歡情緒，形形色色，大多在談男女之情。就跟現在的情形一樣。

〔淫〕：一般人直覺的把「淫」認為是「淫蕩」，其實在古書中的用法，是說「過多」。像「淫雨不止」，是指傾盆大雨下個不停，導致各處積水。

〔佞人〕：口才好，善於逢迎拍馬的人。

〔殆〕：危險。

顏淵問治國的具體作法。

孔子說：「用夏代的曆法，可以確實掌握住四時天象；公家的用車，要用殷代的大型木車，堅固耐用，坐起來也比較舒適；所穿戴的朝服，要用周代的式樣，莊嚴華麗。朝會和祭祀時，要用舜時的韶樂和舞蹈。少聽從鄭國流行出來的音樂，遠離哪些口才伶利、善於逢迎的佞人。因為鄭國的流行音樂，形形色色，品味不高。而哪些逢迎的人卻會讓你屢出狀況。」

這麼講「樂則韶舞，放鄭聲」，可能還不容易明白。講得更淺白一點，就像現在人有品味的人是聽古典音樂，不太聽流行音樂的情形。而且在江本勝的水之信息的實驗中，像巴哈、莫札特等人的古典作品，水都能呈現美麗的六角形結晶，而日本年輕人喜歡的流行歌曲卻沒有辦法讓水呈現結晶的狀態。從這個實驗來說，孔子的說法是有其真知灼見的。

11. 子曰：「人無遠慮，必有近憂。」

一個君子人的心念不一定要能豎窮三際、横遍十方，至少應該是比平常人來得廣大。心念廣大，也就是他所能認知的時空變得廣大。在這個廣大時空中所做的觀察，就是「遠慮」。有了這種能力之後，方才可以預見每一件事未來可能的發展，而作出正確的對應方法。如果做不到這一層，時空的知覺範圍狹小，所能觀察到的，只是眼前的事情。在這種情形下，對於未來的發展，就變成只能摸著石子過河，甚至是盲人瞎馬，不是很危險嗎？

12. 子曰：「已矣乎！吾未見好德如好色者也！」

〔德〕：是指本身內在的基本信息組合。

〔色〕：是指外在的各種形色東西。

前面提到過，一般人只會往外觀察，不會往內收視返聽嗎？這一段話又是在重複強調這個觀點。原文在〈子罕第九〉出現過，在這裡又重複一次，有它特別的用意，不能單純的看成是衍文。

孔子說：「唉！我從來就沒有看到一個人常常向內反省，就像觀察外在的形色那樣的方便利落。」這話還是跟著前面一段而來。人能遠慮，就是他有向內看的能力。可是這種人在當今社會上幾乎是鳳毛麟角。絕在多數的人都是向外求看，「好色者」不是指「喜好美色的人」，而是「喜歡形形色色東西的人」。

13. 子曰：「臧文仲，其竊位者與？知柳下惠之賢，而不與立也。」

〔臧文仲〕：魯國的大夫，姓臧孫，名辰，字仲，諡為文。在〈公冶長第五〉提到他建一間華麗的屋子來供養一隻靈龜，不合禮制，是糊塗人幹的事。

〔柳下惠〕：姓展，名獲，字禽，食邑柳下，諡為惠。魯大夫。

〔竊位〕：尸位素餐。占著位子不做事。

既然講人要能遠慮，接著就舉一個缺乏遠慮的實例。為政者一定要能知道國內有什麼樣的賢人，請他出來擔任職務，而且還要能做到適才適所。孔子就以魯國的大夫臧文仲做個例子。他說：「臧文仲這個人大概是佔著位子不做事的人吧？他明明知道柳下惠是個有賢才的人，卻不肯舉薦，與他一起同朝為官，共理國事。」

14. 子曰：「躬自厚，而薄責於人，則遠怨矣！」

在本章一開始就講過，一個真正有德行的君子隨時隨地要能反省。這種自我反省的動作就是「躬自厚」，相對的來說，也就不太去責備別人，這麼一來，不就減少很多怨懟、憤恨了嗎？

15. 子曰：「不曰：『如之何，如之何』者，吾未如之何也已矣？」

一個人如果能有遠慮，事先有一定的規劃，他往往會說：「這件事我要怎麼、怎麼來做。」如果不知道事先做好準備工作，碰到事情，一味猛幹，孔子也拿他毫無辦法。

16. 子曰：「群居終日，言不及義，好行小慧；難矣哉！」

這種在事先說出他要怎麼去做的動作，好是好，可是還是要注意，不要光是整天跟一群人聚在一起，講他要如何如何的去做，講了半天，還沒講到重點，只是在施展自己的一點小智慧。這種人啊，是難以成事的。

17. 子曰：「君子義以為質，禮以行之，孫以出之，信以成之；君子哉！」

〔義〕：該怎麼去做，就怎麼去做。

〔孫〕：同「遜」，謙遜的語言。

〔信〕：確實可信。

連續幾段都在指出一個君子人要有遠志，但是不能光在嘴巴上講，而是要能實踐。這一段就在講，如何去實踐。

一個君子在本質上是看到當做的事，他就去做，在做事的時候所用的態度是要合於禮制。用謙遜的言辭來表達他的意見，由於他所說所做都是值得信賴，方才可以成功。

18. 子曰：「君子病無能焉，不病人之不己知也。」

因此，君子所擔心的，就是他沒有這種遠慮的心性能力，不必為別人不知道自己而擔心。

19. 子曰：「君子疾沒世而名不稱焉。」

一個君子人也擔心他不能立功、立德、立言，以致他在身後不能留下為人稱讚的名聲。

20. 子曰：「君子求諸己；小人求諸人。」

從反躬自省的角度來說，一個君子人的作為就是「求諸己」，向內去反省自己究竟做錯了什麼。而哪些沒有什麼心性知覺能力的小人卻只會往外看，看到別人的差錯，不會向內檢視自己有什麼差錯。

21. 子曰：「君子矜而不爭，群而不黨。」

〔矜〕：莊重自守。

〔爭〕：爭辯。

〔群〕：有緣聚在一起。

〔黨〕：有目的結合。

君子由於他的心念是廣大、純正，不偏、正直，因此，他的行為態度上就顯得莊重，不太會跟人起什麼爭執。由於信息共振的關係，會把一群志同道合的人聚在一起，但是不會因此而結黨營私。

22. 子曰：「君子不以言舉人；不以人廢言。」

君子人以「直」為他的特質，當然也不會因為聽了人講一些中聽的話，就大為讚賞而照著去做，甚至保薦他出他出來做官；自然也不會因為講話的人在身分地位學識不如他，就不聽他所說的話。

23. 子貢問曰：「有一言而可以終身行之者乎？」子曰：「其恕乎！己所不欲，勿施於人。」

子貢問：「有沒有可以終生奉行的一句話呢？」

孔子說：「如果有的話，那就是『恕』這個字，自己不想要的，也不要加在別人的身上。」

「恕」這個字拆開來看，就是「如心」兩個字。怎麼才算是如心呢？第一個條件就是要能知道別人心裡面在想什麼，再根據這個認知來做反應。怎麼才能「知曉」別人心裡面想的事情呢？那就是「遠慮」的工夫了。先把心念安定下來，再來做到心念廣大的地步。在安定的心念中，時間和空間的知覺範圍擴大，把別人的時間和空間也包括在自己的時空知覺之內，方才能夠做到「如心」的地步。

24. 子曰：「吾之於人也，誰毀誰譽？如有所譽者，其有所試矣。斯民也，三代之所以直道而行也。」

在「如心」的狀態下，一般人通常就會先設立一個標準，然後就根據這個標準來評比他人。往往就掉入「是己而非人」的陷阱。世上的種種糾紛大都因此而起。孔子認為這麼做，是不對的。「我怎麼能隨意的批評或讚譽別人呢？如果要去讚美一個人，必然先要做好考驗、鑒定、證實的工作。現在的百姓，都是經過夏、商、周三代用正道、直道教導過來的人，我怎麼能隨意的批評呢？」

25. 子曰：「吾猶及史之闕文也。有馬者，借人乘之，今亡矣夫！」

一般的人都缺乏考證的工夫，聽到一句話或一件傳文，就率爾輕信。孔子說：「像我在當史官的時候，碰到不清楚的史事，疑難的問題時，就暫時空著不寫，等到把事情弄清楚之後，再來補寫。現在的史官就不是這樣子的謹慎了，不經考證，隨手就做記錄，以致現在的記錄真假難辨。這種情形就像有馬的人，隨便把馬借給別人，別人不還，現在就沒有馬可騎了一樣。」

26. 子曰：「巧言亂德。小不忍，則亂大謀。」

德是一個人在意識最深處的生命藍圖，反映在日常身心行為上，成為一個人的行為特質。如果一個人聽了太多花言巧語，心念自然就亂，時間一久，他的身心狀態也就亂了。在意識和身心狀態雙向交流的情形下，自然也就會影響到內在的生命藍圖。所以，一個有深厚心性修養的君子，在最初接觸巧言的時候，必需忍得住，不能被這些巧言迷惑住，否則就會日漸深入自己的意識層面，把自己的生命藍圖弄亂了，那時就是「亂大謀」了。

27. 子曰：「眾惡之，必察焉；眾好之，必察焉。」

既然君子要能防微杜漸，那該怎麼著手呢？主要的辦法就是不要輕信別人的說話，大家都說不好的，自己要再鑒察一遍；大家都讚美的，也一樣要仔細的鑒察一遍。畢竟實踐是檢察真理的唯一標準。

28. 子曰：「人能弘道，非道弘人。」

有了確實的實踐和鑒定，方才知道何者為真，何者為假。為真者，就能合乎宇宙至道所蘊涵的準則。因此，這一段話就在講，道是指揮宇宙萬物生成的根本。道是不言不語，默默進行的。它是否能發揮應有的作用，完全靠人，只有人，方才可以把道的信息發揚光大，不是道來彰顯人的能力。

29. 子曰：「過而不改，是謂過矣！」

有了過錯，不要為了面子、近利而不肯改正。否則就是真的有了過錯了。

30. 子曰：「吾嘗終日不食，終夜不寢，以思；無益，不如學也。」

除了自省而改過之外，人還是需要學習新的東西和認知，方才可以豐富自己對周遭事物的認知。在前面說過，孔子的學習方法是從靜坐中，擴大了自己的心性認知能力。這種學習的方法，往往會流於空虛，進入一種幻想的世界，而不能落實到現實的層面。孔子自己就有過類似的情形，他曾經終日不吃東西，整夜不能入睡，時時刻刻在想一些問題，結果弄得自己頭昏眼花，沒有辦法把問題弄清楚。只好放棄這種方法，回過頭來，從找相關的資料入手，逐漸的把問題的脈絡整理清楚。別人的經驗是相當有用的參考資料。

31. 子曰：「君子謀道不謀食；耕也，餒在其中矣；學也，祿在其中矣。君子憂道不憂貧。」

一個君子所要努力追求的是「道」，而不是自己的俸祿。去耕田，則難免受到天時災變的影響，會碰上歉收的情形，就會有挨餓的可能。學大人之道，學好後，各國爭相聘請他去處理政務，個人的俸祿也就在其中了。一個君子人所擔心的是他有沒有掌握道的能力，而不是擔憂他的生活俸祿。

這個理念，在本書的導讀部分，就已經說明過。在春秋戰國時代，國君已經失去了「內聖外王」的能力，需要找一批有這種能力的人來輔佐他，幫忙處理政事。這種人就叫作「相」。君子原是指國君之子。這時候，在語意上也發生了變化，就是指這些有志於學如何「內聖外王」的人。孔子就是有系統教導學生如何學得這方面能力的人。因此，在孔子的觀念中，很自然的會想到，何必一定要去學種田，那是風險大，收益又不甚穩定的工作。君子只要把這些治學的工夫確實做好了，做到了，自然就有出仕的機會。因此，一個有志於此的君子應該是「憂道不憂貧」，擔心自己沒有內聖以求道的工夫，至於生活瑣事，那就不需要太在意了。

32. 子曰：「知及之，仁不能守之；雖得之，必失之。知及之，仁能守之，不莊以涖之；則民不敬。知及之，仁能守之，莊以涖之，動之不以禮；未善也。」

〔涖〕：同「蒞」，音ㄌㄧˋ，蒞臨、面對的意思。

這段話是接著上一段話而來，在講君子人求學、出仕的幾個不同階段所必需要注意的事情。

一個追求內聖工夫的君子，他的智慧才能足夠來治理一個國家，可是他不能跟人和諧相處的話，儘管他得到了執政的機會，最後終究會失去這個機會的。有了足夠的智慧才能，也可以跟他人和諧相處，可以不用莊重的態度來面對之，但一般的百姓就不會去敬重他。以上三件事他都做到了，可是，在行動上又不合於禮，沒有一定的規範，還是沒有達到善的地步。

33. 子曰：「君子不可小知，而可大受也；小人不可大受，而可小知也。」

〔小知〕：微觀的能力。

〔大受〕：宏觀的能力。

君子就是心性覺知能力較為廣大的人。小人反之，正是身心覺知只及於皮膚的人，沒有廣大的時空覺知能力。因此，君子不需要注意那些細微末節的事，而是要能有宏觀的調控能力。而小人反之，他們沒有這種宏觀的能力，只能在枝節之處有所注意。

34. 子曰：「民之於仁也，甚於水火。水火，吾見蹈而死者矣；未見蹈仁而死者也。」

這段話是在感慨一般人如何不肯也不願去實踐「仁」這個德目。世上確實有人為了某種理由，不懼水火，勇敢以赴，終以身殉。可是，從來沒有看到有人為了「仁」這個德目而挺身相殉的。可見對一般人民來說，「仁」是比「水火還要可怕，不敢以對。」

35. 子曰：「當仁，不讓於師。」

可是對一個致力於內聖外王的君子來說，追求人際關係的諧波共振是主要的功課。只要有機會去做，一定不退讓。即使是和師長一同面對行仁的機會，也不會有所退讓。

36. 子曰：「君子貞而不諒。」

在另一方面，君子固守正道，不必拘泥於小節。也就是說，不必為了對某人有些什麼樣的承諾，而歪曲了正道。

37. 子曰：「事君敬其事而後其食。」

君子人在從政的時候，一定先要把事情做好，方才可以享用他應有的俸祿。

38. 子曰：「有教無類。」

這句話是在講孔子基本的教育態度。只要有人想學，他一定教他，不會去想他的家世、背景、或其他的階級分類問題。

39. 子曰：「道不同，不相為謀。」

唯一會注意的，就是求學的目的。不同的求學目的，就是在追求不同的道。有些目的不是孔子所熟悉的，也就沒有辦法教他，更談不上有什麼相互切磋了。

40. 子曰：「辭，達而已矣！」

言辭的基本作用就是在清楚的表達自己的想法，也是要做清楚的指示。

41. 師冕見。及階，子曰：「階也！」及席，子曰：「席也！」皆坐，子告之曰：「某在斯！某在斯！」師冕出，子張問曰：「與師言之道與？」子曰：「然，固相師之道也。」

師冕是魯國的樂師，也是一個瞎子。因此，當他和孔子走在一起的時候，碰到了石階，孔子就說：「小心，前面有階石。」到了可以坐下的席位，就對師冕說：「這是席位。」然後向師冕介紹在座的人，「這位是某某，這位是某某。」等到師冕辭出，子張問孔子說：「這就是跟師冕講話的方式嗎？」

孔子說：「對，這就是幫助師冕這位瞽者的最好方法。」這段話的意思是在說，以上所講的這一番心性修持的大道理，都是要從最平常，最不起眼的地方做起，不要好高騖遠，一心想要做多高深的學問，其實，最高深的學問就在最平常的地方。

季氏第十六

本篇說明為政者在做決策時，必需要有「深謀遠慮」的能力。要有這種能力是需要有許多條件配合。為政者必需要時時練習這種能力。

1. 季氏將伐顓臾。冉有、季路見於孔子曰：「季氏將有事於顓臾。」孔子曰：「求，無乃爾是過與？夫顓臾，昔者先王以為東蒙主，且在邦域之中矣；是社稷之臣也，何以伐為？」
冉有曰：「夫子欲之；吾二臣者，皆不欲也。」
孔子曰：「求！周任有言曰：『陳力就列，不能者止。』危而不持，顛而不扶，則將焉用彼相矣？且爾言過矣！虎兕出於柙，龜玉毀於櫝中，是誰之過與？」
冉有曰：「今夫顓臾，固而近於費；今不取，後世必為子孫憂。」
孔子曰：「求！君子疾夫舍曰『欲之』而必為之辭。丘也，聞有國有家者，不患寡而患不均，不患貧而患不安；蓋均無貧，和無寡，安無傾。夫如是，故遠人不服，則修文德以來之。既來之，則安之。今由與求也，相夫子，遠人不服而不能來也，邦分崩離析，而不能守也，而謀動干戈於邦內，吾恐季孫之憂，不在顓臾，而在蕭牆之內也！」

〔顓臾〕：音ㄓㄨㄢ ㄩˊ，魯國的附庸國。

〔有事〕：指征伐的軍事行動。

〔東蒙主〕：蒙是指蒙山，在魯東，因此叫東蒙。周初封顓臾於蒙山之東，讓他主持有關蒙山的祭祀。

〔周任〕：古代的好史官。

〔陳力就列，不能則止〕：陳，展示、陳列的意思。列，位置、爵位也。止，辭職、離去的意思。

〔顛〕：跌跤。

〔相〕：幫忙的人。

〔兕〕：音ㄙˋ，野牛。

〔柙〕：柵欄。

〔櫝〕：匣子。

〔費〕：音ㄅㄧˋ，季氏的私邑。

季氏打算去討伐魯的附庸國顓臾。冉求和子路去見孔子，告訴孔子：「季氏打算去攻打顓臾。」孔子說：「冉求啊，這是你的過錯。顓臾這個國家是先王封他的，要他負責祭祀東蒙山。而且這個國家本來就在魯國的疆域之內。是魯國的社稷之臣。為什麼要去討伐他呢？」

冉求說：「是季康子想去攻打。我們兩人都不這麼想。」

孔子說：「冉求啊，古代的好官周任曾經說過：『做官的人就在自己的位置上努力，展現應有的做法。如果做不到，就離開這個職位。』目前看到某個國家有了危機，這個國家將要傾倒而不去扶持，要你們這些為相的人有什麼用？而且你的話講得過分了。猛虎要出柙傷人，龜玉毀在收藏的匣子裡，是誰的過錯呢？」

冉求說：「今天的顓臾，城池非常堅固，又靠近費邑，現在不攻取，後世一定成為子孫所要面臨的禍患。」

孔子說：「冉求啊，君子人是不說：『我要什麼。』即使想要，也是一定找一個藉口。我，孔丘，聽先聖先賢們說，不患寡而患不均，不患貧而患不安。因為大家都有了，就不會有短少貧窮。和諧了，就不會有孤獨。安穩了，就不會有傾倒的事發生。正因為是這樣，遠方的人不肯歸順，國君就要修正自己的文德，才能招徠遠方的人們。既然讓他們來了，就要好好的安頓他們。現在冉求和子路都在幫助季康子，可是遠方的人卻不肯投靠魯國。表示魯國目前正處在分崩離析的狀態，守不住了。在這種情形下，卻打算去攻打國家內部的屬國。我替季孫氏所擔憂的事，不在顓臾，而是在於魯國內部的矛盾。我替國家感到憂心。我看季孫氏所要擔心的，是他的憂患正在蕭牆之內。」

2. 孔子曰：「天下有道，則禮樂征伐，自天子出；天下無道，則禮樂征伐，自諸侯出；自諸侯出，蓋十世希不失矣；自大夫出，五世希不失矣；陪臣執國命，三世希不失矣。天下有道，則政不在大夫；天下有道，則庶人不議。」

接著就講一些缺乏遠慮，必有近憂這個基本原則，在周代實際運作的情形。「國之大事，唯祀與戎」，「祀」就是禮樂，「戎」就是指「征伐」。在周代，這兩件大事應該都是由周天子來主持。因此，孔子說，當天下有道的時候，禮樂和征伐都是由周天子來決定和主持；當天下無道的時候，也就是周天子大權旁落的時候，這兩件大事，卻都由把持國政的諸侯來做決定。由於身分地位不對應，這種把持國政，隨意發號施令的諸侯，能傳上十代而不墮落者，是很少見的。同樣的道理，在諸侯國內，朝政不是由諸侯來主持，而是由大夫所把持。這種專權的大夫家很少能傳過五代的。如果大夫家的大權旁落到陪臣的手上，這種陪臣家很少能傳過三代的。天下有道的時候，國家的大權不會落在大夫的手上。天下有道的時候，一般百姓也不會隨口論政。

如本書在前面各篇所述，在先秦諸子的觀念中，為政就是由一些在心性方面有特別敏銳的知覺能力，可以覺察宇宙變化信息的人，居於統治者的位置。他們隨時隨地可以覺知有用的信息，然後依照這些信息的指示來施政。天子是心性最安定，可以覺知的時空範圍最廣的人。相對的來說，可以做諸侯的人雖然也有這方面的能力，只是他所能覺知的時空範圍比較小，只及於他的封國。大夫就更下一層，可以覺知的時空範圍就更小了。其他的人當然就更差。一般平民百姓的心性覺知範圍就只剩下他自己一身而已。職是之故，當下層的人越級去管上一級的事，由於覺知能力不足，可以捕捉到的有用的信息也就有限，執政一段時日之後，常會力不從心，因而錯誤連連，那麼就會由於一連串的政治失誤而下臺，甚至在政變中被殺，他的家也就因此而滅亡。

「國家有道」的意思是說，讓哪些具有不同大小心性覺知能力的人，依照他們的能力，而放在適當的執政位子上。「國家無道」就是說，沒有依照所具有的心性的能力來安置他們的執政位子，讓心性知覺能力較差的人放在較高的執政位子上。因此，國家有道的時候，周天子和各諸侯國的政事都不會也不應該由大夫家來主持。一般人民由於沒有這方面的覺知能力，當然也就不應該也不能隨口議論政事。這種觀念方才是賢人政治，精英政治的根本。懂了這種概念之後，方才可以去了解為什麼古今中外都曾經有過帝王的統治。而現代的民主政治卻剛好跟這種認知背道而馳。孰對孰錯，就只能看當時流行的認知了。

3. 孔子曰：「祿之去公室，五世矣；政逮於大夫，四世矣；故夫三桓之子孫微矣。」

要看懂這一段的涵意，必需先了解魯國國君的世系傳承。依《史記》上的記載，魯國的世系從周公建國至頃公亡國，一共有三十四代。孔子生於襄公二十二年，卒於哀公十六年，享年七十二歲。

在《史記・十二諸侯年表》所記，魯國在平王東遷之後的世系如下：真公（在位 30 年）、武公（在位 9 年）、懿公（在位 9 年）、孝公（在位 38 年）、惠公（在位 46 年）、隱公（在位 11 年）、桓公（在位 18 年）、莊公（在位 32 年）、湣公（在位 2 年）、釐公（在位 33 年）、文公（在位 18 年）、宣公（在位 18 年）、成公（在位 18 年）、襄公（在位 31 年）、召公（在位 32 年）、定公（在位 1 年）、哀公（在位 27 年）。以後又有悼公（在位 37 年）、元公（在位 21 年）、穆公（在位 32 年）、共公（在位 22 年）、康公（在位 9 年）、景公（在位 29 年）、平公（在位 22 年）、文公（在位 13 年）、頃公（在位 24 年）。

亡於楚。

《論語》上所提到的「三桓」是指桓公的三個兒子。桓公死，子莊公立。三個弟弟：慶父、叔牙、季友，後來分別發展成為孟孫氏、叔孫氏、季孫氏，由於都是桓公的兒子，因此稱作三桓。

其中的季孫氏是孔子時代魯國最有權勢的大夫家。孔子去世後，季康子也在哀公二十七年過世。是年，哀公對三桓非常不滿，《史記，魯周公世家卷三十三》：「哀公患三桓，將欲因諸侯以劫之；三桓亦患公作難。故君臣多閒。」越王勾踐於哀公二十二年滅吳王夫差，進而北上稱霸。所以哀公打算引用越王勾踐的兵力除去三桓，三桓出兵攻哀公，哀公奔於衛，輾轉流亡到越國。第二年，魯國人復迎哀公回國，哀公在回國的途中去世。子寧立，是為悼公。這時三桓勢力凌駕在魯侯之上，「魯如小侯，卑於三桓之家。」自此以後，史書上不再有三桓的記載，三桓的下場如何，就不知道了。

在這裡所說的「世」，應該是指三十年為一世。四世，就是一百二十年。三桓歷經釐、文、宣、成、襄、召、定、哀八代國君，都掌握政權，一共有一百四十七年。比四世的估算時間還長。這種大夫專政的情形，不是只出現在魯國，而是當時各國普遍的現象，齊國有田氏，晉國有智、韓、趙、魏、中行、范等大夫家。結果是田氏篡齊，韓趙魏三家分晉。

明瞭當時各國的政治局勢之後，方才可以看懂這一段話的真正意涵。孔子說這段話的時候，恐怕以感嘆的成分居多，不能看成是在敘述史實。有鑒於三桓大夫家的權勢凌駕在魯國的公室之上。孔子又一再強調要為天子、諸侯者，一定要在心性知覺能力上有相當的表現。而事實情形卻並非如此，從魯文公以降的五代國君，宣、成、召、襄、定，都受制於三桓。所以孔子說，「祿之去公室，五世矣。」國家的爵祿賞罰不由魯君，而由三個大夫家來決定，已經有五代了。

這三家中又以季孫氏最有權勢。季文子、季武子、季平子、季桓子四代都掌握了魯國實際的政權。「政逮於大夫，四世矣。」大概前後有一百多年。孔子在世時，魯國的實際執政者是季康子。

從前面所提的理論來推算，一個大夫由於天生的資質能力和心性知覺能力的不夠寬廣，因此，儘管他們勢力凌駕在國君之上，應該不可能永遠保持住那種權勢和地位才對。所以，孔子預測說，「三桓的氣數大概也快盡了，他們的子孫應該會逐漸的沒落。」事實上，並非如此。

4. 孔子曰：「益者三友，損者三友；友直，友諒，友多聞，益矣。友便辟，友善柔，友便佞，損矣。」

〔直〕：正直，能依照宇宙信息的指示來行為處世的人。

〔諒〕：誠信，也就是真正依照宇宙信息來做事，而不是故意假造聖旨。

〔多聞〕：一般書上的解釋是做「博學多聞」，也許更貼切的說法是「時常有新的概念，能從多方面來認識所面對的問題。

〔便辟〕：看到有權位的人一副逢迎拍馬的態度。

〔善柔〕：工於媚說而少誠信。

〔便佞〕：只憑一張嘴巴講話，沒有真正的本領。

一個士人要能有遠慮的工夫，除了本身的不斷練習之外，更需要有人可以切磋。在〈學而第一〉的頭一段話提到過「有朋自遠方來，不亦樂乎？」本書的解釋是說「找他人來印證自己的學習到底做得對不對」。在這一段，又重複了這個主題，而且更具體明白的說，究竟該怎麼去做。

找朋友來印證，必需要依照下列三個基本的條件：1. 能遇到可以依照宇宙信息的指示來行為處世；2. 這個人是要能真正依照宇宙信息來做事，而不是故意假造聖旨；3. 這個人由於心性安定，因而時常有新的概念，能從多方面來認識所面對的問題。如果能找到符合這三條件中的一項或多項的朋友來相互切磋，就對自己有相當大的益處。

至於犯了下列三項條件：1. 看到有權位的人一副逢迎拍馬的態度；2. 工於媚說而少誠信；3. 只憑一張嘴巴講話，沒有真正的本領的人。那麼就不要找他們，以免受害。

5. 孔子曰：「益者三樂，損者三樂；樂節禮樂，樂道人之善，樂多賢友，益矣。樂驕樂，樂佚遊，樂宴樂，損矣。」

上一段是講如何找人來印證，這一段則是在講一個士人如何自處。有三件事是要積極去做的，用歡喜的心去做，那就是有適當的行為規範和身心狀況的表達、要多讚賞他人的長處、要跟有同樣特性的人交往。如此一來，自己的心性工夫就會日漸精進，是為「益」。至於驕奢淫佚、喜好閒散遊蕩、沉迷於酒食宴會等，都會讓自己的心性知覺逐漸喪失不靈，所以是「損」。

6. 孔子曰：「侍於君子有三愆：言未及之而言，謂之『躁』；言及之而不言，謂之『隱』；未見顏色而言，謂之『瞽』。」

跟有德的君子人相處，有三種場合要特別小心留意：不該說話而搶著說，謂之「急躁」；該他說話，卻不敢說，就叫做「隱瞞」；不能察顏觀色，輕率發言，則謂之「瞎眼」。

7. 孔子曰：「君子有三戒；少之時，血氣未定，戒之在色；及其壯也，血氣方剛，戒之在鬥；及其老也，血氣既衰，戒之在得。」

《黃帝內經．靈樞．決氣第三十》提到：「中焦受氣，取汁變化而赤，是謂血。」也就是說，消化吸收了各種食物，變成了紅色的汁液，就是血。《靈樞．癰疽第八十一》提到，「津液之專精者，內注於脈中，結合營氣，上注於肺脈，變化而為血者」，也就是說，「血」是有可以營養身體的紅色液體。

「氣」就比較複雜。我們每天吃下去的食物，經過非常複雜的消化分解，最後變成帶電的粒子，古人稱之為「精」。這些帶電的粒子通常是呈離子狀態，因而負極的電子就沿著一定的通路而溢出身體之外，隨之就產生反方向的電流，從末稍流向身軀，古人稱之為「經氣」。有電流，就有電磁波，古人稱之為「精專營氣」，從背面（陽面）上升至頭頂，而後沿胸腹（陰面）而下降，形成一個循環。除了電子、電流和電磁之外，還有負載在這些物質和能量上面的信息。這幾種東西合起來，總稱之為「氣」。古人寫作「炁」。在古人的觀念中，氣是指構成人體的基本能量和信息，以及這些能量和信息所表現出來的某種身心狀態。

血氣就是指這兩部分的東西綜合起來所表現出來的生命活力。在少年的時候，由於正在發育成長，對各種身外的東西都有興趣，因而使得他的心性不能安定。因此，戒之在色。

這個地方的「色」字，在通篇《論語》和先秦諸子書中，都不是作「美色」解，而是作「各式各樣的東西」或者「容貌」解。這種意涵一直沿用到唐代，玄奘法師譯佛經時，仍然把「色」當作「各種物質」、「被知的對象」來解。至於把「色」字作「色情」「女色」解，應當是相當晚近的事。像《金瓶梅》這類小說，在明清兩代，稱作「言情」、「淫書」。並不是作「色情」。把「色」解讀成「色情」也許是民國以後的事。因此，一般書上把這句話解作「少年時，不要沉迷女色」，是用現代的語意來解先秦的字彙，完全扭曲了原來的意思。

這裡的「鬥」，一般書上都是望文生義的解釋作「鬥毆」，也是犯同樣的毛病。正當的解釋應該是「比賽」、「比比看，輸人不輸陣」的意思。在唐代，人們喝茶有「鬥茶」的習俗，不是為了茶的競賽名次而打架，而是在比賽誰能在泡茶時，沖出泡沫，讓泡沫在茶碗中出現美麗、有意境的圖案。

人到了成年，身心的發育已經完全，血氣不像少年時那樣生發成長，而是穩定下來，心性也比先前安定些。「剛」應作「固定」、「強硬」解。在這種情形下，要經常打架鬥毆，似乎不太可能。換個角度來想，壯年人很容易因為自己有了那麼一丁點的小成就，就自鳴得意，而看不起別人，隨時要跟別人比一比，一較高下。結果讓自己累得半死，身心也就得不到安定。所以說，及其壯也，血氣方剛，戒之在鬥。

「及其老也，血氣既衰，戒之在得」這句話的解釋也是有同樣的問題。人到老年，歷經過大風大浪，見多識廣，對於身外之物大多已經看淡，乃至於看透。就不太會出現一般書上的解讀「老年人很貪財好貨」那種情形。因此，在這裡所說的「得」，也許有另外的幾種意思。第一種意思，把自己一生的作為老是掛在嘴邊，說「想當年啊，我怎樣怎樣。」自吹自擂一翻。這種話講多了，小輩們就有些受不了，覺得很煩。第二種意思，老年人學習新東西、新知識的可塑性較差，往往固執己見。因此，老年人的血氣，乃至於體能衰弱之後，就不要老在那裡吹噓自己過去的輝煌事蹟，或者變成冥頑不靈。

換個角度來說，老年人為什麼會一再重複的述說自己以前的事功？那是說，他已經不需要再學新的知識，只是在做整理功課的動作，把一生中最美好、或最難忘的事蹟整理歸檔，或是下載到個人生命的資料庫中。這個資料庫不是指現在生物科學所說的 DNA、RNA 之中，而是放在身體的任何適當的部位，甚至是在潛意識層次。如果不把這種歸類、整理的工作事先做好，等到過世時，就有「時不我與」的感嘆。算他白來人生走一趟，準備重修人生的功課。

孔子說這段話的意思應該不是在反對做生命經驗的整理，而是說，要在安靜的狀態下，把生命的知覺作充分的發揮。不要去作一些足以擾亂自己生命靈性發展的事情。

8. 孔子曰：「君子有三畏：畏天命，畏大人，畏聖人之言。小人不知天命而不畏也，狎大人，侮聖人之言。」

「畏」是「敬畏」、「謹慎小心的對待」。一個君子人有三件事情是他要特別敬畏小心的：要謹慎小心的接受上天所賦予的使命；要恭敬的對待哪些身心知覺寬廣的大人；要小心謹慎的奉行聖人所講的教誨。至於哪些沒有什麼心性知覺的小人，他們不會知道什麼是上天所賦予的使命，也就沒有什麼敬畏之心；因為沒有什麼知覺，當然也就不會敬重哪些有寬廣靈敏知覺的大人，甚至出言嘲笑他，認為他是在空談或是妄談；當然也就輕侮聖人的教誨。這裡所說的「聖人之言」，指的就是聖人在修煉身心知覺時所做的記錄和他在安定的狀態下所擷取的有用信息。

9. 孔子曰：「生而知之者，上也；學而知之者，次也；困而學之，又其次也。困而不學，民斯為下矣！」

這種敏銳又寬廣心性知覺能力是怎麼來的呢？上焉者是生來就會的。其次是透過一定的努力，方才學會的。再次一級的人就是他原來的資質不好，經過不斷的努力練習，終究還是可以達到某種境界，只是境界不高而已。至於哪些資質本來就不好，又不肯努力學習的人，那就是下下等貨色了。

10. 孔子曰：「君子有九思：視思明，聽思聰，色思溫，貌思恭，言思忠，事思敬，疑思問，忿思難，見得思義。」

君子有九件事必需要用心處理。這九件事是指：看要看得明白、聽要聽得清楚、臉色要表現出溫文儒雅的樣子、待人的態度要恭敬、說話要忠實可靠、行事要認真、做事時要規規矩矩、有了疑惑就必需發問、憤怒的時候要想到後果的嚴重性、看到一些額外的報酬，更要考慮，看看是否合乎天地良心，該不該得。

11. 孔子曰：「『見善如不及，見不善而探湯；』吾見其人矣，吾聞其語矣！『隱居以求其志，行義以達其道；』吾聞其語矣，未見其人也！」

君子在鍛鍊心性時，有兩種不同的境界和切入的途徑。第一種境界是看到了好榜樣，趕緊起而仿效；看到有問題的地方，也就是不善的地方，小心翼翼，一步一步的去探路；一旦碰到了危險，就立刻抽手。這種人在社會上很常見。孔子說，他看到社會上經常有人這麼在做，也聽到他們所講的一些心得報告。

第二種境界是先把自己隱居起來，讓自己的心性安定下來，在安定中慢慢的弄清楚自己這一輩子學習的方向和立志的目標是什麼，然後再依照正確的方法，也就是「義」，一直做下去，最後可以達到悟道的境界。這種人是少見的，難能可貴的。在社會上，是可以聽見有些人說，他們的志向如何，可是卻從來沒有看到他們真正的做到過。

12. 「誠不以富，亦祇以異。」齊景公有馬千駟，死之日，民無德而稱焉；伯夷、叔齊餓於首陽之下，民到于今稱之。其斯之謂與？

二程子以為在〈顏淵篇〉的第十段末尾有「誠不以富，亦祇以異。」兩句，在原章中，語意不合，應當放在本段的開始，方才意義通暢。

書經上說：「我們要稱讚某人，並不是因為他富有，而是因為他的德行異於常人。」像齊景公，有馬千匹，非常富有，可是當他死了之後，卻沒有什麼事情可以讓人民懷念而稱頌的。像伯夷、叔齊雖然窮到餓死在首陽山下，可是人民卻一直稱頌他們兩人的德行，直到現在。

這兩個故事都是在佐證上一段的話。上一段話的兩層境界，都是從事德行的修養。第一種是在行動中不斷的去修正自己的毛病，第二種是先把自己隱居起來，以培養德行，直到悟道之後，再出來為國家做事。可是，一般人往往不是這麼想，只顧眼前的榮華富貴，而忘了在德行方面的培養。

13. 陳亢問於伯魚曰：「子亦有異聞乎？」對曰：「未也。嘗獨立，鯉趨而過庭。曰：『學詩乎？』對曰：『未也。』『不學詩，無以言！』鯉退而學詩。他日，又獨立，鯉趨而過庭。曰：『學禮乎？』對曰：『未也。』『不學禮，無以立！』鯉退而學禮。聞斯二者。」陳亢退而喜曰：「問一得三：聞詩，聞禮。又聞君子遠其子也。」

孔子本人相當博學，弟子們的學習只是在後面苦苦的追趕。於是就有人會懷疑，孔子是否有私心，故意留一手，只教自己的孩子，而不教其他的學生。這種合理的懷疑，在中國已經流傳了幾千年之久。學生的成就不如老師時，就會懷疑老師是不是故意留了一手獨門絕活，不肯傾囊相授。不過，從老師的角度來看這個問題，就不是這個樣子。往往是可以傳、值得傳的學生難覓。特別是一些需要良好品行和心性能力，方才可以學的東西，大多是一些跟心性有關的知識和技術，往往是「非其人不傳」，沒有真正合適的人不傳。也就是好學生難找。一般學生想學，可是囿於他的心性知覺能力不夠，即使傳了，也是白傳。這就是學問傳承上最難的地方。本章只是接觸到最膚淺的問題，學生懷疑老師會藏私。

陳亢問孔子的兒子伯魚：「你父親有沒有另外教你什麼？」

伯魚說：「沒有什麼特別的教導。有一次，父親一個人站在堂上，我快走的通過廳堂。父親問我：『學詩了嗎？』我回答說：『還沒有。』父親說：『不學詩，就不懂得如何講話。』又有一次，也是父親一個人站在庭院中，我快步的走過。他問我『學禮了嗎？』我說：『還沒有。』『不學禮，就不能在社會上立足。』父親私下教我的，就這麼兩次。」

陳亢聽了之後，就很高興的說：「我問一件事，卻得到三個答案。知道了學詩的道理，也知道了學禮的道理，更知道君子對自己的孩子也沒有偏私。」

14. 邦君子之妻，君稱之曰「夫人」；夫人自稱「小童」；邦人稱之曰「君夫人」，稱諸異邦曰「寡小君」；異邦人稱之，亦曰「君夫人」。

在清人崔述的《洙泗考信錄》中，就懷疑這一段是後人羼入的，語意跟前面各段都沒有關聯。

國君的夫人，國君稱她為「夫人」，自稱為「小童」；邦國裡的人民稱她為「君夫人」，稱異邦小國的國君為「寡小君」；異邦人稱國君的夫人也是「君夫人」。

陽貨第十七

這一篇從每個人在心性覺知能力方面的差異切入，來探索如何透過一定的訓練方法，來展現這方面的能力。探討光有這方面的能力而不肯再深入的練習，會有哪些流弊；也說明如何從《詩經》入門。後半篇則是在說明心性覺知能力不好時，會有哪些毛病，應該如何改正。

1. 陽貨欲見孔子，孔子不見，歸孔子豚。孔子時其亡也，而往拜之。遇諸塗。謂孔子曰：「來！予與爾言。」曰：「懷其寶而迷其邦，可謂仁乎？」曰：「不可。」「好從事而亟失時，可謂知乎？」曰：「不可。」「日月逝矣！歲不我與！」孔子曰：「諾，吾將仕矣！」

〔陽貨〕：就是陽虎，長得跟孔子很像的那個人，季氏的家臣，由於季氏專擅魯國的政治，因而陽虎也就在魯國專政掌權。

〔歸〕：音ㄎㄨㄟˋ，同「饋」，贈送、送禮的意思。

〔時其亡〕：等陽貨不在家的時候。

〔塗〕：同「途」，路上，半路。

〔亟失時〕：屢次失去機會。

〔歲不我與〕：與，是等待的意思。歲月一直在流逝，不會停下來等人。

陽貨是專擅魯國國政的季氏寵臣，他有意要請孔子出來做官。可是，孔子卻不願跟這種小人同事，因而婉拒之，推說不在家。陽貨只好把帶去的禮物，一隻烤好的乳豬，請門房收下而回。孔子收了陽貨的禮物，必需得回拜，才是禮貌。於是，探得陽貨不在家的時候，前去回拜。不巧在路上遇見了陽貨。

陽貨對孔子說：「來來來，我跟你說，一個人懷藏有很大的本領，而不肯出來為國做事，這種人可以算得上『仁』嗎？」

孔子說：「不能。」

陽貨又說：「喜歡出來做事，可是又屢屢錯過機會，這樣可以算是有智慧嗎？」

孔子說：「不可。」

陽貨說：「是啊，日子一天天的過去，歲月催人老啊！」

孔子說：「嗯，我將要找機會出來為國家做事。」

單從這段文詞的表面，實在看不出有什麼特別的意涵。只是在說，孔子禁不起陽貨的勸說，答應出來做官。可是實際上又不是如此，孔子並沒有因為陽貨的勸說而出仕。因此需要做更深一層的探討。先看當時的歷史現象。

這段史事大致如下：釐公是桓公的少子，他的即位主要是靠季友的力量，因封季友於費，號為成季，是為季孫氏。這是季氏為掌握魯國政權的起源。他的兒子季文子在宣公、成公和襄公三朝為相。過世時，家無衣帛之妾，廄無食粟之馬。君子曰：廉忠矣。他的兒子季武子在襄公、昭公時，繼續掌握魯國的政權。武子在昭公七年去世，由季平子繼任。昭公跟季平子起了相當大的衝突，昭公二十五年討伐季氏，孟孫和叔孫兩家出兵援助季氏，昭公只得流亡到齊、燕、晉等國去。三十一年，昭公要去晉國，但季平子聯合晉國的六卿，共同抵制昭公。只讓昭公停留在邊境的小城乾侯。三十二年，昭公在乾侯過世。魯國人共立昭公的弟弟為定公。

定公五年，季平子卒。家臣陽虎在季平子的喪葬方面，跟季桓子起了大爭執，因而囚禁了桓子，直到條件談妥了，方才釋放了季桓子。七年，齊國把先前佔領的鄆陽關歸還給魯國，陽虎就據為自己的封地而居焉。八年，陽虎打算盡誅三桓，找其族內有才能的庶子以代之。他先用計把季桓子騙上車，將殺之。但是被季桓子逃脫。於是三桓共同出兵攻打陽虎。陽虎逃回鄆陽關。九年，魯伐陽虎，陽虎奔齊。後來又轉而投奔晉國的趙氏。

定公十年，孔子出任魯國的司寇。齊景公和魯定公相會於夾谷。齊國打算在宴會中劫持魯定公。因而，讓當地的萊人表演他們的樂舞，把場面弄得很熱烈，亂烘烘的。孔子識破齊國的計謀，先派人斬了表演的萊人，再用正統的禮樂威儀懾服了齊景公。齊景公大為慚愧，不但撤兵，更歸還了以前侵佔的土地。

孔子執政時的阻力當然還是來自三桓。在定公十二年，孔子派子路帶領軍隊去執行削藩的計畫，要削除三桓封邑的城池。但是，這次行動失敗了。史書上記「不克而止」。是年，「季桓子受齊女樂，孔子去。」從此展開周遊列國的流浪生涯。在政治理念上，陽虎和孔子有共同的地方，都是想要殲除三桓的勢力。結果也相同，都是失敗而後流亡國外。

從時間上推算，陽虎去看孔子這件事情發生的時間，應在陽虎還在朝掌權的時候，也就是在定公五年之後，八年之前。陽虎要請孔子出仕，也許是要請孔子來幫助他。可是，孔子不想去幫助陽虎，因而避不見面。

孔子這麼做有他的道理。基本的道理就是在於陽虎的身分地位不配居於「相」的地位。季氏以大夫家來掌握魯國的政權，已經不合乎心性覺知能力與必需要跟地位相配的至理。陽虎的身分地位比季氏又更低了。身分地位越低，身心知覺的能力當然也跟著下降。身心知覺能力越不好，越是沒有辦法覺知較廣大範圍裡所流轉的信息波。陽虎沒有什麼心性覺知的能力，卻在主持國政。而孔子本身卻是有相當高超的心性覺知能力。因此，在兩者能力不對等，也不符合理念的情形下，孔子不會去和陽虎共事。

2. 子曰：「性相近也，習相遠也。」

這段話應該是上一段話的註解。孔子為什麼不肯和陽虎共事呢？因為兩人的本性、乃至於對當時魯國政治的看法，大體上是相近的。可是，兩人在心性的練習方面，卻是差得很多。這樣的解釋完全不同的一般書上的解釋。一般書上都是說：「天生的本性大體上都差不多，而後來的習染卻差得很遠。」跟孔子想要表達的意思差了十萬八千里。

3. 子曰：「唯上知與下愚，不移。」

孔子接著說，人雖然可以透過練習而增強原來的心性能力，可是對「上智」和「下愚」這兩極端的人來說，是沒有什麼用的。上智的人天生就會這種心性覺知的能力，不需要刻意的練習。而下愚的人，由於資質實在太差，再怎麼學習，也是枉然。孔子說這句話的時候，也許意在諷刺陽虎，說他是下愚之人。

4. 子之武城，聞弦歌之聲，夫子莞爾而笑曰：「割雞焉用牛刀？」子游對曰：「昔者，偃也聞諸夫子曰：『君子學道則愛人；小人學道則易使也。』」子曰：「二三子！偃之言是也；前言戲之耳！」

子游為武城地方的首長。有一次，孔子去到武城，聽到當地的人都在彈奏和歌唱雅樂。孔子笑著說：「在這種小地方教導雅樂，不是殺雞用牛刀，大材小用了嗎？」

子游聽了，有些不明白，就對孔子說：「師父，您以前不是教導我說：『君子學會了這些心性道理，就知道怎麼去愛人；小人學了這些心性之道，就容易聽從指使。』我這麼做，錯了嗎？」

孔子一聽，就知道自己失言了，趕緊說：「你講得對，講得好，子游講得對，我剛才是在講玩笑話。」

這一段記載應當是接著前面幾段話而來。既然兩端的人都不需要教，一般人大多位在中間，都是可以教的。用什麼方法來教？用禮樂。對資質還不錯的人來說，經過禮樂的教導，就可以把他的心性、能量發揮出來，讓別人感覺到他的心意。對於哪些資質比較差的人來說，經過禮樂的教化，心性也就安定下來，不再狂亂，也比較容易聽得懂君子人所說的道理。在治理上，就方便多了，容易做到政通人和的地步。

5. 公山弗擾以費畔，召，子欲往。子路不說，曰：「末之也已，何必公山氏之之也？」子曰：「夫召我者，而豈走哉？如有用我者，吾其為東周乎！」

崔述的《洙泗考信錄》對這一條記錄，提出質問，認為所記的事情可疑。崔述指出，公山弗擾以費地叛亂的事發生時，孔子正是魯國的司寇，怎麼可能答應公山的要求去幫他？本人也認為不妥。孔子對陽虎都認為不是個東西，不願跟他同事，又怎麼會去答應幫忙公山弗擾這個叛臣呢？因此，這一段文詞存疑不論。

6. 子張問「仁」於孔子。孔子曰：「能行五者於天下，為仁矣。」「請問之？」曰：「恭、寬、信、敏、惠：恭則不侮，寬則得眾，信則人任焉，敏則有功，惠則足以使人。」

在第四段，指明君子和小人都需要有心性的訓練。那麼訓練的內容究竟是什麼呢？

子張問：「怎麼去練習方才可以讓自己和別人的互動產生和諧共振的狀態？」

孔子說：「能做到五項工夫，就可以和人和諧交往了。」

子張說：「請問是哪五項功法？」

孔子說：「那就是恭敬、寬厚、誠信、敏捷、施惠。對人恭敬，就不會遭到別人的侮辱。對人寬厚，就可以得到眾人的支持。依照宇宙的信息去做事，不要自作主張，別人就敢放手讓你去做事。常常敏銳的接收好的信息，又肯敏捷的行事，那麼就會累積相當多的功業。對人常能施與恩惠，那麼一般百姓也就擁護你，聽從你的派遣。」

7. 佛肸召，子欲往。子路曰：「昔者由也聞諸夫子曰：『親於其身為不善者，君子不入也』。佛肸以中牟畔，子之往也如之何？」子曰：「然，有是言也。不曰『堅』乎？磨而不磷；不曰『白』乎？涅而不緇。吾豈匏瓜也哉？焉能繫而不食！」

這一段也是有問題。崔述《洙泗考信錄》認為這一章非常可疑。根據《韓詩外傳》上的記載，佛（音ㄅㄧˋ）肸（ㄒㄧˋ）以中牟叛，事在哀公二十年，孔子在哀公十六年過世，兩件事相差四年。因此，這一章可能是後人杜撰，又不知怎麼混了進去的。擱置不論。拿掉之後，也不會影響到整篇的文意之連貫。

8. 子曰：「由也，女聞六言六蔽矣乎？」對曰：「未也。」「居！吾語女：好『仁』不好學，其蔽也『愚』；好『知』不好學，其蔽也『蕩』；好『信』不好學，其蔽也『賊』；好『直』不好學，其蔽也『絞』；好『勇』不好學，其蔽也『亂』；好『剛』不好學，其蔽也『狂』。」

一般人的學習總是不會恰到好處，不是偏多，就是偏少。一旦發生了偏差，在行為上也就跟著發生偏差。孔子藉著跟子路的一問一答，指述這些偏差行為是怎麼回事。

孔子問子路：「你聽說過六言六蔽嗎？」子路說：「沒有聽您講過。」孔子說：「來來來，坐下。我告訴你：

第一點『仁』。行仁的人，一定是好人。如果心性覺知能力學得不夠好，不能有所分辨好壞的話，就成了爛好人，是非不分，善惡不明，變成了大傻瓜。

慈悲也是『仁』的另一種表現。盲目的慈悲同樣也是問題。所謂『慈悲生禍害，方便出下流。』對自己的孩子就要注意這個流弊，對自己的學生，乃至於鄉里人士，也都要注意這個毛病。學習就是要讓自己有明確透徹的觀察力。有時候，表面上看過去相當的嚴厲，實際上是對他有好處。表面上太寬厚仁慈，有時反而害了他。至於要怎麼拿捏恰好的分寸，就是人生學習的一大功課。

第二點『知』。有些人知識非常淵博，天下事他都曉得，而且有他自己的議論。如果他不好學，就會變成在耍名士派頭，『名士風流大不拘』，就是『蕩』。這種人才幹很高，自視也很高，隨時隨地展現他的才華，也容易看不起別人，也就沒有真正的心性修養。

第三點『信』。人有了良好的心性覺知能力，必定要能擷取時空中流轉的信息，方才可以展現出他的智慧。擷取有用的信息，是智慧；抓取沒用的信息，就是雜念。有一些人有那麼一點心性覺知能力，偶爾擷取一點點跟他生活有關的信息，就吹得天花亂墜，好像他就是國士無雙。這種情形就是孔子所說的『賊』。

第四點『直』。一個人的性格太直爽了，遇到事情，不能有所保留，直接反應。個性急躁的人容易僨事，如果不加以學習，就容易一下子就把事情弄砸了。他的情形就像一根絞了很緊的繩子，容易綳裂。

第五點『勇』。勇就是脾氣大，容易衝動。遇到事情，往往是先幹了再說，好勇鬥狠，就是在這種情形下發生。因此，需要學習而有真正的好修養，否則，很容易出亂子。

第六點『剛』。剛就是不會拐彎，直直的。如果沒有好的心性修養，他就容易變成狂妄自大，一副滿不在乎的態度。」

9. 子曰：「小子！何莫學夫詩？詩：可以興，可以觀，可以群，可以怨；邇之事父，遠之事君；多識於鳥、獸、草、木之名。」

既然在學習時容易出差錯，那麼究竟應該怎麼去學呢？孔子的教法是從《詩經》入門。因為詩經的各個篇章，可以發抒感情，激發個人的志向；可以考察施政的得失；可以溝通大眾的情志，可以抒解個人的憂怨。就近處來說，可以事奉父兄長輩，從遠處來說，可以事奉國君，為社稷做事。而且還可以多認得各種鳥獸草木的名字。

10. 子謂伯魚曰：「女為周南召南矣乎？人而不為周南，召南，其猶正牆面而立也與？」

孔子教他的兒子伯魚：「你已經學過詩經的頭兩篇〈周南〉和〈召南〉了嗎？人不讀〈周南〉和〈召南〉這兩篇，就沒有眼光，看不見世界，就像面牆而立一樣。」

11. 子曰：「禮云禮云！玉帛云乎哉！樂云樂云！鍾鼓云乎哉！」

從這一章開始，檢討當人的心性能力不好的時候，會出現哪些不良的後果。

禮是個人的行為受到正當的約束，按照既定的方式來表現。不是送些玉帛禮物而已。樂也不是敲鐘打鼓而已。依本書的思路來說，禮樂就是心性練習和表達的具體方法。

12. 子曰：「色厲而內荏，譬諸小人，其猶穿窬之盜也與！」

〔色厲〕：外表的態度非常嚴厲。

〔內荏〕：內心相當空虛。

如果沒有良好的心性覺知訓練，往往會在外表上裝模作樣，好像很凶悍的樣子，可是內心裡，卻是空虛得很。跟哪些沒有心性覺知能力的「小人」實在沒什麼差別。也許還更壞一點，就像鑿洞穿牆的小偷一樣的可惡。

中國歷史上的皇帝大多有這種困境，在外表上很強悍，可是內心一直很空虛。於是他們往往寄情於某一種嗜好，甚至把自己躲起來。寄情於某些嗜好的皇帝很多，像唐明皇精於音律，寵愛楊貴妃；宋徽宗寄情於藝術創作；乾隆帝嗜好收藏骨董。把自己隱藏起來的皇帝也不少，明代就有好幾個，明武宗常常無故失蹤幾個月，不知跑到哪裡去玩，又自稱「鎮國大將軍朱壽」，不當皇帝；明世宗幾十年不上朝，整天與道士為伍；明神宗二十五年不上朝，也不批公文；明熹宗更是一個好木匠，自己動手蓋房子。明代晚期的皇帝偷懶，可是又用特務來監視文武百官，一個不對，就興大獄，誅殺無辜。比穿窬之盜更可怕萬倍。

13. 子曰：「鄉原，德之賊也！」

鄉原，就是「鄉愿」，對家鄉的人總是一團和氣，引申作「貌似忠厚而肚子裡卻是懷藏著陰謀詭計」，這種人真是戕害道德的敗類。

14. 子曰：「道聽而塗說，德之棄也！」

心性覺知能力不好的人，沒有能力來分辨他所獲得的信息究竟是有用的「智慧」，抑或是沒用的「雜念」。他只能接到什麼信息，就說什麼。就像在馬路上聽到一些消息，就不加思索的再傳播出去，甚至加油添醋的演義一番。這種行為完全背離了道德，因而說「德之棄也。」

15. 子曰：「鄙夫！可與事君也與哉！其未得之也，患得之；既得之，患失之；苟患失之，無所不至矣！」

一般書上把「鄙夫」解作「卑鄙的小人」。整章的意思是說：一個卑鄙的人，可以和他一同事君嗎？在他還沒有得到富貴的時候，唯恐得不到。一旦得到了，又怕失去富貴。如果怕失掉富貴，那麼他什麼事都做得出來。

從心性覺知能力的角度來解讀這一章，不難看出，鄙夫之所以不成才，就是他的心性能力鎖定在「財富」這麼一件事上，無法體會到天下還有比財富更美好、更重要的事物。前一章是講心性覺知能力不佳時，會接收一堆沒用的雜訊。本章則是在講收信息的頻道太窄，只侷限在一兩個頻道上，往往會恣意妄為。

16. 子曰：「古者民有三疾，今也或是之亡也。古之狂也肆，今之狂也蕩；古之矜也廉，今之矜也忿戾；古之愚也直，今之愚也詐而已矣。」

〔狂〕：有大志向，好說大話。

〔肆〕：不拘小節。

〔蕩〕：放蕩，沒有節制。

〔矜〕：矜持，嚴守分際。

〔廉〕：有所不取。

〔忿戾〕：暴戾，易怒，不通人情。

〔愚〕：暗昧不明。

〔直〕：不拐彎抹角。

〔詐〕：挾私妄作。

同樣都是心性覺知能力不佳，可是在表現出來的行為上，卻古今有別。

在古代，志大才疏者所表現出來的行為是不拘小節。可是，現代卻是放蕩、沒有節制。古代哪些有守有為、嚴守分際的人，是有所為，有所不為，也是該得的得之，不該得的不得之。現在卻變成脾氣暴躁，容易生氣，動輒打人罵人。古代哪些愚魯的人，個性都很爽朗，不會拐彎抹角，可是現代的人卻是扮豬吃老虎，挾私妄作。

17. 子曰：「巧言令色，鮮矣仁。」

所以，會講好聽的話的人，會笑臉迎人，都是戴上假面具，鮮有仁心的人。不會真心與人相處。

18. 子曰：「惡紫之奪朱也。惡鄭聲之亂雅樂也。惡利口之覆邦家者。」

本章是替前面七章作一個小結。由於一般人的心性能力不佳，常常把所接收到的雜念當成智慧，且信以為真，方才有以上所說的各種毛病，成為一個巧言令色的偽君子。要不想落入這種地步，那只有確實做到分辨是非善惡。怎麼做呢？就是要分辨哪些似是而非的灰色地帶。

紫色是不好的顏色，特別是接近粉紅的淡紫色，會讓人失去力量，變得軟綿綿的。美國的監獄都漆成這種顏色，目的就是讓哪些精力過剩、好勇鬥狠的犯人，在紫色的影響下，失去一些能量，變得比較乖順些。朱色則是接近血色。在同類共振的原理下，看久了，會讓血質和血色變得比較好，身體也就會健康起來。可是一般人總是喜歡紫色，而忽略了朱色。以致身體狀況比較衰弱。所以孔子說：「惡紫之奪朱也。」

鄭聲指的是當時的流行音樂，流行在都市人煙稠密的地方，它的波頻是高頻短波，也就是小調。唱起來輕輕柔柔，內容大多是談情說愛。萬人一曲，沒有個人情感的發抒。

至於雅樂，是個人心性修養的表現。一個人的身心完全進入安靜狀態時，他所彈奏出來的樂曲，主要是琴曲，可是完全表現他當時心裡所想的意境。如果是在想流水，指下彈出來的音符，就有流水的特色。懂雅樂的人一聽，就能指出「蕩蕩流水」。這是中國雅樂的最大特色。

鄭聲沒有心性修煉的功能，而雅樂則是個人心性修煉的最佳表現。當時的人只唱流行音樂，沒有人聽雅樂，難怪乎孔子會說「惡鄭聲之亂雅樂也。」

利口是指伶牙利齒，見人說人話，見鬼說鬼話，顛倒是非黑白。這種人很容易把事情弄糟，嚴重時，會把國家弄亂，甚至覆亡。

19. 子曰：「予欲無言！」子貢曰：「子如不言，則小子何述焉？」子曰：「天何言哉！四時行焉，百物生焉；天何言哉？」

面對這種是非不分，黑白不明的時局，孔子也會感慨的說：「我再也不想講話了。」

子貢聽了，覺得惶恐，說：「夫子若不再說什麼，那我們又有什麼可以傳述的呢？」

孔子說：「天又說了什麼？四時不是照樣在流轉，百物也照樣的生長，天何嘗說了些什麼！」

這樣的解讀是沒有什麼差錯，只是意境不高而已。不妨把佛陀在靈山會上拈花微笑的故事拿來做個參考。也許孔子有這種意圖。他歷數了心性修煉的種種缺失和流弊之後，心裡最想說的，很可能就是「唉！什麼時候才有真正明瞭心性的重要性的學生，而且還練得很好。除了顏回之外，其他的學生大體上都做不到那種高妙的境界。這種心性的學習只能「以心印心」，不是用文字可以描述的，也不是有書籍可以參考的，也沒有什麼具體的記錄，同時，也不會有固定的教法。孔子說「那要我怎麼講呢？」講不出來，也講不明白。可是那種道理卻又是明明白白的存在，就像地球的運行，又有誰講了什麼，四季不是依照次序在運行嗎？萬物不也是照樣自動的在生長嗎？只要有心，就能領會，文字記載其實是多餘的。

20. 孺悲欲見孔子，孔子辭以疾，將命者出戶，取瑟而歌，使之聞之。

既然心性覺知能力是君子人必備的條件，那麼見面、說話不就變成是多餘的事了嗎？有心想見，只要彼此的心念相同，就可以溝通，何必一定要真的見面相談呢？孺悲來拜見孔子，孔子不接見他，等他走出大門時，還故意的彈琴，讓他知道孔子在家。這段文字從表面上來，孔子的作為有些不近人情。不過，依上一段的解讀來說，琴聲也就是一種信息的表達。受過訓練的孔門弟子，當然有可能聽得懂琴聲所要表達的意思。而孔子本人早已知道孺悲的來意，並不需要相見，透過琴聲，就可以回答孺悲所要問的問題。孔子之所以為聖人，就是他有相當強大的心性覺知能力。

21. 宰我問：「三年之喪期已久矣！君子三年不為禮，禮必壞；三年不為樂，樂必崩。舊穀既沒，新穀既升；鑽燧改火，期可已矣。」子曰：「食夫稻，衣夫錦，於女安乎？」曰：「安！」「女安，則為之！夫君子之居喪，食旨不甘，聞樂不樂，居處不安，故不為也。今女安，則為之！」

宰我出。子曰：「予之不仁也！子生三年，然後免於父母之懷。夫三年之喪，天下之通喪也；予也，有三年之愛於其父母乎？」

這一段也在高中時讀過。照字面來解讀是師徒兩人在討論三年之喪是否太久。

宰我問：「服喪三年，實在太久了。君子三年沒有練習行禮，必然生疏了行禮相關的細節。三年不彈奏樂曲，也會忘了該怎麼彈。舊的穀子已經用光了，而新的穀子也已收成。一年一換的鑽燧改火也都做了，一切都已換新，何必要等三年改三遍呢？一年就可以了。」

孔子：「你在這段期間，吃新登的稻米，穿綾羅綢緞，你心安不安？」

宰我：「心安。」

孔子：「既然你心安，就照你的意思去做吧！君子在守喪的時候，吃美味的東西不會感覺可口，聽到音樂也快樂不起來，住在家裡也不會安適。因此，他們在這三年中，不會去做這些事。現在你說你會安心，那你就去做吧！」

宰我走了以後，孔子對其他的門人說：「宰我真是一個不仁的人！小孩子生下來，要經過三年，方才可以獨立行走，不需要父母抱他。守喪三年是天下的通例，宰我他啊，對他的父母是不是有三年之愛呢？」

這一段的主旨是在講，人與人的相處，若不能心心相印，至少也要有所感覺。像宰我這樣的人代表一種現實主義者，把守喪、祭祀等儀式，看成只是一種象徵的行為，沒有多少實際的功用，可以減省，就不妨減省之。可是在孔子的心目中，這些儀式行為都是心性、情緒的表達。三年守喪，就是在表達與父母尊長之間的情感聯繫。如果守喪者在這三年中，一心想著父母的言行，在心念上與逝去的父母溝通，同時也藉這個機會做自我反省，那麼在他主觀上的時間會過得很快。三年，一眨眼就過去了。如果心不在守喪這件事上，而是一心想著外面的世界，想著何時可以出去，那麼就會有度日如年的感覺。同時也就難有心心相印的感覺。

22. 子曰：「飽食終日，無所用心，難矣哉！不有博弈者乎？為之猶賢乎已！」

沒有心性覺知的人，會怎麼樣過日子呢？那就是整天吃飽了飯沒事做，也不去想一想人生走一遭究竟是為了什麼？不用心，沒事做，又怎麼排遣時日呢？當然就是賭博，飲酒，作樂。整天渾渾噩噩的過日子。這種人怎麼能算得上是賢人呢？

23. 子路曰：「君子尚勇乎？」子曰：「君子義以為上。君子有勇而無義為亂，小人有勇而無義為盜。」

子路問：「君子崇尚勇力嗎？」

孔子說：「君子以義為最重要的事，在上位的君子以合不合道義為最主要的考慮。君子有勇而無義，往往就是作亂。小人有勇而無義，往往聚股成盜。」

24. 子貢曰：「君子亦有惡乎？」子曰：「有惡。惡稱人之惡者，惡居下流而訕上者，惡勇而無禮者，惡果敢而窒者。」曰：「賜也亦有惡乎？」「惡徼以為知者，惡不係以為勇者，惡訐以為直者。」

子貢問孔子：「君子也有什麼厭惡的事嗎？」

孔子說：「有的。厭惡說人壞話的人，厭惡在下位而毀謗上位的人，厭惡有勇而無禮的人，厭惡果敢做事而卻不通情理的人。」又反問子貢：「你也有什麼厭惡的對象嗎？」

子貢說：「厭惡哪些盜取別人的成就以為自己成就的人，厭惡哪些不謙遜卻又自以為聰明的人，厭惡哪些專門揭發他人隱私而自以為是正義化身的人。」

25. 子曰：「唯女子與小人為難養也！近之則不孫，遠之則怨。」

這又是一道千古大謎題。

照字面來講，這段話的意思是說：家中的妻妾和僕人最難相處了。跟他們親近了，就會無禮；跟他們疏遠，又會抱怨。

這樣的解釋讓現代講究人權和女權的人大為不滿，認為有嚴重的性別歧視。不過，從心性知覺的角度來說，把「女子」當成是「用右腦的人」，「小人」是指「用左腦的人」，可以有不同的解讀。

照現代心理學、行為科學和有關大腦的研究，左半邊的大腦主管邏輯思維、語言、閱讀、書寫、計算、環境分類、線性思考、分析、智力等功能；右半邊大腦則是主管圖形識別、整體知覺、空間感、古老的語言形式、音樂、味道、型態、包羅萬象的世界觀、類比的思考、無限時間、直覺等功能。一般來說，男人比較常用左腦，女人比較常用右腦。孔子說女人為難養，也許就是在說，女人的思考方式跟男人的思考方式不同。

「小人」就是沒有什麼心性覺知的人，或者說，是心性覺知的能力較差，可以覺知的範圍只有身體這麼大。我們現代受物質科學教育出來的人可以說都是「小人」，因為這些物質科學教育在我們的意識層外側形成一個非常堅硬的厚殼，以致我們的身心知覺只能及於身體，對於身體以外的周遭環境都沒有什麼知覺。科學教育的特色在於以理性邏輯思維、對事情強調因果關係的線性思考，以及以分析為主要的研究方法等方面。

不論男人常用左腦、女人常用右腦，只要偏用一邊的腦，就是不完整。現在我們所說的「正常」科學的世界觀，其實只是不完整的世界觀，因為注重左腦，從這個角度出發來看世界，每一件事都必需要是理性的、合理的、可以明確分析的，那就只有在時空範圍內的現象才有可能存在。可是，這種世界觀只是真理的一半，因為只有半個意識的觀點，只來自左半的大腦，於是意識內容中所有非理性、荒謬、神秘、玄奧和幻想都很容易被排除，以致人類喪失以相反、互補的方式來看世界的能力。

科學家可以很快的辨認並描述左腦的功能，卻對右腦的功能感到困惑，努力想找出其功能和用途。人性本身會把很大的價值放在右側（或非理性）大腦上，譬如面對生命受威脅的時候，用腦優勢會自動的從左腦轉到右腦，因為光靠分析的步驟不足以應付危險的處境。在右腦的負責指揮下，我們會以不受限制的方式來覺知，於是就可以有機會用冷靜而適當的方式來處置。很多人在生命將要結束的時候，會在一眨眼的時間內回顧自己的一生，再度體驗所曾生活過的所有情境。這種現象就涉及到右腦的「無時間性」。

左腦是用線性、邏輯、因果關係來思考問題和認知外在世界。右腦是用類比的方式來思考問題和認知外在世界。大腦單側理論能夠幫助我們了解到目前為止所受的科學教育，只是單側的、部分的觀點，是不夠完整的。必需要再加上對右腦的認識和運用，學習其定世界觀的價值和重要性。可惜，到現在，科學完全沒有辦法用類比（右腦）模式來思考，至今仍然沒有踏出一步。

左右腦的對立形成對立的兩極。這兩極必需是要彼此互補，都需要對方的存在方能存在。對立使人無法同時思考整體的兩面，因此，我們只能一件事接著一件事的方式來思考，於是產生了「節奏」、「時間」、「空間」的現象。對立讓我們有了認識的能力。沒有對立，就沒有這種認識的能力。對立意識的目標就是在克服時間限制下的不完整性，而讓身心得到療癒，再度恢復完整。「近則不遜，遠則怨」，也許正是在講這種「對立的兩極性」。

療癒的意思就是「更接近完整」，也就是更接近合一，沒有兩極的對比。把這種認識應用在大腦半球理論上，我們就能明白，超越對立就是讓兩側大腦可以輪流佔優勢。換句話說，在大腦的層次可以從原先的「二選一」，變成「兩者同時」；「一件事接著一件事」也就變成「每一件事都同時發生」。這麼一來，分隔大腦左右兩側的胼胝體，它的通透性就變得很好，以至於左右兩個半腦合成一個完整的大腦。兩側大腦如果能同時作用，就是達到一般宗教上所說的「開悟」的境界。主觀的心靈意識和客觀的潛意識合而為一，人才能真正的達到完整。

從以上所說的理論來看孔子的這一段話，可以發覺孔子對這種對立性的認識並不是說得很清楚，方才會有現代性別主義者的認識。「唯女子與小人難養也，近則不遜，遠則怨」這段話，也許可以這麼說：「人只習慣用右腦或者是左腦，這就形成了對立的兩極，以致不能完整的觀看世界。」這樣的詮釋也正好呼應前面的幾段話的意涵，因為前面兩段正是在描述這種對立的兩極性。

26. 子曰：「年四十而見惡焉，其終也已！」

這段話應該是本篇的總結。照字面來說：「到了四十歲，還被人討厭的話，這個人的一生也就沒有前途希望可言。」不過依心性覺知理論的角度來說，這段話就可以改為「人到了四十歲，他的心性覺知狀態還一直處在那種兩極對立的不完整性，那他能幡然覺悟的機會就不多了。」

微子第十八

本篇藉古代幾位賢人，如微子，箕子，比干的傳說來說明在一個大亂亂的時代中，有心性覺知修為的人如何堅持自己的理想。

1. 微子去之；箕子為之奴；比干諫而死。孔子曰：「殷有三仁焉！」

〔微子〕：名啟。微是國名，子是爵位。商紂王的庶兄，見紂無道而離開。周代初年受封於宋國，以繼殷嗣。

〔箕子〕：紂的叔父，因直諫而被紂囚禁，假裝發狂而受辱。周武王滅殷之後，歸順周武王。周武王向他請教建國的方略，是為《尚書》〈洪範篇〉。

〔比干〕：紂的叔父，因苦諫而被剖腹以死。

這段話照字面講是：微子見商紂王無道而離去、箕子因直諫而被關在監牢中假裝發瘋、比干也因苦諫而被紂王剖腹。孔子稱讚這三人說：「殷商有三位仁人。」

現在我們讀到有關商代的記載，都是周朝人所寫的。周以西陲小國趁著商紂王三年東征，把國力耗盡的時候，發起戰爭，終於打敗商紂王而有天下。於是就大肆竄改歷史，把紂王描寫成一個沉迷於酒色，不聽忠臣進諫，更殺害忠臣的昏君。後世歷代亡國之君不都是被按上同樣的罪名嗎？包括蔣中正在大陸上的失敗，也都被套上同樣的罪名。蔣中正在臺灣的簡樸生活是大家看得見的，根本沒有哪些事情。因此，古書上對失敗者的描述和指控不可盡信。

那麼，這一段話要表達的是什麼意思呢？

是孔子藉著有關微子、箕子和比干的傳說，說明在一個動亂的時代，有心性覺知修養的人往往會堅持自己的理想，而不願屈服在權威之下。它的結果大概只有兩條路，一是出走，一是被殺。在這一篇中，孔子偏好是出走，成為一個關心國事的旁觀者，也就是中國文明中最被稱許的「隱士」。

2. 柳下惠為士師，三黜。人曰：「子未可以去乎？」曰：「直道而事人，焉往而不三黜！枉道而事人，何必去父母之邦！」

柳下惠是魯國的賢人，為魯國的典獄官，多次被罷黜。有人對他說：「既然這個地方不用你，你何不到別國去，說不定有出仕的機會。」柳下惠說：「我依直道來事奉國君，到哪個國家不會被罷黜呢？我以不正的手段來事君，到任何國家也都一樣，又何必離開魯國。」

3. 齊景公待孔子，曰：「若季氏則吾不能，以季、孟之閒待之。」曰：「吾老矣。不能用也。」孔子行。

孔子在年輕時就已經享有大名。魯昭公廿五年，魯國發生內亂。昭公討伐季孫氏，結果卻是季孫氏聯合孟孫氏和叔孫氏，共同趕走昭公，昭公流亡國外七年而後去世，定公繼位。這段時間，孔子在齊國停留了七、八年，定公即位後，孔子方才回到魯國。

這段話的前半段是在說，孔子剛到齊國的時候，齊景公如何熱情的接待孔子。齊景公要用的接待規格是比接待季孫氏低，比接待孟孫氏高，介乎兩者之間。這已經是非常高的禮遇了。

至於第二句話「吾老矣，不能用也。」也許是七、八年後所說的。孔子在齊國居住的這七年裡，一直希望有機會出來做事，可是，齊君一直沒有重用他。等了七年多，還是沒有出仕的機會。大概是有人幫孔子進言，所得到的回答是：「我老子，不會用他了。」孔子在齊國出仕的希望至此破滅，於是就離開齊國，又回魯國。十年後，出任魯國的司寇，攝行相事。

4. 齊人歸女樂，季桓子受之，三日不朝，孔子行。

魯定公十年，孔子出任魯國的司寇，積極整頓國政，如削去三家封邑的城牆，免得強悍的家臣據地以叛；又在外交上，折服齊景公，歸還以前入侵的土地。聲名大噪。各國都不願見到孔子把魯國振興起來。於是，千方百計的設法逼迫孔子去職。齊國就送了女樂給季桓子。季桓子非常喜歡，三天沒有上朝。孔子認為把持國政的季桓子已無心在國事的改革上，道不同，不相為謀，因而去職。

此後的十多年，孔子和他的學生們一直游走在衛、宋、陳、蔡、曹、鄭等國，尋求機會，卻多次遭難。在宋國，被宋國大夫向戌的曾孫桓魋無緣無故的加害，幸而逃脫。由於陽虎曾經肆虐過匡，匡人非常憎恨陽虎。孔子又因為長得跟陽虎相像，而被匡人包圍起來，後來總算有驚無險。在陳、蔡，因為無人接濟，孔子和他的門人都陷入絕糧的困境。魯哀公十年（西元前 485）孔子自陳入衛，第二年，由衛返魯，這時他已六十八歲。

5. 楚狂接輿，歌而過孔子，曰：「鳳兮！何德之衰？往者不可諫，來者猶可追。已而！已而！今之從政者殆而！」孔子下，欲與之言。趨而辟之，不得與之言。

在周遊列國的路上，孔子遇到許多隱士，有許多精彩的對話。到楚國的路上，碰到楚國的狂人接輿，唱著歌，走過孔子的車前。他唱道：「鳳凰啊！鳳凰啊！你的德行怎麼衰敗至此呢？過去的事情已經沒有辦法挽回，未來的事還有補救的希望。算了吧！算了吧！現在從政的人都很可怕。」孔子下車，想跟他談談，接輿卻很快的閃開，孔子終不得跟他說話。

6. 長沮桀溺耦而耕。孔子過之，使子路問津焉。長沮曰：「夫執輿者為誰？」子路曰：「為孔丘。」曰：「是魯孔丘與？」曰：「是也。」曰：「是知津矣！」問於桀溺，桀溺曰：「子為誰？」曰：「為仲由。」曰：「是魯孔丘之徒與？」對曰：「然。」曰：「滔滔者，天下皆是也，而誰以易之？且而與其從辟人之士也，豈若從辟世之士哉？」耰而不輟。子路行以告，夫子憮然曰：「鳥獸不可與同群！吾非斯人之徒與而誰與？天下有道，丘不與易也。」

長沮和桀溺兩人一起在田地中工作。孔子從楚國到蔡國去，經過他們耕田的地方，叫子路去問過河的渡口在哪裡。

長沮問子路：「在車上拉著韁繩的人是誰？」

子路回答：「是孔丘。」

長沮說：「是魯國的孔丘嗎？」

子路說：「是的。」

長沮說：「那麼他應該知道渡口在哪裡。」

子路去問桀溺。桀溺問：「你是誰？」

「是仲由。」

「是魯國孔丘的門人嗎」

「是的。」

桀溺說：「滔滔大亂，天下各地都一樣，誰能改變這種局面呢？你是跟從逃避壞人的人，倒不如跟從我們這些逃避亂世的人。」話說完，繼續不停的耕種。

子路回來告訴孔子。孔子悵然的說：「人不可能跟山林中的鳥獸同群！我不跟世人生活在一起，倒要跟誰生活在一起呢？天下如果太平的話，那我也不用出來設法改變世局了。」

7. 子路從而後，遇丈人，以杖荷蓧子路問曰：「子見夫子乎？」丈人曰：「四禮不勤，五穀不分，孰為夫子！」植其杖而芸。子路拱而立。止子路宿，殺雞為黍而食之，見其二子焉。明日，子路行以告。子曰：「隱者也。」使子路反見之。至，則行矣。子路曰：「不士無義。長幼之節，不可廢也；君臣之義，如之何其廢之？欲潔其身，而亂大倫。君子之仕也，行其義也。道之不行，已知之矣！」

子路跟從孔子出去，脫隊落後了。途中遇見一位老人，他用扁擔挑著竹器。子路上前去問：「你見過我的夫子嗎？」

老人說：「你這傢伙手足不勞動，五穀都分不清楚，誰是你的夫子？」說著說著，就把扁擔插在地上，拿起竹器去耘田了。

子路拱拱手，站立在旁邊。後來老人留他在家中過夜。殺雞做飯來招待子路，還叫他的兩個兒子出來見子路。

第二天，子路辭行，趕上孔子的車隊。並把昨天的事告訴孔子。孔子說：「那是位隱士啊！」叫子路回去看他。到了老人的家門口，老人卻出去了。

子路便對老人的孩子說：「不出來替國家做事，就是廢棄了君臣大義。長幼的禮節不可以廢棄。君臣的大義又怎麼能夠廢棄呢？為了想保持自身的高潔，而悖亂了君臣的大倫。所以君子出來做事，是實行君臣的大義。至於政治理想能不能夠實現，那是我早已知道的事。」

8. 逸民：伯夷、叔齊、虞仲、夷逸、朱張、柳下惠、少連。子曰：「不降其志，不辱其身，伯夷叔齊與？」謂柳下惠、少連：「降志辱身矣；言中倫，行中慮，其斯而已矣！」謂虞仲、夷逸：「隱居放言，身中清，廢中權。」「我則異於是，無可無不可。」

被遺落的人才有伯夷、叔齊、虞仲、夷逸、朱張、柳下惠、少連等人。

孔子說：「保持自己的意志而不肯屈服，尊重自己的身體而不肯受辱，這就是伯夷、叔齊兩人處世的態度吧？」

批評柳下惠和少連說：「這兩人犧牲自己的意志，降低自己的身分，雖然說話合理，行為經過考慮，不過也就是這樣罷了。」

批評虞仲和夷逸：「逃世隱居，又放言高論，只是他們兩人的行為清高，發言得當。」

又說：「我跟他們這些人不同。我只是依循道義去做事，沒有什麼可以，並沒有什麼不可以的。」

9. 大師摯適齊；亞飯干適楚；三飯繚適蔡；四飯缺適秦；鼓方叔，入於河；播鼗武入於漢；少師陽擊磬襄，入於海。

魯國的樂師摯到齊國去。主持國君用餐時奏樂的次飯樂師干到楚國去。三飯樂師繚到蔡國去，四飯樂師缺到秦國去。擊鼓的樂師方叔遷居到黃河之濱，搖小鼓的樂師武遷居到漢水之濱，樂官佐陽和擊磬的樂師襄隱居到海邊。如此一來，魯國在樂的部分完全崩潰。

10. 周公謂魯公曰：「君子不施其親，不使大臣怨乎不以。故舊無大故，則不棄也。無求備於一人。」

周公訓誡他的兒子：「君子不遺棄他的親人，不讓大臣埋怨不任用他。老臣沒有重大的過錯，不應該廢棄他們。不要對一個人要求十全十美。」

11. 周有八士：伯達、伯适、仲突、仲忽、叔夜、叔夏、季隨、季騧。

周朝建國之初得力於八位有才能的人

伯達、伯适

仲突、仲忽

叔夜、叔夏

季隨、季騧

子張第十九

從稱謂上可以看出，這一篇已經是孔子的徒孫們在記錄他們的老師的言行了。成書的時間也就應當比較晚。從這些大弟子們的言行記錄來看，子張、子夏、子游、子貢、曾子等人，在為學的方法上，跟孔子相比，已經有很大的差別。孔子是默而識之、信而好古、述而不作。可是這些大弟子們都已經不太能掌握這個方法，而是改用具體的學習方法，甚至各執己見。為學的目標也不再是生命境界、心性覺知能力的提升，而是具體的應用在實務上。看了這些大弟子們的言行，方才知道孔子為什麼會那麼稱讚顏回，只有顏回一人可以完全掌握住孔子學習的精要，也就是心性覺知因時常練習而擴展。其他的弟子們由於根器的不同，而不能百分之百的掌握孔門學習的精髓。也正因為根器的不同，弟子們在練習心性覺知能力時，出現不同的等級。他們的學習方法卻成為後世儒者的楷模。

1. 子張曰：「士見危致命，見得思義，祭思敬，喪思哀，其可已矣。」

〔致命〕：猶言「授命」，說成白話就是願意犧牲生命。

子張說：「一個士人遇到有危難的時候，要能奮不顧身，即使犧牲生命，也在所不惜。遇著有利可得的時候，要先想一想是否合乎道義。祭祀的時候，心念要沉靜莊重，方才可以感通神靈祖先。居喪的時候，要有哀戚的神情。能做到這些事，也就算他及格了。」

孔子教人的主要課題是開發和拓展個人的心性覺知能力，讓自己成為一個良好的信息感應器。既可以接收信息，也可以發射出強大的信息波。他為學的方法就是讓自己處於一個安靜的狀態，也就是腦 α 波處於 8-15 Hz 的狀態。這時候的知覺狀態最靈敏，可以觀察天下所有的事和物。可是，他的這種要求不是每一個跟他的從學的學生可以確實做到的。

子張認為從實際的行為可以看出這個人的心性修養狀態。見危授命的基本前提就是心性要能夠真正的安靜。一般人沒有這方面的修養，碰到性命交關的時候，必然慌亂。遇到有利可得的時候，一般人也往往是見獵心喜、心花怒放、手舞足蹈，跟平常的形象完全不一樣。遇到這種時候，就必需要想一想這麼做是不是合乎道義。祭祀和喪禮的機制都是心念的感通，也就是一般人所說的「心誠則靈」。

因此，子張所舉的四件事，其實在根本上，只有一件事。那就是心念要處於一個安靜的狀態。孔子所說的心念安靜是經常性的，而子張所說的心念安靜則是指特殊的狀況。老師和學生的差別由此可見。

2. 子張曰：「執德不弘，信道不篤，焉能為有？焉能為亡？」

一般的書上把這一段話直譯作：「有了上天好生之德而不肯去發揚光大；雖然相信宇宙中的至道可是又不能完全相信；

這種人是不值得重視的。有了它，怎能算是『有』？沒有它，也不能說他『沒有』。」

這句話是針對一般人的共通毛病來說的。「德」是「得到人生的基本設計藍圖」，「道」是「宇宙的構成和運作法則」。每一個人都有他自己的人生設計藍圖。這個藍圖是要自己去發揚光大，如果自己的心性修持不夠，或者根本沒有去做，那麼他的生命藍圖是沒有辦法發揚光大的，別人當然也就沒有辦法幫他去做的。那種人由於心性不夠靈敏，不容易覺察宇宙的構成法則，也就沒有辦法去體察「德」、「道」究竟是什麼。像這種沒有什麼心性知覺的人，在宇宙中，有它、沒它都沒有什麼差別，只是渾渾噩噩的過日子而已。

3. 子夏之門人，問「交」於子張。子張曰：「子夏云何？」對曰：「子夏曰：『可者與之，其不可者拒之。』」子張曰：「異乎吾所聞：『君子尊賢而容眾，嘉善而矜不能。』我之大賢與，於人何所不容。我之不賢與，人將拒我，如之何其拒人也！」

子夏的門人向子張請教一個人應該怎麼跟別人交往。子張反問：「你們的師父子夏怎麼說呢？」回答說：「可以交往的，就交往之；不可以交往的，就拒絕跟他往來。」子張說：「這就跟我聽到的教誨不一樣了。我聽夫子的教誨是說：『君子尊敬賢人，也容納普通的人；獎勵善良的人，也鼓勵哪些能力較差的人。』如果我是個賢人，對天下各式各樣的人有什麼不能容納的呢？如果我是個不賢的人，人家將拒絕我，我怎能去拒絕別人呢？」

這裡所說的「交」，也許可以跟〈學而篇〉「有朋自遠方來，不亦說乎」這句話相呼應。交朋友，不是為了酒肉宴樂，而是為了在心性覺知方面可以有機會相互切磋。子夏的方法是「可交則交之，不可交則拒絕之。」是直截了當的做法，也是層次比較低的處置方式。是一般人可以做到的。而子張所說的又是另外一種境界和胸襟。他認為：「如果我的心性修養夠好，可以跟最多的人產生心念的共振，那麼有什麼人不能交往呢？如果我不夠好，人人都嫌棄我，那我又有什麼資格去挑三撿四的呢？」子張這話有點打高空的意味。他所說的境界是一般人不容易做到的。而子夏所說的境界卻是一般人可以做到的。由此可見，孔門的學生在對孔夫子的教育內容領會的程度各有不同。

4. 子夏曰：「雖小道，必有可觀者焉；致遠恐泥，是以君子不為也。」

從語意上來看，這句話是承接上面一句而來。上一段話的情境是二元對立，好或不好，能或不能。而一般的人大都是處在兩極的中間。有一些能力，卻沒有太多的能力。心性的修持也是有一些，卻不是太多。那該怎麼辦呢？子夏提出了他的看法。

子夏認為：哪些心性能力比較差的人在某些方面也會有一些特殊的見解，這些見解當然也會有它可觀之處。只是這種見解能夠照顧的時空範圍比較窄小，一旦時空範圍拉長了，就會有一些弊病出現，像是陷在泥淖之中。因此，一個心性知覺良好的君子人是不願花時間、花精力去學這些小技。

5. 子夏曰：「日知其所亡，月無忘其所能，可謂好學也已矣！」

在〈學而第一〉的第一句話就開宗明義的說：「學而時習之。」學習心性覺知這件事是要時常練習的。到了學生這一輩的認知之中，就變得比較具體，不再是原則性的指示，而是確實明白的說：「每天求取一些自己所不知道的知識，每個月溫習一下我所學會的，不要把它忘掉。能這樣做，就可以稱得上是好學了。」

這種境界跟孔子「默而識之，信而好古」、「述而不作」的境界比較起來，顯然是差了一大截。孔子的境界是從他的自性中流露出智慧，而子夏等弟子們卻是從困學之中一點一滴的累積知識，時間久了，也會有智慧的表現。只是境界不高罷了。

6. 子夏曰：「博學而篤志，切問而近思；仁在其中矣。」

既然要每天學一點，那麼具體該怎麼做呢？

一個立志向學的人應該要廣博的學習，也就是要有多方面的興趣，不要把自己鎖定在一個小範圍、小題目上。雖然有多方面的學習興趣，可是對於學習的目標是非常清楚，而且堅定不移的。對於每一個細節都要問個明白，然後從身邊淺近的地方開始思索推究。這麼一來，就可以和諧的與周遭的人與環境相處，仁德也就因此而表現出來。

7. 子夏曰：「百工居肆以成其事；君子學以致其道。」

這種學習不一定限於君子，各種工匠在他們的工作場所也可以專心一意的做他們的產品，完成他們的作品。這些東西就是現代人口中所說的藝術品。由於專心一意，於是工匠當時的心念也就拷貝在他的作品上。遇到一個心性覺知敏感的人，就可以解讀出來。藝術作品之所以能夠讓人感動，就是依賴這個機制。古人把這種在藝術品上所攜帶的信息，也稱作「炁」。這種信息只能反映工匠、藝術家的心性狀態，沒有辦法更上一層樓，達到「明道」的境界。

至於君子呢？每天不斷的從事心性方面的練習，時間夠久，工夫夠深，最後可以達到「明道」的最高境界。

8. 子夏曰：「小人之過也必文。」

君子有了過失，必然會因自我反省而改正，小人由於缺少自我反省的能力而必定找出一大堆的藉口來掩飾自己的過失。

這裡所說的「文」，不一定是「掩飾之詞」，也許可以作「華麗」解。沒有什麼心性覺知的人往往會節外生枝的添加一大堆不必要的裝飾舉措，讓人看上去，有非常華麗豐富的感覺。從現代考古所得的古代工藝品來看，百工的作品往往會做得非常的繁複、華麗。要做到這種地步，必定是花費了大量的時間、人力和物力，以滿足貴族的生活排場。這跟「明道」沒有什麼關係。

9. 子夏曰：「君子有三變：望之儼然；即之也溫；聽其言也厲。」

君子由於有良好的心性覺知能力，也有反省改過的能力，因此，他所表現出來的形貌儀態，從不同的角度來看，會有三種不同的樣貌：從外觀上看去，是容貌端莊；接近他時，會覺得他和藹可親；聽他說話，言辭嚴正，感動人心。

10. 子夏曰：「君子信而後勞其民；未信，則以為厲己也。信而後諫；未信，則以為謗己也。」

這一段話所說的「君子」是指「有官位的人」。有官職的君子一定要先得到民眾的信任，然後才能要求人們完糧納稅、膺服勞役。在沒有得到民眾信任之前，就要人民去服勞役，人民一定會認為是在虐待他們。得到君主的信任之後方才可以直言進諫。如果沒有得到信任而進諫，國君往往會認為是在毀謗他。

11. 子夏曰：「大德不踰閑；小德出入可也。」

這一段話的意思跟上面各段的意思似乎不太連貫，字面的意思是說：人的重大節操不能越出範圍，至於小節，可以稍微放鬆一些。不過，與上一章連起來讀，也許是在說，君子的「信」這件事，只要在原則、方向上把握得住，在細節可以有一些出入，不一定非得如何不可。也就是做事要有彈性。

12. 子游曰：「子夏之門人小子，當洒掃，應對，進退，則可矣。抑末也；本之則無，如之何？」子夏聞之曰：「噫！言游過矣！君子之道，孰先傳焉？孰後倦焉？譬諸草木，區以別矣。君子之道，焉可誣也？有始有卒者，其惟聖人乎！」

孔子過世後，他的大弟子們在教導學生的方法上有了變化。各有不同的著重點。子游批評子夏的教法有些偏差。說子夏的門人在日常生活上，灑掃應對，待人處世方面，大體上還說得過去。只是這些都是支微末節的瑣事。至於根本的心性覺知卻完全沒有涉及。怎麼辦呢？

子夏當然不甘示弱，回嘴說：「唉！子游弄錯了。君子教人之道就像認識草木一樣，要有所區別。哪些是該先講的，哪些是要後講的，哪些要暫時保留，等學生的程度提升了再教，一定要分清楚。君子教人，怎麼可以不分先後深淺，只是一味好高騖遠，強而語之，那只是欺騙的行為。能夠做到有始有終、有本有末的教法，不正是聖人（指孔夫子）的教法嗎？」

子夏的這段話就是往後兩千年教育的基本方法，因材施教。每個人看上去都是人模人樣，可是所載錄的信息軟體不一樣，以致資質不一樣，學習的能力不一樣。有些人必需要從灑掃應對入手，有些人可以從禪定入手，有些人可以從聽講之中入手，不能一概而論的都從高標準的心性修持入手。

13. 子夏曰：「仕而優則學；學而優則仕。」

孔子的教育理念強調一個有官職的人必需要有一定程度的

心性覺知能力，方才可以捕捉流轉在時空中各種有用的信息，以為施政的依據。因此，一個有官職的人，甚至是一個稱職的官員，必需要時常練習心性上的修持。一個把心性覺知能力練得有成就的人也一定會出來做官，治理國事。

14. 子游曰：「喪致乎哀而止。」

心性能力的表現講究適可而止，不必要盡情發揮。像喪禮這種事，一個心性能力不夠強的人，往往會一發不可收拾，或者沒有什麼哀痛的表現，這種兩極化的表現都不是孔門教育的目標，應該是捨棄兩端，而執其中，適可而止。

15. 子游曰：「吾友張也，為難能也；然而未仁。」

子張是一個好高騖遠的人，像本篇的第三章，子張用「印證」的方式來交朋友，就是一種好高騖遠的表現。說是：「要有很高的心性修持，可以跟最多的人來往。這是理想，實際上做不到。因為每個人的資質不同，不可能要求每一個人都做到那種高深的境界。」所以子游就評論子張說：像我的老朋友子張，能夠有目前的成就已經非常難能可貴了，然而沒有達到「仁」的境界。也就是說，子張由於他的心性能力不足，以致他並不能夠跟眾多的人產生心念上的諧波共振。

16. 曾子曰：「堂堂乎張也！難與並為仁矣。」

不僅子游對子張有意見，曾參也有相同的意見。曾參說：子張這個人啊，表現得堂堂皇皇的樣子，那只不過是裝腔作勢而已。很難跟他有什麼交集，也談不上他可以與人和諧相處。

17. 曾子曰：「吾聞諸夫子：『人未有自致者也，必也親喪乎！』」

曾子說：「我聽夫子說過：一個人平常時不容易表達他的情緒，必定要等到像親人過世那種事情時，方才會有真情流露。」

這段話接在連續兩段批評子張的記載之後，也許是在說，子張這個人平時表現得道貌岸然的樣子，冷冷的，沒有什麼親切的表現。只有讓他面臨生死關頭，或者切膚之痛時，方才可能真情流露。

18. 曾子曰：「吾聞諸夫子：『孟莊子之孝也，其他可能也，其不改父之臣與父之政，是難能也。』」

在〈學而篇〉提到「三年無改於父之道，可謂孝矣。」在這裡又重複這個主題。曾子說：他聽孔夫子說過，魯國大夫孟莊子是以「孝」著稱，最難能可貴的地方，就是他不改動他父親孟獻子所任用的臣子，也不更動他父親訂下的政策。

19. 孟氏使陽膚為士師，問於曾子。曾子曰：「上失其道，民散久矣！如得其情，則哀矜而勿喜。」

〔士師〕：相當於現代的典獄官。

孟孫氏派陽膚去當典獄官。陽膚來向曾子請教如何可以做好這個典獄官的工作。曾子對他說：「國君不依正道施政，已經有一段很長的時間了，民心也因此而渙散，上下離心離德，久矣。你去當典獄官，如果能查出他們獲罪的真相，應當要用哀矜的心情去對待他們，而不能因為探知了真相而沾沾自喜。」

20. 子貢曰：「紂之不善，不如是之甚也。是以君子惡居下流，天下之惡皆歸焉。」

當周朝以西陲小國攻滅商朝之後，就把商紂王描寫成一個生活極端奢靡，不聽忠臣進諫，用酷刑誅殺忠臣，又寵愛美女，聽信讒言的暴君。可是，總還是留下了一些沒有刪改掉的記錄，像是《書經》上所說「紂征東夷三年而隕其身」、「牧野之戰，血流漂杵，太公鷹揚。」自古以來，就是一個大謎。傳說中，周武王的仁義之師一出，紂王的軍隊都陣前起義，投降了周武王，以致商紂王逃回朝歌，自焚而死。怎麼會有像《書經》上所說殺得血流漂杵那麼慘烈的戰爭呢？原來這是竄改歷史後的殘留真相。

民國廿五年中央研究院歷史語言研究所的安陽考古發掘，挖出一個地窖，編號 YH127 坑，完全沒有經過後世的盜掘擾動。裡面所藏的一萬八千多片甲骨，排列得非常整齊。甲骨片上的文字經過董作賓先生的整理和解讀，就是紂征東夷三年的記錄。證明了《書經》上的記載「紂征東夷三年」確有其事。連帶的也證明牧野之戰是一場戰況慘烈的戰役。

近年來有越來越多的考古證據顯示周代原是西方文化程度較低的國家，經過長期的經營，方才趁商紂王因征東夷導致國力疲乏之際，對商朝發起致命的攻擊。取得天下後，就極力設法掩飾自己原有的文化程度不高的事實，改口說，中原的文化最為發達，四境的東夷、南蠻、西戎等，都是沒有什麼文化可言的蠻貊之邦。五百年後的孔子也確實相信這些周代初年所編造的說法。

不過，子貢在這裡卻提出不同的意見，認為商紂王應該沒有傳說中那麼壞，只是他成了亡國之君，把一切不好的罪名都按在他的頭上，才出現後世對商紂王的刻版印象。因此，君子不可以居於下流，也就是不可以失敗。一旦失敗，什麼罪名都可以歸在他的身上，千百年難翻身。子貢的懷疑並不是要為商紂王翻案，而是藉商紂王這個慘痛的例子來砥勵君子之德。

21. 子貢曰：「君子之過也，如日月之食焉。過也，人皆見之；更也，人皆仰之。」

君子既然不可以失敗，於是他必需要隨時隨地的作檢討和更正，以保持他的正直、善良、高潔的形象，而這種檢討和改過，就是心性能力的具體表現。而且，君子處於高位，人人都在看他。因此，他有什麼過失，就像日蝕一樣，人人都看得見。一旦改過了，人人也都因而欽佩他、敬仰他。

22. 衛公孫朝問於子貢曰：「仲尼焉學？」子貢曰：「文武之道，未墜於地，在人。賢者識其大者，不賢者識其小者，莫不有文武之道焉。夫子焉不學，而亦何常師之有！」

衛國的公孫朝問子貢說：「你的老師是怎麼治學的？」

子貢回答說：「周初建國時所制定的禮樂典章，到目前都還沒有完全崩壞，還在人世間正常的運作。有才能的人可以認識到其中重要的部分。才能較差的人也可以認識到其中比較輕微的部分。大家都是遵照文王、武王所訂下的規矩。他們都是我的夫子所要學習的對象，沒有誰是固定的老師啊！」這個論點和「三人行，必有我師焉」是同樣的意思。

23. 叔孫武叔語大夫於朝曰：「子貢賢於仲尼。」子服景伯以告子貢。子貢曰：「譬之宮牆：賜之牆也及肩，窺見屋家之好；夫子之牆數仞，不得其門而入，不見宗廟之美，百官之富。得其門者或寡矣！夫子之云，不亦宜乎！」

〔叔孫武叔〕：魯國的大夫，叔孫氏，名州仇，謚為武。

〔子服景伯〕：魯國的大夫，子服氏，名何，字伯，謚為景。

〔仞〕：八尺為一仞。

叔孫武叔在朝廷上公開的跟其他的大夫們說：「子貢要比他的老師來得賢能。」

子服景伯就把這番話告訴子貢。子貢聽了之後說：「就拿宮牆來作個譬喻吧！我端木賜的宮牆，高度只到肩膀，從牆外就可以看到房子裡面的各種美好陳設。我老師的宮牆卻有好幾丈高，如果找不到大門走進去的話，是看不到裡面的宗廟建築有多麼宏偉華麗，和文武百官威儀的樣子。能夠找到大門而後走進去的人或許很少吧！武叔不了解我的老師，不是很正當嗎？」

24. 叔孫武叔毀仲尼。子貢曰:「無以為也!仲尼不可毀也。他人之賢者,丘陵也,猶可踰也;仲尼,日月也,無得而踰焉。人雖欲自絕,其何傷於日月乎?多見其不知量也!」

叔孫武叔毀謗孔子。子貢聽了就說:「你這麼做是沒有用的。仲尼師父是不可以隨便毀謗的。別人的賢能就像丘陵一樣,一下子就可以超越過去。而仲尼卻是像日月一樣。是絕對沒有辦法踰越的。一個人雖然想要自絕太陽或月亮,這對太陽和月亮來說,又有什麼傷害呢?只是充分顯示這個人不自量力而已。」

25. 陳子禽謂子貢曰:「子為恭也,仲尼豈賢於子乎?」子貢曰:「君子一言以為知,一言以為不知,言不可不慎也!夫子之不可及也,猶天之不可階而升也。夫子之得邦家者。所謂『立之斯立,道之斯行,綏之斯來,動之斯和。其生也榮,其死也哀』;如之何其可及也?」

陳子禽對子貢說:「你太恭敬你的老師了。仲尼的學問道德難道真的勝過你嗎?」

子貢說:「君子講一句就可以知道他聰明或者不聰明。所以,講話要特別的小心謹慎。我的老師是高不可及的,好比天是無法用梯子爬上去一樣。如果我的老師有機會掌理國政的話,那就像古人所說:『教人民自立,人民便能夠自立;引導人民行德,人民都能夠跟從;安撫民眾,民眾就都投奔過來;

派遣他們一些勞役工作，大家也都樂於從事。生前人人尊崇他，死後人人哀悼他。』像這個樣子的人，有誰能夠與之相比呢？」

堯曰第二十

上一篇的最後，藉著子貢的口說出孔子在中國文化和歷史上的地位和價值。本篇則是從古代聖王的言行來說明，一個君子要如何做到「內聖」和「外王」的境界。聖王的言行就是「內聖」所要仿效的對象。君子要不斷的從事心性知覺上的鍛鍊，達成五種美好的心性狀態，除去四種不好的心性狀態。然後方才可以真正的知天命。這一章是總結說明「為官」的基本要求。

1. 堯曰：「咨！爾舜！天之曆數在爾躬，允執其中！四海困窮，天祿永終。」舜亦以命禹。曰：「予小子履，敢用玄牡，敢昭告于皇皇后帝：有罪不敢赦，帝臣不蔽，簡在帝心！朕躬有罪，無以萬方；萬方有罪，罪在朕躬。」「周有大賚，善人是富。」「雖有周親，不如仁人；百姓有過，在予一人。謹權量，審法度，修廢官，四方之政行焉。興滅國，繼絕世，舉逸民，天下之民歸心焉。所重民、食、喪、祭。寬則得眾，信則民任焉。敏則有功，公則說。」

古代的聖王堯曾經對舜說過：「告訴你，舜啊！上天的安排就應在你的身上了。你應該不偏不倚的把握中道。如果四海的人都限於窮困的境地，那麼上天對你的期許也就告終了。」舜也把同樣的話告誡大禹。

湯伐桀的時候，對天祝禱說：「我小子履，用黑色的公牛做祭品，斗膽的向偉大的上帝報告說：『只要是有罪的人，我都不敢輕易的赦免他們；賢能的人也不會讓他閒散，會依照上帝的心意來任用他們。如果我有什麼不對的地方，不要因此而連累到各方的百姓。如果百姓有什麼差錯，那都是我的錯。由我來承擔一切的責罰。』

周武王說：「周得到上天的恩賜，因而有那麼多賢能善良的人才。」又說：「周雖然有許多親戚輔佐，可是不如得到一位仁人的相助。百姓有什麼過失，都由我來承擔後果。謹慎的處理度量衡，審定禮樂法度，把已經久已不用的官職重新釐定職權。這樣一來，政令就可以通達四方而無礙了。幫助哪些已經絕傳了的國家，延續哪些已經絕了香煙祭祀的家族，提拔隱逸在各地的才能之士。這樣做，天下的人心都歸向過來了。」

古代帝王所重視的是民眾、糧食、喪葬和祭祀。主政者以寬厚對待臣下，就能得到人民的擁戴。用誠信來對待屬下，則人民樂於為他所用。做事要勤快，方能有一些具體的成就，處事公正，人民便心悅誠服。

2. 子張問於孔子曰：「何如，斯可以從政矣？」子曰：「尊五美，屏四惡，斯可以從政矣。」子張曰：「何謂五美？」子曰：「君子惠而不費；勞而不怨；欲而不貪；泰而不驕；威而不猛。」子張曰：「何謂惠而不費？」子曰：「因民之所利而利之，斯不亦惠而不費乎？擇可勞而勞之，又誰怨！欲仁而得仁，又焉貪！君子無眾寡，無小大，無敢慢，斯不亦泰而不驕乎！君子正其衣冠，尊其瞻視，儼然人望而畏之，斯不亦威而不猛乎！」子張曰：「何謂四惡？」子曰：「不教而殺謂之虐；不戒視成謂之暴；慢令致期謂之賊；猶之與人也，出納之吝，謂之有司。」

上一段話是在講周天子，乃至於各國諸侯，如何可以服膺天命，也得到民眾的擁戴。這一段是在講為相者，也就是幫周天子和各國諸侯處理國政的官員，如何才能有適合的心性工夫。

子張問孔子說：「怎樣方才可以從事政治生涯呢？」

孔子回答說：「那就要做到五項美事，摒除掉四種不良動作，那麼就可以從政了。」

子張問：「五美指的是哪五件美德？」

孔子說：「在上位的君子能施恩惠給民眾，自己卻不破費；勞役人民，而民眾卻不會有所怨恨；心有仁義的嗜慾，卻不貪求；胸襟舒泰，而不驕傲；有威儀，卻不顯得凶惡。」

子張問：「什麼是惠而不費？」

孔子說：「民眾所應得的利益，就讓他們得到，不就是施恩惠給民眾而自己卻沒有什麼破費嗎？選擇農暇的時候，讓哪些健壯的男子去服勞役，又有誰會抱怨呢？君子求仁而得仁，又有什麼更值得貪求的呢？在位的君子不論面對的人群是多是少，都不敢掉以輕心，這不就是胸襟坦然而不驕傲嗎？在位的君子端正自己的衣冠，莊重儀容，使人看了，生出敬畏的心，不是有威儀卻不凶惡嗎？」

子張又問：「那麼四惡又是什麼呢？」

孔子說：「不教導民眾，等他們犯了罪，便加以殺戮，這叫做『虐』；不先教導民眾，到時候便要看他們的成果，這叫做『暴』；發布命令遲緩，到期又不寬限，這叫做『賊』；同樣是散發財物給人民，可是在發放的時候顯得斤斤計較，這叫做小官員般的小氣。」

3. 子曰：「不知命，無以為君子也。不知禮，無以立也。不知言，無以知人也。」

孔子說：「不知天命，便不能做為一個治國的君子；不知禮法，就不能立身於社會上；不知如何判別別人所說的話是真是假，就不會知道誰是好人，誰是壞人。」

經學類 B017

論語心解
——從心性的修煉和體悟探索《論語》的真實意涵

作　　者　宋光宇
責任編輯　吳家嘉

發 行 人　林慶彰
總 經 理　梁錦興
總 編 輯　張晏瑞
編 輯 所　萬卷樓圖書股份有限公司
排　　版　浩瀚電腦排版股份有限公司
印　　刷　百通科技股份有限公司
封面設計　耶麗米工作室

發　　行　萬卷樓圖書股份有限公司
臺北市羅斯福路二段 41 號 6 樓之 3
電話 (02)23216565
傳真 (02)23218698
電郵 SERVICE@WANJUAN.COM.TW
香港經銷　香港聯合書刊物流有限公司
電話 (852)21502100
傳真 (852)23560735

ISBN 978-957-739-629-7
2020 年 8 月初版七刷
2019 年 1 月初版六刷
2008 年 7 月初版
定價：新臺幣 540 元

如何購買本書：
1. 劃撥購書，請透過以下郵政劃撥帳號：
帳號：15624015
戶名：萬卷樓圖書股份有限公司
2. 轉帳購書，請透過以下帳戶
合作金庫銀行　古亭分行
戶名：萬卷樓圖書股份有限公司
帳號：0877717092596
3. 網路購書，請透過萬卷樓網站
網址　WWW.WANJUAN.COM.TW
大量購書，請直接聯繫我們，將有專人為您服務。客服：(02)23216565　分機 10
如有缺頁、破損或裝訂錯誤，請寄回更換

國家圖書館出版品預行編目資料
論語心解：從心性的修煉和體悟探索論語的真實意涵 / 宋光宇著.
-- 初版. -- 臺北市 ： 萬卷樓, 2008.05
面；　公分
ISBN 978-957-739-629-7(平裝)
1.論語 2.研究考訂
121.227　　97008383